◆ 全国普通高等院校公共管理类专业核心课程实验实训系列精品教程 ◆

编委会

全国普通高等院校公共管理类专业核心课程实验实训系列精品教程

公共部门人才测评实验实训教程

主　编：潘　娜（首都经济贸易大学）
副主编：胡晓东（中国劳动关系学院）

華中科技大學出版社
http://www.hustp.com
中国·武汉

内容简介

公共部门人才测评是新时代领导干部评价的重要手段，是识人、阅人的现代技术。本书聚焦于公共部门人才测评的基本原理，积累了大量的测评实操案例，并设计了相应的情景实验进行模拟演练。具体而言，本书第一、二部分为人才测评的基础理论，阐述了人才测评的基本假设、发展过程、应用与评价，以及测评的内容；第三部分重点讲述了十种常用测评方法的原理及实际操作过程；第四部分讲述了人才测评组合及评价中心等测评策略，并在结语部分探讨了我国公共部门人才测评的新形势、瓶颈及其应对方法。

图书在版编目(CIP)数据

公共部门人才测评实验实训教程/潘娜主编.—武汉：华中科技大学出版社，2019.4
全国普通高等院校公共管理类专业核心课程实验实训系列精品教程
ISBN 978-7-5680-5084-5

Ⅰ.①公… Ⅱ.①潘… Ⅲ.①公共部门-人才管理-高等学校-教材 Ⅳ.①D035.2

中国版本图书馆 CIP 数据核字(2019)第 049878 号

公共部门人才测评实验实训教程 潘 娜 主编
Gonggong Bumen Rencai Ceping Shiyan Shixun Jiaocheng

策划编辑：周晓方
责任编辑：吕蒙蒙
封面设计：原色设计
责任校对：李 琴
责任监印：周治超
出版发行：华中科技大学出版社(中国·武汉) 电话：(027)81321913
武汉市东湖新技术开发区华工科技园 邮编：430223
录 排：华中科技大学惠友文印中心
印 刷：武汉华工鑫宏印务有限公司
开 本：787mm×1092mm 1/16
印 张：22 插页:2
字 数：520 千字
版 次：2019 年 4 月第 1 版第 1 次印刷
定 价：58.00 元

总序

General Prologue

在我国，公共管理学作为一门学科、一个专业正在蓬勃发展，自1997年教育部学科目录调整后，其正式成为管理学门类下的一级学科，当时包含行政管理、社会医学与卫生事业管理、教育经济与管理、社会保障、土地资源管理等5个二级学科，并且在教学层次上逐步提升。在本科专业发展方面，从1984年我们国家才开始设立行政管理专业，1985年有7所大学的学生从大学二年级转入行政管理专业，直到1987年，国家才正式批准7所大学招生。但到2009年，据教育部最新统计①，公共管理相关本科专业迅速扩张，已经从行政管理专业的一枝独秀发展到包括行政管理、公共事业管理、劳动与社会保障、土地资源管理、公共关系学、公共政策学、城市管理、文化产业管理、公共安全管理等17个本科专业，这些专业成为高校最普及的专业，其中，设行政管理专业的321所，设公共事业管理专业的472所，设劳动与社会保障专业的143所，设土地资源管理专业的82所。在研究生教育与高层次人才培养方面，自1986年武汉大学率先招收行政管理方向研究生，1988年中国人民大学首次设立行政管理硕士学位点以来，现在，全国高校拥有公共管理学科一级硕士点已达56个，近百所高校开展了公共管理硕士(MPA)学位教育，有博士点的学校达到26所，有一级学科的学校达13个，并已有7所大学拥有公共管理博士后流动站。可见，公共管理学科经过近20年的发展，成绩斐然。但我们仍然应该清醒地认识到，在公共管理专业教学中，普遍存在着公共管理的知识理论性很强、操作性稍差的问题，这个问题已被许多学界同仁提出，娄成武教授也曾撰文②指出，“目前，我国公共管理学界关注于理论的规范研究，而忽视了应用研究，这与学科自身的特性相违背，也与腾飞发展的中国市场经济不相适应。”

在我国大学本科教育中，重知识性、理论性，轻操作性、实践性的教学模式不仅在公共管理学科教育中有所体现，在其他许多学科中也都有不同程度的表现。因此，我国在2010年《国家中长期教育改革和发展规划纲要》中提出：高等教育要重点扩大应用型、复合型、技能型人才培养规模，加强实验室、校内外实习基地、课程教材等基本建设。强化实践教学环节，更新人才培养观念，创新人才培养模式，建立科学、多样的评价标准。《教育部高等教育司2011年的工作要点》指出：“着力创新人才培养模式，着力培养学生创新创业和实践能力，大力培养应用型人才、复合型人才和拔尖创新人才。”2012年，教育部又提

① 中华人民共和国教育部高等教育司. 中国普通高等学校本科专业设置[M]. 北京：首都师范大学出版社，2009.

② 娄成武. 我国当前公共管理学科发展的若干问题探讨[J]. 中国大学教学，2010(5)：4-6.

出要加大高等院校人文社科类专业学生的实践学分比例(从5%加大到25%)。由此可见,我国从国家层面开始逐渐重视大学生应用型人才的培养,而传统的本科人才的培养体系偏重于基础知识教学和理论体系的完整性,忽视应用能力的构建。应用型人才培养的重要特征就是应用能力的培养,而应用能力的关键要素就是学生的实践能力和职业素养。应用型人才培养体系应该围绕对应用型人才知识、能力、素质协调发展的要求,以应用能力培养为主线,构建实验与实践教学体系,做到理论与实践并重。实验、实践教学相对于理论教学,独立而不孤立、联系而不依赖。实验教学主要包括学生在校的实验、实训;实践教学主要包括学生校外的见习、实习。两种教学体系在提高学生实践能力方面不可偏废。

值此契机,由中国劳动关系学院公共管理系副教授胡晓东博士任丛书主编的全国普通高等院校公共管理专业核心课程实验实训系列精品教程,汇集了中国人民大学、北京师范大学、中国政法大学、中央民族大学、中山大学、西安交通大学、天津大学、广西大学、国家行政学院、西北师范大学、华南师范大学、中国劳动关系学院、首都经济贸易大学、云南财经大学等20余所大学长期在教学一线从事公共管理专业教学,并有丰富的公共管理实践经验的专家、学者的智慧,由他们组建的编写团队,根据已有公共管理理论,结合公共管理教学特点,基于公共管理实践过程,编写了公共管理系列实验实训教材。他们旨在通过设计与开发实验实训教学体系、实验实训教学方案、实验实训教学大纲、实验实训系列教材、实验实训配套软件来培养公共管理专业的应用型人才。本系列教材被华中科技大学出版社确定为"全国普通高等院校公共管理专业核心课程实验实训系列精品教程",并即将由该社出版发行。该系列教材属于我国公共管理学科体系中的创新,在未来的公共管理实验实训教学中必将起到提升教师和学生公共管理能力的作用。

该系列教材的特色有以下几个方面。

第一,能够弥补传统灌输式教学方式的不足,缩小了教学情境与实际生活情境之间的差距。在传统的教学方式中,最普遍的做法是老师把本专业的理论知识系统直接教授于学生,这样的教学过程是迅速的,但缺乏学生的主动参与,不能充分激发学生的学习热情。实验实训教学则可以扭转一些传统教学的弊端,在参与实验实训的讨论中,一方面缩小了理论知识与现实生活的差距,使学生身临其境,激发学生对该课程学习的激情,巩固所学的理论知识;另一方面,实验实训教学中学到的知识是内化了的知识,能够帮助学生理解现实中所出现的两难问题,掌握对现实问题进行分析和反思的方式。

第二,实验实训教学有利于学生综合能力的培养。实验实训教学对学生和老师的能力都有较高的要求,从而可以从多方面提高学生的综合素质。通过本系列公共管理实验实训教程的训练,使学生了解和掌握公共管理相关知识的流程、设计和操作,掌握已经确立起来的最基本、最可靠的实验方法,学会基本的实验设计,具备相当的实验技能及科研能力,并对公共管理前沿性的研究课题和方法、技术有所了解;通过实验实训教学,培养学生的实验意识和动手能力,为他们专业素养的提升奠定坚实的基础。

第三,实验实训教学可推动我国公共管理学科的发展。公共管理理论的产生与发展本身就是大量实践活动的结晶。我国的公共管理学科起步较晚,需要对现有的理论进行丰富、充实和本土化。实验实训教学中对实验实训内容的筛选、补充与讨论,更加充实了学科内理论素材的积累,实践活动的多样性、复杂性以及动态性,对公共管理理论都提出了新的要求。尤其是我国正面临着经济与社会双重转型的关键时期，大量管理实践中出现的问题需要理论的解释与支持；同时，实验实训教学需要关注现实，从现实中获取大量鲜活的素材，这样理论与现实的相互促进，能够带来我国公共管理学科的进一步发展和完善。

公共管理实验实训教学是理论教学的深化和补充，具有较强的实践性，是一门重要的技术基础课。实验实训的课程安排主要分为三个步骤：首先，教师讲解相关理论知识和实验要求，说明实验中应该注意的问题；然后，学生操作实验相关工具进行实验，实验结束后学生完成实验报告；最后，教师对实验报告进行批改，并点评。公共管理实验实训系列教材以 2012 年重新修订的高等学校公共管理类专业核心课程目录为基础，覆盖公共管理相关课程，主要包括《管理学实验实训教程》、《公共部门人力资源管理实验实训教程》、《公共政策学实验实训教程》、《公共经济学实验实训教程》、《行政管理学实验实训教程》、《公共事业管理学实验实训教程》、《土地资源管理学实验实训教程》、《社会保障学实验实训教程》、《卫生事业管理学实验实训教程》、《教育行政学实验实训教程》、《公共危机管理实验实训教程》、《公务员能力实验实训教程》、《公共管理案例分析实验实训教程》、《政府与公务员绩效管理实验实训教程》。

该套公共管理实验实训系列教材为我国公共管理教材界的一支新秀，在促进我国公共管理教学的同时，也为我国公共管理学科发展起到了补充作用。该系列教材的大部分编写者都为我国公共管理学界已崭露头角的中青年专家、学者，他们既有深厚的理论基础，又具备相当的实践经验，必将推动我国公共管理学科的发展。真诚希望该套教材的出版发行，能够引起公共管理学界与读者朋友的广泛关注，为本系列教材多提宝贵意见，以便更好地为我国的公共管理学科发展作出更大的贡献。

中国人民大学公共管理学院教授、博士生导师

2014 年 6 月

前言 Preface

新公共行政代表学者乔治·弗雷德里克森曾经说过："公共行政领域的一些重大问题往往是与公共管理者的信念、价值和习惯有关的。""致天下之治者在人才"，公共行政问题的应对，取决于公共管理人才这一关键变量，且这一变量所承载的信念、价值、习惯等是其中最核心的要素。进入新时代，我们发现公共事务日趋复杂、多元，这对公共管理者的治理能力和治理水平提出了更高的要求：弥之坚定的信仰、高山仰止的价值和利他无私的知行习惯……治国理政之人，关乎国之大器，关乎国之民生。如何用人？如何用准人？学问极深。古往今来，放眼东西，都有特定的器术对"朝堂之上"的人才进行测量，这其实就是现代意义上的人才测评。人才测评是根据一定的目标，综合运用定量与定性的多种方法，对人才的道德、智商、情商、能力、动机、价值观等进行客观、准确评价的一种人力资源管理活动。

循其内涵，我国古代就流传着丰富的认识与实践人才测评的精粹，无以计数，犹如浩瀚繁星。中国最古老的一部历史文献《尚书》中说，"知人则哲，能官人"；孔子说，"听其言而观其行"；魏晋时期的刘劭在其专著《人物志》中提出了"观其感变，以审常度"的人才测评基本原理，以及"八观五视"等知人方法；《庄子·列御寇》中提出了9种知人之法："故君子远使之而观其忠，近使之而观其敬，烦使之而观其能，卒然问焉而观其知，急与之期而观其信，委之以财而观其仁，告之以危而观其节，醉之以酒而观其则，杂之以处而观其色。九征至，不肖人得矣。"曾国藩所著《冰鉴》，融《周易》、骨相学、心理学、人才学、谋略学为一体，细致道出了他的识人与用人智慧——"相术"口诀："邪正看眼鼻，真假看嘴唇；功名看气概，富贵看精神；主意看指爪，风波看脚筋；若要看条理，全在语言中。"

我国将人才测评用于人才的选拔和使用也具有相当深厚的传统。商周时代的庠序培养，汉代的举贤良方正、孝廉以及察举以选贤能；隋炀帝大业年间，开科取士，并在朝廷中设"文才秀美"科（即进士科）以补充官吏，标志着中国古代科举制度的开端；唐代完善了科举制度，以儒家经典为主要内容，将考试大致分为帖经、口义、墨义等，堪称现代考试测评的先河，为全球考试选才带来了巨大启示。① 以此为鉴，英国的《关于建立英国常任文官制度的报告》和美国的《彭德尔顿法》，纷纷确立了竞争性考试择优录用文官的原则，正式标志着现代文官制度的形成。随着战略性人力资源管理的兴盛，人才成为现代组织的重要资源，对人才的科学测评也愈发重要。在经济发达的国家，人才测评已成为一个繁荣产

① 杨东涛，朱武生，陈社育．中国古代人才测评思想评述[J]．南京社会科学，2004(10)：77-80.

业。以美国为例，每年仅人才测评服务的直接收入就达十多亿美元，如果包括与测评服务相关联的咨询和培训费用，则可达一百多亿美元。在我国经济快速发展和人才强国战略的影响与引领下，社会对人才测评的需求也与日俱增，测评项目、方法和技术也与日俱新、日趋完善。

对我国公共部门而言，过硬的领导干部队伍是现代治理能力及治理现代化的重要保障。正如党的十九大报告中所强调的，“建设高素质专业化干部队伍”，“注重培养专业能力、专业精神，增强干部队伍适应新时代中国特色社会主义发展要求的能力”，这是新时代我国党政干部“内涵式发展”的新要求，也对我国党政干部队伍科学识人、选人和用人提出了更高的要求，识人是其中关键性的前置环节。然而，“识人的慧眼”并不能完全依靠主观片面的个人经验，更不能借助低质庸俗的江湖相术，还需要系统化、科学化的人才测评技术。特别是走进“新时代”，我国公共治理提质增效的关键途径还在于精准识才与精准用才。因此，未来我国公共部门人力资源管理还应该大力拓展人才测评的应用宽度、广度和深度，花大力气创新适合我国国情的公共部门人才测评的新途径和新方法，利用新兴网络信息技术，研发顺应时代特色的公共部门人才测评的新技术和新手段。

从我国公共部门领导干部管理的现状看，目前我国公共部门人才测评迎来了“怒放的春天”。人才测评应用得越来越广泛，形式也越来越多样，但也存在不少现实的挑战与问题，比如，对人才测评的基础及前沿理论研究不深，人才测评的“公共”情境及属性设计不明，人才测评的技术特色不新，人才测评的人力支持不够等。因此，本书期望能在系统梳理人才测评的基本理论框架、应用流程及技术方法的基础上，以我国公共部门人才测评的现实实践为蓝本，还原我国公共部门人才测评的恰适应用，同时为提升人才测评的应用水平提供仿真模拟的素材。

具体而言，本书的第一部分主要介绍公共部门人才测评的原理；第二部分主要介绍公共部门人才测评的内容；第三部分介绍了公共部门人才测评的方法，共详细介绍了十种常用的并且适用于我国公共部门的人才测评方法，并配套设计十个实验；第四部分介绍人才测评的策略，主要是测评方式的组合、创新及系统性应用。

全书由笔者设计整体内容框架，编写大部分内容和对全文进行校对。感谢我的多位硕士研究生积极参与内容整理、编辑及校对。其中，第三章的基础理论部分由研究生汪逸帆编撰，她还协助笔者按照提纲要求完成了八万字基础内容的收集、整理；第八章和第九章基础理论部分的编撰由研究生闫雨晴和吕娟分别完成。除了这三位研究生，还有研究生李磊、李益、黄超、刘伟、刘琦和丁智聃，他们是本书的第一批读者，参与了全书的校对和部分章节实验参考答案的整理和编写。在此，对这些同学表示真诚的感谢。

本书能够最终付梓问世，要感谢全套丛书的主编胡晓东教授，是他的积极召唤及真心支持，才能让我砥砺前行，虽然耗时长久，但终究能在其激励下把本书画上句号。感谢华中科技大学出版社的周晓方编辑，她不但业务精湛，还对国家的公共治理心怀抱负，燃起了大家共同投身伟大事业的激情。感谢我所在院系的同仁及我周围的亲友，他们就像是缭绕在我身边的“祥云”，不但执着守望我的成长，还用他们高雅的品性、情操和智慧为我指点迷津。最后，囿于本人智识和阅历的局限，本书还存在很多不足；加之本书主要用作实验教材，重点在于知识的整合，创新性还需要进一步提高。期待读者们不吝赐教。

作　者

2018年2月于北京

目录 Contents

第一部分 人才测评的原理

当人才测评的价值逐渐被众人接受并变得日趋重要之时，我们有必要将视野回归到基础理论上，寻找人才测评的基本原理和一般规律。在追踪人才测评的实践中，了解人才测评逐渐“火热”的原因及其功能影响，同时在对人才测评的客观分析中，判别其局限与不足，能够开启未来对人才测评的改进之道。事实上，人才测评基础理论的学习是常读常新的，能为人才测评要素、工具与方法等内容的学习提供理性框架。

本部分单设一章，重点论述了人才测评的基本定义和假设，建构了人才测评的理论架构，详细列举了人才测评的实施过程，追溯了人才测评的应用现况，解析了我国现代人才测评的进展及缺陷；特别是回顾了我国公共部门引入人才测评的往昔及目前常用的人才测评模式，并且运用了处级公务员胜任力的实验设计，加深学员对人才测评的客观性和科学性的理解。

第一章 公共部门人才测评理论

第一节 基础理论

一、人才测评理论建构与实践观察

（一）人才测评的定义及假设

人才测评是人事管理活动的基础环节，也是一切人事工作的起点。现代人力资源管理中的人才测评是基于行为科学理论，针对测评的特定目的，在所关心的活动领域，对测评对象在某个或多个维度上进行数量或质性测量和评价。对于管理者而言，人才测评可以理解为一系列技术的集合，即运用先进的科学方法，对社会各类人员的知识水平、能力及倾向、工作技能、个性特征，以及发展潜力实施测量和评鉴的人事管理活动。

根据测评的定义和内涵，人才测评由人才测量和人才评价两方面组成，这两个方面既相互独立又密切关联。其中，人才测量是指对人的素质进行定量或者定性的描述，以认识被测者的素质等为目的，以科学的测评工具为手段。技能、知识等素质是可以直接测量的，被称为显性要素；而人性、价值观等无法直接测量，被称为隐性要素。要素评价是指对测评对象的素质进行“估价”，即评估测评对象的素质能给一个组织的发展带来多大的贡献。因此，素质评价是以素质测量为基础的，结合职位、企业和市场对人的要求，从而得出个人相对于组织的价值。比如，某人亲和力较强、性格开朗是素质测量的结果，而比较适合做销售工作是素质评价的结果。

根据测评的目标和功能，可以将人才测评分为选拔性测评和发展性测评。选拔性测评以选拔为目的，为招聘、晋升、配置等环节提供信息和建议；发展性测评以开发、提升为目的，为测评对象提供建议。

现代人才测评主要基于四个基本假设而开展：①个体素质与工作绩效的相关性；②人心可测；③人与人之间存在差异；④人的差异性是稳定且有规律的。[①]

（二）人才测评的过程

人才测评作为现代人力资源管理中日趋重要的管理工具，是一项系统工程，需要进行全面、整体的思考与设计，涉及测评内容与目标的确定、测评工具的选择或编制、试测、量表修订、施测、数据收集与整理、信效度检验、数据分析与解释等方面。具体环节如图 1.1 所示。

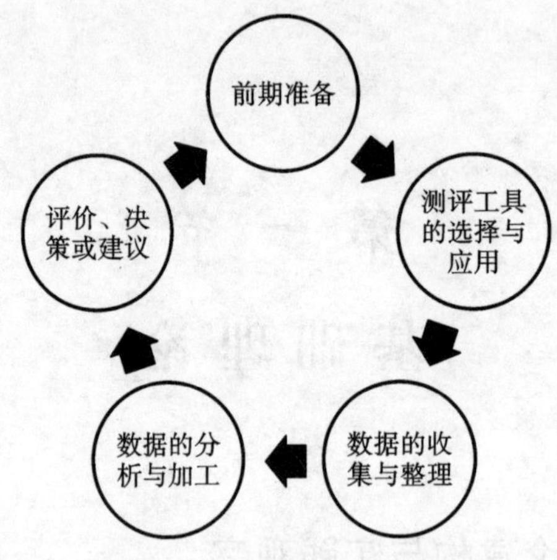

图 1.1　人才测评的实施过程

1. 前期准备

主要涉及针对职位说明书或胜任力素质模型，明确测评对象、目标及指标等；挑选专业人员，成立测评考察小组；制定详细的测评方案，系统考查测评的内容和程序，确保测评的信度和效度，以实现测评目标；挑选适应测评需要的地点、环境和工具等。

2. 测评工具的选择与应用

根据测评目标和方案，选择有效的测评工具，并对某些测评工具进行适当的修订，以适应测评对象的特点及测评目标的实现。

3. 数据的收集与整理

现代测评的理想目标是得到一个量化分析结果，并且这个结果针对不同测评对象具有较高的区分度，因此测评的数据与整理会涉及如何设计记分机制，如何有效导入数据，并结合拟运用的相关软件进行数据编码、清洗、整理等。

4. 数据的分析与加工

运用相关统计软件对录入的数据进行分析，根据常模或其他标准对测评对象进行区

---

① 徐世勇，李英武. 人员素质测评[M]. 北京：中国人民大学出版社，2017.

分或结果检验，并比对测试目标进行调整。

5. 评价、决策或建议

根据数据分析的结果输出，比对常模参数、测评目标及指标等，给出评估报告，提出对测评个人或单位的建议。

（三）人才测评的应用与发展

1. 人才测评在人力资源管理中的应用起源

人才测评最早被应用于第一次世界大战时美国对军官和士兵的团体测验中。比如，最为著名的由欧提斯编制的纸笔智力测验，后来修订成为著名的陆军甲种测验和陆军乙种测验。随后，这种团体测验被广泛应用于职业咨询以及工业部门和军事领域的人才选拔和配置工作，在社会上的应用也越来越普遍。1921 年，卡特尔、桑代克和伍德沃斯等著名心理学家建立了较大的心理咨询公司，将心理测验向社会推广。很多大中型企业的人力资源部门有专门的测评机构，专门为中小企业提供专业测评服务的机构数量也很多。1922 年，美国文官委员会成立了以欧鲁克为领导的评估研究小组，将心理测验技术引入到文官考试制度中。1927 年，第一个职业兴趣测验斯特朗职业兴趣量表出版，广泛应用于职业选择、人事选拔等领域。

到第二次世界大战后，人才测评这一科学方法越来越受到世界各大公司、企业的重视。1971 年，美国联邦法院要求在工作相关的领域使用人员素质测评技术。国外的人才测评技术，经历了半个多世纪的实践、探索和发展，已经形成了全面完整、科学合理的结构体系。据美国人力资源协会统计，目前世界上发达国家约有 80％的机构在选拔应聘者时，成功地运用了对人的能力、工作态度、个性特征等进行综合评价的人才测评系统。

2. 人才测评在人力资源管理中的作用

管理大师彼得·德鲁克曾严肃地指出："没有什么决策比人事决策更难做出，且后果会持续作用这么久。但是总的说来，经理们所做的提升和人员调配决策并不理想，一般说来，平均成功率大于 33％；在大多数情况下，三分之一的决策是正确的，三分之一的决策有一定效果；三分之一的决策是彻底失败的。"从商业实践的角度看，如果将人才测评看作一种为人事决策提供信息以提升决策质量的工具，那么它对于人事决策正确概率的提升可能会产生极大价值。

调查报告显示，中国企业很重视测评工具对人才选拔和培养的作用，其中，有将近七成的受访企业已经使用了人才测评工具，超八成的人力资源管理师认为人才测评在很大程度上提高了企业中的人岗匹配度，有一半以上的人力资源管理师将其用于人才招聘。另外，人才测评还广泛用于员工素质评估、领导力评估和员工职业生涯规划的指导。由此可以看出，人才测评已经在我国普遍运用，甚至成为人事决策中的基础性工具。

人才测评能为企业在人才录用与选拔、团队人员的合理配置、领导层的选拔与提升，以及员工的自我认识方面提供客观且可借鉴的依据，从一定程度上提高了个体和企业的效益。具体而言，根据北京华恒智信人力资源顾问有限公司的总结，人才测评能在以下五

个方面发挥作用[①]。

第一，鉴别人才类型，挑选出企业最适合的人才。

第二，预测人才在工作职位和业绩上的表现，对团队人员配置提供参考。

第三，诊断个人的发展阶段，为个人的发展提供方向性的引导。

第四，开发人才的潜力，有利于人才在工作中发挥个人潜能。

第五，激励员工发挥个人所长，弥补自己的短处。

（四）我国现代人才测评的发展及误用

1. 发展

我国现代人才测评起步较晚，始于公务员的录用考试，此后国内涌现了大量专业的人才测评研究和服务机构。20 世纪 90 年代以来，随着政治体制改革的推进、国有企业改革的深化，以及外资企业测评实践的启发，大量心理测评、结构化面试、公文筐测试等方法逐步开始纳入管理实践中。专业测评人员借鉴西方知识与技术，采用一系列科学的手段和方法，开发了本土化的人才测评软件，架构了人才测评系统，对人才的基本素质及其绩效进行客观、科学的测量和评价。如今，人才测评技术已逐渐成为人力资源管理的核心技术，使人尽其才、才尽其用、爱岗敬业的理论和思想深入人心的同时，也越来越得到业内人士和专家学者的广泛关注。[②]

2. 误用

我国现代人才测评伴随着积极的学习与借鉴，已经走过了懵懂认知、勇敢尝试阶段，进入大胆使用的阶段。由于国内很多企业常常有过度简化的思维习惯和急功近利的浮躁心态，不愿意从系统性、结构性的层面思考问题，加上高层管理者和人力资源管理者缺乏相应的专业理论知识和操作培训，导致很多企业积极向本行业一些先进外企学习并引入其人才测评方法，却没有投入足够的精力和时间去充分了解和学习各种测评工具与手段背后的理论体系、应用空间、优势及劣势、各种测评信息之间的关系，以及如何将测评过程融入人力资源管理体系等，过度高估、迷信或是滥用测评，降低了人事决策的质量。

误用一：照搬西方测量工具，完全不顾及这些工具在中国国情下的适用性。管理的理论和工具应该来自对管理实践规律的反思和挖掘，而很多管理问题都与管理实践活动主体的文化心理因素有关。很多管理者抱着“多快好省”的心态，绕开对管理实践的思考和分析，不假思索地直接把西方测量工具应用到认知能力测评、人格测评、职业性向测评等中。例如，在人格测评实践中，研究者已经证明大五人格量表(Big Five Inventor，BFI)并不适合中国情境，但仍然有很多管理者对人才候选者使用大五人格量表进行测评。因此，测评工具的本土化是人力资源管理者难以回避的重要问题，需要他们保持一种开放的怀疑态度，有所鉴别地选择。

误用二：管理者缺乏系统性建构，单独使用某些测评工具。人才测评的目的是对人才

① 北京华恒智信人力资源顾问有限公司. 什么是人才测评？[EB/OL]. (2017-05-24). http://www.chnihc.com.cn/research-center/research-library/library-hrhomelist/21660.html.

② 周帆. 变革中政府组织的人才测评——基于实践智力的应用[M]. 北京：科学出版社，2014.

候选者拟进入职位的相对价值进行评估，为认识决策提供信息。很明显，对于多数职位而言，认知能力、人格特质、价值观、职业兴趣等都是重要的考虑维度，因此最好通过多种方法的整合使用来对人才候选者进行完整测评。此外，每一项测评工具都不是完美的，所以对于同一个测评维度，多个测评工具的使用会产生交叉验证的效果。在测评结果可控、可接受的条件下，使用多种测评工具可以提高测评的信度。

误用三：盲目追赶时髦，缺乏理性的选择和判断。在信息泛滥的社会现实之下，任何管理者都能接受到海量的时髦管理思想和理念。例如，20 世纪 90 年代中后期，“情绪智力”的概念在国内十分流行，一段时间内，情绪智力的培训、“情商”的测评和应用迅速传播。一些企业在对情绪智力及其测量工具不甚了解的情况下，盲目使用，并把测评结果作为人事选拔的依据之一，完全忽略了情绪智力的测量至今还没有令人满意的结果。另外，公共管理领域兴起的“公共服务动机”测量，由 20 世纪 90 年代的美国学者詹姆斯・佩里(James Perry)博采众长而设计，因其颠覆了传统“经济人”假设，强调公共部门存在怀抱“利他主义”而愿意为公共事务献身的人群，而获得了广泛推崇，并得到广泛传播。然而其量表设计与检验都源自美国，第一道测量题即为“您认为政治是肮脏的吗?”“肮脏的政治”明显取自于美国民众对美国政治生态的一般性“误读”，不符合我国民众的政治认知。但是，我国一大批学者在使用这套量表的时候都没有进行恰当的本土化改造。

二、公共部门人才测评的现状

(一) 公共部门人才测评的发展

我国公共部门人才测评伴随着公开选拔领导干部制度的推进而得到大发展。有学者认为，人才测评在我国公共部门的应用是伴随公开选拔领导干部制度的产生而产生的，自 1984 年起，宁波、深圳、广州、西安等地先后开展了公开选拔领导干部工作，此后，在中央推进干部人事制度改革的大背景下，人才测评技术在公开选拔工作中的实践不断拓展，逐步形成了基于干部胜任力的人才选拔体系。①

还有学者认为，1980 年，邓小平提出要“勇于改革不合时宜的组织制度、人事制度，大力培养、发现和破格使用优秀人才”，这使区别于传统的以委任制为主体的公开选拔干部制度获得推崇，继而人才测评在公共部门得到了较大推进和应用。②

(二) 公共部门人才测评的模式选择

公共部门人才测评的应用包括社会化、市场化的过程。也就是说，并不是公共部门自身大包大揽地实施测评，为了保证测评的专业性、权威性，常常采用委托型、联合型及借鉴型等多种模式。③

---

① 谷向东，邓希冯，陈公海. 人才测评技术在组织人事管理中的应用研究[J]. 管理观察，2015(29)：120-122.

② 何琪. 公选视野中我国人才测评进展及趋势[C]//上海社会科学界联合会. 2008 年度上海市社会科学界第六届学术年会文集(青年学者文集). 上海：上海人民出版社，2008：239-243.

③ 宋斌，林文铨. 国有企业猎头的人才测评模块范式选择及其实现[J]. 管理世界，2010(11)：182-183.

1. 委托型

随着我国人力资源中介机构的日益成熟及职业越来越细分，公共部门可以作为客户，授权专业的人才测评公司来完成人才选拔的重任。授权一般还要看测评工作量及经费，超出一定的经费额度还需要采取公考招标、联合评议及实地考察等方式多次接洽，最终全权委托给某一家测评公司。公共部门的人事部门负责全程跟踪、监督实施过程，以确保实施效果。

2. 联合型

联合型是指公共部门和人才测评公司分头实施某些测评方法，如履历分析、背景调查、心理测量等由公司完成，而行政能力测试、技能考试等由公共部门完成，无领导小组讨论则由双方联合实施。这种联合方式，不会增加公共部门的职位和人员，但通过嫁接人才测评技术，大大节省了成本，同时还能提高测评的实施效果。

3. 借鉴型

主要指全部人才测评工作都由公共部门的人事部门设计实施，上级领导或上级组织人事部门全程监督，深度研析并借鉴比较合适的测评方法，领会实施细节，同时还会聘请专业的人才测评机构或学术研究机构适时指导。

第二节 实验设计

一、实验目的

(1) 熟悉人才测评的一般过程。

(2) 熟悉利用问卷调查方法采集人才测评数据的过程。

(3) 学会利用软件或其他工具进行人才工作动机测评分析。

(4) 学会通过工作动机测评结果进行领导干部的群体评价。

(5) 学会通过工作动机测评数据进行人才评价。

二、实验条件和环境

1. 仪器和材料

(1) 装有 SPSS、Excel 等数据处理软件的电脑。

(2) 测验结果答题纸。

(3) 大张白纸及马克笔。

2. 实验条件

(1) 机房。

(2) 方便进行分组讨论的实验场所。

三、实验组织方法及步骤

(1) 由教师讲解人才测评的理论及应用，大约 30 分钟。

(2) 按照一般团队要求，组建实验训练小组，3～5 人为一组。

(3) 要求每位学生使用 SPSS 软件将实验材料涉及的八大动机的均值计算出来，比较哪个动机的均值最大。

(4) 利用 Excel 软件，对调查对象的“从事这一职业的愿望”动机的调查数据按性别及学历等类别进行交互分类分析，以小组为单位，尝试挖掘变量间的关系。

(5) 以小组为单位，在附录二《处级公务员胜任力》调查数据中，任意选取 1～2 位调查对象，根据其动机测评结果，对其从事公务员工作的动机进行测评，并陈述理由。

(6) 各小组向全班展示所选取调查对象的动机测评结果，辅以教师讲评。

(7) 个人总结并编撰实训报告。

四、思考题

(1) 请陈述科学的人才测评比经验性判断的优势所在。

(2) 人才测评结果如何变得更加科学客观？

(3) 人才测评的理论对实践应用有什么指导作用？

五、实验成绩

序号	实验要求	分值
(1)	学习人才测评的基础理论	10
(2)	了解人才测评的现实实践	20
(3)	全面熟悉人才测评在公共部门的现况及模式选择	30
(4)	尝试运用相应人才测评数据等完成统计分析并解释数据结果	40

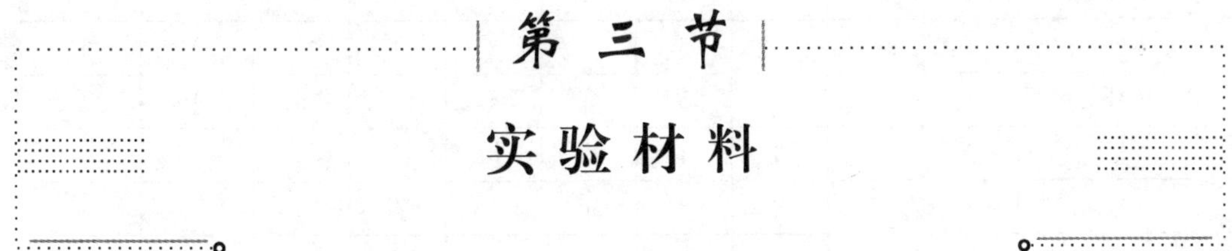

第三节　实验材料

节选自 2011 年 5 月国家行政学院公共管理教研部“公务员胜任力研究”课题组的《处级公务员胜任力》调查问卷及调查数据。

附录一　《处级公务员胜任力》调查问卷节选

请表明下列动机对您出色地完成工作有多重要。

请阅读每一行并在相应的选项上打"√"	非常重要 5	比较重要 4	不太重要 3	很不重要 2	不知道 1
A. 从事这一职业的愿望					
B. 使命感					
C. 良好的工作环境					
D. 较高的收入					
E. 向上晋升的机会					
F. 社会声望和地位					
G. 能参与并控制预算的机会					
H. 社会资本积累(如办事方便)					

您的基本情况：

(1) 您的性别(请在选项序号下划"√")。　A. 男　　B. 女

(2) 您的年龄(请在选项序号下划"√")。

A. 40 岁以下　B. 40～45 岁　C. 46～50 岁　D. 51～55 岁　E. 55 岁以上

(3) 您在现任职位的工作年限：________年。

(4) 您是否是中国共产党党员，假若是的话，您的党龄：________年。

(5) 您的学历(请在您的选项序号下划"√")。

A. 高中及以下　　B. 大专　　C. 大学本科

D. 硕士　　E. 博士　　F. 其他________

附录二　《处级公务员胜任力》调查数据节选

题目 答题人员	A	B	C	D	E	F	G	H	性别	学历
1 号	4	4	4	4	4	4	4	4		
2 号	4	4	3	5	5	3	4	5	A	C
3 号	4	5	4	5	5	4	3	5	A	C
4 号	3	5	3	4	4	3	3	4		
5 号	5	2	3	3	4	1	4	3	A	C
6 号	5	5	4	5	5	4	4	5	A	E
7 号	4	5	4	5	5	2	3	5	A	B
8 号	5	5	4	4	5	2	3	5	A	C
9 号	5	5	4	5		3	3	5	A	D
10 号	5	5	3	5	5	3	3	5	A	E
11 号	5	5	4	5	5	3	3	5	A	E

续表

答题人员＼题目	A	B	C	D	E	F	G	H	性别	学历
12 号	5	5	5	5	4	3	3	5	B	C
13 号	5	5	4	5	3	3	4	5	A	D
14 号	3	5	4	5	5	4	3	4	A	D
15 号	4	4	4	5	4	3	3	5	A	D
16 号	5	5	2	4	5	1	2	1	A	C
17 号	5	5	4	5	5	3	5	5	A	E
18 号	5	5	4	5	4	3	3	5	B	
19 号	4	4	4	5	4	3	3	4	A	D
20 号	5	5	5	5	5	3	4	5	A	C
21 号	5	5			5				B	C
22 号	5	5	3	5	5	4	4	5	A	C
23 号	5	5	4	5	5	4	5	5		
24 号	5	5	4	4	5	3	4	5	A	C
25 号	3	4		5	3	1	5	4	A	B
26 号	5	5	4	5	5	4	5	5	A	C
27 号	5	5	5	5	5	4	4	5	A	D
28 号	5	4	4	5	5	3	3	5	A	E
29 号	5	5	5	5	5	5	4	5	A	E

注:空白处为缺失值。

第四节
实验报告

实验报告

院系		专业	
班级		姓名	
实验教师		学号	
成绩		日期	
实验名称			

一、实验目的

二、实验原理

三、实验步骤

四、实验数据(如有则填)

五、实验结果

六、讨论分析(完成指定的思考题和作业题)

七、实验总结及改进实验建议(如有则填)

八、问题与困惑

备注：

第五节
实验答案

1. 被调查的处级干部动机测评的均值、极小值、极大值及标准差。

描述统计量

题目 \ 统计项	*N*	极小值	极大值	均值	标准差
A. 从事这一职业的愿望	141	3	5	4.61	0.630
B. 使命感	134	2	5	4.72	0.526
C. 良好的工作环境	135	2	5	3.97	0.819
D. 较高的收入	137	3	5	4.66	0.598
E. 向上晋升的机会	136	3	5	4.68	0.556
F. 社会声望和地位	131	1	5	3.24	1.037
G. 能参与并控制预算的机会	136	1	5	3.76	0.915
H. 社会资本积累(如办事方便)	139	1	5	4.67	0.641
有效的 *N*(列表状态)	119				

注:本节表格数据均据本书附录数据运用 SPSS 统计软件计算、转化。

2. 动机测评第一题“从事这一职业的愿望”调查数据与性别及学历交互分类分析的结果。

从事这一职业的愿望 * 1 性别 交叉制表

计数

		1 性别				合计
		缺失值	男	女	录入错误	
从事这一职业的愿望	3	2	8	1	0	11
	4	6	23	4	0	33
	5	11	72	13	1	97
合计		19	103	18	1	141

续表

从事这一职业的愿望 * 4学历 交叉制表									
计数									
		4学历							合计
		缺失值	高中及以下	大专	大学本科	硕士	博士	在职研究生	
从事这一职业的愿望	3	2	0	1	1	3	4	0	11
	4	6	0	1	12	11	2	1	33
	5	12	1	2	32	32	18	0	97
合计		20	1	4	45	46	24	1	141

3. 评价第 5 位调查对象的工作动机评价。

其工作动机的调查反馈如下表所示。

答题人员	A	B	C	D	E	F	G	H
5 号	5	2	3	3	4	1	4	3
所有调查对象的调查均值	4.61	4.72	3.97	4.66	4.68	3.24	3.76	4.67

从以上第 5 位调查对象及其调查均值的对比来看，第 2 题（使命感）赋值 2（很不重要），大大低于平均值 4.72，表明其从事公职的使命感并不强；第 3 题、第 4 题（良好的工作环境、较高的收入）分别赋值 3（不太重要），表明其对公共部门的环境要求及收入激励的偏好较低；第 5 题（向上晋升的机会）赋值 4（比较重要），略低于平均值 4.68（非常重要），表明其向上进取的动力不足；第 6 题（社会声望和地位），赋值 1（不知道），表明其对这份工作的期待很低，即不知道从这份工作中能获得什么。

综上所述，该调查对象拥有较为模糊的工作动机，不太确定自己的工作目标及定位，工作上的成就感和价值感也较低。针对公共部门的任职者而言，他还缺少为公共事业努力的使命感和进取心。因此，他的工作动机不太符合一名处级干部的规范性要求。

第二部分　人才测评的内容

人才测评是一种运用先进技术、方式和手段对人力资源的能力结构进行科学评价的现代化人事管理工具。我国公共部门的人事部门也逐步引入人才测评方法，为领导干部的能力诊断、选拔、任用及晋升提供可靠依据。公共部门人才测评是提升公务员行政水平和提高政府治理能力的重要工具，也是建立统一规范的公共部门人力资源管理的必备要素，在深化公共部门人事制度改革的实践探索中发挥着基础性和引领性的作用。具体来讲，运用人才测评能避免政府部门“关起门来选人”“领导拍脑袋选人”等选录晋升的不良现象，能为“伯乐识马、相马”提供“火眼”。但是在“如何识”之前，有必要提前了解一下“识什么”，即在进行公务员测评实际操作之前，需要对测评人才的特征要素及结构层次进行系统分析，进一步确定人才测评应该关注的内容对象及指标框架。

本部分共分为两章，第一章对公共部门人才测评内容进行认知和定位，阐释相关概念、要素和原理，论述人才测评的常用工具，进而通过相关实验方案的设计，直观了解人才测评的实施和结果输出。第二章通过对胜任力相关理论的梳理及应用，揭示公务员绩效的潜在影响因素及其测评机制，并通过实验的方法帮助实验者构建潜在胜任力特征的素质模型。

第二章 CHAPTER2

公共部门人才测评内容及其实施

第一节 基础理论

人是最复杂的动物，在兴趣、人格、能力（潜能）、态度、价值观等方面千差万别，同时这些差别也带来了个体在工作场域中的绩效差异。如何测量、评价人，以及如何通过人的测评推断预测个体的未来表现，是非常困难且有挑战性的任务。所以，必须在全面解析、盘点人才测评基本要素的基础上，以科学的人才测量理论为指导，运用现代科技手段和研究方法提高人才测评的准确性，减少误差。

一、人才测评的基本要素

人才测评的基本要素指人才认知测评的对象，包括附着在人才身上的兴趣、性格、特质、能力、动机、价值观等。人才测评是对测评者的多方面认识，根据心理学及行为科学等的观点，测评的结果能够用来进行人才鉴定、未来行为预测、问题诊断等，发挥着导向功能和激励效应。①

对公共部门人才进行测评，除了测评自身性格、职业兴趣、自我人格和能力等一般性要素，还应该拓展到公共部门人才应具有的特殊要素上，如公共服务动机、工作价值观、公民精神等。

1. 兴趣

兴趣是人们力求认识某种事物或从事某种活动的心理倾向。人对感兴趣的事物会表

① 余兴安. 人力资源服务概论[M]. 北京：中国人事出版社，2016.

现出巨大的积极性，并产生愉快的情绪体验。职业兴趣是指人们对某种职业活动具有的比较稳定而持久的心理倾向。职业兴趣在职业活动中起着重要的作用，当一个人对某种职业产生兴趣时，他就能提高工作积极性，全身心地投入到工作中，孜孜不倦，引以为乐；在面对困难时，也绝不退缩，而是努力进取，排除万难，直到成功为止。人们都希望能把自己的职业兴趣与自己的职业生涯结合起来，这样，即使工作辛苦一点，但心情总是会保持愉快，而且还更容易取得成功。霍兰德职业兴趣测评是目前较主流的测评工具，可以使用它测评自我的职业兴趣。

2. 性格

性格是一个人在生活中对人、对事、对自己、对外在环境所表现出来的一致性反应方式。每个人在其成长经历中，都可能受到遗传、生理、家庭教养、文化、生活经历等因素的综合作用影响，而形成自己独特的性格，在不同情境中表现出特定的反应。MBTI测试是比较常用的性格测评工具。

3. 人格

人格是指一个人所具有的与他人相区别的独特而稳定的思维方式和行为风格。人格测试是用以测量不同情境中个人典型行为表现的一类心理测试工具的总称。所谓个人典型行为表现，是指一个人在一定条件下经常表现出来的习惯性行为、反应与情感，以及所形成并表现出的相对稳定的个性特征和兴趣、态度、价值观等。特质是决定个体行为的基本特性，是人格的有效组成元素，也是测评人格所常用的基本单位。人格会影响人对事物的理解。例如，有些人看待事物总是比较乐观，而有些人总是比较悲观。有些人比较独立，有自己的主见；另一些人比较依赖他人，容易被他人的意见所左右。人格会影响人们处理事物的方法：有人果断，做事雷厉风行；有人优柔寡断，做事犹豫不决；有人情绪稳定，心平气和；有人喜怒无常。人格是非常复杂的，不同人格特征的人会在工作中有不同的表现，常用工具有卡特尔16PF人格测评、九型人格测评。

4. 能力

能力是指人们成功地完成某种活动所必须具备的个性心理特征。能力和活动紧密联系，能力是在活动中形成、发展和表现出来的。影响能力的因素有很多，先天遗传素质是能力形成和发展的自然前提及基础，后天的环境和教育对能力的形成和发展有着十分重要的作用，能力是先天素质和后天环境教育相互作用的结果。

人的能力是各种各样的，一般可以分为以下几种：①一般能力和特殊能力。一般能力，是指在从事不同种类的活动时所共同需要的能力，如观察能力、记忆能力、抽象概括能力等。特殊能力，是指从事特定专业活动时所必须具备的能力，如音乐能力、绘画能力、汽车驾驶能力等。②认知能力、操作能力和社交能力。认知能力是指接收、加工、储存和提取信息的能力。操作能力是指人们操纵、制作和运动的能力。社交能力是指人们在社会交往活动中表现出来的待人接物、为人处世、组织管理、差别决策、处理问题等的能力。③模仿能力和创造能力。模仿能力是指仿效他人的言行举止而引起的与之相类似的行为活动的能力。创造能力是指产生新思想和创造新事物的能力。一个人能否胜任自己职位，很大程度上取决于自身的能力，我们可以通过一些能力测评法来了解人的能力所在。

5. 公共服务动机

公共服务动机是激发、引导和维持人们从事公共服务的内在心理过程或内部动力。动机是一种内部心理过程，我们不能直接观察动机，但是我们可以通过任务选择、努力程度、对活动的坚持性和言语表达等外部行为间接推断出来。人类的各种活动总是由一定的动机所激活；动机使活动具有一定的方向，朝着预定目标进行；动机对活动具有维持和加强的作用，不同性质和强度的动机对活动的激励作用不同，而公共部门的工作需要较强烈的公共服务动机。公共服务动机将成为植根在公共部门人才，尤其是公务员心中服务公共社会、投身公共治理的呼唤和悸动，并能转化为对公共部门的高忠诚度、强承诺度和好廉洁度等优良绩效行为。

6. 工作价值观

工作价值观是指引导个体对与工作相关行为进行选择和评价的潜在因素，反映了个体在工作中想要得到满足的需求及其相应的偏好，并能引导工作表现。工作价值观一般涵盖以下特征：①与工作有关的事物、行为或目标；②个体在工作中希望获得满足的内在需求，体现为个体重视工作条件、工作意义、工作特性和工作结果；③基于个人对工作的期望、体验和感受而形成的主观的价值观判断；④工作价值观能引导个人的工作表现。[①] 工作价值观往往受个人的出身、阅历、意识形态、思想道德等主客观因素影响。比如对公民权利与义务关系的认识，影响着公共部门任职者的国家观、权利观、责任观、公德观等，进而能让其形成具有较高公民意识和公共精神的工作价值观，并让其拥有更好地履行公共职责、参与公共活动的工作特质。

二、以要素为中心的测评量表的选择

（一）霍兰德职业兴趣测评

1. 理论产生及发展

霍兰德职业兴趣测评是美国著名职业指导家 J. 霍兰德（Holland）在长期职业指导实践基础上，经过一百多次大规模的实证研究，于 1959 年正式提出的著名职业兴趣理论，并形成了人格类型与职业类型的学说和测验。他认为，职业兴趣是人格的体现。从事同一职业工作的人存在着共同的人格，人格可划分为不同的类型。基于系列关于人格和职业关系的假说，他提出了六种基本的职业类型。

霍兰德的职业兴趣理论主要从兴趣的角度来探索职业指导的问题。他明确提出了职业兴趣的人格观，使人们对职业兴趣的认识有了质的变化。霍兰德的职业兴趣理论把对职业环境的研究与对职业兴趣个体差异的研究有机地结合起来了，而在霍兰德的职业兴趣类型理论提出之前，职业环境与职业兴趣个体差异的研究是相对独立进行的。

2. 测评工具及成果输出

（1）测评工具

霍兰德以职业兴趣理论为基础，先后编制了职业偏好量表（Vocational Preference

---

① 李丹婷. 公务员工作价值观与公共服务动机研究：以福建省公务员为例[D]. 北京：中国人民大学，2012.

Inventory）和自我导向搜寻表（Self-directed Search）两种职业兴趣量表，作为职业兴趣测评的工具。霍兰德力求为每种职业兴趣找出两种相匹配的职业能力。兴趣测评和能力测评地结合在职业指导和职业咨询的实际操作中起到了十分重要的作用。

（2）成果输出

霍兰德结合自己的研究发现，提出了关于人格特质的职业兴趣类型假设。大多数人可以被归纳为六种类型，他以六边形标示出六大类型的关系，然而六大类型并非是并列的、有着明晰的边界的。如表2.1和图2.1所示。

表2.1　霍兰德职业兴趣类型表

职业兴趣类型	具体描述	职业种类
R（现实型）	动手能力强，偏好具体任务，不善言辞，缺乏社交能力，擅长与物体打交道，喜欢摆弄和操作工具；不喜欢和人打交道	野生动物专家、自动化技师、机械工（车工、钳工等）、电工、木匠、农民、操作X光的技师、工程师、飞机机械师、鱼类和气象学者、生物学者、天文学家、药剂师、动物学者、化学家、科学报刊编辑、地质学者、植物学者、物理学者、数学家、实验员、科研人员、科技作者
I（调查型）	擅长对各种现象进行观察、分析和推理；不喜欢组织、领导方面的活动	无线电报务员、火车司机、长途公共汽车司机、机械制图员、机器和电器修理师
A（艺术型）	偏好模糊、自由和非系统化的活动，并在这些活动中创造艺术作品；厌恶明确、秩序和系统化的活动	室内装饰专家、图书管理专家、摄影师、音乐教师、作家、演员、记者、诗人、作曲家、编剧、雕刻家、漫画家
S（社会型）	偏好对他人进行传授、培训、教导等方面的社会活动，不喜欢与材料、工具、机械等实物打交道	社会学者、导游、福利机构工作者、咨询人员、社会工作者、社会科学教师、学校领导、精神病院工作者、公共保健护士
E（企业型）	对领导角色和冒险活动感兴趣，喜欢从事领导他人实现组织目标或获取经济效益的活动	推销员、进货员、商品批发员、旅馆经理、饭店经理、广告宣传员、调度员、律师、政治家、零售商
C（常规型）	偏好对数据资料进行明确、有序的整理工作，如整理书面资料	记账员、会计、银行出纳、法庭速记员、成本估算员、税务员、核算员、打字员、办公室职员、统计员、计算机操作员、秘书

这六种职业兴趣类型按顺时针方向排成一个六角形（RIASEC）。相应的，社会上也有六种类型的职业：现实型、调查型、艺术型、社会型、企业型和常规型。同样，这六大职业类型，按照一个固定的顺序排成一个六角形（RIASEC）。

霍兰德的六边形模型反映了六种职业兴趣与职业环境之间的关系。在六边形模型中，六种类型的职业兴趣位于正六边形的六个顶点上，按照RIASEC依次排列。在六边形上，任何两种兴趣类型之间的距离越近，其职业环境及人格特质的相似程度就越高。六边形模型可以帮助我们对职业兴趣类型与职业环境类型之间的适配性进行评估，如果职

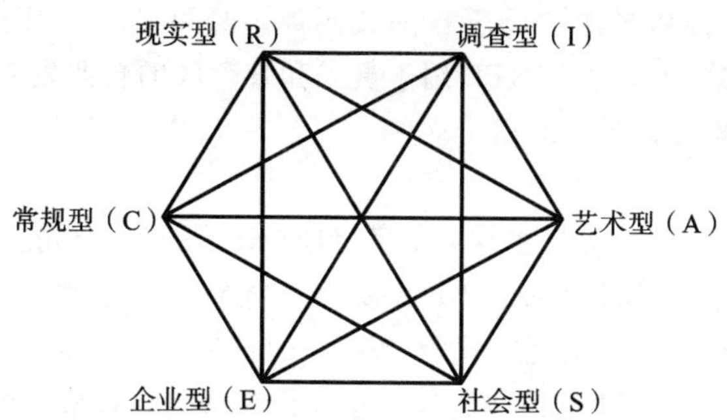

图 2.1 霍兰德职业兴趣类型图示

业兴趣与职业环境匹配，就有可能增加职业满意度，带来职业成就感和提高职业稳定性。

个人的职业兴趣往往是多方面的，很少只集中在某一种类型上，每个人都是六种类型的不同组合，只是占主导地位的类型不同。霍兰德采用三个字母的代码来标定个人职业兴趣类型，如 RIA、ASE 等，字母的顺序按兴趣强弱递减排列。先通过测评确定被测者的职业兴趣代码，然后在职业搜寻表中查找相应的职业。

同时，霍兰德将其职业兴趣理论运用于美国劳工部制定的职业条目词典，借助职业分析的有关内容，将其中的 12099 种职业赋予了霍兰德职业兴趣类型代码，编纂了霍兰德职业代码词典（The Dictionary of Holland Occupational Codes），方便人们按照自己的职业兴趣类型选择合适的职业。

3. 公共部门的适用范围

霍兰德的职业兴趣理论可以帮助人们做好职业选择和职业设计，成功地进行职业调整，从整体上认识和发展自己的职业能力。职业兴趣也是职业成功的重要因素，占主导地位的兴趣类型可以为个人选择职业和工作环境提供方向。人们通常倾向选择与自我兴趣类型匹配的职业环境，如具有现实型兴趣的人希望在现实型的职业环境中工作，可以更好地发挥个人的潜能。但如果个体寻找到不匹配的职业环境，意味着进入与自我兴趣完全不同的职业环境，则可能难以适应工作，或者难以在工作时感受很快乐，甚至感到非常痛苦。对组织而言，霍兰德的职业兴趣测评已被广泛应用于职业指导、社会科学及商业领域，其影响和作用也日益增大。

对于公共部门而言，霍兰德职业兴趣理论可帮助公共部门中的个体进行职业规划，结合个人的职业兴趣及职业导向搜寻，帮助个人寻找到适合的职业类型，进行职业的调整和优化。同时，对于公共部门的人事部门而言，霍兰德职业兴趣理论可以为人员的招录、甄选和晋升等环节提供参考依据，更好地锁定适合的人才；在培训和考核环节，也可以适当结合职业兴趣偏好进行培训方案的开发设计、绩效考核指标的设计及提出绩效改进的建议。

（二）MBTI 性格测评

MBTI 即迈尔斯—布里格斯类型指标（Myers-Briggs Type Indicator，MBTI），在众多

性格测评[①]中,MBTI 性格测评归属于自陈式测评。经过 70 多年的实践和发展,世界前 100 强公司中已有 89%引入了 MBTI,用于员工和管理层的自我发展、提升组织绩效等各个领域,因此以下将重点讲解 MBTI。

1. 理论产生及发展

MBTI 是由美国心理学家凯瑟琳·布里格斯(Katherine Bringgs)和她的心理学家女儿伊萨贝尔·迈尔斯(Isabel Briggs Myers)根据瑞士著名心理分析学家荣格(Carl G. Jung)的心理类型理论以及她们对人类性格差异的长期观察与研究而制成。经过了长达 50 多年的研究和发展,MBTI 已经成为当今全球最为著名和权威的性格测评工具。

MBTI 性格测评作为一种对个性的判断和分析方法,是一个理论模型,它从纷繁复杂的个性特征中,归纳提炼出四个关键要素——动力、信息收集、决策方式、生活方式,并进行分析和判断,从而把不同个性的人区别开来。

MBTI 性格测评揭示了个体深层的“本我”,即最本能与最自然的思维、感觉、行为模式,而不是在别人面前表现出来的表面性格特征。一个人的 MBTI 性格类型是由遗传、成长环境决定的,一旦形成,很难改变,只有性格倾向的程度随着年龄的增长而有所变化。

MBTI 是一种迫选型、自我报告式的性格评估理论模型,用以衡量和描述人们在获取信息、做出决策、对待生活等方面的心理活动规律和性格类型。通过 MBTI 模型,性格和职业之间的联系得到了比较清晰的阐释。

2. 测评工具及成果输出

MBTI 性格理论将性格划分为四个维度,每个维度包含互相对立的两种偏好,共计八个方面,如表 2.2 所示。

表 2.2　MBTI 性格理论偏好示意

性格的四个维度	解释说明
外向 E—内向 I	代表着个人不同的精力来源
感觉 S—直觉 N	分别表示人们在进行认知和判断时的不同用脑偏好
思考 T—情感 F	
判断 J—认知 P	针对人们的生活方式而言,它表明人们如何适应外部环境,在人们适应外部环境的活动中,究竟是感知还是判断发挥了主导作用

将以上四个维度进行两两组合,每一个特定偏好组合就构成一种特定的性格,譬如 ENTJ 代表“外向-直觉-思考-判断”型性格,ISTJ 代表“内向-直觉-思考-判断”型性格。总共有十六种类型,以各个维度的字母表示,如表 2.3 所示。

---

① 性格指个人对现实的稳定态度和习惯的行为方式,按照不同的标准可以将人们的性格划分成不同的类型。性格测评可以归结为两类:自陈式测评,如卡特尔 16 种人格因素问卷(16PF)、明尼苏达多项人格量表(MMPI)、加州心理调查表(CPI)、爱德华个人爱好量表(EPPS)、迈尔斯—布里格斯类型指标(MBTI)、NEO 个性问卷(NEO-PI)、DISC 人格测评等;投射式测评,如罗夏墨迹测评和主题统觉测评。

表 2.3　MBTI 性格理论类型表

ISTJ	ISFJ	INFJ	INTJ
ISTP	ISFP	INFP	INTP
ESTP	ESFP	ENTP	ESTJ
ESFJ	ENFJ	ENTJ	ENFP

四个维度在每个人身上会表现出不同的比重，不同的比重会导致不同的性格表现，关键在于各个维度上的人均指数和相对指数的大小。综合荣格的人格分类学说和 MBTI 相关理论，美国东卡罗莱纳大学心理学专业设计出 MBTI-G 版本进行职业性格的完整测评。目前我国很多的心理测评公司及咨询公司对 MBTI 模型及量表进行了改造，设计出了动态的职业性格测评量表。

通过测评，MBTI 十六种性格类型的诊断结果如表 2.4 所示。

表 2.4　MBTI 性格类型诊断结果

MBTI 性格类型	具体日常表现
ISTJ （“内向-感觉-思考-判断”型性格）	(1)严肃、安静，借由集中心志与全力投入及可被信赖获得成功。 (2)行事务实、有序、实际、逻辑、真实及可信赖。 (3)十分留意且乐于任何事(工作、居家、生活均有良好组织及有序)。 (4)负责任。 (5)照设定成效来做出决策且不畏阻挠与闲言，坚定为之。 (6)重视传统与忠诚。 (7)传统性的思考者或经理。
ISFJ （“内向-感觉-情感-判断”型性格）	(1)安静、和善、负责任且有良心。 (2)行事尽责投入。 (3)安定性高，常常是项目工作或团体之安定力量。 (4)愿投入、吃苦及力求精确。 (5)兴趣通常不在科技方面，对细节事务有耐心。 (6)忠诚、考虑周到、知性且会关心他人感受。 (7)致力于创造有序且和谐的工作与家庭环境。
INFJ （“内向-直觉-情感-判断”型性格）	(1)因为坚忍、创意及必须达成的目标而能成功。 (2)会在工作中投注最大的努力。 (3)默默地、诚挚地及用心地关心他人。 (4)因坚守原则而受敬重。 (5)提出造福大众利益的明确远景而为人所尊敬与追随。 (6)追求创见、关系及物质财物的意义及关联。 (7)想了解什么能激励别人及对他人具有洞察力。 (8)光明正大且坚信其价值观。 (9)有组织且果断地履行其愿望。

续表

MBTI 性格类型	具体日常表现
INTJ （“内向-直觉-思考-判断”型性格）	(1)具有强大动力与意愿来达成目的与创意。 (2)有宏大的愿景且能快速在众多外界事件中找出有意义的模范。 (3)对所承担的职务具有良好规划并能完成。 (4)具有怀疑心、挑剔性、独立性，果决，对专业水准及绩效要求高。
ISTP （“内向-感觉-思考-认知”型性格）	(1)冷静旁观者——安静、预留余地、弹性，会以无偏见的好奇心与幽默来观察与分析。 (2)有兴趣探索原因及效果，比如技术是为何及如何运作，且使用逻辑的原理组构事实，重视效能。 (3)擅长掌握问题核心及找出解决问题的方式。 (4)分析成事的缘由且能实时从大量资料中找出实际问题的核心。
ISFP （“内向-感觉-情感-认知”型性格）	(1)羞怯的、安宁和善的、敏感的、亲切的且行事谦虚。 (2)善于避开争论，不对他人强加己见或价值观。 (3)无意于领导却常是忠诚的追随者。 (4)办事不急躁，安于现状，无意以过度的急切或努力破坏现况，且非成果导向。 (5)喜欢有自由的空间及照自订的时程办事。
INFP （“内向-直觉-情感-认知”型性格）	(1)安静观察者，具有理想性，对其价值观及重要之人具有忠诚心。 (2)希望生活形态与内在价值观相吻合。 (3)具有好奇心且很快能看出机会所在，常担负创意的促成者。 (4)除非价值观受侵犯，行事会具有弹性，适应力高且承受力强。 (5)具有想了解及发展他人潜能的企图，想做太多事且做事全神贯注。 (6)对所处境遇及所拥有的不太在意。 (7)具有适应力，有弹性，除非价值观受到威胁。
INTP （“内向-直觉-思考-认知”型性格）	(1)安静、自持、弹性及具有适应力。 (2)特别喜爱追求理论与科学事理。 (3)习惯以逻辑及分析来解决问题。 (4)最有兴趣进行创意事务及特定工作，对聚会与闲聊无大兴趣。 (5)追求可发挥个人强烈兴趣的职业生涯。 (6)追求对有兴趣事物之逻辑解释。
ESTP （“外向-感觉-思考-认知”型性格）	(1)擅长现场实时解决问题。 (2)喜欢办事并乐于其中。 (3)喜好技术事务及运动，交结同好友人。 (4)具有适应性、容忍度、务实性；投注心力于很快具成效的工作。 (5)不喜欢冗长概念的解释及理论。 (6)最专精于可操作、处理、分解或组合的真实事务。

续表

MBTI 性格类型	具体日常表现
ESFP （“外向-感觉-情感-认知”型性格）	(1)外向、和善、易于接受，乐于与他人分享喜乐。 (2)喜欢与他人一起行动且促成事件发生，在学习时亦然。 (3)知晓事件未来的发展并会热烈参与。 (4)最擅长于人际相处且具备完备的常识，很有弹性，能立即适应他人与环境。 (5)热爱生命、物质享受。
ENTP （“外向-直觉-思考-认知”型性格）	(1)反应快，聪明，长于多样事务。 (2)会激励伙伴，敏捷，直言不讳。 (3)会为了趣味对问题的两面加以争辩。 (4)对解决新的及挑战性的问题富有策略，但会轻忽或厌烦经常的任务与细节。 (5)兴趣多元，易转移至新生的兴趣。 (6)对想要达成的目的会有技巧地找出逻辑理由。 (7)长于看清楚他人，有智能去解决新的或有挑战性的问题。
ESTJ （“外向-感觉-思考-判断”型性格）	(1)务实、真实，具有企业或技术天赋。 (2)不喜欢抽象理论，最喜欢学习可立即运用于事理的内容。 (3)喜好组织与管理活动，专注，以最有效率方式行事以达到成效。 (4)具有决断力，关注细节且能很快做出决策。 (5)会忽略他人感受。 (6)喜当领导者或企业主管。 (7)做事风格比较偏向于权威指挥性。
ESFJ （“外向-感觉-情感-判断”型性格）	(1)诚挚，爱说话，合作性强，受欢迎，光明正大，天生的合作者及活跃的组织成员。 (2)重和谐且长于创造和谐。 (3)常做对他人有益的事务。 (4)给予鼓励及称许会有更佳工作成效。 (5)对直接影响人们生活的事务感兴趣。 (6)喜欢与他人共事，精确且准时地完成工作。
ENFJ （“外向-直觉-情感-判断”型性格）	(1)热忱，易感应及负责任，具有鼓励他人的领导风格。 (2)对别人所想或要求会表现真正的关心且切实用心去处理。 (3)能怡然且有技巧性地带领团体讨论或演示文稿提案。 (4)爱交际，受欢迎，富同情心。 (5)对称许及批评很在意。 (6)喜欢带领别人且能使别人或团体发挥潜能。

续表

MBTI 性格类型	具体日常表现
ENTJ （“外向-直觉-思考-判断”型性格）	(1)坦诚，是具有决策力的活动领导者。 (2)长于发展与实施有效的策略以解决问题。 (3)专精于具有内涵与智能的谈话，如对公众演讲。 (4)乐于经常吸收新知且能广开信息通道。 (5)容易过度自信，会强于表达自己的创见。 (6)喜策划及目标设定。
ENFP （“外向-直觉-情感-认知”型性格）	(1)充满热忱，活力充沛，聪明，富有想象力，认为生命充满机会但期望能得到他人肯定与支持。 (2)几乎能达成所有有兴趣的事。 (3)对难题很快就有对策并能对有困难的人施予援手。 (4)依赖能改善的能力而无须做规划准备。 (5)为达目的常能找出强制自己为之的理由。 (6)即兴执行者。

3. 公共部门的适用范围

MBTI 性格理论可以帮助解释为什么不同的人对不同的事物感兴趣、擅长不同的工作，并且有时不能互相理解。作为一种工具，它已经在世界上运用了将近 30 年的时间，夫妻利用它能使亲密关系更融洽，老师和学生利用它能提高授课、学习效率，求职者利用它能选择更合适的职业，组织利用它能改善人际关系、团队沟通、组织建设、组织诊断等多个方面。在世界五百强企业中，有 80％的企业有 MBTI 性格测评的应用经验。

人力资源管理环节中，借助相关工具和资源，MBTI 性格测评可广泛应用于组织招聘、选用、晋升、内部人才盘点及职业规划等方面的职能个性特点考察和评估、心理学测量、职业测评，辅助人事决策、员工职业发展等等。

（三）人格测评（九型人格测评与卡特尔 16PF 人格测评）

1. 九型人格(enneagram)测评

(1) 理论产生及发展。

“enneagram”一词源自希腊文“ennea”（九）和“gram”（形态），可以译为九宫格、九型人格或九种性格。九型人格学说的起源非常久远，现已不可考证。九型人格学说辗转流传到欧美等地后，美国心理学家海伦·帕玛早年将它用作研究人类行为及心理学的专业课题，被包括斯坦福大学在内的多所美国大学列作教材，成为心理研究课程。它按照人们的习惯性思维模式、情绪反应和行为习惯等性格特质，将人的性格分为九种——完美型、助人型、成就型、自我型、理智型、疑惑型、活跃型、领袖型、和平型。美国中央情报局(CIA)曾使用它了解各国元首的行为特质；世界五百强企业中的美国通用汽车公司、可口可乐、惠普等也早已把九型人格学说运用于企业管理。

(2) 测评工具及成果输出。

九型人格学说是一种深层次了解人的方法和学问,九种类型均有其典型的性格特质。只有掌握不同类型人的深层次价值观,理解其行为方式下的深层次恐惧和渴望,才能以更广博的心胸接纳与自身个性不同的人群,同时对自身个性完善起到良好的促进作用。

①完美型。

完美型的人理性、正直,做事有原则、有条理、有效率,追求高度自律和他律。隐含在其内心的深层恐惧是担心自己出错,不够完美。因此,他人对其的评价往往是过于挑剔,吹毛求疵。此类型的人要注意自身在过度批判、缺乏弹性、自以为是等方面的表现。

②助人型。

助人型的人乐于付出,善解人意,总是热情地满足他人的需要,同时也渴望得到爱与关怀。隐含在其内心的深层渴望是感受爱的存在及被人需要。此类型的人由于对他人过分热心或对他人有过分要求,让人感觉操纵性强。

③成就型。

成就型的人竞争心强,希望让人看到其最好的一面,喜欢成为众人的焦点,有极强的行动力,为达成目标会竭尽所能。隐含在其内心的深层渴望是感觉有价值,被接受和欣赏。由于其过于追求事业的成就,常表现为急性子、工作狂,不体谅他人感受等特性。

④自我型。

自我型的人注重感觉和品位,希望与众不同,情感世界丰富又充满幻想,容易情绪化。他们创造力强,有灵感,触感敏锐。隐含在其内心的深层恐惧是失去自我认同感和存在感。由于其过度关注自我以及封闭和妒忌的内心,容易产生无助、无望的感觉。

⑤理智型。

理智型的人热衷于追求知识,博学多闻,喜欢分析事物及探讨抽象的观念,刻意表现深度。隐含在其内心的深层渴望是认知及了解一切。理智型的人常有愤世嫉俗,自我孤立,敌视或排斥他人的负面表现。

⑥疑惑型。

疑惑型的人有责任感,重承诺,做事过分谨慎,害怕犯错,设想最坏结果,缺乏安全感。怀疑自身能力,需要别人的肯定才能安心。隐含在其内心的深层恐惧是不确定的危险。此类型的人要敢于承担责任,欣赏自己,勇于抛弃没有答案的担心及顾虑。

⑦活跃型。

活跃型的人乐观、精力充沛,喜欢探索新鲜事物,讨厌规则,常以自我为中心,较少顾及他人感受。隐含在其内心的深层恐惧是束缚、压力和沉闷。此类型的人需要节制与控制,学会关心他人,克服懒惰习惯,提升耐力和深度。

⑧领袖型。

领袖型的人爱挑战、敢冒险,讲义气,有自信,善于启发和鼓舞他人,是掌舵人和创业者。其注意力的焦点在权力和影响力上,具有较强的支配性。隐含在其内心的深层恐惧是失控,被认为软弱以及被侵犯。建议领袖型的人学会放权,欣赏和认同他人,关注他人的感受。

⑨和平型。

和平型的人甘于现实，听天由命，不求调整，为人被动，自我意识弱。隐含在其内心的深层恐惧是冲突、失去与分离。建议和平型的人积极面对冲突，加强行动力，养成有计划、有目标、有结果的行为习惯。[①]

(3) 公共部门的适用范围。

九型人格测评能了解人们内在最深层的价值观，相对其他方法而言，判断和解释起来都比较简单。因此，很多单位在尝试着把它用于招聘活动中。通过九型人格测评，招聘者可以了解一个人的核心价值观，判断应聘者是否符合职位特征的要求，为职位找到合适的人才，也为人才找到合适的职位。[②]

2. 卡特尔 16PF 人格测评

(1) 理论产生及发展。

卡特尔在大学本科期间主修化学，当他转向心理学研究时，他的目标是建立一个类似化学元素周期表的人格特质表。由于在英国接受教育，深受斯皮尔曼的因素分析法的影响，所以他把因素分析视为确定人格基本单位的最好方法。他编制了数千个问卷项目，对大量被测者进行了测评，并使用因素分析法来确定哪些问卷项目可归类在一起。通过对这些数据的分析，卡特尔确定了 16 个因素，在此基础上发展了“人格 16 因素问卷”，用以测评相关特质维度上的个体差异。该测评工具主要用来确定和测评 16 周岁以上正常人群的基本人格特征，并进一步评估某些次级人格因素。

卡特尔的人格特质理论模型分为四层，即个别特质和共同特质，表面特质和根源特质，个体特质和环境特质，动力特质、能力特质和气质特质。

共同特质是某一社会文化形态下，大多数人或一个群体所共有的相同的特质。个别特质是指个体身上所独具的特质。个别特质又分为首要特质、中心特质、次要特质。首要特质是一个最典型、最有概括性的特质；中心特质是构成个体独特性的几个重要的特质，每个人有 5～10 个中心特质；次要特质是个体的一些不太重要的特质，在一般情况下并不表现出来。

表面特质，是指能从外部行为直接观察到的特质。从表面上看，不同的人可能会有一些相似的特质或行为，但实际上却出于不同的原因。比如，卖力地工作可能是为了讨好上司，只是在上司看到的时候才卖力，也可能是真的对这份工作非常感兴趣。根源特质，是指那些相互联系并以相同原因为基础的行为特质，如“焦虑”是害怕考试和体育比赛时双腿发抖的同一原因。在此，焦虑是一种根源特质。

个体特质，是指由先天的生物因素决定的特质，如兴奋性、情绪稳定性等。环境特质则是由后天的环境因素所决定的，如焦虑、恒心。

动力特质，指具有动力特征的特质，它使人趋向某一目标，包括生理驱动、态度和情操。能力特质，是表现在知觉和运动方面的差异特质，包括流体能力和晶体能力。流体能力指在信息加工和问题解决过程中所表现的能力，如对关系的认识、类比、演绎推理能力，

① 周晓新. 浅析九型人格测评在人力资源管理中的应用[J]. 邮政研究，2015(1)：41-42.

② 罗丽玲，徐庆鹏. 九型人格在人力资源招聘中的应用[J]. 企业改革与管理，2015(13)：68.

形成抽象概念的能力等。它较少依赖于文化和知识的内容，而取决于个人的禀赋。流体能力的发展与年龄有密切关系。一般人在20岁以后，流体能力的发展达到顶峰，30岁以后将随着年龄的增长而降低。晶体能力指获得语言、数学知识的能力，它取决于后天的学习，与社会文化有密切的关系。晶体能力在人的一生中一直在发展，只是到25岁以后，发展的速度渐趋平缓。气质特质，是决定一个人情绪反应的速度与强度的特质。

卡特尔认为，人的行为之所以具有一致性和规律性，就是因为每一个人都具有根源特质。为了测评这些根源特质，他首先从各种字典和有关心理学、精神病学的文献中找出约4500个用来描述人类行为的词汇，从中选定171项特质名称，让大学生进行行为评定。1949年，卡特尔用因素分析的办法提出了16种相互独立的根源特质，从而编制了16PF问卷。卡特尔认为，在每个人身上都具备这16种特质，只是在不同人身上的表现有程度上的差异。所以，他认为人格差异主要表现在量的差异上，可以对人格进行量化分析。卡特尔认为这16种特质代表着人格组织的基本构成，它们是各自独立的，普遍存在于各种年龄和不同社会文化环境的人身上。

(2) 测评工具及成果输出。

卡特尔16PF人格测评使用量表进行，更多侧重于外在能力，测评结果可以量化。通过对测评结果的统计处理，不但能明确描绘16种基本人格特征，还能够根据统计结果所得的公式，用量表的标准分数推算出多种次元人格因素，如适应与焦虑性、内向与外向性、感情用事与安详机警性、怯懦与果断性等。还可以根据标准分数进行一些运算，了解心理健康状况、是否会有成就、适应环境的能力、创造力等。

(3) 公共部门的适用范围。

卡特尔16PF人格测评在国际上颇有影响，具有较高的效度和信度，被世界很多企业广泛应用于人格测评、人才选拔、心理咨询和职业咨询等领域。而在公共部门，卡特尔16PF人格测评能为领导干部选拔、任用、晋升等各个环节提供人才测评报告，如江西九江某部门在其干部换届考察中使用卡特尔16PF人格测评问卷①；同时，还能帮助公共部门盘点已有人力资源的整体性格特征和进行未来人力资源战略规划。

（四）能力测评

1. 能力测评概述

能力是人才能否胜任职位的关键因素，对管理者来说，如何有效判断职场中的个体是否具备相应的职业能力关系着管理的有效性。通常而言，基于能力的不同维度，我们可以将能力测评划分为三大类。

(1) 一般能力测评。

一般能力测评主要是测评现实能力和预测能力倾向，包括思维能力、想象能力、记忆能力、逻辑推理能力、分析能力、数学能力、空间关系判断能力、言语理解能力、知觉速度、准确性等方面的测评，比如韦克斯勒智力量表(WAIS-R)和瑞文推理测验，如表2.5和图2.2所示。

---

① 倪星.公共部门人力资源管理[M].大连：东北财经大学出版社，2008.

表 2.5　WAIS-R 的测评内容

测评名称		所测内容
言语量表	常识	知识的广度、一般学习能力及对日常事务的认识能力
	背数	注意力和短时记忆能力
	词汇	言语理解能力
	算数	数学推理能力、计算和解决问题能力
	理解	判断能力和理解能力
	类同	逻辑思维和抽象概括能力
操作量表	填图	视觉记忆、辨认能力、视觉理解能力
	图片排列	知觉组织能力和对社会情境的理解能力
	积木图	分析综合能力、知觉组织及视动协调能力
	图形拼凑	概括思维能力与知觉组织能力
	数字符号	知觉辨别速度与灵活性

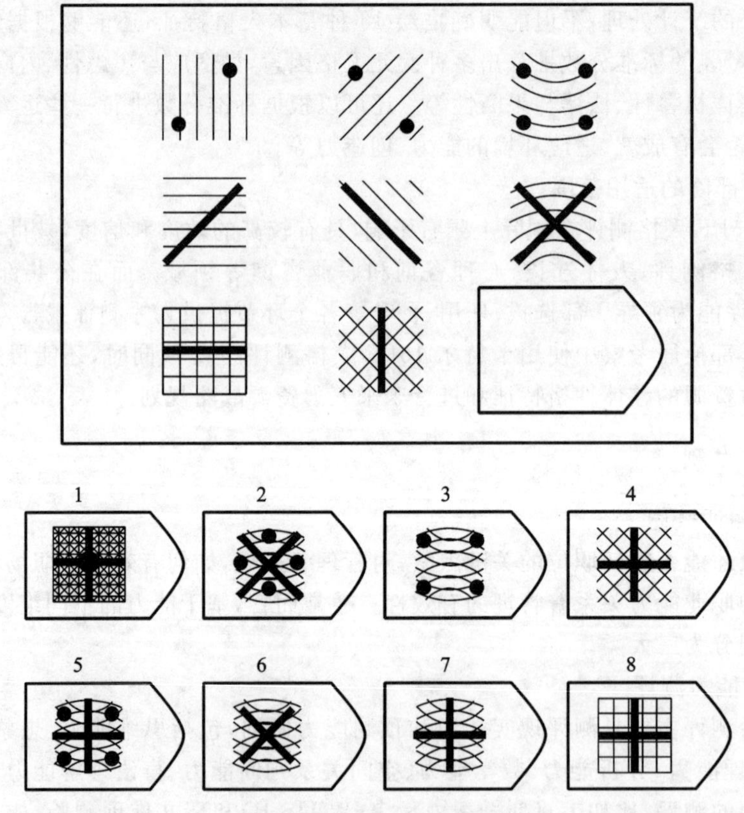

图 2.2　瑞文推理测验样题

(2) 职业能力测评。

日常生活和职业活动的观察和研究都证明，人的职业能力各不相同，有人善于言语交谈，有人善于操作，有人善于理论分析，有人善于事务性工作。每个人都有自己独特的能力结构。社会上的职业也是多种多样的，各种职业对从业者的能力要求亦各不相同，有的需要言语能力，有的需要计算能力，有的需要动手能力，大多数职业需要几种能力的综合。

职业能力测评是指针对某一职业类型，通过一组科学编排的测试题，对一个人的言语能力、数学能力、空间判断能力、细节观察能力、书写能力、运动协调能力、动手能力、社会交往能力和组织管理能力与职业的匹配性进行综合测评。

职业能力测评体系中还包括特殊能力测评，比如国外的明尼苏达办事员测评、西肖音乐能力测评、梅尔美术判断能力测评，国内的北森能力测评(NEW)等。

(3) 心理运动机能测评。

心理运动机能测评主要包括两大类，即心理运动能力测评和身体能力测评。

2. 行政职业能力测评

(1) 概述。

行政职业能力测评(administrative aptitude test，简称 AAT)是指专门用于测查与行政职业上的成功有联系的一系列心理潜能的标准化考试。它不同于一般的智力测评，也不同于公共基础知识或具体专业知识技能的测评，它主要是通过一系列心理潜能的测评，预测人才在行政职业领域内多种职位上取得成功的可能性。它测评的是一个人在多年生活、学习和实践中通过积累而形成的能力，其性质是一种基本潜在能力的考试。

(2) 测量工具。

我国的行政职业能力测评主要用于公务员招录考试中，通常以国家公务员局组织的标准化考试并以集中笔试的形式进行，称为“行政职业能力测验”。“行政职业能力测验”笔试包括五部分内容：言语理解与表达、数量关系、判断推理、常识判断和资料分析。根据每年考试大纲的要求，这五部分内容会有一些题型和题量的变化，但考察的范围不会变。

(3) 公共部门适用的范围。

行政职业能力测评是个人进行自我探索，明确自身行政职业能力特点的工具，也是衡量应聘者是否具备完成职位职责所要求的能力的工具。基于行政职业能力测评的诊断和预测功能，我国政府机关、事业单位等公共部门在招聘、选拔基层行政管理人才时必须进行行政职业能力测评。特别是基层公务员的选拔，基本秉持“凡进必考”的基本原则，由中央政府组织“国家公务员行政职业能力测试”帮助选拔；而各省市也会组织相应级别的“公务员行政职业能力测试”进行选拔。有时对公共部门的任职者进行培训和晋升之前也会选择“行政职业能力测试”。其他一些国企、银行等部门针对某些管理类职位也会选择结构性“行政职业能力测试”，进行人员的筛选录用。

(五) 公共服务动机测评

1. 理论产生及发展

所谓公共服务动机理论，是指个人回应本能的、愿意服务于公共组织的某种冲动或倾向。[①] 公共服务动机概念由美国学者 James Perry 等在 1990 年发表的论文中正式提出。也有学者认为,公共服务动机理念由美国公共组织行为学专家 Hal G. Rainey 教授于 1983 年最先提出。[②] 通常而言,公共服务动机被划分为三种分析维度:理性动机、以规范为基础的动机及情感动机。理性动机指个人追求自我效用的最大化,并希望参与政策形成过程,及对公共项目的认同,对特殊或私人利益的提倡;以规范为基础的动机主要包括为公共服务的愿望,对责任和政府的忠诚,对社会平等的诉求;情感动机主要涉及因相信项目的社会价值而产生对该项目的认同、利他主义及对他人的同情心。[③] Anthony Downs 认为,公务员由于对某公共项目的自我识别会激励他们对该项目的认可[④],这种认可也可用公共服务动机理论去解释。在 James Perry 的研究中,他将公共服务动机扩展为四个维度:公共政策制定的吸引力、对公共利益和公民责任的承诺、同情心和自我牺牲精神。[⑤]

2. 测评工具及成果输出

Perry(1996)基于 Frederickson 等学者以往对公共服务伦理的相关理论研究,建构了公共服务动机的六大因素:政策制定的吸引、公共利益的承诺、社会公正、公民责任、同情心、自我牺牲。他将这六个因素编成 40 个项目的五级李克特量表,通过对调查数据的实证性因素分析,最终得到 4 个因素(公仆热忱度、公仆承诺度、公仆怜悯度、公仆自我牺牲度)、25 个项目的公共服务动机测评问卷。前三个因素与 Knoke 和 Wright-Isak 所提出的动机结构有理性、规范和情感三纬度的理论完全相吻合,第四个因素自我牺牲度,在公共服务动机结构的三纬度和四纬度验证性因素分析中,GFI(goodness of fit index)检验、AGFI(adjusted goodness of fit index)检验等各项指标上的差异不大,但是考虑到历来自我牺牲都为人们公认是与公共服务相连的,Perry 还是将自我牺牲度作为一个独立的维度保留在问卷中。如表 2.6 所示,Perry 所提出的公共服务动机测评问卷是目前广为接受的公共服务动机测评工具,很多学者依此测评公共部门员工的公共服务动机水平,并进一步开展公共服务动机与其他变量关系的相关研究。

此外,Snyder(1996)等学者参照 Rainy 的研究,并通过对加拿大部分公私部门的比较研究,把有助于国家经济繁荣、对国家有利、为人民服务、通过工作帮助他人、服务于客户、有益于需要帮助的人、对公共政策有影响、有助于国家政治发展等 8 个项目作为公共服务动机指标,用来测评公共部门、私人部门员工的公共服务动机。Wilson(2003)基于 Perry 和 Wise 对公共服务动机的理性、规范、情感的划分,也提出了一种新的公共服务动机测评方法。

---

① PERRY J L, WISE L R. The motivational bases of public service[J]. Public administration review, 1990, 50(3): 367-373.

② RAINEY H G. Public agencies and private firms: Incentive structures, goals, and individual roles[J]. Administration & Society, 1983, 15(2): 207-242.

③ PERRY J L, WISE L R. The motivational bases of public service[J]. Public administration review, 1990, 50(3): 367-373.

④ DOWNS A. Inside bureaucracy: A RAND Corporation research study[M]. Long Grove: Waveland Press, 1967.

⑤ PERRY J, WISE L R, Martin M. The case of Indianapolis[J]. Review of Public Personnel Administration, 1994, 14(2): 40-54.

表 2.6　公共服务动机四因素的含义及测评问卷

<table>
<tr><th colspan="2">因　　素</th><th>含　　义</th></tr>
<tr><td colspan="2">公仆热忱度</td><td>对公共政策的兴趣和热情</td></tr>
<tr><td colspan="2">公仆承诺度</td><td>对公众和公共利益的关注和热忱</td></tr>
<tr><td colspan="2">公仆怜悯度</td><td>个人的感性和同情心</td></tr>
<tr><td colspan="2">公仆自我牺牲度</td><td>对公众和公共利益的自我牺牲和奉献精神</td></tr>
<tr><td rowspan="4">公共服务动机测评问卷</td><td>公仆热忱度</td><td>PSM_1　我认为,政治并不是肮脏的
PSM_2　我很关注党和国家的政策
PSM_3　我很关注社会新闻</td></tr>
<tr><td>公仆承诺度</td><td>PSM_4　我总是对周边的公共事件产生浓厚的兴趣
PSM_5　我能无私地为周围的老百姓做事情
PSM_6　我认为,为老百姓提供公共服务,是我的公民责任
PSM_7　我认为,公共服务是十分重要的事情
PSM_8　即使对我不利,我也希望看到政府推行有利于民的政策</td></tr>
<tr><td>公仆怜悯度</td><td>PSM_9　当看到他人的不幸和困难时,我也感到很难过
PSM_10　我认为,政府的大多数社会职能都是至关重要的
PSM_11　日常生活中,我常感到人与人之间是相互依赖的
PSM_12　我很同情穷人们的贫苦生活
PSM_13　我认为,为他人谋福利也是爱国精神的体现
PSM_14　对于那些不主动帮助别人的人,我也愿意帮助他们
PSM_15　我对大多数的公共政策都十分支持
PSM_16　对于我不认识的人,我也会考虑他们的利益
PSM_17　我认为,做好事、做善事比赚钱更重要</td></tr>
<tr><td>公仆自我牺牲度</td><td>PSM_18　我做事多数时候不仅仅考虑我自己的利益
PSM_19　即使没有报酬,能为民众服务也让我感到值得
PSM_20　我认为,为社会做点贡献比追求个人成就更有意义
PSM_21　我认为,人们应该更多地回馈社会而不是索取
PSM_22　我愿意为社会和公共利益做出牺牲和奉献
PSM_23　我能不顾自身的利益去帮助别人
PSM_24　我认为,做事要先顾及工作责任,再考虑自己
PSM_25　我相信,责任重于泰山</td></tr>
</table>

在公共服务领域,被广泛接受的观点是,比起私营部门的雇员来说,政府官员具备更高的社会责任感和为公共服务的献身精神,即公共部门的雇员比私营企业雇员的公共服务动机高。公共部门内部不同成员间的公共服务动机也存在差异。因此,通过公共服务动机调查问卷的测评,如表 2.7 所示,我们可以根据各个维度的得分或综合评分,对公共

部门任职者的公共服务动机水平进行差异化区分。

表 2.7 公共服务动机调查问卷节选

请您根据实际情况评估您对“为人民服务”的感受和行为。 请问：您同意以下的说法吗？ （请在右边最适当的数字上打“√”）	非常同意	同意	一般不同意	不同意	非常不同意
1. 我认为，政治是一项高尚的事业	5	4	3	2	1
2. 我很关注社会问题和政策问题	5	4	3	2	1
3. 我很关注国家政策的制定和调整	5	4	3	2	1
4. 如果有可能，我很愿意参与政策制定的讨论	5	4	3	2	1
5. 我能无私地为周围的老百姓做事情	5	4	3	2	1
6. 我认为，公共服务是十分重要的事情	5	4	3	2	1
7. 我认为，为老百姓提供公共服务是我的公民责任	5	4	3	2	1
8. 我总是对周边的公共事件有浓厚的兴趣	5	4	3	2	1
9. 即使对我不利，我也希望看到政府推行有利于民的政策	5	4	3	2	1
10. 对于我不认识的人，我也会考虑到他们的利益	5	4	3	2	1
11. 当看到他人的不幸和困难时，我也感到很难过	5	4	3	2	1
12. 我很同情穷人们的贫苦生活	5	4	3	2	1
13. 我认为，政府的绝大多数社会职能都是至关重要的	5	4	3	2	1
14. 我对绝大多数的公共政策都十分支持	5	4	3	2	1
15. 我认为，做好事、做善事比赚钱更重要	5	4	3	2	1
16. 即使没有报酬，能为民众服务，也让我感到值得	5	4	3	2	1
17. 我做事多数时候不仅仅考虑我自己的利益	5	4	3	2	1
18. 我认为，为社会做点贡献比追求个人成就更有意义	5	4	3	2	1
19. 我认为，人们应该更多地回馈社会而不是索取	5	4	3	2	1
20. 我愿意为社会和公共利益做出牺牲和奉献	5	4	3	2	1
21. 我能不顾自身的利益去帮助别人	5	4	3	2	1
22. 我认为，做事要先顾及工作责任，再考虑自己	5	4	3	2	1
23. 我相信，责任重于泰山	5	4	3	2	1

3. 公共部门的适用范围

在公共部门就业与在私营企业不同，公共部门任职者大多是公务员，他们不仅需要考虑自己的职业发展，同时还必须有一颗为人民服务、为国家效力的心，所以我们必须对每个公务员或者即将成为公务员的人进行公共服务动机测评。只有有较强烈的公共服务动机才能够激励公务员利用自己的能力达到一种令人满意的工作状态。希望一个公务员有满意的表现，就必须对公务员进行公共服务动机与能力测评，判断其能力所在，根据其服务动机强烈程度，将其安排在最适合的职位，最大程度发挥每一位公务员的价值。

公共服务动机的测评结果可以有效运用到公务员的选、育、用、留各环节中。具有更高公共服务动机的人，能更好地领会利他主义、爱国主义、乐善好施、为人民服务的精神，这些精神与公共部门的宗旨是相符合的，能够帮助公共部门寻找并保留那些拥有更高忠诚度、责任感的人才。

（六）工作价值观/公民意识测评

1. 理论产生及发展

工作价值观和公民意识的测评可以提供对现代公民政治、社会行为的解释以及人群分类信息，预测人的社会行为及变化轨迹。目前，学界较常用的比较恰当的追踪方式是结合公众的工作价值观和公民意识进行测评。工作价值观是个体在工作中想要表达的需求和偏好，对于公众恰当的职业选择和匹配具有非常重要的作用。公民意识是指公民个人对自己在国家中地位的认识，也就是公民自觉地以宪法和法律规定的基本权利和义务为核心内容，以自己在国家政治生活和社会生活中的主体地位为思想来源，把国家主人的责任感、使命感和权利义务观融为一体的自我认识。它围绕公民的权利与义务关系，反映公民对待个人与国家、个人与社会、个人与他人之间的道德观念、价值取向、行为规范等。它强调的是人在社会生活中的责任意识、公德意识、民主意识等基本道德意识。如果公共部门的任职者都具有较为积极的公民意识，以及关乎职业选择的工作价值观，就能恰当地将国家主人的责任感、使命感和权利义务观融为个人认识。

2. 测评工具及成果输出

工作价值观的测评往往是在工作价值观分类的基础上进行的。国内外对工作价值观的测评往往通过问卷调查法的方式进行，国外最具代表性的问卷包括 Edgar Schein 的职业锚测试、Super 的 WVI 工作价值观问卷、Rokeach 的价值观调查表等。中国学者也进行了一些有关工作价值观的研究，有些学者开发出本土化的测评量表。台湾学者吴铁雄等人(1995)编制的工作价值观量表，有 7 个分量表，每个分量表有 7 题，采用李克特五点计分法计分。量表所包含的 7 个维度是：自我成长取向、自我实现取向、尊严取向、社会互动取向、组织安全与经济取向、安定与免于焦虑取向、休闲健康与交通取向。量表编制成功后，在台湾和大陆地区得到多次检验，普遍具有良好的信度和效度。

中国社科院的杨宜音老师以调查数据为基础，提出了编制针对中国公民的测评工具的设想，从两个维度来测评民众的公民性取向，一个是关注公共事务与利益的程度，另一个是以契约权利方式处理公司矛盾的程度；并以此为基础区分了四种原型：①高公共性且高契约取向，表现为典型的公民行为；②高公共性且低契约取向，表现为典型的臣民行为；③低公共性且高契约取向，表现为消费人（或商人）行为；④低公共性且低契约取向，表现为熟人（或自己人）行为。[①] 杨宜音公民意识测评量表如表 2.8 所示。

---

① 杨宜音. 当代中国人公民意识的测量初探[J]. 社会学研究，2008(2)：54-68.

表 2.8 公民意识测评量表

序号	测评题目	序号	测评题目
1	合同都是装样子,只要有关系,什么都好商量	20	只要有熟人,合同就那么回事
2	在现实中,不靠非法手段不可能赚大钱	21	在现实中,还是"朝里有人好做官"
3	三个老乡顶得上一个公章	22	直接向好朋友讨债,会没面子
4	有没有履行自己的投票义务没有太大关系	23	民工地位低下,主要是他们自身的素质造成的
5	在家靠父母,出门靠朋友	24	在国家利益面前,个人利益再大也是小的
6	只要是国家的事情,个人都应该义不容辞	25	老百姓应该听从政府的,下级应该听从上级的
7	纳税是为了给国家做贡献	26	由工作单位的人事部门掌握个人档案是必要的
8	法院是一个替老百姓讲理的地方	27	为了社区事务,我会主动提出建议或找相关部门交涉
9	政府拆迁,老百姓应该无条件搬走	28	为老百姓当好家是国家干部的责任
10	大多数人都是值得信任的	29	大多数人决定的事,不应该因少数人的利益而改变
11	一般家庭遇到大事还是丈夫说了算	30	在公共场合,多管闲事会惹麻烦
12	政府干部偶尔破例给熟人办事,也是可以的	31	家丑不可外扬
13	犯不着为了原则伤和气	32	做好分内的事,分外的事不用管
14	买了假冒伪劣商品,大多时候都只能自认倒霉	33	消费后不给我发票也没有太大关系
15	有钱就赚	34	"吃亏就是福"不过是一些人的自我安慰
16	做事情最重要的是靠良心	35	只要纳了税,就有权利讨论政府怎么花钱
17	做生意要懂得让利给对方	36	民告官是正常的
18	只要不犯法,应该抓住每一个赚钱的机会	37	即使自己喜欢的事,也不能强迫别人接受
19	人民不敢见义勇为,是因为周边没有人支持		

3. 公共部门的适用范围

良好的工作价值观能够激发公共部门任职者的积极性和创造性,进而促进他们敬业精神的形成。具有正确工作价值观的公共部门任职者不仅可以从部门中得到物质性报酬,而且还可以获得愉快的工作体验、领导者的信任与认可、自我实现的机会等社会性报酬。工作价值观的测评能为公共部门人才的选拔、甄选及晋升等提供非常有效的依据。

同时，根据个人的工作价值观结构特征及水平，能为公共部门因人而异设计相应的激励方案和管理手段提供有针对性的参考。

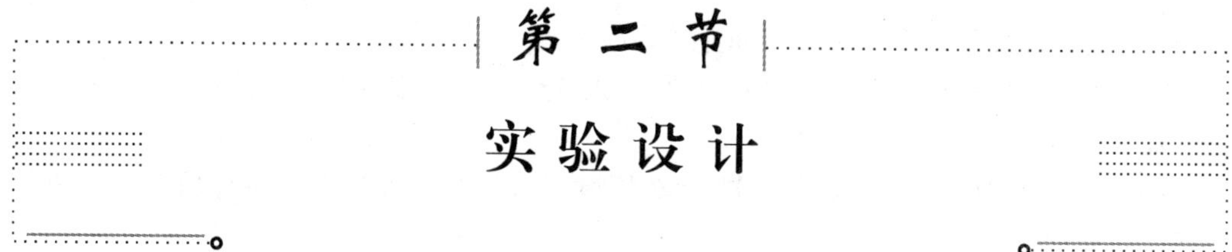

第二节
实验设计

实验(一)　MBTI 性格测评

一、实验目的

(1) 学习运用 MBTI 性格测评工具。

(2) 运用 MBTI 性格测评来诊断自我的人格特征。

(3) 学会分析 MBTI 性格测评的结果。

(4) 认识 MBTI 性格测评在公共部门人力资源管理中的作用。

(5) 讨论 MBTI 性格测评在公共部门人力资源管理中的应用领域。

二、实验条件和环境

1. 仪器和材料

(1) MBTI 性格测评问卷。

(2) 测评结果答题纸。

(3) 大张白纸及马克笔。

2. 实验条件

(1) 实验对象最好有相互认识的基础(若相对陌生，可以省去实验步骤的第四步)。

(2) 方便进行分组讨论的实验场所。

三、实验组织方法及步骤

(1) 由教师讲解人才测评相关理论、实验内容与实验要求，大约 1 小时。

(2) 按照一般团队要求，组建实验训练小组，3～5 人为一组。

(3) 用 MBTI 性格测评问卷进行个体测评，将测评结果填写在答题纸上，并进行自我评估与测评结果的对比分析(请参照附录完成这个环节的实验)。

(4) 教师以性格类型为依据进行重新分组，要求相似组的组员结合个人情况，将大家公认的组员相似性格类型写在白纸上。

(5) 各组讨论相似性格类型对职场表现的影响。讨论不同性格类型人员适合的公共部门或职位以及未来发展的注意事项，将讨论结果写在白纸上。

(6) 将问卷结果在全班交流展示，辅以教师讲评。

(7) 个人总结并编撰实训报告。

四、思考题

(1) 为什么要实现个体性格与职业的匹配?

(2) 本次性格测评的结果与自我评价、他人评价是否存在差异? 如有差异,是什么原因造成了这些差异?

(3) 在公共部门人力资源管理中,什么情境下需要开展性格测评? 如何实现公务员性格与职业的匹配?

五、实验成绩

序号	实验要求	分值
(1)	了解、掌握人才测评的基本要素	20
(2)	熟悉常用的测评量表的类型及适用范围	30
(3)	尝试使用某种测评量表对某种测评要素进行测评	50

实验(二) 职业兴趣测评

一、实验目的

(1) 学习运用职业兴趣测评工具。

(2) 运用职业兴趣测评来诊断职业兴趣类型。

(3) 认识职业兴趣测评在公关部门人力资源管理中的作用。

(4) 讨论如何在公共部门中综合利用职业兴趣测评。

二、实验条件和环境

1. 仪器和材料

(1) 职业兴趣测评问卷。

(2) 测评结果答题纸。

(3) 大张白纸及马克笔。

2. 实验条件

(1) 实验对象最好有相互认识的基础(若相对陌生,可以省去实验步骤的第四步)。

(2) 方便进行分组讨论的实验场所。

3. 注意事项

(1) 实验环境应安排在相对比较安静、宽敞的地方。

(2) 提醒参与实验的人员保持心态平和、精神放松。

三、实验组织方法及步骤

(1) 由教师讲解人才测评相关理论、实验内容与实验要求,大约 0.5 小时。

(2) 按照一般团队要求，组建实验训练小组，3～5 人为一组。

(3) 用职业兴趣测评问卷进行个体测评，将测评结果填写在答题纸上，并进行自我评估与测评结果的对比分析(请参照附录完成这个环节的实验)。

(4) 结合职业兴趣测评的结果分析，请组员之间相互讨论及评定，判断他人及本人对自己职业类型的判断是否一致。

(5) 教师安排以职业兴趣类型为依据进行重新分组，要求相似组的组员结合个人情况，将大家认为适合其职业兴趣的职业类型写在白纸上。

(6) 讨论不同职业兴趣类型的人员适合哪些公共部门或职位，将讨论结果写在白纸上。

(7) 将问卷结果在全班交流展示，辅以教师讲评。

(8) 个人总结并编撰实训报告。

四、思考题

(1) 如何理解职业兴趣类型及对应的职业类别的关系？

(2) 本次职业兴趣测评的结果与自我评价及他人评价是否存在差异？如有差异，是什么原因造成了这些差异？

(3) 谈谈职业兴趣测评对公共部门和个体的意义和价值？

第三节　实验材料

附录一　实验(一)材料

MBTI 性格测评问卷(中文 2003 年微缩版)

注意事项：

(1) 请在心态平和及时间充足的情况下开始答题。

(2) 每道题目均有两个答案：A 和 B。请仔细阅读题目，按照与你性格相符的程度分别给 A 和 B 赋予一个分数，并使一组中的两个分数之和为 5。最后，请在问卷后的答题纸上相应的方格内填上相应的分数。

(3) 请注意，题目的答案无对错之分，你不需要考虑哪个答案“应该”更好，而且不要在任何问题上思考太久，最好凭你心里的第一反应做出选择。

(4) 如果你觉得在不同的情境里，两个答案或许都能反映你的倾向，请选择一个对你的行为方式来说最自然、最顺畅和最从容的答案。

例子：你参与社交聚会时

A. 总是能认识新朋友。(4)

B. 只跟几个亲密挚友待在一起。(1)

很明显，你参与社交聚会时，有时能认识新朋友，有时又会只跟几个亲密挚友待在一起。在以上的例子中，我们给“总是能认识新朋友”打了 4 分，而给“只跟几个亲密挚友待在一起”打了 1 分。当然，在你看来，也可能是 3+2 或者 5+0，也可以是其他的组合。

注意：请在以下范围内一一对应地选择你对以下题目的赋值。

最小————————————————最大

0　1　2　3　4　5

1. 当你遇到新朋友时，你

A. 说话时间与聆听的时间相同。(　　)

B. 聆听的时间会比说话的时间多。(　　)

2. 下列哪一种是你的一般生活取向？

A. 只管做吧。(　　)

B. 找出多种不同选择。(　　)

3. 你喜欢自己的哪种性格？

A. 冷静而理性。(　　)

B. 热情而体谅。(　　)

4. 你擅长

A. 在有需要时同时协调进行多项工作。(　　)

B. 专注在某一项工作上，直至把它完成为止。(　　)

5. 你参与社交聚会时

A. 总是能认识新朋友。(　　)

B. 只跟几个亲密挚友待在一起。(　　)

6. 当你尝试了解某些事情时，一般你会

A. 先了解细节。(　　)

B. 先了解整体情况，细节容后再谈。(　　)

7. 你对下列哪方面较感兴趣？

A. 知道别人的想法。(　　)

B. 知道别人的感受。(　　)

8. 你较喜欢下列哪个工作？

A. 能让你迅速和即时做出反应的工作。(　　)

B. 能让你定出目标，然后逐步达成目标的工作。(　　)

下列哪一种说法较适合你？

9. A. 当我与友人尽兴后，我会感到精力充沛，并会继续追求这种欢娱。(　　)

B. 当我与友人尽兴后，我会感到疲累，觉得需要一些空间。(　　)

10. A. 我较有兴趣知道别人的经历，例如他们做过什么，认识什么人？(　　)

B. 我较有兴趣知道别人的计划和梦想，例如他们会往哪里去，憧憬什么？(　　)

11. A. 我擅长制订出一些可行的计划。（　　）

B. 我擅长促成别人同意一些计划，并尽力合作。（　　）

12. A. 我会突然尝试做某些事，看看会有什么事情发生。（　　）

B. 我尝试做任何事前，都想事先知道可能有什么事情发生。（　　）

13. A. 我经常边说话，边思考。（　　）

B. 我在说话前，通常会思考要说的话。（　　）

14. A. 四周的实际环境对我很重要，而且会影响我的感受。（　　）

B. 如果我喜欢所做的事情，气氛对我而言并不是那么重要。（　　）

15. A. 我喜欢分析，心思缜密。（　　）

B. 我对人感兴趣，关心他们所发生的事。（　　）

16. A. 即使已出计划，我也喜欢探讨其他新的方案。（　　）

B. 一旦定出计划，我便希望能依计划行事。（　　）

17. A. 认识我的人，一般都知道什么对我来说是重要的。（　　）

B. 除了我感觉亲近的人，我不会对人说出什么对我来说是重要的。（　　）

18. A. 如果我喜欢某种活动，我会经常进行这种活动。（　　）

B. 我一旦熟悉某种活动后，便希望转而尝试其他新的活动。（　　）

19. A. 当我做决定的时候，我更多地考虑正反两面的观点，并且会推理与质证。（　　）

B. 当我做决定的时候，我会更多地了解其他人的想法，并希望能够达成共识。（　　）

20. A. 当我专注做某件事情时，需要不时停下来休息。（　　）

B. 当我专注做某件事情时，不希望受到任何干扰。（　　）

21. A. 我独处太久，便会感到不安。（　　）

B. 若没有足够的自处时间，我便会感到烦躁不安。（　　）

22. A. 我对一些没有实际用途的意念不感兴趣。（　　）

B. 我喜欢意念本身，并享受想象意念的过程。（　　）

23. A. 当进行谈判时，我依靠自己的知识和技巧。（　　）

B. 当进行谈判时，我会拉拢其他人至同一阵线。（　　）

当你放假时，你多数会

24. A. 随遇而安，做当时想做的事。（　　）

B. 为想做的事情订出时间表。（　　）

25. A. 花多些时间与别人共度。（　　）

B. 花多些时间自己阅读、散步或者做白日梦。（　　）

26. A. 返回你喜欢的地方度假。（　　）

B. 选择前往一些你从未到达的地方。（　　）

27. A. 带着一些与工作或学校有关的事情。(　　)
B. 处理一些对你重要的人际关系。(　　)
28. A. 忘记平时发生的事情,专心享乐。(　　)
B. 想着假期过后要准备的事情。(　　)
29. A. 参观著名景点。(　　)
B. 花时间逛博物馆和一些较为幽静的地方。(　　)
30. A. 在喜欢的餐厅用膳。(　　)
B. 尝试新的菜式。(　　)

下列哪个说法最能贴切地形容你对自己的看法?
31. A. 别人认为我会公正处事,并且尊重他人。(　　)
B. 别人相信在他们有需要时,我会在他们身边。(　　)
32. A. 随机应变。(　　)
B. 按照计划行事。(　　)
33. A. 坦率。(　　)
B. 深沉。(　　)
34. A. 留意事实。(　　)
B. 注重事实。(　　)
35. A. 知识广博。(　　)
B. 善解人意。(　　)
36. A. 容易适应转变。(　　)
B. 处事井井有条。(　　)
37. A. 爽朗。(　　)
B. 沉稳。(　　)
38. A. 实事求是。(　　)
B. 富想象力。(　　)
39. A. 喜欢询问实情。(　　)
B. 喜欢探索感受。(　　)
40. A. 不断接受新意见。(　　)
B. 着眼达成目标。(　　)
41. A. 坦率、正直。(　　)
B. 内向、敏感。(　　)
42. A. 实事求是。(　　)
B. 具远大目光。(　　)
43. A. 公正。(　　)
B. 宽容。(　　)

你会倾向
44. A. 暂时放下不愉快的事情,直至有心情时才处理。(　　)
B. 及时处理不愉快的事情,务求把它们抛诸脑后。(　　)
45. A. 自己的工作被欣赏,即使你自己并不满意。(　　)
B. 创造一些有长远价值的东西,但不一定需要别人知道是你做的。(　　)
46. A. 在自己有兴趣的范畴,积累丰富的经验。(　　)
B. 有各式各样不同的经验。(　　)

哪一句较能表达你的看法?
47. A. 感情用事的人较容易犯错。(　　)
B. 逻辑思维会令人自以为是,因而容易犯错。(　　)
48. A. 犹豫不决必失败。(　　)
B. 三思而后行。(　　)

MBTI 性格测评问卷(中文 2003 年微缩版)答题纸

请回过头去看一看你给每个问题所分配的分数,把分数填进下面的表格,并计算总得分。

	A	B		A	B		A	B		A	B
1			2			3			4		
5			6			7			8		
9			10			11			12		
13			14			15			16		
17			18			19			20		
21			22			23			24		
25			26			27			28		
29			30			31			32		
33			34			35			36		
37			38			39			40		
41			42			43			44		
45			46			47			48		
SUM											
	E	I		S	N		T	F		J	P

现在,将每项总得分转移到下列各个空白处,也就是说,在维度 E 名下的总得分记在 E 后面的空白处,在纬度 I 名下的总得分记在 I 后面的空白处,如此类推。

总得分　　　　　　　　　　　　总得分

E：__________ I：__________

S：__________ N：__________

T：__________ F：__________

J：__________ P：__________

以上八个偏好两两成对，也就是说，E 和 I、S 和 N、T 和 F、J 和 P 各自是一对组合。在每一对组合中，比较该组合中的偏好的得分孰高孰低，高的那个就是您的优势性格类型。比如说，E 得到 22 分，I 得到 13 分，E 就是优势性格类型；S 得到 19 分，N 得到 21 分，N 就是优势性格类型。如果同分的话，选择后面的那一组，即 I、N、F、P。对四对组合都做一比较以后，会得到一个由 4 个字母组成的优势性格类型，如 ENFP、ISTJ 等等，把它写在下面的横线上。

问卷所揭示的你的优势性格类型是：__________

以下有对四个维度八种偏好的详细描述，请认真地自我评估一下，究竟哪种偏好的描述更接近你自己，然后把结果写在下面。

在 E 和 I 这个维度上，我认为更接近我本性的是：__________

在 S 和 N 这个维度上，我认为更接近我本性的是：__________

在 T 和 F 这个维度上，我认为更接近我本性的是：__________

在 J 和 P 这个维度上，我认为更接近我本性的是：__________

自我评价所揭示的优势类型是：__________

问卷与自评综合，我确定我的优势类型是：__________

ISTJ：内向-感觉-思考-判断型

这类人一丝不苟、认真负责，而且明智豁达，是坚定不移的社会维护者。他们讲求实际、非常务实，总是追求精确性和条理性，而且有极大的专注力。不论干什么，他们都能有条不紊地把它完成。

对这类人而言，满意的工作是技术性的工作，能生产一种实实在在的产品或有条理地提供一种周详的服务。他们需要一种独立的工作环境，有充裕的时间让自己独立工作，并能运用自己卓越的专注力来完成工作。

ISFJ：内向-感觉-情感-判断型

这类人忠心耿耿、一心一意、富有同情心，喜欢助人为乐。由于这类人有很强的职业道德，一旦觉得自己的行动确有帮助，他们便会担起重担。

最令他们满意的工作是需要细心观察和精确性要求极高的工作。他们需要通过不声不响地在背后工作以表达自己的感情投入，但个人贡献要能得到承认。

INFJ：内向-直觉-情感-判断型

这类人极富创意。他们感情强烈，原则性强且具有良好的个人品德，善于独立进行创造性思考。即使面对怀疑，他们对自己的观点仍坚信不疑，看问题常常更能入木三分。

对他们来说，称心如意的事业就是能从事创新型的工作，或者是能帮助别人成长。他们喜欢生产和提供一种自己能感到自豪的产品和服务，工作必须符合个人的价值观。

INTJ：内向-直觉-思考-判断型

这类人是完美主义者。他们强烈要求自主，看重个人能力，对自己的创新思想坚定不移，并受其驱使去实现自己的目标。这类人逻辑性强，有判断力，才华横溢，对人对己要求严格。在所有类型的人中，这类人独立性最强，喜欢我行我素。面对反对意见，他们通常多疑、霸道、毫不退让。对权威本身，他们毫不在乎，但只要规章制度有利于他们的长远目标，他们就能遵守。

最适合他们的工作，是能创造和开发新颖的解决方案来解决问题或改进现有系统的工作。他们愿意与责任心强，在专业知识、智慧和能力方面能赢得自己敬佩的人合作。他们喜欢独立工作，但需要定期与少量智囊人物切磋交流。

ISTP：内向-感觉-思考-认知型

这类人奉行实用主义，喜欢行动，不爱空谈。他们长于分析、敏于观察，好奇心强，只相信可靠确凿的事实。由于非常务实，因此他们能很好地利用一切可利用的资源，而且很会看准时机。

对于这类人而言，满意的事业就是做尽可能有效利用资源的工作。他们愿意精通机械技能或使用工具来工作。工作必须有乐趣，有活力，独立性强，且常有机会走出工作室去户外。

ISFP：内向-感觉-情感-认知型

这一类型的人温柔、体贴、敏感，从不轻言非常个人化的理想及价值观。他们常通过行动而非语言来表达炽烈的情感。他们有耐心、能屈能伸，且十分随和，无意控制他人，也从不妄加判断。

适合他们的工作，是做非常符合自己内心价值观的工作。在做有益他人的工作时，希望注重细节。他们希望有独立工作的自由，但又不远离其他与自己趣味相投的人。他们不喜欢受繁文缛节或一些僵化程序的约束。

INFP：内向-直觉-情感-认知型

这一类型的人珍视内在和谐胜过一切。他们敏感、理想化、忠心耿耿，在个人价值观方面有强烈的荣誉感。如果能献身自己认为值得的事业，他们便情绪高涨。在日常事务中，他们通常很灵活、有包容心，对内心忠诚的事业义无反顾。这类人很少表露强烈的情感，常显得镇静自若、寡言少语。不过，一旦相熟，他们也会变得十分热情。

对这类型的人而言，最好的工作是做合乎个人价值观、能通过工作内容陈述自己远见的工作。工作环境需要有灵活的架构，在自己激情高昂时可以从事各种项目，发挥个人的独创性。

INTP：内向-直觉-思考-认知型

这类人善于解决抽象问题。他们满腹经纶，常能闪现出创造性的睿智火花。他们外表恬静，内心专注，总忙于分析问题。他们目光挑剔，独立性极高。

对于这类人，满意的事业，是能酝酿新观念的工作，专心负责某一创造性流程，而不是最终产品。在解决复杂问题时，他们能跳出常规的框架，冒一定风险去寻求最佳解决方案。

ESTP:外向-感觉-思考-认知型

这类人无忧无虑,属于乐天派。他们活泼、随和、率性,喜欢安于现状,不愿从长计议。由于他们能够接受现实,一般心胸豁达、包容心强。这类人喜欢实实在在的东西,善于拆装。

对这类人来说,事业满意度来自能随意与许多人交流,能随时抓住新的机遇,他们的工作中充满冒险和乐趣。工作中当自己觉得必要时希望能自我组织,而不是听从别人的安排。

ESFP:外向-感觉-情感-认知型

这一类人生性爱玩,充满活力,用自己的兴趣来为别人增添乐趣。他们适应性强,平易随和,可以热情饱满地同时参加几项活动。他们不喜欢把自己的意志强加于人。

对于这类人来说,适合他们的工作是能在实践中学习,利用常识搜集各种事实来寻找解决方案的工作;他们喜欢直接与顾客和客户打交道;能同时在几个项目或活动中周旋。尤其爱从事能发挥自己审美观的项目或活动。

ENFP:外向-直觉-情感-认知型

这类人热情奔放,满脑子新观念。他们乐观、率性、充满自信和创造性,能深刻认识到哪些事可为。他们对灵感推崇备至,是天生的发明家。他们不墨守成规,善于闯新路子。适合这类人的工作,是在创造性灵感的推动下,与不同的人群合作,从事各种项目。他们不喜欢从事需要自己亲自处理的日常琐碎杂务,喜欢按自己的工作节奏行事。

ENTP:外向-直觉-思考-认知型

这类人好激动,健谈、聪明,是个多面手。他们总是孜孜不倦地提高自己的能力,天生有创业心、爱钻研,机敏善变、适应能力强。

令这类人满意的工作,是有机会从事创造性解决问题的工作。他们喜爱有一定的逻辑顺序和公正标准的工作,希望通过工作提高个人权力并常与权力人物交流。

ESTJ:外向-感觉-思考-判断型

这类人办事能力强,喜欢出风头,办事风风火火。他们责任心强、诚心诚意、忠于职守。他们喜欢框架,能组织各种细节工作,能如期实现目标并力求高效。

这类人适合做理顺事实和政策的工作,以及人员组织工作,能够有效利用时间和资源找出合乎逻辑的解决方案,在目标明确的工作中娴熟运用技能。

ESFJ:外向-感觉-情感-判断型

这类人喜欢通过直接合作来切实帮助别人。由于他们非常注重人际关系,因而通常很受人欢迎,也喜欢迎合别人。他们态度认真、遇事果断,通常表达意见很坚决。

这类人最满意的事业,是整天与人交往、密切参与整个决策流程的事。他们工作目标明确,有明确的业绩标准。他们希望能组织安排自己及周围人的工作,以确保一切进展得尽可能顺利。

ENFJ:外向-直觉-情感-判断型

这类人有爱心,对生活充满热情。他们往往对自己很挑剔。不过,由于他们自认为要为别人的感受负责,所以很少在公众场合发表批评意见。他们对行为的是非曲直明察秋毫,是社交高手。

适合这类人的工作，是能建立起温馨的人际关系，使自己置身于信赖且富有创意的人群中的工作。他们希望工作多姿多彩，但又能有条不紊地进行。

ENTJ：外向-直觉-思考-判断型

这类人是强有力的领导人和决策者，能明察一切事物中的各种可能性，喜欢发号施令。他们是天才思想家，做事深谋远虑、策划周全。这类人力求事事做好，能够一针见血地发现问题并迅速找到解决方法。

令这类人满意的事业是做领导，发号施令，完善企业的管理运作系统，使系统高效运行并如期达到目标。他们喜欢进行长远战略规划，寻求创造性地解决问题的方式。

附录二　实验(二)材料

职业兴趣测评

(1) 实验员提示大家开始实验，请大家集中注意力。用诙谐的语言告诉大家，“我们要开始去旅行了，目的地是岛屿，六个岛屿你们可以随意选择”。

(2) 实验员进而提醒大家，“这六个岛屿可以随意选择，但是你要保证这是你最心仪的，同时你得确保你能在这个岛屿上待够六个月”。

(3) 接着实验员宣读这六个岛屿的简介。

R	自然原始的岛屿	岛上自然生态保持得很好，有各种野生动物。居民以手工见长，自己种植花果蔬菜、修缮房屋、打造器物、制作工具，喜欢户外运动
I	深思冥想的岛屿	有多处天文馆、科技博览馆及图书馆。居民喜好观察、学习，崇尚和追求真知，常有机会和来自各地的哲学家、科学家、心理学家等交换心情
A	美丽浪漫的岛屿	充满了美术馆、音乐厅、街头雕塑和街边艺人，弥漫着浓厚的艺术文化气息。居民传承了传统的舞蹈、音乐与绘画，许多文艺界的朋友都喜欢来这里寻找灵感
C	现代井然的岛屿	岛上建筑十分现代化，是进步的都市形态，以完善的户政管理、地政管理、金融管理见长。岛民个性冷静保守，处事有条不紊，善于组织规划，细心高效
E	显赫富庶的岛屿	居民善于企业经营和贸易，能言善道。经济高度发展，处处是现代化建设。往来者多是企业家、经理人、政治家和律师等
S	友善亲切的岛屿	居民个性温和、友善、乐于助人，社区均自成一个密切互动的服务网络，人们重视互相合作，重视教育，关怀他人，充满人文气息

(4) 请参与实验的人员将心仪的目的地写在白纸上。

第四节

实验报告

实验报告

<table>
<tr><td>院系</td><td></td><td>专业</td><td></td></tr>
<tr><td>班级</td><td></td><td>姓名</td><td></td></tr>
<tr><td>实验教师</td><td></td><td>学号</td><td></td></tr>
<tr><td>成绩</td><td></td><td>日期</td><td></td></tr>
<tr><td>实验名称</td><td colspan="3"></td></tr>
<tr><td colspan="4">一、实验目的

二、实验原理

三、实验步骤

四、实验数据(如有则填)

五、实验结果

六、讨论分析(完成指定的思考题和作业题)

七、实验总结及改进实验建议(如有则填)

八、问题与困惑</td></tr>
<tr><td colspan="4">备注:</td></tr>
</table>

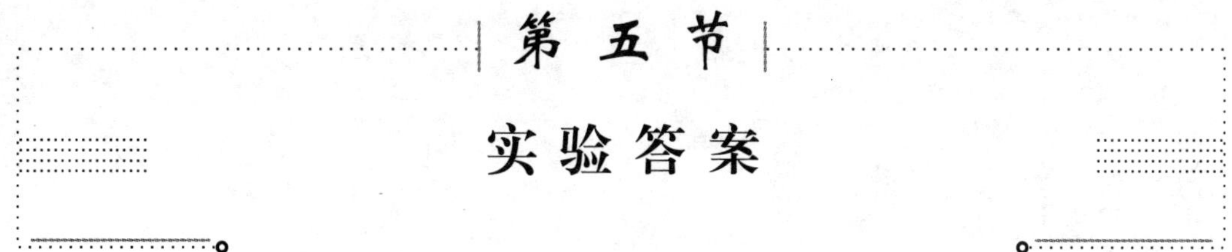

第五节
实验答案

1. 实验(一)答案请参照本章第一节 MBTI 性格测评内容。
2. 实验(二)答案请参照本章第一节霍兰德职业兴趣类型表。

CHAPTER3

第三章

公务员职位胜任力测评实验

法国公爵拉罗什富科曾经说过，不在其位却显得能胜任其职，是件容易事；而在其位又确实能胜任其职，则是件难事。员工的胜任力是影响职位绩效的关键因素，对公务员①而言更是如此。通过科学方法正确认识、掌握公务员职位胜任力测评知识，对公共部门人力资源管理是十分重要的。

第一节 基础理论

传统的工作分析比较注重工作的组成要素，是一种职位导向的分析方法。但随着信息技术的发展和组织变革的不断进行，传统的工作分析已经不能在动态的人力资源管理环境中发挥中心和基础作用，以胜任力为基础的职位分析应势而生，它更加侧重研究工作绩效优异的员工，突出与优异表现相关联的特征及行为，结合这些人的特征和行为定义工作职位的职责内容。因此，它具有更强的工作绩效预测性，能够更有效地选拔、培训员工，以及为员工的职业生涯规划、奖励、薪酬设计提供参考标准。

一、胜任力及胜任力模型的产生与发展

1. 胜任力

研究胜任力的鼻祖是美国社会心理学家戴维·麦克利兰(David McClelland)，他在1973年提出用测评胜任力的方法代替传统的智力测评，并在《美国心理学家》杂志上发表论文"Testing for competency rather than intelligence"(《测量胜任力而非智力》)。在他

① 由于公共部门任职者大多是公务员，因此本章将公共部门任职者表述为公务员。

看来，胜任力是指能将某一工作中有卓越成就者与普通者区分开来的个人深层次特征，传统的智力测试和性向测试并不能作为预测一个人未来工作绩效的标准。这篇文章发表后，掀起了胜任力研究的热潮，并风靡了近四十年，形成了成熟的理论体系。

目前国内外学术界对胜任力内涵的界定主要有特征观、行为观和综合观三种观点。其中，持特征观的学者认为，胜任力是个体的一种潜在特征，与一定的工作或情境中的效标参照的有效性或优异绩效存在因果关系。持行为观的学者把胜任力看作是人们履行工作职责时的行为表现，是与优异绩效有因果关系的行为维度，这些维度通常被称为行为特征。持综合观的学者认为，胜任力是指个体的一组行为、知识、思维过程和态度，它们能在基本或高绩效标准的工作过程中得到体现。①

波业兹(Boyatzis)是特征观的代表学者，他在《有效管理》(*Competence Management*)一书中，把胜任力定义为：一个人具有在一个工作职位上取得出色绩效的潜在特征，它可能是动机、特质、技能、自我形象、社会角色或他所使用的知识实体等。麦克利兰认为，胜任力是能将某一工作中有卓越成就者与普通者区分开来的个人深层次特征，是与工作或工作绩效以及生活中其他重要成果直接相联系的知识、技能、能力、特质或动机。美国学者莱尔·斯潘塞(Lyle M. Spencer)认为，胜任力是与有效的或出色的工作绩效相关的个人潜在特征，包括五个层面：知识、技能、自我概念、特质和动机。Ledford(1995)认为，胜任力是个人可验证的特质，包括产生绩效可能具备的知识、技能和行为。

英国学者 Woodruff 是行为观的代表学者，他认为胜任力是个体的相关工作行为的类别，是一种明显的、能使个体胜任某项工作的行为。学者 Fletcher 认为，胜任力是保证一个人胜任工作的、外显的行为维度，这些维度是具体的、可以观察到的且能证实的，并能可靠地、合乎逻辑地归为一类，比如敏感、主动、分析等。学者 Green 认为，胜任力是指可测量的、有助于实现任务目标的工作习惯和个人技能。

学者 Ledford 及 Byham Moyer 是综合观的支持者。他们认为，胜任力是一切与工作绩效有关的行为、动机与知识，而这些行为、动机与知识是可以被分类的。胜任力可分为行为胜任力(behavioral competencies)，包括言辞与行动；动机胜任力(motivational competencies)，指个人对工作、组织或地点的感受；知识胜任力(knowledge competencies)，指个人所知晓的事实、技能、专业、程序、工作和组织等。

通过总结与分析，不难看出，胜任力就是一种与工作或工作绩效有关的潜在特征，能够将工作中的卓越成就者与普通者区分开来，包括知识、能力、动机、思维过程、态度以及具体行为。

2. 胜任力模型的产生与发展

识别胜任力，其主要方法是建立胜任力模型。世界上第一个胜任力模型产生于1970年，是为甄选美国的国外服务信息官，由麦克利兰和麦克伯(McBer)咨询公司共同开发出来的，它包含三种核心特质：跨文化的人际敏感性、对他人的积极期望与快速进入当地政治网络的能力。他们在开发过程中，把实验对象分为绩效组与普通组，采用行为事件访谈法收集两个样本组中的关键行为，在此基础上开发了一个复杂的内容分析方法，识别将两

① 王慧.中国公务员胜任力结构及提升机制研究[M].北京：北京师范大学出版社，2012.

组样本区别开来的主要胜任力，并且认为这些胜任力就是工作中出色业绩的决定因素。①

波业兹被公认是研究胜任力模型的集大成者，他于1982年发表了《胜任的经理人》(*The Competent Manager*: *A Model for Effective Performance*)一书，提出了有效绩效模型，认为要取得良好绩效，管理人员需要具备六个方面的素质：目标和行动管理、领导、人力资源管理、指导下级技能、特殊知识、自我控制。自此，胜任力素质体系发展到了新的阶段。

1993年，莱尔·斯潘塞发表了《工作中的胜任力：优秀绩效模型》，对麦克伯咨询公司关于素质的长期研究成果和应用情况进行了系统的说明，指出个体的个性特征是引起个体在工作环境中取得优秀绩效的重要因素，并首次提出了在组织中建立素质模型的步骤，包括如何建立素质词典，如何开发素质模型，如何使用素质模型作为组织人力资源管理的基础。他还提出了十四项通用的管理者胜任力特征，包括影响力、成就欲、团队协作、分析性思维、主动性、发展他人、自信、指挥、信息寻求、团队领导、概念性思维、权限意识、公关、技术专长。

合益公司(Hay group)基于30多年来对胜任力的研究，建立了丰富的胜任力模型库。同时还开发了大量的胜任力测评问卷，并且配有评价反馈和配套的胜任力发展指导手册。

Chen和Naquin(2005)在基于胜任力的评价中心的研究中，将胜任力模型与培训设计整合在一起，通过评价中心提供的一种系统化评价设计，从而使胜任力模型可以直接应用于培训环节。

国内关于胜任力的研究起步较晚，最早的研究见于1998年原邮电部的软科学课题"通信业管理干部测评及其量化评估方法"。1999年，王继承的硕士学位论文《管理干部胜任特征评价方法的初步研究》是较早且系统的关于胜任力的学术研究。而早期有影响力的研究，是1999年王重鸣教授从管理技能角度研究胜任力特征，运用现场研究法和德尔菲法提出了企业管理胜任力特征模型。

此后，学术界采用不同的胜任力特征模型构建方法取得了不少成果，其中较有代表的研究是，王重鸣、陈民科在《管理胜任力特征分析：结构方程模型检验》一文中运用基于胜任力特征的职位分析方法，以结构化访谈与开放式量表调查相结合的方式，采用因素分析和结构方程模型检验企业高级管理者胜任力特征的结构，为管理职位的测评选拔提供了新的理论依据。

李明斐、卢小君在《胜任力与胜任力模型构建方法研究》一文中指出，胜任力具有以下三个重要特征：①与工作绩效有密切的联系，甚至可以预测员工未来的工作业绩；②与工作情境相关联，具有动态性；③能够区分优秀业绩者与普通业绩者。因此，并不是所有的知识、技能、个人特征都被认为是胜任力，只有满足这三个重要特征才能被认为是胜任力。

时勘、王继承等(2002)对照优秀组与普通组的行为事件访谈，针对中国通信行业的企业高管构建了一套胜任力特征模型，包括影响力、组织承诺、信息寻求、成就欲、团队领导、人际洞察力、主动性、客户服务意识、自信和发展他人。

郑学宝与孙健敏(2006)采用以问卷调查为主，行为事件访谈、半结构访谈和专家小组

---

① 李明斐，卢小君. 胜任力与胜任力模型构建方法研究[J]. 大连理工大学学报(社会科学版)，2004(1)：28-32.

座谈为辅的方法对广东省的县级领导干部的胜任力进行了分析，并建立了县级领导人才胜任力模型。他们认为，胜任力模型是高绩效领导人才应具备的能力素质的总和，是选准、育好和用好人才的前提和基础，学习力、发展当地经济能力、解决实际问题能力、变革与创新能力、决策能力等胜任力要素是县级党政领导正职干部的核心能力素质。①

二、胜任力模型

（一）胜任力模型的作用

胜任力模型在人力资源管理中起着基础性、决定性的作用。它能为企业的职位分析、人员招聘与选拔、员工培训、绩效管理、员工职业生涯规划与职业发展，以及员工激励等提供强有力的支持，是现代人力资源管理的新基点。

1. 职位分析

基于胜任力的职位分析比传统的职位分析，更加适应现今动态的工作环境。基于胜任力的职位分析要求把胜任力作为人力资源开发与管理的一种新思路贯穿到人力资源管理的各项职能中去，使“人员—职位—组织”匹配成为组织获得竞争优势的一个关键途径。随着战略性人力资源管理的发展，基于胜任力的职位分析越来越趋向于未来导向和战略导向，即按照组织未来发展的要求重构职位职责和工作任务，确认职务要求。

2. 人员招聘与选拔

胜任力分析对人员招聘与选拔来说具有重要作用。基于胜任力的人员选拔，挑选的是能够在岗位上取得优异绩效的人，而不仅仅是能做工作的人。过去我们过分关注知识与技能的作用，而对人的心理素质重视不够。从 20 世纪 90 年代开始，人们发现心理素质与人的工作绩效有很密切的关系。实践表明，人们的职业成功主要不是取决于其智力水平(IQ)的高低，而是更多地取决于人的各种非智力因素。在一个较严谨的研究中，有学者曾将 IQ 分数与人们在职业生涯中的成就进行相关分析，结果表明，IQ 最高仅能解释 25%的职业成功，更严密的分析表明，最高仅能解释 10%的职业成功，甚至可能会低至 4%。这就意味着职业中的成功有 25%～96%是 IQ 不能解释的。对于个体的职业成功而言，个人的兴趣、价值观、动机和各种性格特征才是至关重要的。

上述的研究表明，在人员招聘与选拔中，应该将候选人的深层次胜任力特征作为一个重要方面来考察。从各种胜任力特征是否容易改变的角度来看，由于知识与技能比较容易通过短时间地培训而获得，而深层次的胜任力特征是个体在长期的社会实践中逐渐形成的，所以这些特征的改变通常是需要花费较长时间的；从人事选拔的经济有效性原则来看，我们应该更加关注与工作相关的深层次胜任力特征，即社会角色、自我概念、特质和动机，而不是知识技能。尤其在现今的人才选拔中，组织不再仅仅强调人岗匹配的理念，而是更加注重人与组织的适应性，这就要求人才选拔工作从组织的角度出发，考虑个人在态度、人格和价值观方面与组织的一致性与认同感。

---

① 郑学宝，孙健敏．县域经济发展与县级党政领导正职的胜任力模型研究——以广东省为例[J]．学术研究，2006(1)：84-89.

总之，运用胜任力模型能够帮助企业及公共部门提高人才招聘录用的质量，降低人员流动率和管理成本，促进员工和组织的共同发展。

3. 员工培训

基于胜任力模型而设计的培训，可以针对特定职位培养员工的关键胜任力。培训的目的是增强员工取得高绩效的能力、适应未来环境的能力和胜任力发展潜能。进行员工培训是一个系统的过程，主要包括培训内容确定、培训设计和培训效能评价这三个相互联系的要素。

培训内容源于组织当前或以后发展的潜在需要，重点内容是高绩效者比普通绩效者表现突出的特质，对于组织中不同层次的员工，其胜任力培训的内容应该有不同的侧重。基于胜任力模型的员工培训在理念与技术上不同于职位知识与技能培训，不能仅仅局限于陈述性知识，还需要加强结构性、程序性知识的培训。

4. 绩效管理

胜任力特征分析为绩效管理提供了新思路和技术基础。首先，基于胜任力的绩效管理在绩效标准的设计上既要设定任务绩效目标，又要设定胜任力发展目标。绩效标准的设定应对员工的贡献和胜任力发展、目前的价值和对组织长远发展的重要性、短期绩效和长期目标做出适当的平衡。其次，胜任力特征分析应用于绩效管理可以更好地指导绩效考核，组织在进行绩效评估时，应从目标的完成、任务绩效的提高和胜任力的发展三方面进行。最后，沟通是绩效管理的一个关键环节，基于胜任力的绩效管理为绩效沟通增添了新的内涵，同时也为绩效管理确立了新的发展方向。

5. 员工职业生涯规划与职业发展

指导员工进行职业生涯规划，帮助员工实现职业发展，这是现代人力资源开发的一个基本理念，也是人本管理的一项基本要求。通过开发胜任力模型，对员工的胜任力潜能进行评价，帮助员工了解个人特质与工作岗位特点及个人发展需要，指导员工设计符合个人特征的职业发展规划，并在实施发展规划过程中努力开发员工提高组织绩效的关键技能和行为，实现个人目标与组织经营战略之间的协同，达到员工与组织共同成长和发展。

6. 员工激励

通过建立胜任力模型能够帮助组织全面掌握员工的需求，有针对性地采取员工激励措施。从管理者的角度出发，胜任力模型能够为管理者提供管理并激励员工努力工作的依据找到激励各级员工的有效途径与方法，提升组织的整体竞争实力。

（二）胜任力模型的构建角度

通过对胜任力模型的作用进行总结和分析，我们可以了解到，主要存在三种构建胜任力模型的角度。

1. 基于职位的胜任力模型

基于职位构建的胜任力模型，是建立在职位分析基础之上的，通过科学手段收集职位关键信息，得出胜任职位职责和角色所应该具备的能力、资格，以此为依据，围绕该职位有针对性地发掘优秀绩效所应该具备的素质要素。这一角度的特点是一对一地构建胜任力模型，从而实现人—岗的合理性匹配，并使这种匹配衍生出合理的行为，实现组织的绩效目标。

这一角度的代表性成就是莱尔·斯潘塞的管理者素质辞典。作为管理者胜任力研究方面的代表性人物，莱尔·斯潘塞对这一领域进行了长期和深入的研究，历时 20 多年，提出了管理者素质辞典(competency dictionary)。

管理者素质辞典是建立在对一般企业、政府、军队、医疗保健、教育界和宗教团体等广泛社会工作领域的工作人员的管理工作和关键管理行为进行分析的基础之上，包括了 187 个来自美国的个案和 98 个来自其他 20 多个国家或跨国公司的个案。在广泛收集素材的基础之上，莱尔·斯潘塞对不同领域、不同层级和不同职位进行了分析，得出了基于职位的一般性胜任力模型。

莱尔·斯潘塞通过关键行为事件访谈法对上述 200 多个不同职位的个案进行分析，分辨出了导致优秀绩效的 286 项才能模式，通过对这些才能模式进行分类汇总，得出了 21 个才能要素，并对 21 个才能要素分别进行了行为释义，给出了共计 360 个行为指标。在这些工作的基础上，莱尔·斯潘塞最终提出了 20 项管理者胜任力素质，分为 6 大类群，如表 3.1 所示。

表 3.1　莱尔·斯潘塞管理者素质辞典

类　　群	胜任力素质	类　　群	胜任力素质
成就类群	成就欲 主动性 关注品质和秩序	管理类群	指挥能力 团队协作意识 开发他人的能力 团队领导能力
服务类群	人际洞察力 客户服务导向	认知类群	专业技术能力 综合分析能力 判断推理能力 信息搜寻能力
影响力类群	个人影响力 组织意识 关系营造能力	个人效能类群	自信 自我控制能力 灵活性 组织承诺

2. 基于角色的胜任力模型

在实际工作中，管理者面临着复杂、充满竞争性的工作环境和组织文化，这要求管理者面对不同的对象要扮演不同的角色。这些特征各异甚至相互冲突的角色交错在管理者身上，需要他们处理好各类角色之间的关系，并在适当的场合选择适当的角色。角色错位或者角色扮演失败，都可能导致其管理行为的失败，因此管理者驾驭角色的能力与其工作绩效是紧密相关的。出于这方面的考虑，一些学者开始从管理者角色方面思考胜任力素质问题，并在此基础上，根据管理者的不同角色来匹配不同的核心能力。

这一角度的代表性成就是罗伯特·奎恩(Robert E. Quinn)的管理者 8 角色 24 能力模型。美国密歇根大学教授奎恩，在研究组织行为和领导者能力方面做出了突出的成就。

他构建了基于合理目标模式、内部程序模式、人际关系模式和开放系统模式的竞争性价值观框架，以此来揭示管理者面临的管理环境的复杂性和多元性，并第一次提出了行为复杂性这一概念。行为复杂性是建立在认知复杂性的基础之上的，是一种以高度融合的、相互补充的方式扮演多重甚至相互冲突的角色，从而根据认知复杂性做出战略决策的能力。基于行为复杂性和管理者能力的关系，奎恩对原有的竞争性价值观框架进行了深化。在一项对全球 100 强企业的中层领导管理人员的研究中，丹尼森(Denison)、胡伊伯格和奎恩(1995)发现，无论是中层管理人员的上级还是下级，他们对中层管理人员整体管理能力的评价都与其行为复杂性紧密相关，并提出了管理者必须具备的看似相互矛盾而又必须兼顾的八种角色(指导者、推动者、监督者、协调者、指挥者、生产者、经纪人、革新者)，以应对不同模式的管理方式对管理者能力的要求。在这种竞争性的框架中，管理者具备的八种角色分别对应三种不同的核心能力，这些核心能力是与其内在价值观相对应的。

3. 基于战略的胜任力模型

面对日益复杂的内部流程和快速变迁的外部环境，组织机构对管理者战略思考能力提出了越来越高的要求。对于组织而言，要想获得长久地发展，必须具备敏锐的辨别组织内外部威胁与机遇的能力，并站在长远的、前瞻性的角度，为企业赢得内部优势和外部支持。这就对管理者驾驭组织战略的能力提出了新的要求。平衡计分卡作为一种战略管理工具，也因此被引入了人力资源管理领域，为胜任力模型的构建提供了一种可供借鉴的途径。

平衡计分卡(balance score card，简称 BCS)是由哈佛商学院罗伯特·卡普兰(Robert S. Kaplan)教授和复兴战略公司总裁戴维·诺顿(David P. Norton)于 1992 年发明的一套企业绩效评估和战略管理工具。平衡计分卡关注的核心是企业战略，并提供了把企业战略转化为绩效管理和评估指标的全面框架。正如罗伯特·卡普兰所说，"平衡计分卡是一种绩效管理工具，它将企业战略目标逐层分解转化为各种具体的相互平衡的绩效考核指标体系，并对这些指标的实现情况进行不同时段的考核，从而为企业战略目标的完成建立起可靠的执行基础。"

平衡计分卡要平衡四个方面的内容，即通过财务—顾客—内部业务过程—学习与成长四个指标间相互驱动的因果关系，展现组织的战略轨迹，实现绩效考核—绩效改进以及战略实施—战略修正的目标。

平衡计分卡作为一种战略管理工具，实现了组织内部环境与外部环境、战略目标与战术目标的完美结合。根据平衡计分卡理论，战略的执行需要四个方面的有力配合，即战略执行力＝目标＋责任＋愿力＋能力，能力的重要议题就是人力资源胜任力模型。利用平衡计分卡工具，我们可以通过战略分析和战略规划合理地推断出组织的战略地图，并根据战略地图提取实现组织战略和绩效所应该具备的关键战略举措，在此基础上进行企业、部门、员工各个层级的战略关键绩效指标设计，得出组织的核心战略能力，最终推导出员工胜任力模型。

三、胜任力模型构建思路

由于胜任力模型构建思路的最终确定取决于模型构建对象的优秀样本数量、组织的结构与战略方向的稳定性、组织内部的后续应用等多个条件，因此构建胜任力模型的具体思路和方法选择会有差异。通用的胜任力模型构建思路如图 3.1 所示。

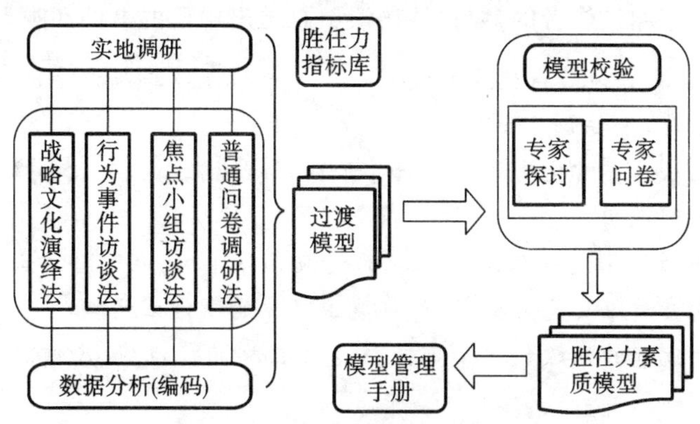

图 3.1　通用胜任力模型构建思路

（一）行为事件访谈法

在构建胜任力模型的方法中，行为事件访谈法是最客观、最系统的方法。根据实际需要，可以借用行为事件访谈法的原理来构建胜任力模型。

行为事件访谈法(BEI)是通过让被访者讲述自己工作中经历的行为事件，来挖掘被访者的胜任力。被访者所描述的行为事件包括最成功和最失败的事件，对事件的描述需要非常详尽，包括背景、目标、行动和结果等要素。要让被访者将上述信息描述得完整、具体，需要访谈者运用高超的访谈技巧，尤其是要善于通过追问来获取信息。在上述信息的基础上进行胜任力特征编码，编码的基础是胜任力词典。胜任力词典会描述常见的胜任力的定义和每个胜任力的行为指标。

行为事件访谈法具有显著的特点：首先，运用行为事件访谈法建立的模型具有较高的信度，与实际的职位胜任力特征能实现较好的匹配；其次，它能够获得较为全面的信息，因而涵盖的胜任力特征要素相对比较完善；最后，行为访谈法是通过被访者的真实事件来挖掘其背后的深层次胜任力特征，因此构建的模型更符合实际。

1. 行为事件访谈的准备

在访谈开始之前，首先要做好相应的准备工作，包括四个方面：一是对被访者的信息进行一定的了解，包括姓名、工作单位以及职务等信息；二是准备一个比较私密的环境，并确保能在 1.5～2 小时内不被外界干扰；三是准备好录音设备；四是熟悉访谈的具体步骤及相关注意事项。

2. 行为事件访谈提纲

①简介和解释。简单介绍自己，解释访谈目的和访谈形式。

②职业经历。询问被访者的受教育情况和之前的工作经历。

③工作职责。让被访者描述其最重要的工作和对工作的反应。

④行为事件。让被访者尽可能详细地描述工作中所经历的 5～6 项最重要的工作职责，其中 2～3 项属于获得了较大成功的，另外 2～3 项属于以失败告终的。

⑤执行该工作必须具备的特性。要求被访者描述当他让其他人更有效地完成该项工作时的想法。

⑥结论总结。感谢被访者的参与，从访谈中总结出主要的事件和观点。

例：为了尽可能充分地获得优秀处级领导干部行为表现与能力特征，我们对处级干部进行了行为事件访谈，主要题目如下：

· 介绍一位您认为非常优秀的处级领导干部，详细描述他在工作中的优点和能力，尽可能地用具体的事例说明。

· 您在工作中所了解的一位不太称职的处级领导干部，在哪些方面让您觉得不太满足处级领导干部的素质以及能力要求，尽可能用具体的事例证明。

· 您认为一个优秀的处级领导干部应该是什么样的？他/她应该具有什么样的素质和能力？

3. 正式行为事件访谈过程

第一步：选取被访者。选取业绩突出者和业绩普通者各 10 人以上。人数不能太少，否则缺乏代表性。人数太多则成本太高，不现实。可以根据考核成绩来确定业绩的高低。

第二步：实施行为事件访谈。请每个被访者讲述 3 个最成功的和 3 个最失败的亲身经历事件。访谈事件一般控制在 2 小时以内，并对整个访谈过程进行录音。

第三步：访谈录音整理。将录音全部转化为文字记录资料。

第四步：胜任力特征编码。首先需要将效标区分出来的两组（优秀组和普通组）的访谈原稿进行对照，并分别进行编码。在此基础上，对访谈资料进行分析，包括组建编码小组、进行编码训练、独立进行编码和正式进行编码等四个步骤。

第五步：数据处理。对通过编码获得的数据进行汇总、登录和统计。

第六步：建立胜任力模型。对优秀组和普通组在每一项胜任力特征上出现的频次和等级的差别进行对比分析和检验，进而形成胜任力模型。

在使用行为事件访谈法时，应注意如下三点。

①询问完整情形。通常访谈中会请被访者回忆过去在工作中记忆比较深刻的一些关键事件，被访者要详细报告每件事发生的情形，包括一个完整故事的所有要素，以及被访者当时的感受、思想、情感、行动以及结果。为获得每一事件中的这些要素，在访谈过程中，访谈者必须询问一些探测性问题，才能得出答案。然后，通过对访谈内容进行分析，确定被访者所表现出来的胜任力维度。

②适时地询问和澄清。在行为事件访谈过程中，被访者通常会突出自己的角色和作用，因此访谈者需要耐心地倾听、认真地辨析，对模糊的情节进行追问和澄清，以了解事情的真相以及被访者在事件中所起的作用。

③记录关键行为要素。在行为事件访谈中，需要访谈者引导被访者对经历的工作事件进行详细描述，以记录其关键行为要素。对关键事件进行引导描述有多种技术，最常用的是 STAR 技术：S 代表的是情境（situation），即要求被访者回答事件是在怎样的情境下发生的；T 代表的是任务（task），即要求被访者回答当时的情境下需要自己完成什么任务；A 代表的是行为（action），即要求被访者回答采取了怎样的行为；R 代表的是结果

(result),即要求被访者回答采取这种行为的结果是什么。具体访谈提问举例如下。

情境方面的提问如:“那是一个什么样的情境? 什么因素导致这样的情境? 在这个情境中有谁参与?”

任务方面的提问如:“您面临的主要任务是什么? 为了达到什么样的目标?”

行为方面的提问如:“您遇到了什么困难,如何加以克服?”“在那样的情境下,您当时心中的想法、感受和采取的行动是什么?”在此,要特别注意了解被访者对情境的认知和事件的关注点,包括被访者如何看待其他人(例如,肯定或是否定)或情境(例如,问题分析与解决的对策),被访者的感受是什么(例如,害怕、忧虑、兴奋),被访者内心想做的是什么,是什么想法激励了他们(例如,想把事情做得更好,让领导印象深刻)。

结果方面的提问如:“最后的结果是什么? 过程中又发生了什么?”“这一事件引发了什么问题或后果?”“您得到了什么样的反馈?”“领导是如何评价的?”

(二) 焦点小组访谈法

焦点小组访谈法是指集体讨论的方式不仅可以为研究者提供每一位参与者个人的意见,而且可以提供在特定情境下特定社会公众对特定事物的集体性解释,也叫团队深度访谈法,是社会科学研究使用的一种新的研究方法。史密斯(Smith,1954)对焦点小组访谈所下的经典定义是,在团队成员集中在一起的情境中,所有成员都能进行真诚、坦率地交谈。

在构建胜任力模型时,可以采用焦点小组访谈的方式,通过刺激—反应过程对统计上显著的研究结果进行进一步的解释。

例:探究一项具体的素质——“政策水平”,究竟应该属于知识维度还是能力维度,就可以采用焦点小组访谈的方法。具体做法是:由一名资深的心理学博士兼人力资源专家、四名人力资源管理专业的高年级研究生、两名人力资源管理专业优秀本科生、一名具有多年工作经验的干部管理专家组成焦点小组,对每一项素质进行逐条审核,看“政策水平”究竟应该属于哪一类维度。小组讨论大约 4 小时。

四、建立胜任力模型的步骤

(一) 定义绩效标准

定义绩效标准,需要制定一套客观明确的定性与定量的基准指标,用于衡量和判定优秀绩效与普通绩效。根据多数企业日常绩效考核的实践经验,通常可以将绩效标准区分为硬性指标和软性指标,一个职位的绩效标准最好包括这两方面的指标,并且一般软性指标是能够预测硬性指标的行为结果的。

绩效标准一般采用指标分析和专家小组讨论的办法来确定。指标分析即采用职位分析的各种工具与办法明确职位的具体要求,提炼出鉴别绩优员工与普通员工的标准;专家小组讨论则是由优秀的领导者、主管领导干部考察的专家和研究人员组成的专家小组,就职位的任务、责任和绩效标准以及期望优秀员工能够表现出的胜任行为和特点进行讨论,得出最终的结论。绩效标准可能包括:是否作为后备力量或继任者进行培养,上级领导满意度等定性指标标准;单位在同行业的排名水平和排名进步情况,单位及个人获得的各级奖励或荣誉称号等定量指标标准。①

(二) 选取效标样本

为保证收集到的信息数据有效并且具有代表性,应当保证样本的规模和质量。根据职位要求,在第一步有效行为标准的基础之上,在从事该职位工作的员工中,分别从绩效优秀和绩效普通的员工中随机抽取一定数量的人员进行调查,以便对两组群体进行对比分析。

(三) 获取效标样本中有关胜任力特征的数据

可以采用 BEI 技术(行为事件访谈法)、焦点小组访谈法、问卷调查法、全方位评价法、专家系统数据库和观察法等,获取校标样本中有关胜任力特征的数据,但一般以 BEI 技术为主。

(四) 建立胜任力模型

通过行为访谈报告提炼胜任力特征,作为要素指标,对行为事件访谈报告内容进行分析,记录各种胜任力特征在报告中出现的频次。然后对优秀组和普通组的要素指标出现频次和相关的程度统计指标进行比较,找出两组的共性与差异特征。根据不同的主题进行特征归类,并根据频次的集中程度,估计各类特征组的大致权重。②

(五) 验证胜任力模型

初步建立起来的胜任力模型具有较高的表面效度,囊括了成功完成工作所要求的技能、知识、态度等特征,但作为领导干部选拔、绩效评估的基础,还需要对模型进行进一步的验证。常用的模型验证方法如下。

1. 访谈法

采用结构化的访谈方法,通过对访谈内容的分析来验证模型所包含的胜任力要素是否正确。目前采用较多的方法也还是行为事件访谈法。重新选取第二组效标样本(绩优组和普通组),在事先不知道具体分组的前提下,采用统计办法,分析确定所建立的胜任力模型是否能区分该效标样本。

2. 测验法

研究者根据已经建立的胜任力模型编制测验工具,如情景判断测验、评价中心等,用这些工具评价另一组效标样本是否在模型的各个要素上具有明显差异。或者通过测验进行选拔,对选择对象进行跟踪,观察其是否在以后的工作中表现得更好,即验证胜任力模型的预测效度。

---

① 谷向东.党政领导干部胜任力技术与应用[M].北京:中国发展出版社,2013.

② 张爱卿.人才测评[M].2版.北京:中国人民大学出版社,2011.

3. 问卷法

利用问卷对模型的效度进行验证，选取较大规模的样本进行问卷调查，对数据进行统计分析，考察问卷的结构是否与所构建的初始模型吻合。①

五、公务员职位胜任力

（一）我国公务员职位类别

我国的公务员职位类别是根据公务员职位的性质、特点和管理需要进行划分的，具体分为综合管理类、专业技术类和行政执法类等。

我国根据公务员职位类别设置了公务员职务序列，公务员职务分为领导职务和非领导职务。领导职务层次分为：国家级正职、国家级副职、省部级正职、省部级副职、厅局级正职、厅局级副职、县处级正职、县处级副职、乡科级正职、乡科级副职。非领导职务层次在厅局级以下设置。

不同层级的公务员所要求的胜任力特征是不一样的，通用的各层级管理者的胜任力特征如下。

基层管理者（县处级正职、县处级副职、乡科级正职、乡科级副职）胜任力模型：基层管理者的主要任务是"带兵打仗"，更多时候是带头执行具体的操作工作，这就决定了基层管理者的胜任力重点是以执行力与管理能力为主。以身作则、业务能力、责任心和沟通技能这四种特质是基层管理者胜任力模型中不可缺少的内容。

中层管理者（省部级正职、省部级副职、厅局级正职、厅局级副职）胜任力模型：中层管理者在组织中起着承上启下的作用，并需要在左右部门之间进行协作支持，这就要求管理者具有很强的组织协调能力。在选拔中层管理者时，比较重要的胜任力特征包括组织协调、团队建设、人际沟通、分析判断、主动性和业务能力。

高层管理者（国家级正职、国家级副职）胜任力模型：高层管理者既要扮演战略决策者的角色，又要通过组织整体的建设来达到目标，因此要求综合能力很强，与对中、基层管理者的要求完全不同。一般来说，胜任高层管理工作需要系统思维、决策力、统筹规划能力、领导力和创新能力等胜任力特征。

（二）不同层级公务员胜任力模型

"胜任力模型"这一概念，在国外公共部门中已经广泛运用于公务员的选拔配置、培训开发等诸多方面。英国、美国、澳大利亚、法国、荷兰、日本等国政府都制定了公务员胜任力模型。不少国家从国家层面确立了文官或公务员的胜任力模型，比如英国政府制定了高层公务员胜任力标准框架，澳大利亚政府提出了公务员的五项核心胜任力标准框架，荷兰开发了一套针对担任高级领导职务公务员的胜任力模型，美国早在 20 世纪 90 年代就由联邦人事管理办公室开发了针对高级文官的核心胜任力框架。

我国的学者也对不同层级的公务员胜任力进行了研究，创建适合我国国情的公务员

① 谷向东. 党政领导干部胜任力技术与应用[M]. 北京：中国发展出版社，2013.

胜任力模型。

1. 我国公务员的通用能力

我国2003年出台的《国家公务员通用能力标准框架(试行)》,以党和政府对公务员队伍的素质要求为依据,从政治思想、行政管理工作、自身发展、心理调适等方面着眼,提出了公务员必须具备的九种通用能力,如表3.2所示。

表3.2 公务员通用能力标准框架

通用能力	解释
政治鉴别能力	有相应的政治理论功底,坚持党的基本理论、基本路线、基本纲领和基本经验,认真实践"三个代表"重要思想;善于从政治上观察、思考和处理问题,能透过现象看本质,是非分明;具有一定的政治敏锐性和洞察力,正确把握时代发展要求,科学判断形势;贯彻执行党的路线、方针、政策
依法行政能力	有较强的法律意识、规则意识、法制观念;忠实遵守宪法、法律和法规,按照法定的职责权限和程序履行职责、执行公务;准确运用与工作相关的法律、法规和有关政策;依法办事,准确执法,公正执法,文明执法,不以权代法;敢于同违法行为做斗争,维护宪法、法律尊严
公共服务能力	牢固树立宗旨观念和服务意识,诚实为民,守信立政;责任心强,对工作认真负责,密切联系群众,关心群众疾苦,维护群众合法权益;有较强的行政成本意识,善于运用现代公共行政方法和技能,注重提高工作效益;乐于接受群众监督,积极采纳群众正确建议,勇于接受群众批评
调查研究能力	坚持实践第一的观点,实事求是,讲真话、写实情;坚持群众路线,掌握科学的调查研究方法;善于发现问题、分析问题,准确把握事物发展的历史、现状和产生的影响;积极探索事物发展的规律,预测发展的趋势,提出解决问题的建议;善于总结经验,发现典型,指导、推动工作
学习能力	树立终身学习观念,有良好的学风,理论联系实际,学以致用;学习目标明确,根据自己的知识结构和工作需要,从理论和实践两方面积累知识与经验;掌握科学学习方法,及时更新和掌握与工作需要相适应的知识、技能;拓宽学习途径,向书本学、向实践学、向他人学
沟通协调能力	有全局观念、民主作风和协作意识;语言文字表达条理清晰,用语流畅,重点突出;尊重他人,善于团结和自己意见不同的人一道工作;坚持原则性与灵活性相结合,营造宽松、和谐的工作氛围;能够建立和运用工作联系网络,有效运用各种沟通方式
创新能力	思想解放,视野开阔,与时俱进,具有创新精神和创新勇气;掌握创新方法、技能,培养创新思维方式;对新事物敏感,善于发现、扶植新生事物,总结新鲜经验;善于分析新情况,提出新思路,解决新问题,结合实际创造性地开展工作

续表

通用能力	解　释
应对突发事件能力	有效掌握工作相关信息，及时捕捉带有倾向性、潜在性问题，制定可行预案，并争取把问题解决于萌芽之中；正确认识和处理各种社会矛盾，善于协调不同利益关系；面对突发事件，头脑清醒，科学分析，敏锐把握事件潜在影响，密切掌握事态发展情况；准确判断，果断行动，整合资源，调动各种力量，有序应对突发事件
心理调适能力	事业心强，有积极、乐观、向上的精神状态和爱岗敬业的热情；根据形势和环境变化适时调整自己的思维和行为，保持良好的心态、情绪；自信心强，意志坚定，能正确对待和处理顺境与逆境、成功与失败；良好的心理适应性，心胸开阔，容人让人，不嫉贤妒能

2. 正科级领导干部的胜任力模型

正科级领导干部是党政机关各职能部门的中坚力量，他们所处的位置与角色直接关系到各职能部门的目标是否能落到实处。从职务层级来看，科级属于领导职务的基层职位，既是领导者，又是执行者。由于不同部门的正科级领导干部侧重的素质不同，故在此我们仅介绍正科级领导干部所通用的胜任力模型，如表 3.3 所示。

表 3.3　正科级领导干部的胜任力模型

胜任力维度	特征解读
服务意识	服务意识是指能够发掘和满足工作对象的需要。正科级领导干部既要服务上级领导和部门，又要服务人民群众，只有在实际的工作中表现出良好的服务意识，能够放下自己的领导架子，才能把各项工作做好
行为正直	行为正直包括为人公正公平、廉洁、坦诚正直、严于律己，自觉遵守社会和职业准则，生活作风好，能处理好公私关系，局部利益让位于大局利益、个人利益让位于集体利益，在遇到和自己的利益与价值观相冲突的情况时能坚持正义、以群众利益为重。行为正直反映了一个领导的价值观，处理问题时公正公平，没有私心
关注秩序	关注秩序指关注工作环境和工作内容的条理性，检查自己和他人的工作，使工作井井有条，建立并坚持良好的制度。关注秩序还指对工作的准确度一丝不苟，不断地监控工作和信息进程，使其按部就班，有条不紊地进行
团队合作	团队合作是指通力合作，融入团队，关注团队发展，与团队共同进退，协力解决问题或完成计划。公共部门之间的联系性比较强，作为正科级领导干部，只有努力地与他人协作，才能把各项工作做好
灵活性	灵活性代表了应变能力。正科级领导干部工作处于第一线，需要根据不同的环境、现实情况的变动，及时调整工作思路，改变做事的方式，并且在面对不同意见和看法的时候能够理解和接纳，甚至珍惜
主动性	主动性指的是工作中付出额外的努力，主动思考做某件事背后的意义。具有主动精神的正科级领导干部能够主动帮助上级领导思考本职工作与整个单位的业绩关联性，找到提高部门的整体绩效的办法

续表

胜任力维度	特征解读
组织承诺	组织承诺是指把自己的行为与组织需要、组织目标紧密结合，为达成组织目标，满足组织需要而行动，把组织使命放在个人利益之上，愿意做出个人牺牲。公共部门不是营利性组织，需要公务员不计经济报酬做出较大的个人努力和牺牲，只有把个人与组织紧密联合，才能有工作的积极性，才有极高的热情完成部门工作
团队领导	团队领导是指以公平、合理、负责的态度领导团队，推动团队任务的达成。正科级领导干部通常负责一个部门的工作，需要有一定的领导能力，领导部门完成上级交办的任务，落实既定的工作目标与思路。作为单位领导的后备军，正科级领导干部尤其需要注意领导能力的培养

3. 正处级领导干部的胜任力模型

处级干部职位高于科级干部，作为承上启下的“中间人”，他们既要了解和把握上级的方针政策，又要指导下级执行政策，并根据本地的实际情况进行变通，故建立正处级领导干部的胜任力模型，对国家公务员队伍素质建设有着重要的作用。在此我们列举正处级领导干部的胜任力模型，如表 3.4 所示。

表 3.4　正处级领导干部的胜任力模型

胜任力维度	特征解读
业绩导向	业绩导向也称为成就动机，表明一个人始终关心把工作做好，渴望有所建树，通过不断给自己设定新的或更高更多的目标而获得某种满足。业绩导向反映结果导向，希望能更好地完成工作。这种对成就的不懈追求能够给人动力，使人奋起，迎接新的更富挑战性的任务。在政府部门，正处级领导干部的动机追求能影响整个部门
制度建设	制度建设是指关注工作环境和工作内容的条理性，检查自己和他人的工作，使工作井井有条，建立并坚持良好的制度。制度建设不仅表现出对工作环境、工作过程条理化的需求，同时注重明确职位职责，建立和完善各种管理制度和管理办法，维持整个部门工作的有序进行。正处级领导干部想要管理好整个部门，就需要依靠制度建设和管理办法的实施。优秀的正处级领导干部关注工作过程的条理性，建立各种单位管理制度和管理办法，以达到绩效目标，管理好人员队伍
概念思维	概念思维指通过了解事物各个部分的情况和着眼大局来了解一个状况或问题，找出复杂情况中的关键或根本议题。概念思维方式是利用掌握的现有信息进行归纳推理，基于以往的基本经验和有限的信息分析问题，找出关键点，从而把握大局发展。随着社会形势的发展，正处级领导干部在工作中经常要遇到一些新情况、新问题，没有现成的解决办法，需要他们能综合分析、思考问题。公共部门的工作是进行社会综合管理，所出现的问题往往牵涉到社会的各方面，因此优秀的正处级领导干部需要有较强的洞察力，能敏锐把握一个问题的实质和关键所在，从而做出科学决策

续表

胜任力维度	特征解读
影响力	影响力指一个人采用劝说、说服或者具体的行动来影响他人的思想、情感或行为。影响力是为推动他人达成个人所期望的目标而服务的。此处的影响力是指职位所带来的权力以外的因素,利用个人魅力或权威说服、影响他人的能力。优秀的正处级领导干部需要有较强的影响力,能综合利用各种策略影响他人,让自己的意图为他人所接受,从而实现自己的目标
人际关系	人际关系建立指与有助于或可能有助于完成工作目标的人建立或维持良好的关系,这种人际关系的建立带有一定的工具性目的,即是为了达到一定的目的而发展的与工作相关的、不同于纯粹个人友谊关系的人际关系,因此这种人际关系的建立往往又称为网络建立、资源利用、人脉开发。正处级领导干部除了行政指令外,还需要与方方面面的人建立良好的人际关系,包括下属、上级,以及其他部门领导建立良好关系
团队领导	团队领导是指担任领导角色,公平对待团队成员,提升成员的士气,确保团体成员的需求和利益得到满足,运用各种策略确保他人接受领导者指示,完成组织的任务目标。领导干部要完成各项工作,需要自己的下属全力配合,因此领导干部要对自己有良好的定位,担任起领导整个团队的职责,采取各种办法管理和激励自己的下属,营造良好的氛围,使自己的团队能够良好运转

4. 局级领导干部的胜任力模型

局级领导干部的胜任力模型如表 3.5 所示。

表 3.5　局级领导干部的胜任力模型

胜任力维度	特征解读
统筹规划	在工作中注意正确地确立目标;研究制定部门年度和长远工作计划,采取各种措施落实与完成计划;调动各种资源,运用到工作和各项建设上,确保经济和社会发展任务的完成
团队领导	全面掌握本部门业务执行的基本情况,密切关注职员的身心健康、人际关系和工作环境等;因人而异确定工作职位和职责,能够根据部门特点进行业务分配和具体指导;注意掌握各方面工作进展的特点;严格要求下属或者下属部门依法办事
制度建设	建立和完善一套工作制度、工作系统;有效制定适合本部门特点的管理办法,参与制定适合部门特点的人事管理和重点工作的管理办法
决策能力	决策能力反映了局级领导干部要注重调查研究,具有跨部门的、全局性的宏观视野和把握全局的能力,能够充分利用各种信息对当前形势进行正确的分析判断,正确把握、采纳与协调社会经济形势变化中的人民意见,不失时机地做出决断,能够制定切合实际的政策

续表

胜任力维度	特征解读
价值取向	局级领导干部对于权力、地位、利益、手段等要有正确的价值取向。价值取向反映了局级领导干部要树立正确的人生观、价值观，注意加强职业道德修养，提高自我约束和控制能力，做到廉洁奉公，拒腐防变；严格按章办事、不谋私利、慎重交往和交友；指导和监督下属保持清正廉洁；严格要求和管好配偶、子女及亲属；自觉接受社会监督，生活作风正派
政治鉴别力	反映了局级领导干部要忠于职守、政治立场坚定，以国家利益为重；要对党忠诚、对自己负责、关心他人，在重大问题上旗帜鲜明、明辨是非；能够在了解大量信息的基础上，洞察问题的本质、将来可能产生的问题以及正确解决问题的方向
认真负责	又称为勇于担当、认真可靠，指在没有人要求的情况下，主动开展工作、勇于承担责任、敢于负责、做事认真仔细
学习意识	认真学习、善于学习、有良好的学习习惯；注意掌握新的信息技术，主动适应新的办公手段和电子政务，主动学习新技术解决现实问题；钻研工作所需业务知识，熟悉业务管理，掌握有关法律法规
积极开拓	在工作中积极主动、敢为人先、不断总结与完善；能够运用新的观点观察和思考问题及各种现象，进行理论创新；能够提出新的见解和解决问题的思路，进行制度创新；能够改进工作方式方法，创造性解决问题
鼓励创新	有使命感、有创新意识；努力营造人人进取、敢于突破常规、积极创新的工作氛围

第二节 实验设计

一、实验目的

通过厅局级领导干部公务员胜任力模型设计，了解并掌握人才测评的基本步骤和细节，熟悉胜任力测评技术在公共部门的应用技巧，全面了解公共部门人力资源胜任力测评的理论及实践。

二、实验条件和环境

1. 仪器和材料

(1) SPSS 18.0 以上版本软件。

(2) 大张白纸及马克笔。

2. 实验条件

(1) 装有 SPSS 18.0 以上版本软件的实验室或机房。

(2) 方便进行分组讨论的实验场所。

三、实验步骤

(1) 由教师系统讲授胜任力的概念、模型构建方法与流程，讨论胜任力与任职资格的差别(约 1 小时)。

(2) 讨论并明确胜任力模型构建的关键环节和要点。

(3) 回顾获取效标胜任力特征的 BEI 技术，根据收集的某省厅局级领导干部访谈数据资料，学习如何提炼胜任力特征并构建胜任力初始模型。

(4) 结合某省厅局级领导干部胜任力问卷调查数据的 SPSS 因素分析结果，进行胜任力初始模型的验证和调整。

四、实验要求

(1) 阅读、梳理运用 BEI 技术收集的访谈资料报告(附录一：某省厅局级领导干部关键行为事件访谈提纲；附录二：访谈摘要)，进行内容分析与归类，提炼胜任力特征。

(2) 记录各种胜任力特征在报告中出现的频次。

(3) 结合胜任力特征类型及频次，初步确定某省厅局级领导干部胜任力模型的维度。

(4) 构建某省厅局级领导干部胜任力初始模型。

(5) 结合 SPSS 因素分析结果(附录三)，验证和调整胜任力初始模型。

(6) 对胜任力模型进行解释说明。

五、实验成绩

序号	实验要求	分值
(1)	利用 BEI 技术记录、提炼适当的胜任力特征；准确记录胜任力特征的出现频次	10
(2)	初步确定某省厅局级领导干部胜任力模型的维度；构建胜任力初始模型	30
(3)	结合胜任力 SPSS 因素分析结果验证和调整胜任力初始模型	30
(4)	描述和解释胜任力模型	30

六、思考题

(1) 构建胜任力模型为什么要以绩优者为分析目标？

(2) 如何提炼出较为准确、科学的胜任力特征？

(3) 如何验证和调整胜任力初始模型？

第三节 实验材料

附录一 某省厅局级领导干部关键行为事件访谈提纲[①]

被访人：

时间：××××年××月××日——××××年××月××日

地点：

1. 请您简要介绍一下您的学历、工作年限和工作职责。（导入）

2. 请您用详细的事例来说明您曾经接触过的您认为最优秀的厅局级领导干部所具备的素质和能力，最好每一项素质都能举出相应的事例。

3. 请您用详细的事例来说明您认为不太称职的厅局级领导干部在哪些地方不如其他领导，最好都能举出相应的事例。

4. 您认为一名优秀的厅局级领导干部与一名普通的厅局级领导干部在能力和态度方面有什么差别？您能不能够列举一个具体事件，好让我们有直观的了解？（可以是一个方面也可以是多方面）

5. 您认为优秀的厅局级领导干部区别于其他级别的领导干部的特点是什么？

6. 您认为厅局级领导干部的素质结构应该是怎样的？不划分素质结构好还是应该划分素质结构？如果需要划分，怎么划分比较合理？

附录二 访谈摘要(要素与关键事件的对应)

1. 品格：为人正直、办事公正、平易近人、有耐心，并能够以身作则。

a. 在别人看来，我的权力很大，但对我来说，这并不是权力，而是责任和压力。要考虑怎样用权力把工作做好，用最高标准要求工作。权力本身意味着责任，一方面要替市政把关，另一方面要为区县服务。作为领导要领先一步，高出一筹，研究问题时要站得更高，看得更远，还要集思广益。

b. 对部门人员管理公道，对外审批公道，办事有原则性，在政策面前让群众感到平等，不分亲疏厚薄。正派是指工作、思想、生活作风正派，领导正，下级才能正。堂堂正正

① 陈丁. 对北京市局级领导素质模型的探索性研究[D]. 北京：中国人民大学，2005.

做人，清清白白办事，群众的评价也在于此。

c. 北京市政协某常委，待人很宽厚。他在的学校从普通的中专发展成有影响的中专，老百姓有目共睹，好多学校被合并，但是这个学校没有。他没有孩子，一心扑在工作上。"非典"期间太累，走路扶着墙。为人清廉，到现在还住着两居室。

d. 某主任人品好，让大家体会到了人情味，大家都努力工作，现在部门风气非常正。人格魅力，尤其是一把手的人格魅力还是不能忽略的。

e. 人品不好，善于使手段，虽然能压住人，但是一旦离开这个部门，听到大家的评价，假象也就出来了，口碑不好。在工作中，伤害了同志，也就影响了工作。有的领导，大家想挽留的，肯定不会有什么问题，工作效果也好(负面的)。

……

2. 决策能力：迅速而准确地对多种备选行动方案进行评价并做出最终决定的能力。

a. 决策出错误，效率低下。污水处理场属于经营性的领域，应该可以经营的，原来一直是政府投资，在沿海和国外，已经市场化了。但北京情况特殊，每年拿出几十个亿投资，没有研究透，导致发展滞后。如果当初意识到这个问题就可以避免。这个责任在于领导的政策水平(负面的)。

b. 如区县功能定位。让利、让税，合理确定地理、水源涵养、生态建设等问题，局级领导干部思路一定要清楚！如各个区县都要发展工业，好的领导会运筹帷幄，整体区域经济的研究都应该在考虑的范围内，要从经济、社会、历史、文化等多角度、多方位地考虑问题。

c. 北京市的委办局，无论是下属报告，还是自己发现，要能够在自己的职责范围内拿方案。对上要给领导拿方案，对下能排难解惑。

d. 某主任在"非典"期间调配物资时，敢于拍板，有魄力。企业开始要讲条件，主任说："这是政府行为，没有条件可讲，赶紧把物资送来！"企业怕"非典"，不愿意亲自送货，主任又协调人去接货。

e. 有些区县单位领导决策、考虑问题时，不考虑当时发展阶段的实际，提出建设民俗村，以旅游事业带动发展，但在旧城改造的时候提出将一个镇恢复成清朝的原貌，但是有城无市，这就是瞎拍板，这是用的财政的钱，副职的意见不听。现在成了一个笑话，进退两难(负面的)。

f. 北京市机构改革讨论，有一个领导是专家型领导，思路清晰、敏捷、超前，让人耳目一新，令人折服。后来方案由另一位领导审查，这位领导是政治型的领导，否定了这个方案。当时我很不明白，但是听完这个领导的讲话，发现他更高明，会考虑情境的变化，会考虑什么时候干、怎么干，各方面的矛盾，出现的问题，影响到哪些人，中央怎么看，等等，都分析得头头是道。这样一对比，专家型的领导就显得幼稚了。最后机构改革搞得平稳，各方都满意。只有人大觉得改革力度不够，但是解释后也能理解。理论和实践相结合。

……

3. 创新能力:注意寻找完成任务和解决问题的新途径、新方法。

a. “非典”期间,实行改革审批制度,简化审批手续;实行相关委办局联合审批,符合项目条件的,三天之内批下来。

b. 基础设施原来是国有企业垄断,现在引进社会资本,实行特种经营制度,原来只有一家投资主体,也就是垄断,而现在引入了社会资本。

c. 污水处理厂对外转让,党组意见一致,改革投资管理模式,从注重审批到注重对项目的投资引导作用和产业结构调整的重要作用。像现在这样有思路的领导我还没有看见过。

d. 我们在体制上有尝试,比如综合执法尝试、交通体制改革、建立交通委员会下属机构等。

e. 我们单位的内部网是实现无纸化办公而搞起来的,里边有一个论坛,大家可以在论坛里交流、发帖。主任非常鼓励我们在论坛里交流,有时在会上也说看到了谁发的文章,有时还给奖励,我认为这很好地促进了大家的交流。

f. 比如城市建设中园林局要提意见,影响古树吗?怎么设计?达到要求了吗?最后还要验收。当时我们想通过规划来控制,部门可以立法呀。李主任有一个观念,我觉得是创新,立了法并不一定你来执行,其他部门或其他人来执行,老百姓也都知道,园林局来监督。

……

4. 政策水平:对党和国家方针、政策的理解贯彻程度和政策理论水平。

a. 某乡的区委常委兼书记,在刚改革的时候按传统思想方法,没有跳出框框,抓的方向不对,怕企业太活了会出问题,把这些事看得很重,最后把企业卡住了,积极性打击了。在他之前的领导很能干,思路也很开阔,把握方向也很准,发展很好。群众要求把他调回来。后来调回来搞得很好。两个领导相比较,一个观念转不过来,不适应经济形势;一个很善于分析判断,很得人心。

b. 1995 年,在会上给当时所在局的领导建议,把优良资产包装上市,但那时他不理解,现在证券市场萧条,反而想上市了。说明他视野不开阔。

……

5. 求实精神:讲求客观实际,对工作本着实事求是的态度。

a. 例如,虚报的问题,有的区县领导,虚报经济指标,提拔快,但是同志们有看法,最后给后任留下了问题,怎么把亏的部分补上去,非常难。现在有人在政绩上吹,吹出来之后升官。搞城建,贷款一大堆,结果有的单位连工资都发不出。

b. 比如交通,不是切实解决交通问题,而是建五环、六环,搞绿化、建高楼,没有目的。

c. 短期行为多,领导的流动性比较大。在较短的时间内很难将一样措施、一种思路落实,那就搞一些比较顺领导意的、容易见报的政绩工程。

d. 某书记去年 4 月份强调建设,组织文化建设、制度建设,编制一本北京青年运动的青年志,而不是只搞一些表面的活动,不求给领导看到,实实在在地抓建设。团中央提出要搞青年卡，而我们书记觉得现在北京的情况不是很适合，担心会重蹈原来团员证的覆辙，所以更多是采用一种比较低调的方式。

……

6. 原则性：严格按照国家政策和有关规章制度办事，对任何人都不徇私情。

a. 当然某主任也有硬政策，考核时两人的不称职率超过了50%，被免职了，这让我们看到了竞争。

b. 近期组建发改委的组织框架，好的干部都想要，不好的干部都不想要。我把握两条原则，前提是我们的人才资源缺乏，大家都想要，但不能满足；尽量按照双向选择的原则处理。第一，权力大、有资金的部门全力满足，必须符合事业的需要。第二，满足工作连续性的需要。不是站在某一个角度思考问题，而是从大局出发，不可能每个处长都满意，但大部分人能够接受。

……

7. 廉洁性：严于律己，正确地运用权力，不以权谋私。

a. 某秘书，在后来搞南方集资的事时走上贪污之路。以前我就觉得他爱占小便宜，80年代初，各部门买夏季饮品，他经常去别的部门吃，还跟我说某某部门冷饮好吃，爱占小便宜，以后果然出事了(负面的)。

……

8. 应变能力：处理意外、复杂情况表现出的适应性和灵活性。

a. 规划委因为拆迁，被拆居民集体上访，领导差点被打死，惊惶失措，不知道怎么办，最后是老同志出来解决。有的领导处理不了这样的事(负面的)。

b. 我当兵的时候有位营长，虽然文化不好，但是处变不惊。一次训练走错了路，走到绝路上了，不能倒车，后面拉着大炮，前面就是悬崖，他上前去指挥得非常妥当，最终化险为夷。现在改革情况复杂，特别需要这样有能力的人。

c. 蓝急速网吧出事后，领导下令把所有的网吧都封了。这样，网吧是不会出事了，但是歌厅、酒吧、舞厅还会不会出事呢？这不能解决根本问题。从长远来讲，会影响到经济的发展，网吧的经济收入没有了。不是因为它是网吧而出事的，应该看到问题的根源。

d. 市委市政府的群众上访事件。前期有各种预案做准备，事件过程中应该有因时而动的能力。

……

9. 事业心：把组织的利益置于个人利益之上，一切以工作为重。

a. 主任原来管破产兼并的时候，有一次一个企业破产，职工上街了，厂里连续三天停暖气，主任半夜去协调。作为一个女同志容易吗？大冬天半夜里跑去给职工做思想工作，讲“三个代表”。

b. 一个秘书长，原来在机关干得不错，后来放到转轨的公司去干了，干行政管理工作，工作量大，难度也大，但这些年很快把亏损补齐了，因为他懂经济、有能力，能搞上去，态度也认真，兢兢业业，局面有很大扭转。他原来不是专搞经济的，既然搞这个，就愿意在原来的基础上学习、研究、发现。

c. “非典”时组建小汤山医院，为了保障按时成立，某主任负责医药和器械保障，我们和民工同吃同住，16 人一个小房间，每天都是晚上 11 点才睡。交接病人时都还在，负责物资供应，没有一个退缩的。在领导的带头下，我们都义无反顾地去了，周主任坚决不让我去，说我家孩子小，爱人又是正准备上第一线的医生。而主任自己一直没回过家，她家连瓶“84 消毒液”都没有。

……

10. 人员开发能力：评价人员的工作绩效和潜力，提供培训和技能开发，指导、咨询并协助解决人事方面的问题。

a. 能够带队伍、管队伍，一个团体应该非常能战斗，只有业务水平，没有领导能力，就无法向外输出人才，只有带出人才，方能为社会所承认。有的委办局，如统计局、财政和农委向外输出的人比较多。

b. 首先是我们的核心部门处长的轮岗，要把最优秀的人，轮到最好的岗位。一个项目批的时间长，就让他下岗。采取行政告诫，在干部使用上打破条条框框，竞争上岗，用其所长。我们有一个干部，多年不被提拔，我们顶着压力提拔上来了，这次组阁有四个部门争着要。

c. 某主任来后处理问题时既往不咎。有一人能力强，原来和别人有矛盾，某主任来后直接就任用了他，结果他表现得很好，现在是主力。

d. 某人以前是医药总公司的，大学毕业后在车间当检验员，独立负责他那一摊的工作，非常清楚。后来到团市委，流程不一样了，但他还是按照原来的工作方式，想独立负责，有一次还跟一位想提出指导意见的副主任发生了冲突。现在面对的是人，而不是机器。后来干部调整后交给他负责某公司的共青团建设这样的专项工作，将原来不清不楚的工作弄得非常清晰。这些都反映了领导应用人才的能力，根据他们的不同个性和工作方式调整工作岗位。

……

11. 相容性：善于听取不同意见，心胸宽广，能够求同存异，化解矛盾。

a. 工作方式方法要宽厚，对待不同性格、不同意见，对不顺从自己的人，要善于纳谏。在工作中实事求是反映谁干的事，不能搞个人英雄主义。最主要的是要把大家领导起来。领导越强硬，越容易引起下级反感，心平气和才能组织好工作。在工作中要多鼓励下属，而不是训斥他们。有的上级不让下级直接见领导，怕下级超越自己；没看到下级的成绩，打击下级的积极性。

有的听完大家的意见，最后说自己高明的意见。有的还没等大家说完，就说他的意见不好，要能听进去大家的意见。

……

12. 人际关系能力：与他人进行人际交往，妥善处理各部门的相互关系，建立和保持和谐的工作关系，从而共同达到工作目标。

a. 去年有一个局级干部被免职，他原来是清华的博士，在外经贸委任局长，36岁了，非常能干。进来时笔试、面试、业务都可以，为人方面不像其他方面这么突出。过来后想干出业绩，工作中不注意小节，和很多人没搞好团结，小事做得不好，考评时得分特别低，评了个不称职，被降为处级。

……

13. 民主性：在工作和决策中能发扬民主，充分听取群众意见。

a. 书记会在决策过程中引进很多科学的方法，搞“北京青年青春奥运规划”，面向各界人士开了十几个座谈会，在书记会之前征求了各方意见，通过开会来体现民主集中制的意识，最后的决策充分体现了民主。

b. 团的“十一大”工作报告的起草，到底是写四部分还是六部分，“三个代表”是不是单独写一部分等问题，从上到下征求了很多同志的意见。在原有思路的基础上，修改了原有的一些不切实际的想法，最后的报告是一份精品。每一次书记会议都没有什么问题，因为会前都已经广泛地征求了大家的意见。

……

附录三(1)　某省厅局级领导干部SPSS因素分析转轴后的成分矩阵表

项　目	因　素				
	1	2	3	4	5
沟通能力	0.72	0.06	0.14	0.10	0.12
人员开发能力	0.65	0.30	0.11	0.06	0.03
计划能力	0.62	0.18	0.06	0.17	0.14
相容性	0.53	0.00	0.12	0.03	0.07
人际关系能力	0.52	0.01	0.08	−0.03	0.32
合理授权能力	0.44	0.04	0.24	0.41	0.11
控制能力	0.43	0.23	0.22	0.21	−0.14
服务意识	0.27	0.70	0.16	0.10	0.11
专业知识	0.02	0.70	0.17	0.00	0.01
品格	−0.03	0.60	−0.09	0.03	0.48
管理知识	0.25	0.58	0.20	−0.06	0.07
指导能力	0.38	0.42	0.32	0.16	−0.04
主动性	0.25	0.10	0.71	0.13	0.10
求实精神	−0.12	0.11	0.69	0.08	0.11
责任心	0.11	0.34	0.50	0.19	0.05

续表

项　目	因　素				
	1	2	3	4	5
学习能力	0.44	0.26	0.50	0.10	0.13
应变能力	0.44	0.07	0.50	0.36	0.05
事业心	0.18	0.41	0.48	0.26	−0.01
决策能力	0.05	0.00	−0.09	0.83	0.06
政策水平	0.10	−0.01	0.31	0.67	0.11
创新能力	0.23	0.27	0.26	0.44	0.08
廉洁性	0.19	0.11	0.07	0.11	0.74
原则性	0.01	−0.01	0.23	0.14	0.70
纪律性	0.45	0.19	0.00	−0.01	0.54
民主性	0.17	0.30	-0.07	0.20	0.19

从附录三(1)中我们可以看出,合理授权能力、控制能力、指导能力、学习能力、应变能力、事业心、创新能力、纪律性、民主性等9项素质在各个因素上的载荷均不高,因此将上述9项素质删掉,得到5个维度,16项素质。

附录三(2)　某省厅局级领导干部SPSS因素分析信度检验表

因　素	项目名称	分项对总项的相关系数	克隆巴赫α系数
1	沟通能力	0.74**	0.71
	人员开发能力	0.77**	
	人际关系能力	0.67**	
	相容性	0.59**	
	计划能力	0.63**	
2	专业知识	0.73**	0.66
	服务意识	0.72**	
	品格	0.57**	
	管理知识	0.72**	
3	主动性	0.77**	0.57
	责任心	0.60**	
	求实精神	0.50**	
4	原则性	0.80**	0.58
	廉洁性	0.83**	

续表

因　　素	项 目 名 称	分项对总项的相关系数	克隆巴赫α系数
5	决策能力	0.61**	0.53
	政策水平	0.90**	

注：**表明相关系数在0.01水平上显著。

由附录三(2)中我们可以看出，各分项对总项的相关系数均在0.5以上，达到了0.01水平的显著性，符合验证标准。因素1、因素2的克隆巴赫α系数都达到了0.6以上，因素3、因素4、因素5的克隆巴赫α系数都在0.5以上。

第四节　实验报告

实验报告

院系		专业	
班级		姓名	
实验教师		学号	
成绩		日期	
实验名称			

一、实验目的

二、实验原理

三、实验步骤

四、实验数据(如有则填)

五、实验结果

六、讨论分析(完成指定的思考题和作业题)

七、实验总结及改进实验建议(如有则填)

八、问题与困惑

备注：

第五节
实验答案

1. 结合胜任力特征类型及频次，初步确定某省厅局级领导干部胜任力模型的维度，构建胜任力初始模型。

厅局级领导干部胜任力初始模型

维　　度	素　　质
品德	原则性、纪律性、廉洁性、品格
能力	决策能力、计划能力、创新能力、合理授权能力、人际关系能力、应变能力、学习能力、沟通能力、控制能力、指导能力、人员开发能力
知识	政策水平、专业知识、管理知识
态度	主动性、责任心、事业心、求实精神、服务意识、相容性、民主性

2. 结合SPSS因素分析结果，验证和调整胜任力初始模型，形成厅局级领导干部胜任力模型。

厅局级领导干部胜任力模型

维　　度	胜任力名称
组织实施	沟通能力、人员开发能力、人际关系能力、相容性、计划能力
政策推演	决策能力、政策水平
知识水平	专业知识、服务意识、品格、管理知识
工作态度	主动性、责任心、求实精神
公正廉洁	原则性、廉洁性

3. 从模型的各个维度出发，对胜任力模型进行解释说明。

厅局级领导干部胜任力模型解释说明

维　　度	胜任力名称	定　　义
公正廉洁	原则性	是否严格按照国家政策和有关规章制度办事，对任何人都不徇私情
	廉洁性	严于律已，正确地运用权力，不以权谋私
政策推演	决策能力	迅速而准确地对多种备选行动方案进行评价并做出最终决定的能力
	政策水平	对党和国家方针、政策、法令的理解贯彻程度和政策理论水平

续表

维　度	胜任力名称	定　义
组织实施	沟通能力	说话注重技巧，通过说明道理使对方接受自己的观点
	人员开发能力	评价人员的工作绩效和潜力，提供培训和技能开发，指导咨询并协助解决人事方面的问题
	人际关系能力	与他人进行人际交往，妥善处理各部门的相互关系，建立和保持和谐的工作关系，从而共同达到工作目标的能力
	相容性	善于听取不同意见，心胸宽广，能够求同存异，化解矛盾
	计划能力	能超前规划部门的未来发展，对于本部门的年度工作做到统筹安排，心中有数，不断提高个人以及所属部门的工作效率
知识水平	专业知识	熟悉所从事的专业，包括深度和广度；熟练掌握与工作相关的业务领域和技术工作方面的知识
	服务意识	在工作中是否从单位整体或员工、外部单位和人员的立场出发，对他们提出的正当要求是否积极热情地提供相应的服务
	品格	为人正直、办事公正、平易近人、有耐心，并能够以身作则
	管理知识	熟悉管理理论和领导理论的基本原理，并能在工作中恰当地运用
工作态度	主动性	能够承担职责之外的事项，对复杂和困难的工作持积极主动的态度
	责任心	不仅能够自觉、充分地履行自己的工作职责，而且在本部门工作出现问题时能够勇于承担责任，从不推诿；值得给予充分的信赖
	求实精神	讲求客观实际，对工作本着实事求是的态度

第三部分　人才测评的方法

“工欲善其事，必先利其器。”人才测评的应用场域离不开对其方法、工具的琢磨、研发和利用。这些工具和方法承载着对人才选、育、用、留目标的实现，也传递着组织部门或国家、社会重视人才价值的战略性认知，并且不断在理论和实践的磨合中积累着有效的人才测评经验，能积极回应人才管理的现实需要，精进在不同情景下人才测评的匹配程度及信度、效度。

本部分为本书的主体部分，也是核心部分，从第四章至第十三章，共计十章，阐述了公共部门人才测评十种常用方法的基本原理，并为如何开展这些测评方法设计了相关实验。十种常用的人才测评方法具体包括履历分析法、笔试法、面试法、问卷调查法、公文筐测试法、角色扮演法、案例分析法、无领导小组讨论、360 度评估法及管理游戏法。

CHAPTER4

第四章

履历分析法

第一节 基础理论

一、履历分析法概述

(一) 概念

履历分析法又称履历评价或资历评价技术,是通过对测评对象的个人背景、工作与生活经历进行分析,判断其未来职位适应性的一种人才测评方法,是相对独立于心理测评技术、评价中心技术的一种人才评估技术。由于一份相对完整的履历包含了测评对象的年龄、家庭情况、受教育情况、培训经历、工作经历、获奖情况等丰富的基本信息,所以我们可以据此了解一个人的成长历程和工作情况,从而测评其气质、工作环境、爱好、技能、态度和能力。[①] 但是如果履历包括兴趣、人格、技能和价值观等信息,那么履历分析法与其他测评方法就难以区分。所以学者们普遍认为,履历分析应该聚焦于个人过去工作和生活中的事实性经历,个体过去的行为表现是预测其未来成功的最佳指标。

(二) 理论基础

刘红燕和郭庆科(2011)对传记式资料(履历分析)的理论基础做了系统梳理。他们归

---

① MOUNT M K,WITT L A,BARRICK M R. Incremental validity of empirically eyed biodata scales over GMA and the five factor personality constructs[J]. Personnel Pshchology,2000,53(2):299-323.

纳认为，履历分析的主要理论基础有 Owens 等人提出的传记式测评理论——发展综合模型理论，Mael 等人提出的社会身份理论和 Mumford 等人提出的生态模型理论等。

1. 发展综合模型理论

Owens 和 Schoenfeldt(1979)根据个体在履历分析的不同因素上的得分，将具有相似经历的个体分配至不同的亚群体组。研究结果显示，不同组的个体在工作中的绩效和满意度不同。由此推论，一般的生活经历和经验对不同工作的绩效存在差异性影响。

该理论对公共部门的启示是，个体的任职经历会影响到公共部门的职位匹配度，比如，与应聘职位有关的任职经历、本系统（行业）工作经历、跨系统（行业）工作经历、多职位任职经历、基层工作经历、在下一级部门中任一把手的工作经历、在宏观或综合部门的工作经历等，有可能会影响到公共部门人员的工作绩效。因此，个体的任职经历是用于预测其管理能力和工作绩效的重要指标。

2. 社会身份理论

Mael 等人(1995)提出的社会身份理论认为，人的自我概念由个体身份和社会身份两部分构成。个体身份是指个人特征，如性格、能力等；社会身份是指个体对其所属的社会群体的感知，如国籍、政治团体、宗教信仰等。个体对自己所属社会群体的界定会促使个体的行为与其所属的社会群体行为趋向一致，而且群体认同感越强烈，个体所拥有的该社会群体的典型特征就越显著。能代表其所属群体类别的人的每次经历或一系列经历将会对个体以后的行为模式产生潜在的影响。

该理论对公共部门的启示是，大多数领导干部往往对自己接受高等教育的学校群体、学历层次、本系统（行业）工作群体具有强烈的认同感，这些群体的典型特征对其行为模式有一定的潜在影响。因此，在公共部门领导干部的竞争性选拔中，如第一学历（学位）、第一学历毕业院校、最高学历（学位）、最高学历毕业院校、本系统（行业）工作经历等指标对于预测其领导能力和未来的工作绩效都有重要价值。

3. 生态模型理论

Mumford 等人(1990)提出了生态模型理论，从生物学视角进一步完善了履历分析测评方法。该理论认为，人作为一种生物个体会积极寻求经验和机会，以便更好地适应环境。个体行为一旦在某种情境下获得了满意的结果，那么个体就会在将来寻找类似的情境，并产生类似的行为，即在适者生存的规律下自发地强化自我行为，为自己找到正确行为模式和努力方向。生态模型理论也以选择决策的生态适应模式对履历分析的预测能力进行了解释。该理论是目前发展较完善的履历分析理论。

该理论对公共部门的启示是，个体以往成功的任职经历有利于其找到正确的行为模式和努力方向，有利于其提高工作的适应性。因此，个体的基层任职经历、艰苦地区的任职经历、与应聘职位相关的任职经历等，对于其领导潜力有很好的预测作用。我们在开发公共部门履历分析测评工具时，可以生态模型理论为依据，开发有效的履历指标。

（三）历史溯源

与很多测评方法一样，真正意义上的履历分析法诞生于第二次世界大战期间。著名心理学家吉尔福特及其同事发现，有不同个体经历的军人在军事训练中的表现明显不同，于是他们根据这一发现，开始在征兵时利用对个体经历的分析来预测军事训练的成功率，取得了良好的效果。自此以后，这种通过分析个体经历预测其日后工作绩效的方法开始在美国、加拿大等国家的公共部门人力资源管理中得到广泛应用，被人们热切关注，并沿用到民间领域，逐步发展成型。

国内履历分析法始于20世纪90年代，主要是从心理学、工商企业管理的角度开展研究，专门研究公共部门人才履历评价的文献较少。直到2000年以后，才正式开始出现一些将履历分析法应用到公共部门的学术研究，比如研究卫生部门领导干部的履历评价维度及要素、领导干部履历评价的评分公式等。

（四）技术方法

国际上通用的履历分析法一般是以选择题的形式要求测评对象填写经历调查表（IAR，又称个人成就信息表），该表自1983年起沿用至今。它从学习经历、工作经历、工作能力和人际关系等方面编制了148道选择题，每个选择题有五个选项。目前经历调查表已经成为美国公务员选拔的一种重要测评手段。①

欧美的一些大公司也开发了适合企业自身需要的履历分析测评系统。其中应用最为广泛的主要有权重申请表（weighed application blank，WAB）和传记式问卷表（biographical information blank，BIB）。权重申请表一般包含10～20个问题，主要是一些能够确定和证实的问题，即客观性信息。传记式问卷表一般包括50～100个问题，这些问题有些是不能确定或不能被证实的问题，即主观性信息，如态度、观念等。② 用于国家主要安全部门的履历分析表可能会包括数百个问题，而一般的简单劳动职位则可能只需要几个或十几个问题。③

实践表明，获取个体工作生活经历等履历信息一般采用传记式问卷更为简便有效。传记式问卷具有以下几个特点：①传记式问卷包含了丰富的可信信息，因此可以使管理者和决策者在短时间内收集到大量的信息，对人才的未来工作绩效做出准确预测；②传记式问卷能够显著提升选拔过程的信度和效度。由于传记式资料可以量化，内容可以做编码验证，因此可以显著提升选拔过程的信度和效度，代表和预测人才的未来工作绩效；③传记式问卷可以重复使用，成本低廉。④ 此外，我们认为，履历分析还具有便于实现人岗匹配的特点，尤其在选拔公共部门领导干部时，可利用履历筛选，重点考察具有拟聘职位相关工作经历的人选，从而提高人才选拔的精准度和人岗匹配度。相比传统的组织考察方法，用履历分析来选拔人才有以下优点：一是标准化，用设计科学的履历问卷收集信息，避免了简历格式、内容的不统一；用量化编码方法来量化这些信息，能使选拔标准统一化。二是效率高，用量化编码模型选拔人才比传统的组织考察效率高，大大减轻了选拔的工作负荷。三是精确性高，通过履历问卷收集信息和量化编码，可以大大减少组织考察的主观

① 杨鹏，胡月星．履历分析技术在领导人才选拔中的应用[J]．新东方，2006(4)：20-24.

② 许铎．履历分析测评技术在选拔招聘人才中的应用[J]．中国人力资源开发，2002(10)：31-34.

③ 杨鹏，胡月星．用履历分析技术筛选合适人才[J]．中国人才，2006(13)：58-59.

④ 李英武，车宏生．Biodata——一种有效的人事选拔方法[J]．中国人力资源开发，2006(3)：74-76.

误差，提高人才选拔的准确性。

二、履历分析法的优势与缺陷

履历分析法作为一种新兴的人才测评技术，具有如下优点：①普遍性，几乎所有的部门和职位都适用，且能从多个维度对人才进行考察，有助于比较全面地了解人才；②客观性，由于履历记录的都是过去发生的客观事实，而且是可以核实的，因此一旦明确了评分规则，就可以做到相对定量化，避免了主观因素的影响；③便捷性，虽然履历问卷表的编制比较复杂，需要有专业的人力资源管理和心理学知识，但操作非常简单，可长时间重复使用，大大节省了测评成本，因此非常适用于大规模测评活动中的初步筛选；④有效性，能够帮助实现测评的职位区分，使测评更加科学合理。

但是在实际测评活动中，履历分析法也暴露出了一些问题和缺陷：①履历的真实性。由于履历所填写的信息大多采用自我报告的形式，不可避免地会出现某些人为了提高入围的可能性而弄虚作假的情况。针对这一问题，就需要在履历问卷表中设置一些真实性监测问题，并尽量减少主观性问题，增加可验证的客观问题，必要时也可通过背景调查加以核实；②履历设计的科学性。履历内容的编制会对履历分析的有效性产生重要影响，所以在设计问题时，必须明确职位任职的标准和胜任力要求，保证问题具有针对性，符合基本逻辑，避免产生歧义，且便于理解和填写；③操作的规范性。目前许多企业或部门在缺乏专业指导的情况下通过对人才简历的简单定性分析就做出判断，缺少规范的流程和客观的评分标准，操作随意性大，从而大大降低了履历分析的信度和效度，在某种程度上造成了测评方法的滥用。因此，我们必须对履历分析加以重视，千万不能把履历分析简单理解为简历的筛选；④履历分析在时间跨度上的预测效度缺乏稳定性。比如 Wernimont 研究发现，履历分析的效度 3 年后从原来的 0.74 下降到 0.38，而 5 年后下降到 0.07。[①] 因此，规范严谨的履历内容的编制与操作，以及大样本的履历调查，是保证履历分析预测效度稳定性的重要举措。同时，对于有疑点的信息必须采用辅助的电话调查法、信件调查法及简历核查法等对履历进行验证。

三、履历分析法的基本步骤与关键环节

（一）基本步骤[②]

履历分析法的基本步骤如下。

（1）根据职位要求和工作分析，选择一些与职位最相关的结构要素，如专业知识、决策能力等，建立职位特征模型。

（2）根据职位特征模型的结构要素分类，确定每个结构要素由多少个测评要素组成以及它们之间的关系，并用比较分析法排序，确定每个测评要素的权重。

---

① WERNIMONT P E. Reevaluation of a weighted application blank for office personnel[J]. Journal of Applied Psychology，1962，46(6)：417-419.

② 陈哲娟. 履历业绩评价方法在领导干部竞争性选拔中的应用[J]. 中国人力资源开发，2012(3)：51-54.

(3) 给每个测评要素设若干选项。

(4) 根据事先设计的计算方法，结合测评要素选项，对履历表上填写的内容和选项情况进行量化分析，确定每个测评要素的得分。

(5) 将全部测评要素得分求和，即得到履历分析的初步总分。

(6) 根据面谈或其他材料分析，对初步得分进行误差修正，并按系统的常模进行分数转换，其结果就是履历分析的最后得分，由此来说明职位的胜任力要求。

履历分析法的步骤也可以简化为四个主要的实施过程，如图 4.1 所示。

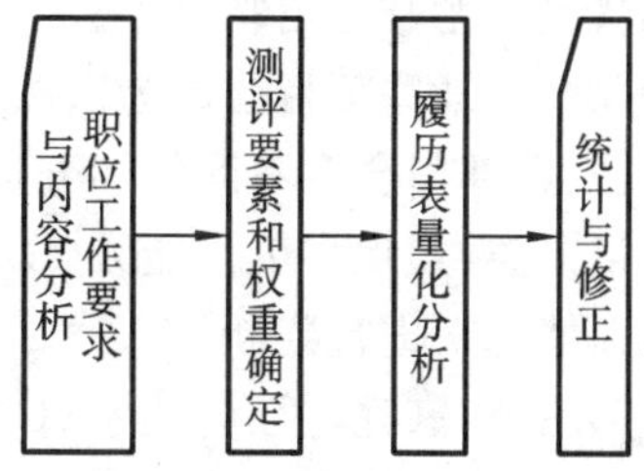

图 4.1　履历分析测评简易实施过程

(二) 关键环节

1. 履历分析项目的选择和权重确定

履历分析项目(即履历表上的问题或题目)的个数从现有的调查情况来看，有 15～800 个不等。但均包括两部分的内容：一部分是测评者能够核实的项目。例如，家庭住址、家庭情况、工龄、学历、年龄等等；另一部分则是不能核实的项目。例如，述职报告、自我工作小结等。履历分析项目的选择依据是职务分析及职位描述，在确定履历分析项目及其权重前必须对被测评者的拟任职位进行认真、细致的分析，以系统、全面地确定该职位对人员各方面的能力和素质(如学历、技能、资历、品质等)要求。

用于公共部门人才履历分析的加权履历分析通常由以下三个方面的项目构成。

(1) 个人基本情况。

主要包括姓名、性别、出生年月、民族、教育程度、政治面貌、宗教信仰、主要家庭成员、主要社会关系、婚姻、本人健康状况等。

(2) 个人经历。

这是履历分析的重点部分，用于资历评价的履历分析必须对如何填好个人经历做出具体、明确的说明。如：个人经历从何时填起，时间间隔如何确定，经历中是否应包括职务情况的说明，以及证明人姓名、职业和联系方式等。

(3) 个人历史和政治表现情况。

这一方面的构成包括何时、何地、何故受过何种奖励或处分，个人在历次政治运动中的表现，个人有无重大历史问题，工作与表现情况，有无需要特别说明的问题等。

权重的确定依据项目测评内容与职位要求及工作绩效的相关程度。在履历分析的项目中，与拟任职位有关的项目应赋予较大的权重。例如，通过调查发现，大专以上学历的人 80%有优秀的工作表现，而低学历的人只有 40%有优秀的工作表现。在履历表的加权设计中，就可以为高学历的人记 80 分，为低学历的人记 40 分。

履历分析项目的选择应该依所要测评的职位的不同而变化，同时还要注意分析项目的可验证性。不可验证的项目或可验证程度低的项目对于履历分析来说，其效用将大打折扣。

2. 履历分析公式

一般而言，公、私部门进行人才履历分析时必填的履历表主要包含四大类项目。

第一类：基本情况(A)。这类情况包括姓名、性别、出生年月、民族、学历、学位、专业、婚姻状况。尤其是招聘时，当应聘者的基本情况相同且应聘人数多于招聘计划人数时，基本情况中的某些项目会成为次级的优先录用标准，成为履历分析中的加分项目。对此，不同的公、私部门会有不同的加分标准。

第二类：知识与工作能力(B)。这类情况主要通过个人的受教育情况、职业经历和职业培训情况来进行判断。

第三类：家庭与社会关系(C)。家庭与社会关系情况可以作为评估个人素质特点的参考背景；人才管理工作也需要对其家庭与社会关系背景有所了解。

第四类：人品(D)。这类情况主要从过去的工作表现、奖惩情况和离职原因来进行判断。

履历分析公式为：

(1) $P_1=(A\times B\times C\times D)/4$ …………………… (乘法公式)

(2) $P_2=(A+B+C+D)/4$ …………………… (加法公式)

(3) $P_3=[(A+B+C)/3\times D]/2$ ……………… (混合公式)

其中 P_1、P_2、P_3 为录取概率，A 为个人基本情况得分，B 为个人知识与工作能力得分，C 为个人家庭与社会关系得分，D 为个人人品得分。P_1、P_2、P_3、A、B、C、D 的值域为 0～100。当应聘者的 P_1、P_2、P_3 落在招聘计划比例中时方可考虑录用。

上述三个公式中，乘法公式是一个最严格的分析和评价公式。一旦应聘者的某一项得分为零，则录用概率立即变为零。这一公式意味着应聘者必须全面、均衡发展。当某种职位对人品和能力的要求都很高时，履历分析应该采用这个公式。

加法公式是一个相对宽松的公式。这种分析和评价方法意味着能够容忍应聘者在某方面的缺陷。即使有一项或几项分值较低，也会有一定的分数，不像乘法公式那样把人"一棍子打死"。当某个公、私部门的管理比较规范，应聘职位的重要性一般时，可以用这个公式选聘人才，体现了"每个人都有可用之处"的用人理念。

混合公式兼顾了乘法公式的严格和加法公式的宽松，同时授予了"人品"分"一票否决权"。这是绝大多数公、私部门的用人理念，即能力差不要紧，以后可以给予培养的机会，但人品不好的人万万不可录用。

四、履历分析在公共部门的适用性

(一) 履历分析的预测效度

履历分析对职业选择、职位胜任力、工作绩效等具有较高的预测效度，平均预测效度在 0.3～0.5 之间。[①] 实证研究结果显示，履历分析结果和面试结果有较强的正相关作用，

① 张强，张涌. 竞争性干部选拔中履历评价研究——以 G 市厅处级干部为观察样本[J]. 中国行政管理，2016(3)：31-37.

履历分析评价在一般认知能力和大五个性基础上对预测面试有增量效度。[①] 较高的预测效度，才能为人才决策提供依据。比如，中国科学技术信息研究所的科研团队收集了基本科学指标数据库（Essential Science Indicators，ESI）22 个学科中被引用次数前 1%的 233 名华人科学家的履历数据，研究了人才成长的相关条件和人才流动的典型路径和模式，为国家人才之策提供决策支持。[②]

（二）履历分析在公共部门的实际应用

近年来，履历分析越来越受到党政机关、事业单位和企业组织人事部门的重视，被逐步用于人才招聘、选拔和竞争上岗等人力资源管理活动中。个人履历分析，既可以用于初审个人简历，迅速排除明显不合格的人员，也可以根据与职位要求相关性的高低，事先确定履历表中各项内容的权重，把被测评者各项得分相加，根据总分确定入选者；也可以与其他人才测评方法一并使用，加权得到总分确定入选者。可见，履历分析具有对外公开招聘、选拔，以及内部竞聘上岗、后备干部遴选的人才筛选功能，有时履历分析的结果还可以用于指导当事人的职业生涯规划。

在我国党政干部选任创新探索、引入竞争机制的背景下，履历分析法得到了应用。2008 年和 2009 年，中组部、国资委在公开选拔央企高管和公开选拔处级领导干部时，均采用了履历分析法对应聘者与拟聘职位的匹配度进行评价。此后，浙江、江苏、上海等地也相继引入履历分析法进行领导干部的选任。2013 年上半年，四川省威远县创新副科级干部的遴选工作，重新划分各分值比重，面试分占 30%不变，笔试分从原来的 70%调整到 60%，剩下的 10%作为履历分析评价分，借此了解候选干部“干过什么”“当过什么”“成过什么”。[③]

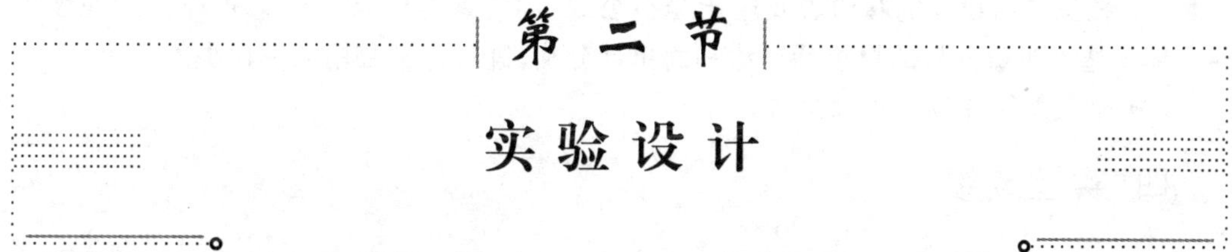

第二节 实验设计

一、实验目的

通过对某省环保厅处级领导干部的履历分析，了解并掌握人才履历分析的意义、效用及基本步骤，熟练掌握履历分析的关键环节，比如履历分析维度和要素选取，履历分析要素表的设计，以及根据履历分析得分进行有效的人事决策。

---

① 严进，吴英杰，张娓．履历数据测评的效度分析[J]．心理学报，2010(3)：423-433.

② 田瑞强，姚长青，等．基于履历数据的海外华人高层次科技人才流动研究：社会网络分析视角[J]．图书情报工作，2014(19)：92-99.

③ 张明海．不仅要考得好 还要干得好[N]．四川日报，2013-07-23(8).

二、实验条件和环境

1. 仪器和材料

(1) 电脑。

(2) 大张白纸及马克笔。

2. 实验条件及准备

(1) 实验室或机房。

(2) 某省环保厅处级领导干部职位说明书。

(3) 方便进行分组讨论的实验场所。

三、实验组织方法及步骤

(1) 由教师系统讲授履历分析法(约 1 小时)。

(2) 按照一般团队要求,组建实验训练小组,3～5 人为一组。

(3) 指导教师以某省环保厅处级领导干部(指导教师可以结合本地实情或自己手中的资源调整实验研讨的职位对象)的选录为例,要求各组讨论领导干部候选人履历分析的维度构成及组成要素(参考附录一的候选人履历信息录入表)。

(4) 要求学生结合某省环保厅处级领导干部职位说明书及当今发展形势,确定履历分析维度及组成要素的权重。

(5) 各组将加权履历表进行交流展示,辅以教师讲评;同时比对附录三的某部委司局级领导干部履历分析评价指标体系,进行不同层级领导干部履历分析侧重点的差异度比较分析。

(6) 分组设计加权履历表及选取履历分析公式。

(7) 根据各组设计的履历表及履历分析公式,同时参考附录二的某省环保厅处级领导干部候选人履历分析的权重计分法和简单计分法,进行人员录用的模拟决策。

(8) 个人总结并编撰实训报告。

四、实验成绩

序号	实验要求	分值
(1)	善于针对实验对象选取恰当的履历分析维度及组成要素	20
(2)	善于针对职位说明书及职位特征,设计评价要素的权重	20
(3)	熟练设计加权履历分析表,并能选取合适的履历分析公式	30
(4)	能根据履历分析方法计算履历分析结果	20
(5)	能根据履历分析结果,进行人员选录的模拟决策	20

五、思考题

(1) 试述履历分析法在公共部门的适用范围。

(2) 使用履历分析法选拔领导干部应从哪些维度展开？应包括哪些关键要素？

(3) 什么样的职位需要进行“一票否决”性的分析评价？

第三节 实验材料

附录一　某省环保厅处级领导干部候选人履历信息录入表

求职者	A	B	C	D	E
工作经验	0	1	1	1	1
语言沟通/团队合作	1	1	1	1	1
压力承受	1	1	1	1	1
专业对口	0	1	1	1	0
优先条件是否具备	0	1	0	1	1

注：优先条件是指曾参与过环境保护相关研究项目或发表过相关学术论文。

附录二　(1)某省环保厅处级领导干部候选人履历分析权重计分法

求职者	权重	A	B	C	D	E
工作经验	2	0	1	1	1	1
语言沟通/团队合作	1	1	1	1	1	1
压力承受	2	1	1	1	1	1
专业对口	2	0	1	1	1	0
优先条件是否具备	3	0	1	0	1	1
综合评分		3	10	7	10	8
竞争力排名		4	1	3	1	2
处理结果		筛除	进入面试	待定	进入面试	进入面试

附录二 (2)某省环保厅处级领导干部候选人履历分析简单计分法

求职者	A	B	C	D	E
工作经验	0	1	1	1	1
语言沟通/团队合作	1	1	1	1	1
压力承受	1	1	1	1	1
专业对口	0	1	1	1	0
优先条件是否具备	0	1	0	1	1
综合评分	2	5	4	5	4
竞争力排名	3	1	2	1	2
处理结果	筛除	进入面试	待定	进入面试	待定

附录三 某部委司局级领导干部履历分析评价指标体系

<table>
<tr><th>评价项目</th><th>满分</th><th>评价指标</th><th>评价要点描述</th><th>评价标准</th><th>分值</th></tr>
<tr><td rowspan="10">任职经历</td><td rowspan="10">25</td><td rowspan="3">多职位工作经历</td><td rowspan="3">具有多个管理职位经历</td><td>具有三个及以上领导职位经历</td><td>8～9分</td></tr>
<tr><td>具有两个领导职位经历</td><td>5～7分</td></tr>
<tr><td>具有一个领导职位经历</td><td>2～4分</td></tr>
<tr><td rowspan="3">工作年限</td><td rowspan="3">从事与申报岗位相关性大的岗位工作年限</td><td>16年以上</td><td>6分</td></tr>
<tr><td>8～15年</td><td>4～5分</td></tr>
<tr><td>2～7年</td><td>1～3分</td></tr>
<tr><td>基层工作经历</td><td>在基层工作的年限</td><td>每年1分，最高5分</td><td>0～5分</td></tr>
<tr><td>艰苦地区经历</td><td>援藏、援疆、扶贫等艰苦地区工作经历</td><td>每年1分，最高5分</td><td>0～5分</td></tr>
<tr><td rowspan="4">教育培训经历</td><td rowspan="4">10</td><td>学历学位</td><td>具有一定的学历、学位</td><td>本科1分，硕士研究生2分，博士研究生3分</td><td>1～3分</td></tr>
<tr><td rowspan="3">培训经历</td><td rowspan="3">参加与申报岗位相关内容的培训经历</td><td>相关度高</td><td>5～7分</td></tr>
<tr><td>相关度中</td><td>3～4分</td></tr>
<tr><td>相关度低或无</td><td>0～2分</td></tr>
</table>

续表

<table>
<tr><th>评价项目</th><th>满分</th><th>评价指标</th><th>评价要点描述</th><th>评价标准</th><th>分值</th></tr>
<tr><td rowspan="6">专业经历</td><td rowspan="6">15</td><td rowspan="3">行业相关性</td><td rowspan="3">具有与职位性质相符合的专业背景(所学专业和工作性质、层次);是否参加过重要项目的策划、实施以及研究工作;在其中是否担任过关键和重要角色</td><td>高</td><td>6~8分</td></tr>
<tr><td>中</td><td>3~5分</td></tr>
<tr><td>低</td><td>1~2分</td></tr>
<tr><td rowspan="3">专业工作经历</td><td rowspan="3">相关专业轮职经历;职位适用能力;与申报职位相关工作的连续性与稳定性</td><td>高</td><td>5~7分</td></tr>
<tr><td>中</td><td>2~4分</td></tr>
<tr><td>低</td><td>1分</td></tr>
<tr><td rowspan="4">履职业绩</td><td rowspan="4">40</td><td rowspan="3">工作业绩</td><td rowspan="3">主管或分管过的重要工作或专项工作情况;处理复杂问题、应对突发事件所处角色和发挥作用情况;重大工作创新;在工作中处于关键角色、思路清晰、领导力强、成绩突出、群众认可</td><td>优秀</td><td>20~30分</td></tr>
<tr><td>良好</td><td>10~19分</td></tr>
<tr><td>一般</td><td>1~9分</td></tr>
<tr><td>最近五年业绩考核</td><td>最近五年获得年度考核优秀等次</td><td>近5年称职5分,每有一次优秀加1分</td><td>1~10分</td></tr>
<tr><td rowspan="2">奖励情况</td><td rowspan="2">10</td><td>最近五年个人获得荣誉的情况</td><td>个人获得省部级及以上奖励的次数</td><td>每获得一次奖励2分,最高5分</td><td>1~5分</td></tr>
<tr><td>近10年来主管工作和集体获奖</td><td>单位或集体获得省部级及以上奖励的次数</td><td>每获得一次奖励2分,最高5分</td><td>1~5分</td></tr>
</table>

第四节
实验报告

实验报告

院系		专业	
班级		姓名	
实验教师		学号	
成绩		日期	
实验名称			

一、实验目的

二、实验原理

三、实验步骤

四、实验数据(如有则填)

五、实验结果

六、讨论分析(完成指定的思考题和作业题)

七、实验总结及改进实验建议(如有则填)

八、问题与困惑

备注：

第五节
实验答案

第一步：编写某省环保厅处级领导干部职位说明书，此处以某省环保厅人事处处长为例。作为某省环保厅人事处处长，需要具备高级的人力资源管理能力、领导力，能够合理有效地配置组织内部人员，同时，由于在环保厅工作，也要具备一定的环保知识，以免在某些职能或专业部门造成事倍功半的效果。

因此，在某省环保厅处级领导干部候选人的履历中应选择与其职位说明书相关的结构要素，如专业知识、任职经验、工作业绩、奖惩情况等。

某省环保厅处级领导干部职位说明书

职位名称	人事处处长	职位编号	
所在部门	人事处	职位编制	1人
直接上级	厅长	薪酬类型	
直接下级	人事处科员		
所辖人员	人事处科员	职位分析日期	

职责与工作任务：

职责一	职责表述：负责厅机关和直属单位的机构编制工作；管理厅机关和直属单位的职责分工、机构设置和人员编制
职责二	职责表述：承办厅机关公务员和直属单位处级干部选拔任用、监督管理、培训教育、考核考评等工作；负责军转干部安置、干部挂职锻炼工作；负责人才工作和公派出国（境）进修、培训工作；承办协管设区的市环境保护部门负责人的有关事项；监督指导直属单位干部管理工作，负责直属单位中层干部备案工作
职责三	职责表述：承办厅机关公务员调配录用、人事档案、工资福利、公费医疗、健康查体、政审、休假等人事管理工作；组织环保评委的评审工作；负责全省环境保护系统干部培训和继续教育工作；承办环境保护社团年检工作
职责四	职责表述：承办厅机关和直属单位年度重点任务和思想作风考核工作；负责全省环境保护行政表彰奖励工作
职责五	职责表述：负责厅机关离退休干部的管理服务工作，指导直属单位离退休人员的管理服务工作
职责六	职责表述：承办厅领导交办的其他事项

续表

<table>
<tr><td colspan="2">权力：
人事任免、公务员管理、直属单位人事管理、教育培训、直属单位信息公开、离退休干部工作</td></tr>
<tr><td colspan="2">工作协作关系：</td></tr>
<tr><td>内部协调关系</td><td>省纪委、省监委驻省环保厅纪检监察组、办公室、规划与财务处、政策法规处、科技与国际合作处、污染物排放总量控制处等</td></tr>
<tr><td>外部协调关系</td><td>各协作单位、直属单位等</td></tr>
<tr><td colspan="2">任职资格：</td></tr>
<tr><td>标准教育水平及经验要求</td><td>全日制相关专业本科及以上学历，优先招录具有两年以上基层工作经历的人员</td></tr>
<tr><td>专业</td><td>人力资源管理、行政管理等专业</td></tr>
<tr><td>培训经历</td><td>接受过相关工作培训</td></tr>
<tr><td>知识</td><td>通晓人力资源管理方面必备知识、国家政策</td></tr>
<tr><td>关键能力</td><td>有较好的业务能力、组织协调能力、对外交往能力、语言沟通和团队合作能力、抗压能力</td></tr>
<tr><td colspan="2">其他：曾参与过环境保护相关研究项目或发表过相关学术论文优先</td></tr>
<tr><td colspan="2">备注：</td></tr>
</table>

第二步：根据已选择的与某省环保厅人事处处长最相关的职位结构要素确定测评要素。根据职位结构要素的重要程度划分权重，进而选择每个职位结构要素的测评要素，并进行分值划分。在选择测评要素时，为保证真实性与可靠性，要注意分析所选要素验证程度的高低。

某省环保厅人事处处长履历分析评价指标体系

结构要素	权重	测 评 要 素	标　准	分值
任职经历	30	多职位管理工作经历	3 次以上	15
			1～3 次	10
			无	5
		工作年限	16 年以上	10
			10～15 年	7
			5～9 年	2
		基层和偏远地区工作经历	有	5
			无	0

续表

结构要素	权重	测评要素	标准	分值
工作业绩	25	过去工作情况	优秀	15
			良好	8
			一般	2
		考核成绩	过去五年考核成绩优秀	10
			过去五年考核成绩一般	2
奖惩情况	25	获得荣誉	获集体与个人荣誉	20
			获个人荣誉	15
			获集体荣誉	5
		受到处分	无	5
			有	0
专业知识	20	学历学位	博士研究生及以上	5
			硕士研究生	3
			本科	1
		参与相关研究	有	5
			无	0
		培训经历	有	10
			无	0

第三步:根据预先设计好的计算方法及候选者填写的内容将履历内容进行量化分析。由附录二(1)可知,通过权重计分法量化分析五位候选者的工作经验、语言沟通/团队合作、压力承受、专业背景、优先条件是否具备等要素,得出每项测评要素的得分,进而将全部测评要素得分求和,最终得到候选者履历分析的初步总分。

由职位说明书可知,某省环保厅人事处处长一职只需 1 人,按三选一的比例,附录二(1)中候选人 B、D 都得到满分 10 分,并列第一,候选人 E 得到 8 分,排名第二,因此,这三位候选人通过履历分析法后可以进入其他选聘环节。

第五章 CHAPTER5

笔试法

各大部门或组织的招聘实践，大多都将笔试作为筛选人才的重要环节，笔试的应用率越来越高。那么，笔试法的发展历程及具体操作规范是怎样的？笔试法在公共部门的人力资源管理实践中起到了什么样的作用？如何科学规范地编制和实施笔试？在这一章中，我们将详细阐述笔试法在人才测评中的应用。

第一节 基础理论

一、笔试法概述[①]

（一）概念

笔试法是人才测评中常用的考核方法，它是通过纸笔测验的形式对应试者的知识广度、深度和知识结构进行考查和评估的方法。笔试试题一般是根据应试者将要从事的工作性质、条件要求及职位职责所必备的理论知识而设计的，然后由主考官根据应试者解答的正确程度予以评定。通过笔试，可以测评应试者的基本知识、专业知识、管理知识、相关知识以及综合分析能力、文字表达能力等素质能力。笔试法对应试者来说是相对公平的一种测评方式，因而被越来越多的用人单位所采用。

① 马欣川．人才测评：基于胜任力的探索[M]．北京：北京邮电大学出版社，2008．

(二)历史起源

1. 笔试法在中国的历史

笔试法是一种古老又基本的测评方法。随着生产力的发展、劳动的分工,为了传授经验和技艺,出现了学校教育。伴随着学校教学产生了检验教学效果的各种测试、评价和考试。社会的进一步发展,必然需要各类的管理和专业人才,因而出现了选拔性或鉴定性的社会考试,即笔试。对笔试的历史研究可以追溯到中国古代汉魏时期的取士制度,它的出现使杂乱的考试现象开始向规范化、制度化转变。随后,到了隋唐时期,科举制度取代了取士制度中的选士制。科举制是用分科考试的方法来选拔人才的制度,它的出现标志着考试历史发展中一个新时代的到来,古代考试制度开始走向成熟阶段。科举制度打破了官员世袭的传统和入仕门第的限制,为国家选拔了大量的优秀管理人才,为封建社会的鼎盛发展、多民族的融合和国家的统一做出了巨大贡献。科举制考试体系达到了古代考试发展的顶点,当时世界上任何一个国家的考试制度都无法与之相比。

到了近现代,中国的考试制度却落后于西方国家,现代考试制度出现稍晚。但由于中国古代考试制度发展完备,当西方的现代科学技术传入中国之后,1912 年,南京临时政府便制定了《文官考试委员会官职令草案》和《文官考试令草案》。草案规定,文官考试分为高等文官考试和普通文官考试,考试形式分为预试和正试两种。1915 年,袁世凯时期颁布了一系列的考试令。1924 年,广东革命政府制定了系统的考试条例与细则,并宣布成立考试院。中国的测量考试出现在五四运动前后,1918 年,俞子夷编制了毛笔书法量表;1922 年,中华教育改进社聘请迈克尔来华主持测验编制事宜,于是教育测量运动在中国掀起,到 1928 年达到鼎盛。考试的现代化使考试自身的功能不断完善,应用范围越来越广,考试开始深层次、科学化、大跨度发展,日益成为测试、鉴别、选拔人才的重要手段。

2. 笔试法在西方的发展历程

科举制度在中国延续了 1300 多年,并于 16 世纪传入西方,对西方文官制度的建立有重要影响。1582 年,利玛窦来中国后,中国的科举制度被介绍到欧洲,西方国家开始效仿中国科举制实行文官考试,以公平竞争的方式来选拔官吏。1791 年,法国资产阶级夺取政权以后,就参照中国科举制度建立起了自己的文官考试制度。随后英、美、德、日等国也相继使用考试来选拔官吏。英国首先在东印度公司实行考试选拔职员的方式。1853 年,英国政府开始酝酿文官考试事宜,1870 年枢密院规定,所有职务空缺,一律以公开竞争考试补选,从此英国用考试来选拔官吏。美国国会于 1883 年通过了潘德尔顿提出的文官法案,称为“潘德尔顿法案”,法案规定,公务人员的选用,采用公开竞争的考试方式,考试内容注重实用知识。德国的官吏选用在 18 世纪开始实行考试制,到 19 世纪逐渐对考试制度有了较为严密的规定。继英、美、德之后,日本于明治十六年(1884 年)伊藤博文考查欧美之后,开始着手改革官吏制度,逐渐采用官吏考试任用制。

20 世纪特别是第二次世界大战后,世界经济和科技迅速发展,考试作为评价和鉴定各类专门人才的主要方式得到了迅速发展,考试理论和技术手段的发展使考试从内容到形式都发生了深刻的变革。各类考试制度特别是各类职业资格准入考试制度的建立,为考试这一既古老又年轻的人才测评手段发展注入了勃勃生机。

（三）类型划分

笔试的种类很多，但归纳起来主要有百科知识考试、专业知识考试、相关知识考试等。

1. 百科知识考试

百科知识考试，又称广度考试或综合考试。考试内容很广泛，可以包括天文地理、自然常识、数理化、体育、文艺、外语等，考试的目的主要是了解应试者对基本知识的了解程度，以及掌握知识的水平。

2. 专业知识考试

专业知识考试，又称深度考试。主要考试内容是与应试者职位有直接关系的专业知识。如应试者的职位是化学方面的工程师，专业知识考试内容可以包括普通化学、有机化学、无机化学、分析化学、物理化学等，以了解应试者化学知识掌握的程度、深度及水平等。

3. 相关知识考试

相关知识考试，又称结构性考试，其目的主要是了解应试者所掌握的相应职位的有关知识水平。如应试者的职位是公共关系人员，相关知识考试内容可以有社会学知识、心理学知识、管理学知识、人文与历史知识以及公共关系的各方面相关知识等。

二、笔试法的优势与不足

笔试是在确定应试者知识水平时最经常使用的一种方法，它较其他人才测评方法有许多优势，但是也存在一定的不足。

笔试法具有以下几个优点：一是经济性，可对大批应试者在不同空间、相对时间施测，出题、评卷都比较迅速，因此耗时少，效率高；二是客观性，试卷可以密封，主考官与应试者不必直接接触，评卷又有可记录的客观尺度，而且可以保留应试者回答问题的真实材料；三是广博性，信息容量大，一份试卷可包容大量的不同类型命题，能较为完整地测出职位所需的素质与能力；四是简便性，笔试一般不需要特殊的仪器、特殊的专业人才，因此测评的时候比较简便，任何一个组织（企业）招聘员工或了解员工的知识水平时都可以运用笔试知识考试；五是笔试过程中应试者的心理压力较小，更能发挥正常水平。因此，通过笔试可以反映应试者掌握知识的深度和广度。另外，笔试最明显的优点——机会均等，是其他方法难以替代的。

笔试的缺点在于：第一，它很难考出应试者的实际操作能力，偏重机械记忆，不能反映个人的创造性和推理能力，猜测机会多，会在一定程度上影响个体真实水平的发挥；第二，笔试的题目可能出现不够科学的现象，如试卷中出现怪题、难题，这对应试者来说是无意义的题目，这样虽然有些人考得比较好，但并不能说明他掌握了必要的知识，而有些人考得比较差，也并不代表他必要的知识水平低；第三，评卷可能出现不统一，评卷人员素质难以统一，素质较低者在评卷时可能会出现偏差，而且评价标准不一致也会导致笔试测评结果不准确；第四，没有可比性，因为笔试的试卷都是针对某一项内容设计的，所以两次考试的结果是无法进行比较的。

三、笔试法的实施与计分

（一）笔试试卷的设计与编制

在这一内容中，我们主要介绍笔试试卷在设计和编制时的基本原则和技巧。在这个过程中，难度最大、同时也是最关键的就是笔试题目的编写和收集。一套科学的、符合测评需求的笔试题目要经历从编写、收集到预试、修改，然后再测试、再修改这样一个不断重复的过程。

1. 题目的来源

笔试题目的编写与收集必须根据部门或组织的招聘计划与职位分析来进行。当人力资源部门给出招聘的具体计划后，就可以根据计划要求来设计题目了。收集笔试题目的方法有很多，最常见的有从现成的题库中选取和请专家设计两种方法。从已有的笔试题目中选取适合本次人才测评需要的题目是最直接的方法，但使用这种方法时要注意尊重原作者的知识产权，注意题目的时效性，使题目贴合时代特点与社会热点，注意题目所考查的知识点与计划招聘人才的胜任力特质相匹配等。另外，最好转换出题角度，防止应试者背诵题库。请专家设计笔试题目也是可行性十分高的一种方法，专家无疑是笔试测题的重要来源。

2. 题目编写的一般原则

（1）题目的采样应具有代表性。

即从总体中抽取能够代表总体的一部分作为样本，也就是采样。在命题中，坚持笔试题目采样具有代表性的原则，以使考试分数具有正态分布性、具有多项检查性等。

（2）题目的难度要有一定的分布范围，坚持难易适度原则。

笔试题目难度要适宜，以客观反映应试者的实际水平为标准，并做到以下三点：第一，一个笔试测验特别是能力测验，应当包括各种不同难度的题目；第二，题目的排列应遵循由易到难、循序渐进的原则；第三，合理确定不同难易程度的题目在试卷中的比例，安排好题目的难易梯度。

（3）题目的文字力求简明扼要。

要做到既排除与解题无关的陈述，又不可漏掉必要的条件。使用准确的当代语言，不要使用冷僻艰深的词句。题目表述简明，不仅有利于应试者准确地理解题意，节省笔试考试时间，而且对于客观确定评分标准也有着重要意义。这就要求命题者必须具备高度的概括能力、措辞技巧和准确使用词语的能力。因此，要对命题人员进行适当的命题培训，选择专业水平高、文字能力强、有命题经验的专家参加命题，以保证所命题目的科学性、规范性和简明性。

（4）各题目必须彼此独立。

题目之间不可相互重复或牵连，切忌一个题目的答案影响另一个题目的答案，即不可含有暗示本题或其他题答案的线索。检查题目之间彼此的独立性，是提高笔试考试信度和效度的需要。因此，每道题的考点含量不宜过大，还要搞好试测，加强对多人编制试卷的逐题审定这一环节。

（5）题目要有确切的答案。

题目的答案不应具有引起争议的可能，因此答案不可模棱两可，评价标准必须客观，使结果不因人而异，不因时间的变化、地点的更改而发生改变。对于主观题要分步定分，对客观题中选项多的选择题以及多项填空题应慎重确定给分标准。对于有各种选择答案的题目，则要一一给出所有的答案。

（6）题目的表达尽量避免主观性和情绪化的字句。

不要伤害应试者感情，避免涉及社会禁忌或隐私，要剔除使应试者为难的题目。

（7）题目应注重原理地应用。

一个题目不能仅仅是知识的简单重现，即便是考查知识点也不要直接抄原文，应把文句重新组织，或换角度提问。

（8）题目的格式应视具体情况而定。

根据测评的用途、材料的性质以及应试者的具体情况来决定题目采取的格式。可以采用一种或数种测评格式，同时注意题目的格式不要引起误解。

（9）题目数量要充足。

题目的数量至少要比最后所需要的数目多一倍，以备日后筛选和修改。如果题目较多，每种笔试测验最好编制一个备份，以便交替使用。

3. 题目的格式

题目的格式在测验中占有很重要的地位，影响着笔试考试的效度与信度。各种测验因性质不同，所采取的题目格式也不同，但大致还是要遵循以下5个原则。

（1）选定的格式必须恰当，使应试者明了测验的做法。

（2）格式必须选择妥当，减少应试者做题时出现不必要的错误。

（3）选择的格式必须使题目简单明了，减少审题时间。

（4）选择的格式务必使校阅时省时省力。

（5）选择的格式必须考虑笔试考试的经济性原则，减少不必要的开支。

4. 题目类型及编制注意事项

1）是非题

是非题又称正误题，它的特征是题目的解答结果只有两种可能：肯定的（同意、正确、是）和否定的（不同意、错误、否）。是非题的优点是命题容易、评分简单、计分客观。应试者回答方便，因此题量可以较大，便于广泛采样，一般命题者都乐于采用。但是是非题也存在诸多缺点，一是它只适合考查应试者对简单概念或知识的了解，从而会鼓励应试者去记有关的知识，忽略其他重要的部分；二是是非题容易受应试者的反应定式和猜测的影响，测试结果的准确性不如选择题。是非题的编制需要注意以下几点。

①一个题只包含一个观念。

②避免暗示性的特殊词汇。

③正确与错误的题目数量应该相当。

④以重要概念为基础。

⑤题目中尽量避免否定的叙述。

⑥避免应试者的乱猜。

2）是非判断题

是非判断题与是非题的区别是，是非判断题在做出是非判断后，还要求讲出是或非的理由，而是非题不要求对判断做出解释。因此，从应试者对是非判断题的解释中，可以了解他们的判断能力和掌握知识的程度。是非判断题的优点在于：第一，不易受猜测因素的影响。应试者对问题做出满意的回答，必须在充分理解题目的基础上才能完成；第二，可以避免应试者机械学习和背诵。是非判断题不是书上现成的材料，而是运用所学的概念和原理等进行分析、判断，是一种较高级的思维活动，题目的意义又是自我包含的，即完全依赖题目本身的内容而不涉及其他，这就要求应试者在学习和生活过程中，必须是扎扎实实的，对内容有深刻理解的，没有真正搞明白内容是无法进行判断的。是非判断题主要的缺点是不容易命题。是非判断题题目的叙述要简明、扼要、准确，切忌尚无定论或本身一题多解，其性质决定了题目既要有确定无疑的答案，又不能太明显，题意的表面可以含混不清、似是而非、模棱两可，实际上答案又是唯一的。

3）选择题

选择题是向应试者提出一个问题的同时，提供若干个答案供应试者选择的题目，包括单项选择题、多项选择题、配对选择题、最佳选择题、比较选择题、因果选择题、填空选择题、类推选择题、分类选择题、数列选择题、改错选择题等。选择题的要点：第一，适用范围广，选择题对于各门学科、各个层次、各种知识和能力测量具有普遍的适用性；第二，评分更加客观，选择题不易受到主观因素的影响，选择题答案简便，对错分明，评分标准统一、客观、准确；第三，选择题的题量可以较大，考查的范围更广，采样代表性更高；第四，有利于实现标准化考试。正因为选择题的优点比较突出，并且这些优点越来越被人们所认识，选择题的应用才会如此普遍。选择题不可避免地也存在一些缺点，如命题比较难编制，特别是诱答的编制，以及选择题难以避免答题猜测等。编制选择题要注意以下事项。

①题干后的选项或待选答案数越多，应试者越不容易猜对。在实践中普遍采用4～6个答案，这样可以降低猜测的命中率。

②同一测验中每个题干后的待选答案数目应相同。

③不是正确答案的选项不能错得过于明显，要与题干有相应的逻辑联系。

④待选答案的字数应该相当，即应该都是简单表述的，或者都是详细表述的。

⑤答案之间应该避免重叠现象。

⑥每题所匹配的答案中，必要的叙述或相同的字词宜置于题干中。

⑦少用“以上皆是”或是“以上皆非”作为待选答案。

⑧对的答案和错的答案要随机排列，以减少应试者的猜测。

4）匹配题

匹配题可以说是选择题的一种变式，匹配题一般包括多个反应项（匹配项）和多个刺激项（被匹配项），用反应项来匹配刺激项。匹配项有完全匹配（刺激项与反应项的数量相等）和不完全匹配（反应项多于刺激项）两种形式。为了避免猜测，应增加题目的可靠性，最好采用不完全匹配。匹配题的优点是容易编制，而且可以在短时间内测评大量相关联的知识，覆盖的内容面比较广。但它一般只能测简单记忆的事实材料或概念关系，并且要求编制的选项是同质的。以下是对编制匹配题的具体建议。

①在格式上刺激项与反应项要排成两列，通常反应项在右边。

②配对数目不可以过多，也不可以过少，最好使用不完全匹配，并且不要限制每个反应项被选择的次数，以降低猜测的概率。

③反应项与刺激项的性质必须相近。

④应对配对方法、依据加以明确规定和说明，同时说明反应项可以被选择的次数。

⑤同一组的反应项与刺激项应该打印在同一页面上，以免造成答题时间的浪费。

5）填空题

填空题要求应试者用一个正确的词或句子来填充题目的空白处，或者是提供一个正确的答案。填空题适用于各个层次和各学科的笔试考试。填空题的主要作用是测评应试者的基础知识是否扎实，关键词是否掌握，所学知识是否连贯、系统，以及对事物理解、分析、判断的能力。填空题的优点：第一，具有广泛的适用性；第二，容易发现应试者在学习过程中存在的具体问题；第三，不易受到评卷人的主观、偏见等因素的影响。填空题的局限性：第一，空白处所要填写的一般是关键词，因而容易造成应试者对题目含义理解上的错误，影响考试的信度和效度；第二，由于填空题不大需要知识的综合运用、总结和系统的表达，所以很容易导致应试者对指定考试范围内的字句进行死记硬背，不注意消化理解，有时候体现不出应试者的真实水平；第三，填空题不能考查更为复杂的知识和能力；第四，填空题题目有时会有多个答案，计分不能完全客观。在编制填空题时，要注意下面几点。

①最好采用问句形式。填充处应尽量放在句子末尾，而不要放在句子开头。

②每题所空缺的字句，一定是重要的字句，而且要和上下文有密切联系。

③一道填空题不能设置太多的空白，否则考生不易理解题意，计分时也很难客观。

④题目不能从知识点直接摘抄下来，以免应试者只是记诵内容而不理解内容。

⑤每道填空题最好只有一个答案，并且最好简短具体、有利于评分。

6）排序题

排序题也是笔试实践中比较常见的一种题型，它是依据某些原则，把测题中每一个问题重新排列。

解答排序题时有两点非常重要：一是将选项进行归纳，找出所有选项的类别；二是找到排序的依据或原则。

根据排序范围要求，排序题可以分为两种：部分排序和全部排序。

①部分排序　部分排序是建立在选择类题目的基础上的。选择类题目只选择不排序，部分排序类题目则不仅仅要选择，还需要将选择项以合理的顺序进行排列。

②全部排序　全部排序是指将题目中给出的备选答案全部排列。一般而言，题目要求的时间短、任务重，所以，想合理有效地排序，最好事先想一个简单实用的原则。

7）计算题

计算题，顾名思义就是以计算为作答方式的题目。数学、物理、化学等学科的笔试考试，常设置求解、求证等计算题，它对了解应试者的基础知识、运算能力、逻辑思维能力和空间想象能力、分析判断能力等具有重要作用。计算题的优点：第一，应试者不容易通过猜测获得正确答案，计算题题型多样，每道题都有它的特殊要求，应试者必须精心审题，仔细计算；第二，评分客观性高，计算题只要做到命题要求明确、答案确定合理，在正常情况下是可以做到客观评分的。计算题的缺点:第一,试题编制比较难,计算题的命题要求不偏不怪,又不落俗套,深浅得当,题量适宜,因此计算题对命题人的要求比较高,需要有丰富的相关经验;第二,容易导致“题海战术”,正因为计算题的题型变化多样,命题又不能照搬材料中原有的题目,测评又要考查应试者的运算技能、技巧,所以很容易导致应试者运用“题海战术”,产生不必要的紧张和压力。

8) 概念题

概念是反映事物本质属性的思维形式,是人们通过实践,从事物的许多属性中撇开非本质属性,抽象出本质属性概括而成的,表达概念的语言形式是词或词组。笔试考试中的概念题,是指将某一概念作为题目,要求应试者回答。概念题的优点:第一,相对容易命题;第二,评分相对客观;第三,可以用来考查应试者是否有严谨的治学态度和掌握事物本质的能力。概念题的缺点:第一,概念题在考查应试者知识面上有较大的局限性,因此,在考试中概念题不能作为主要题型,只能作为全面了解考生知识水平的一种辅助题目;第二,概念题比较死板,变式很少。

9) 推断题

推断题重点在于利用逻辑判断能力、推导能力考查应试者能否挖掘到一般规律,或者能否根据残缺的信息条目进行原因与结果的推测、预判等。一般推断题分为四类。

①图形推理 每道题给出一套或两套图形,要求应试者认真观察图形,找出图形排列的规律,选出符合规律的一项。

②类比推理 给出一组相关的词或一个表述,然后要求应试者仔细观察,在备选项中找出与题干在逻辑关系上最为贴近或相似的一项。

③演绎推理 每道题先给出一段陈述,这段陈述被假设是正确的、不容置疑的。要求应试者根据这段陈述选择一个恰当答案,该答案应与所给的陈述相符合,而且不需要任何附加说明即可以从陈述中直接推出。

④科学推理 每道题给出由文字、图表构成的背景材料,要求应试者在给定材料的基础上,灵活运用基本科学知识进行推理判断,从备选项中选出正确的选项。

10) 简答题

简答题是要求应试者主动给出答案,并用简短的语言或文字对测评者提出的问题做简要的解释、说明和论述的题型。主要包括简释题、直接回答题、列举题、简要说明和简要叙述题等。简答题的优点:第一,降低应试者猜测的成功率,简答题要求简略回答,这样应试者必须经过主动思考、计算和回忆,仅靠猜测是不可能把题目回答完整的;第二,简答题适用范围广,可适用于各种知识层次的学习结果的测评;第三,简答题较容易编制。简答题的缺点:第一,简答题容易导致应试者偏重于具体的、琐碎的知识,也容易引起应试者在学习中死记硬背;第二,简答题的评分标准较难掌握,它的评分不易客观。改进简答题的一些建议如下。

①题目解答范围的叙述要明确,使应试者能用简单的话来回答。

②应把问题与实际情景结合起来,强调知识的实际应用,避免强调知识的机械记忆。

③应把答案数目限制在 5~6 个以内,答案数目太多会误导应试者,使他们只注重无系统的知识。

④问句不要用是非题的叙述形式，以降低猜测因素。

⑤避免不必要的复杂性。

11）论述题

论述题要求应试者用自己的语言来论述并回答问题。论述题的优点：第一，论述题可以较全面、深入地考查应试者的知识水平和能力，答案一般只要求观点正确、要点全面、说理透彻，而文字上不拘一格，这就给应试者充分发挥自己的知识和智慧提供了有利的条件；第二，论述题避免了应试者猜测得分，因为它需要对问题有明确而深刻的论述；第三，论述题的命题比较容易，采用论述题考试，题量较少，命题的准备过程和花费的时间也少，运用起来比较方便。论述题的缺点：第一，试题代表性差，影响考试的效度，每次测评中论述题都是少量的，少量的试题无法代表学科的全部内容；第二，评分不易标准化，在论述题中，同一个论点可以采用不同的论述和论证方法，论据可以讲多个，而答案的评定由于命题者和评分者的水平不同，对标准掌握的严宽不一，因此带有很大的主观随意性；第三，论述题的评分很容易受书写的整洁程度、个人成见等无关因素的影响。因此在编制时应注意以下几点。

①避免出现含糊的一般性问题。

②题目数量不要太多，以免变成速度测验。

③要将一个大题目细分成几个小题目。

④在编制题目时应该有一个理想答案或一系列答题标准，同时对另外一些可接受的答案应有所规定和说明。

12）申论

申论考试是出现在我国公务员考试中的一种特殊的笔试形式，是我国公开、公正、公平选拔公务员制度的一种创新，为造就高素质、专业化的国家公务员队伍提供了一个规范化的竞争平台。

（1）申论的含义及历史。

申论，顾名思义是申说、议论，最早出自孔子所说的“申而论之”，有申诉、论证、阐述之意。因此，从一般意义来讲，申论就是对材料、事件、案例或问题有所说明、有所申诉，并从而发表见解、进行论证。

申论借鉴了我国古代“策试”的某些特点。“策试”作为一种选拔考试方法，是西汉初年的产物。据《汉书》介绍，汉代实行的“策试”有两种方式：一种叫“射策”，一种叫“对策”。“射策”相当于笔试，密封若干问题，抽签作答；“对策”相当于面试，公开提问，当场应对。而不论“射策”还是“对策”，都是被选者根据一定的问题，在简策上逐条应对。通过关于“策试”的简单介绍，不难看到其对于申论的借鉴意义。首先，“策试”是根据国家的实际需要所创造的选拔、录用人才的方法；其次，“策试”考试虽然要求应试者写作，但并没有体式上的严格限制，用什么文体写作，要服从于写作目的的需要。

那么我国公务员录用考试是如何引入申论考试的呢？中华人民共和国成立后，由于人才紧缺，受过高等教育的大学生，被直接分配到国家机关从事行政管理工作，发挥了积极作用。随着时代的发展，进入新时期以后，大学毕业生想进入国家机关工作，必须通过考试录用。自 1982 年起，原国家人事部发出了系列文件，召开了多次会议，要求在中央、省、地(市)、县、乡五级政府机关全面推行公务员考试录用制度。从此，中央国家机关连续6年组织公开考试，初步建立起了公务员队伍“凡进必考”的约束机制。从2000年开始，我国在公务员录用考试中引入申论考试。

申论考试主要是通过应试者对给定材料的分析、概括、提炼、加工，测评应试者运用马克思主义哲学、毛泽东思想、邓小平理论、“三个代表”重要思想，以及法律、行政管理等理论知识，分析问题、解决实际问题的能力。申论考试侧重对应试者实际能力的考查，与国家各级行政机关对人才的需求更贴近吻合。几年来的实践证明，申论考试具有较强的针对性和合理性，能较好地考查应试者的综合能力、素质。这就是公务员录用考试引入申论考试，并把申论作为一种专用于选拔公务员的应试文体的缘由。

(2) 申论试题编制的科学化及注意事项。

申论考试的测评效果是否有效，试题质量至关重要。申论考试的结构比较清晰明确，一般给定一篇1500字左右的资料，要求应试者在认真阅读给定资料的基础上，理解给定资料所反映的事件的本质，然后按要求做题。尽管申论考试存在许多优点，但是也有一些不如人意的地方，需要我们在实践中不断完善，因此我们必须不断拓宽思路，使申论命题更加科学化。

①科学地分类设级。

公务员录用考试要测评的是职位所要求反映的个人能力和素质的稳定水平。申论考试命题应根据职位或岗位的需要来定，也就是职位或岗位需要什么样的能力和素质，这些能力和素质就是考核的内容。

②建立相应的试题资料库。

申论所选的资料都是社会热点问题，有一定的时效。建立试题库会受到时效限制，但可以建立试题资料库。组织专业人员根据社会热点或大众媒体关注的焦点，按照政治、经济、法律、文化等不同门类进行分类，建立相应的试题资料库，以方便命题之需。还应注意，并非所有的专业科目都适合建立试题资料库，试题资料库对使用范围较广的专业比较适用，有些偏狭专业试题使用率很低。这样，既可以缩短人为命题时间，又有利于保密。

③申论试题形式的设计应当注意灵活性。

申论试题的命题应当在考核目标明确的基础上有所变化，考核形式应该是多种多样的，既不限于几个部分，也不限于某种文体，记叙、议论、说明等多种表达方式综合运用。由于公文写作的介入，也大大拓宽了申论写作的领域，公文这个概念包含了许多“文种”，可以使申论试题样式翻新。申论命题在内容选择上应当有一定范围和条件，而在形式方面则可以有很多组合方式，充分体现灵活和变化的原则。

④建立一支高素质的申论命题专家队伍。

第一，选择命题专家时视野要开阔，要贯彻有时间、有兴趣、有能力的“三有原则”；第二，对于初步确定和聘请的命题专家，要采取不定期培训、实际命题等多种形式，不断交流和探讨，以重点选择和吸收部分专家的意见；第三，和专家之间建立一种联络机制，使这支专家队伍相对稳定，平时多沟通、多联系；第四，和专家签订《保密协议》，明确责任和义务，以法律的形式确立一种契约关系。

(3) 申论命题发展趋势。

了解申论命题的注意事项，可以使申论考试科学化、规范化。不仅如此，我们还需要分析、研究申论命题的变化趋势，从而掌握命题方向。纵观2000—2007年的国家申论试卷，我们可以从以下几点分析其命题发展趋势。

①背景材料的发展趋势。

归纳起来，我们可以看出国家申论试题在给定材料方面的命题趋势。一是篇幅扩大，信息量增大。纵观8年来的材料，我们不难发现，给定材料的分量越来越多，所给材料的实际理解难度在逐年加大。从2000年的1600字逐渐增加到2007年的8000字，其中2006年有8800字。如果说阅读1600字的资料可以测评应试者水平，那么阅读8000～9000字的材料就更能看出应试者是否具备过硬的阅读功底了。二是内容繁杂。社会性、现实性问题，热点、焦点、难点问题都有所表现，检验了应试者是否具有敏锐的政治洞察能力和综合素质。国家申论考试的命题导向，就是要求一个合格的公务员必须关心、关注和思考关系到国计民生的大事，做到心中有国家、有人民、有时事政治。三是知识丰富。常识性、基础性、公务性等的综合知识都在背景材料中凸显。这些都使背景材料的意义和内涵在无形中扩大、加深，使材料的信息意义超越了本身字数的限制，同时也使命题所涉及的知识面进一步拓宽。

②虚拟身份、虚拟政务继续成为考试趋势。

申论考试试题基本上每年都要求应试者虚拟政务身份，根据试题限定的虚拟身份回答问题，提出对策，处理政务。命题者为应试者设定虚拟政务身份，就是要求应试者准确定位身份，“在其位，谋其政”。这种虚拟身份和虚拟政务活动，体现了国家机关行政管理职能的要求，体现了国家招录公务员的基本思路，因此它依然是公务员考试命题的发展趋势。

③提问方式的发展趋势。

在2003年以前，申论考试基本上有比较固定的写作模式。即“概括主要问题”+“提出解决对策”+“论证对策的合理性”三部分环环紧扣，也就是我们平常所说的“三段式”。但从2003年起，国家申论考试一改往日模式，出题形式更灵活了，形成了新的写作格局。命题方式不再像以前那样明显分门别类地进行单项考查，而是转向综合考查。一个试题中往往要求应试者表现出几种不同的能力。因此综合性、多样性是申论命题形式的发展方向。

④官民同卷，与国际接轨。

2006年以前的国家申论考试试卷，为准公务员进入公务员行列而设计，要求应试者每题必做。而2007年开始则不同，申论试题开始间接考查应试者对报考职位性质的了解，对报考行政类和副省级公务员分别设置试题，出现了考生“同卷不同题”“一纸试卷，官民同考”的现象。我国公务员申论考试从诞生之日起，就借鉴了一些发达国家在考试方面的先进经验，注重对应试者能力和素质的考查，且按照国际标准设计试卷。现在我国公务员考试在科目设置、考试形式上都按国际标准设计，与国际化考试接轨，在内容上则具有中国特色。

5. 题目的选择

在前面部分我们介绍了笔试题目的种类及其优缺点，以及题目编写的注意事项，那么，如何让这些题目扬长避短，最大限度地克服各种题型的缺点，是题目设计中一个重要的任务。题目选择是根据不同的测评目的、内容与任务，选择不同的题型与之相适应。测评题目的选择是否得当，直接关系到测评的命题质量，以及测评结果的信度、效度。

（1）题目选择的依据。

第一，依据测评目的。不同测评目的的实现，需要以不同的题目为条件。例如，要考查应试者对基本概念的掌握情况，就要选择概念题；要了解应试者的辨别能力和判断能力，就要选择是非判断题；要了解应试者的综合分析能力，最佳题型就是论述题。当然一个测评往往不止一个目的，这就需要多种题型的配合使用，以保证测评目的的实现。

第二，依据测评大纲。在大型的正规测评中，都应该制定测评大纲，规定需要测评的科目，确定各部分知识、能力的测评内容在该次测评全部内容中所占的比例，明确测评的种类，测评的目的、性质、重点，以及题型、题量和测评时间等。测评大纲是选择测评题型的基本准则和重要依据，离开测评大纲选择题型，必然带来很大的盲目性。

第三，依据职位分析。职位分析使测评者能够了解应试者所就职位的特性，以及能够胜任该工作的人员的特性，在笔试环节中能够有针对性地选择合适的题型，设计出合乎要求的试题。以职位分析为选择试题的依据，能最大限度测出应试者的知识和能力是否与职位所要求的胜任力特征相符合。

（2）题目选择的步骤。

①检查题目是否反映测评大纲的要求，对各部分测评内容所要求的比例选择数量合适的测题，并尽量覆盖大纲的所有内容。

②检查题目叙述是否明确清楚，是否提供了额外的解答线索。

③检查题目是否适合将要施测的对象和施测的条件。

④检查题目的难度是否恰当，一般来说难度应当控制在0.5左右，这样的水平是比较合适的，但对能力、技能类的题目要求除外。

⑤检查所选择的题目是否彼此独立，没有重叠，即回答某一问题所需知识与能否完成其他问题无关。

⑥最后还要注意题目的数量，一次笔试中题目的数量是否适当，既要看是否能完全满足测评目的的要求，也要根据测评的时间限制、应试者的年龄和阅读水平而定。

6. 题目的编排

当完成题目选择后，接下来就要决定如何对选出的题目进行最佳编排，下面给出题目编排的一般原则。

①将同一类型的题目组合在一起，这样只需对每一类型的题目做一次说明，方便应试者的回答，同时还可以简化记分工作和对题目的统计分析。

②测评的题目难度应按由易到难的原则排列，这样可以鼓舞应试者的士气，避免某些应试者一开始就因较多题目回答不出而失去信心。这样的安排也能缓解应试者的紧张情绪，避免在难题上耽搁较长时间而影响后续作答。

（二）笔试的准备

1. 考场设置和编排

考场的设置和编排涉及考试的环境条件。环境条件也是影响测评成绩的因素之一，考场设置和编排遵循两个宗旨：一是有利于维持考场秩序和考试纪律；二是有利于应试者答题和考官监考。

一般来说，考场要设在交通比较便利但又比较安静的地方，最好周围没有大型工厂和繁华的街道。考场要求设备齐全、光线充足，每个考场的人数不宜过多，一般在25人左右。开考之前，可以安排有关领导简短讲话，宣布考场纪律，维持考场肃静气氛。考场根据场所大小安排监考人员，一般2～3个为宜，他们负责维护考场秩序、严肃考场纪律，组织应试者按时入场入座，收发考卷和草稿纸等。

2. 组建考务小组和巡视小组

考务小组方面，一般考点配主考1人，副主考1～2人，监考2～3人。考务安排方面，确定考试日期、时间、总试场数、应试者人数等。为监督和检查考试实施过程中应试者及考务人员对考试规章制度的执行情况，在考试期间委派巡视员到各考场巡视，对考场较多或考纪、考务工作较差的考场，要加派巡视员指导和监督。

3. 考务人员培训

各考点由主考组织考务人员进行培训。学习监考手册和考务的有关程序要求，让每个考务人员都知道自己的职责，学习考试有关纪律规定，掌握试卷整理、装订、密封方法和施测期间可能出现的突发事件的处理方法等。

4. 考前检查和落实

在考试前，必须严格按照考场设置的基本要求对各考场进行检查。检查的主要内容有：考场的选择是否符合相关考试、考务细则的要求；考点的设置是否齐全；考场的规格、摆设是否符合要求等。验收合格的考场即行封闭，不合格的立即采取措施更换，以确保考试的顺利进行。

（三）笔试考试的步骤和要求

1. 考试的步骤

考试前20分钟，监考人员领取试卷、答题卡、草稿纸等，然后直接进入考场。

考试前15分钟，应试者进场，监考人员向应试者宣读有关考试、考场的规则，以及考试指导语。

考试前10分钟，监考人员拆封试卷袋，逐份核对。考试前5分钟，开始分发试卷。应试者得到试卷后，应该首先清点试卷页码，检查试卷是否破损、错漏，或者字迹不清等，然后在试卷密封线内规定的地方写上自己的姓名、准考证号等。

考试开始时间到，考场铃响，监考人员宣布考试开始，应试者开始答题。

考试开始后，监考人员逐个核对应试者在试卷上填写的姓名、准考证号等，若有不符，应立即查明，并予以处理。

考试结束时间到，考场铃响，应试者停止答卷，监考人员收卷，清点、整理好答卷，交主考验收，再交考点办公室。

2. 考试环节各类工作人员的职责

执行统一严密的考试工作程序，关键在于对参与其中的各类人员有明确的职位职责，做到各司其职，各负其责。

(1) 考场主考的职责。

①全面负责、支持考点的考试管理工作，严格执行考试有关政策规定。

②建立考场工作小组，负责选聘、培训监考人员及其他考试工作人员，使之明确职责、任务和分工，遵循规章制度，熟悉监考程序，掌握操作要领。

③主持接收、分发试卷，检查落实试卷保管和考场布置情况。

④考试时发出考试预备、考试开始和考试结束的信号。

⑤负责处理考试期间的突发事件，对于重大问题要及时向上级主管部门汇报。

⑥每场考试结束后，组织和验收各考场的考卷装订，派专人保管和运送。

(2) 监考人员的职责。

监考工作是考试实施过程中的一个关键环节。监考人员就是按照考试工作的程序和要求，由主考部门委派负责监考工作的人员，其职责包括监督应试者按照考试程序和规则进行考试、掌握考试时间、维持正常考试秩序及考场纪律，防止和制止应试者舞弊行为等内容。监考是一项严肃的工作，对考试信度有直接的影响，因此对监考人员的操作规范必须高度重视。

(3) 巡视人员的职责。

巡视人员的主要任务是巡视考场，了解、检查考场和考试纪律等情况，监督各考场采取有效措施，以保证考试的质量，其具体职责如下。

①检查各考场建设及考试组织、宣传情况。

②检查监考人员和其他工作人员的培训、执行考试工作规定和履行岗位职责情况。

③检查试卷存放及运转中的保卫、保密情况。

④检查考场的考风、纪律情况。

⑤检查考试中对犯规、舞弊、违纪等的处理情况。

⑥协助当地考试组织者处理偶发事件。

⑦根据检查情况与考点负责人交换意见。

(4) 考务人员的职责。

①按规定要求布置考场，做到考场庄严、整洁、分布合理。

②负责发放考试有关证件，组织编印并分发组考相关手册。

③协助考场主考做好监考人员的培训工作。

④负责领取试卷并分发给各个考场的监考人员。

⑤负责准备答卷所需的有关物品，如草稿纸、装订工具等。

⑥负责考试终场后试卷装订人袋前后的清点、复查、统计工作。

此外，还有保卫、宣传等后勤工作人员，以及试卷保管人员都有特定的职责，在此不再赘述。

（四）笔试的计分与误差控制

笔试试卷的评阅是整个考试流程中十分重要的环节。只有公正、客观地评阅试卷，才能保证考试的有效性和可靠性。随着现代科技的进步，我国笔试的评卷手段发生了较大的变化，机器评阅客观题的方式在许多领域得到了广泛应用，我们所关注的人事测评领域也不例外，许多大型企业和公务员考试中都运用了此项技术。

1. 客观题计分

客观题的答案具有唯一性，评卷计分只与答案有关，而与评卷者无关，填空题、选择题、判断题、排序题等都属于客观题。客观题的主要优点就是计分简单、客观。除填空题外，客观题都可以采用现代化手段——机器评卷来进行计分。采用机器阅卷具有以下优点。

(1) 评卷结果准确。

人工评阅试卷由于受人的学识水平、阅历、精力、情绪、环境等诸多主、客观因素的影响，评阅试卷难免会出现一些误差。使用计算机评阅试卷，就能避免这些因素的影响。除此之外，计算机评卷有客观、公正、准确的优点，使考试评卷的错误率大大降低。如果应试者填涂信息卡的方法合乎要求，计算机评卷的准确率几乎可达到 100 %。

(2) 评卷公正合理。

机器评卷参与人员少，评卷过程一经制定就不可更改，答案唯一客观，人为干预的可能性小，能在一定程度上减少偏袒、舞弊现象发生。

(3) 节省大量人力、物力、财力。

虽然首次使用机器评卷的硬件投入较多，但硬件可以多次使用，长期来看，在经济上比人工阅卷仍然更节约。

(4) 提供可靠的反馈信息。

评价考试质量所需的原始数据在阅卷时即输入计算机，只要采用科学的计算方法，就可得到一系列的统计表，从而准确评价考试质量，为日后笔试的实施提供可靠的反馈信息。

2. 主观题计分

主观题主要包括简答题、论述题、概念题等，这些题型的主要缺点是评分不够客观，计分过程中经常受到评卷者情感、态度的影响。在主观题评分中，采用人工评卷计分产生误差的原因如下。

(1) 评卷者主观因素造成的误差。

评卷者的责任心、工作态度对评卷的质量有着很大的影响，同时也是造成误差的重要因素。评卷者的业务素质高低，个人欣赏水平、风格的不同，容易造成评卷标准不同，对评卷的客观性造成影响。

(2) 评卷流程因素造成的误差。

人们在处理事物的时候，外界环境在头脑中的反映和信息传入大脑，有一个顺序效应问题，主观题的评阅中这类问题十分明显。匿名评卷往往有先紧后松的现象，即开始评卷的尺度比较严，而后来评卷的尺度较宽，存在宽容定势，即评卷者的计分过于宽松，即使没有回答题目所要求的答案，也给予较高的分数。

(3) 评卷中易产生晕轮效应。

晕轮效应指对应试者的一般印象影响到具体某个问题的评价。例如,评卷者给予应试者某道题较高分数仅仅是由于他在另外一些题目上获得了高分;又或是一份试卷有时会因为卷面整洁与否使评卷者产生第一印象,影响评卷标准的掌握,字迹工整、卷面整洁,使评卷者产生好感而忽视了内容等其他方面的问题。

(4) 评卷环境因素造成的误差。

评阅试卷是一项要求较高的工作,而评卷又往往处于临时工作环境中,集中、重复、单调的活动常使评卷者出现疲劳现象。处于疲劳状态的人容易注意力分散、反应迟钝、情绪波动,甚至有厌倦心态和草率敷衍的行为,造成人为的评卷误差。

(5) 理想模式和参照效应造成的误差。

理想评分模式即评卷者设想存在一个理想化的评分对象,评卷时有意无意地提高期待要求和求全心理,造成提高或降低评卷标准。参照效应在某个水平较高的试卷出现后,评卷者以其为参照,将其他的答卷与之比较,脱离标准答案,使评卷失去客观性。

(6) 其他因素造成的误差。

大型考试的评卷工作十分复杂,如国家公务员录用考试,参加评卷的人员水平不一。由于评卷者注意力分散、外界干扰或疲劳引起的视觉因素造成误差,书写过于潦草造成误差,小题分合计时误操作和计算性误差的现象也经常出现。

由于主观题的计分容易出现上述这些误差,为了保证考试的公平性,现对主观题计分进行如下规定。

①提高评卷者的素质。

在试卷和答题状况一定的情况下,评卷误差的控制情况主要取决于评卷者的水平和经验、心理素质和工作态度。因此,建立高水平的相对稳定的评卷者队伍是控制评卷误差、确保评卷质量的基础。

②确定参考答案和评分标准。

对于主观题可能出现的答题情况和评分细则,评卷者必须熟练掌握。如有需要,还需制定参考答案的补充规定。评分细则应该做到具体化,使之便于操作,最大限度地消除由于个人风格、评判角度和欣赏水平的不一致而造成的偏差。

③评卷工作实行岗位责任制。

评卷一律使用红笔,每题的得分应该写在规定的得分栏中,评卷者要在所评试卷的规定位置签名。试卷保管部门应对试卷漏号、倒装、混装、答案写在非答卷纸上,以及姓名、准考证号书写在试卷密封线外等现象进行登记、汇总并上报。

④建立规范的考核评卷质量的指标体系,利用抽查和复核降低评卷的误差率。

在评卷过程中经常进行抽查,可以随时纠正评卷中出现的偏差,平衡评卷者中每个人的宽严尺度。评后复查主要是检查漏评、错评、合分差错等重大偏差。如果再加以评卷质量指标控制体系,就进一步加大了监督力度,降低了评卷误差率。

⑤科学地安排评卷时间和评卷节奏,并为评卷创造一个良好的评卷环境。一般大规模的正式评卷分为三个阶段。

第一个阶段为评卷开始的1～2天。由于刚开始进行评卷,评卷者容易出现对评分标准掌握不一、宽严失衡的情况。这时候需要加强对评分的抽查，注意评卷中产生的新情况，逐步统一评分的尺度。

第二个阶段，评卷者逐步掌握标准，熟悉答卷情况，这时候效率最高，错误率最低，可以加快评卷速度，在保持高质量前提下，完成大部分的评卷任务。

第三个阶段为疲劳期，评卷者已不如开始时仔细，这时候容易产生给印象分、漏分的现象。因此，在这一阶段应该控制评卷速度，宁可延长评卷时间，也要保证质量，可以安排适当的休息，不可片面追求高速度。

评卷环境也很重要，直接影响到评卷者的心理活动。评卷场地宜选择环境优雅、安全、保密条件好的地方。其次应该控制评卷场地的温度，使评卷者的心境始终处于良好的状态。

四、笔试法在公共部门的适用性

首先，笔试是公共部门对求职者和晋升者专业知识、文字表达能力和书写态度等综合能力的一次有据可查的测试。由于笔试是通过纸笔测验的形式进行的，可以从表达和书写方面对应试者进行考查。特别是主观题的回答，对应试者的写作功底、逻辑分析能力以及结构化思维能力的考查尤为重视。甚至可以运用笔迹学方面的知识在一定程度上推测应试者的人格特质，如写字时用力的程度、书写时的倾斜程度和下意识状态的谋篇布局等。

其次，笔试可以防止公共部门招聘过程中出现不正之风，答卷可以作为应试者的能力记录留档。评分若能做到在保密的情况下进行，就能最大限度减少考试结果徇私舞弊的可能性，特别适合于公职选录与晋升。同时，笔试的结果易于保留，可以留存下来为日后测量、选拔、晋升评估所使用。

再次，公共部门人才招录笔试试卷经过了专家论证、采样校准，笔试得分较为可靠，对应试者比较公平。特别是公共部门人员在某些综合行政知识、技能和能力要求方面具有通用性，评分标准也较为客观，因此公共部门组织的专门笔试的考查信度和效度较高，能保证其客观性与公平性。

最后，笔试作为一种公共部门测评应试者能力的主要方式，通常运用于公共部门的一些专业技术类岗位，比如公安、审计、医生、教师等岗位的选录晋升。可以单独组织笔试考试，这符合公共部门的专业性要求，易于网罗到素质较高的合适人才。

第二节 实验设计

一、实验目的

通过我国外交部某职位选录笔试方案设计，全面了解笔试法的基本概况、优缺点、操作流程、试卷题目设计的基本要点和关键技术。比如，结合公共部门特定职位的特点，进行相应的知识考核性的笔试题目设计，让学生充分理解如何通过笔试法的应用实现行之有效的分类选拔。

二、实验条件和环境

1. 仪器和材料

(1) 电脑。

(2) 大张白纸及马克笔。

2. 实验条件及准备

(1) 实验室或机房。

(2) 2017 年国家公务员招考外交部某职位说明书(附录一)。

(3) 方便进行分组讨论的实验场所。

三、实验组织方法及步骤

(1) 由教师系统讲授笔试法(约 0.5 小时)。

(2) 按照一般团队要求，组建实验训练小组，3～5 人为一组。

(3) 指导教师以 2017 年国家公务员招考外交部某职位说明书(附录一)为例，要求各组讨论对这一职位如何进行笔试的内容设计、环节安排及评分标准。

(4) 要求学生查阅公务员选录相关政策、文献，登录外交部网站收集以往年份类似职位的笔试安排，作为参考。

(5) 各组进行该职位笔试实施步骤的整体系统设计的交流展示，辅以教师讲评。

(6) 学习借鉴附录二和附录三，进一步讨论针对不同专业技能及知识要求，应该如何开展笔试。

(7) 个人总结并编撰实训报告。

四、实验成绩

序号	实 验 要 求	分值
(1)	能根据职位说明书把握笔试的内容设计及关键环节	30
(2)	能对笔试实施步骤进行整体系统设计	30
(3)	能充分理解笔试如何围绕职位特点等进行有针对性的设计，以提高笔试测评的有效性	20
(4)	能评价特殊职位专业考试的科学性	20

五、思考题

(1) 笔试法在公共部门备受好评的原因是什么?

(2) 如何增强笔试法的测评效度?

(3) 破除“一张卷”的笔试不足的关键要点是什么?

第三节 实验材料

附录一 2017年国家公务员招考外交部某职位说明书

部门名称	外交部	部门代码	102
机构层级	中央	机构性质	中央国家行政机关(本级)
用人司局	地区业务司	专业专项	外交部
职位名称	英语一	职位代码	0401001001
招考人数	44	报考人数	3753
职位属性	普通职位(不含小语种、特殊专业职位)	职位简介	1.掌握、研究有关国家及地区形势,为中央处理国际问题提供对策建议;2.办理我国和有关国家及国际组织间的日常事务;3.为领导人开展对外活动提供翻译服务。
考试类别	省级以上(含副省级)职位	是否在面试阶段组织专业能力测试	是
地区	北京	基层工作最低年限	无限制
专业	外交学、国际关系、国际政治、英语及其他文科专业(哲学、经济学、法学、文学、历史学、管理学等学科门类)	政治面貌	中共党员或共青团员
学历	本科及以上	学位	学士
“三支一扶”大学生	—	西部志愿者	—
大学生村干部	—	特岗计划教师	—
无限制	—	部门网站	—
咨询电话	010-××××××××	面试人选与计划录用人数的比例	5∶1

备注：大学英语6级成绩425分及以上(英语相关专业应通过英语专业4级或8级)，能用英语独立开展工作；政治可靠，个人经历、历史状况清楚，适合驻外工作。留学回国人员应本科和研究生阶段均学习外交学、国际关系、国际政治相关专业，最高学历为硕士研究生，且获得国内本科学历。非应届毕业生应符合以下3个条件之一：①有2年以上外事工作或国际问题研究经历；②外交学、国际关系、国际政治相关专业毕业并一直从事相关研究和教学等工作；③有承担大型国际会议同声传译工作的经历。

附录二　外交部日语水平测试考试大纲

一、考试目的

考察应试者是否具备在中央国家机关从事外事有关工作所必需的日语专业知识和语言应用能力。

二、评价目标

(1) 掌握日本语能力测试N1和专业8级要求的日语词汇。

(2) 熟练掌握并应用日语语法。

(3) 对日语语言有一定的理解、推理及释义能力。

(4) 了解日本政治、经济、文化等方面基本情况。

三、考试内容与试卷结构

考试形式为笔试，考试时间120分钟，总分100分。

试题由以下三部分组成：

(1) 词汇和语法40题。

(2) 完形填空20题。

(3) 阅读理解20题。

四、答题要求

考试均采用客观性试题，要求报考者从每题所给的选项中选择一个最佳答案，或根据要求选择最佳搭配。报考者应在专用答题卡上作答，写在试卷上的答案一律无效。

附录三　2017年度我国特殊专业公务员职位笔试考试安排

(1) 关于8个非通用语专业的考试安排情况。

报考中央对外联络部、中央编译局、外交部、文化和旅游部、商务部、国家外国专家局、全国友协、中国贸促会等部门日语、法语、俄语、西班牙语、阿拉伯语、德语、朝鲜语(韩语)、葡萄牙语等8个非通用语职位的人员，先参加2016年11月26日下午进行的外语水平测试，然后参加11月27日进行的公共科目笔试，其外语水平测试成绩与公共科目考试成绩一同公布，并按各占50%的比例合成笔试综合成绩。考试地点均在北京。请报考8个非通用语职位的报考人员在网上报名时，务必将公共科目笔试考点选择为北京。

(2) 关于中国银监会及其派出机构特殊专业职位的考试安排。

报考特殊专业职位（银监财经类）、特殊专业职位（银监综合类）、特殊专业职位（银监法律类）、特殊专业职位（银监财会类）、特殊专业职位（银监计算机类）的人员，先参加 2016 年 11 月 26 日下午进行的专业科目考试，然后参加 11 月 27 日进行的公共科目笔试，其专业科目考试成绩与公共科目考试成绩一同公布，并按各占 50%的比例合成笔试综合成绩。考试地点设在全国各省会城市、自治区首府和直辖市，不在其他城市设置考点。请以上报考人员在网上报名时，选择合适的公共科目笔试考点。

(3) 关于中国证监会及其派出机构特殊专业职位的考试安排。

报考特殊专业职位（证监财经类）、特殊专业职位（证监会计类）、特殊专业职位（证监法律类）、特殊专业职位（证监计算机类）的人员，先参加 2016 年 11 月 26 日下午进行的专业科目考试，然后参加 11 月 27 日进行的公共科目笔试，其专业科目考试成绩与公共科目考试成绩一同公布，并按各占 50%的比例合成笔试综合成绩。考试地点设在全国各省会城市、自治区首府和直辖市，不在其他城市设置考点。请以上报考人员在网上报名时，选择合适的公共科目笔试考点。

(4) 关于公安机关人民警察职位的考试安排。

报考公安机关人民警察职位的人员，先参加 2016 年 11 月 26 日下午进行的专业科目考试，然后参加 11 月 27 日进行的公共科目笔试，其专业科目考试成绩与公共科目考试成绩一同公布，并按行政职业能力测验、申论、专业科目考试成绩各占 40%、30%、30%的比例合成笔试综合成绩。考试地点设在全国各省会城市、自治区首府和直辖市，不在其他城市设置考点。请以上报考人员在网上报名时，选择合适的公共科目笔试考点。

第四节
实验报告

实验报告

院系		专业	
班级		姓名	
实验教师		学号	
成绩		日期	
实验名称			
一、实验目的 二、实验原理 三、实验步骤 四、实验数据(如有则填) 五、实验结果 六、讨论分析(完成指定的思考题和作业题) 七、实验总结及改进实验建议(如有则填) 八、问题与困惑			
备注:			

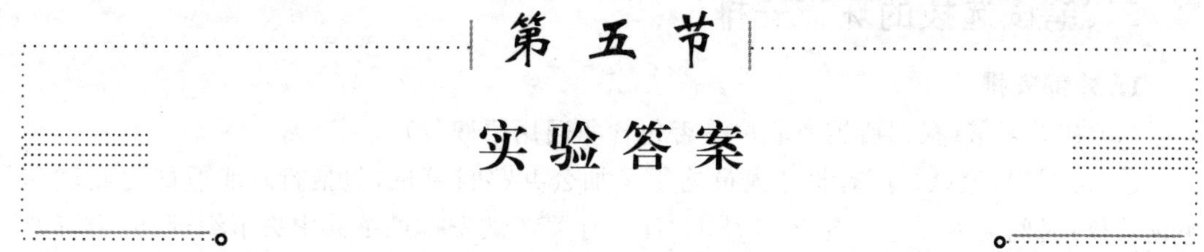

一、笔试选录的内容设计

（1）公共科目笔试和部分非通用语职位外语水平测试。

外交部职位选录笔试分为公共科目笔试及部分非通用语职位外语水平测试。公共科目笔试针对全体人员，包括行政职业能力测试和申论两科；外语水平测试针对日语、法语、俄语、西班牙语、阿拉伯语、德语、朝鲜语（韩语）、葡萄牙语等8个非通用语职位人员。

行政能力测试考试形式以客观题为主。多以选择题形式出现，内容一共分为五个部分：常识判断、言语理解与表达、判断推理、数量关系、资料分析。用来测试应试者与拟任职位相关的知识、技能和能力，考查应试者从事公务员工作所必须具备的一般潜能。

申论考试形式以主观题为主。多以论述题形式出现，主要考查应试者对给定材料的分析、概括、提炼、加工能力，考查应试者的阅读理解能力、综合分析能力、提出问题和解决问题能力、文字表达能力等。

部分非通用语职位外语水平测试以客观题为主。多以选择题形式出现，包含词汇和语法、完形填空、阅读理解。考查应试者是否准确掌握语法、词汇、句法等基础知识，是否熟悉语种所属国家的基本情况（包括历史、文化、社会经济现状、对华关系等），是否掌握相关的专有词汇和表达方法。

（2）专业能力测试。

职位		考试科目
地区业务司	英语 一、二、三、四、五	综合知识与能力测试（笔试）、 英语笔试、英语口试
	非通用语	综合知识与能力测试（笔试）、 外语笔试、外语口试、 英语水平测试（笔试）
行政司、财务司		专业笔试、英语水平测试（笔试）

综合知识与能力测试重点考查考生的政策水平、综合分析能力、文字表达能力。外语考试从听、说、读、写、译等方面全面考查考生的外语基础和实际应用能力。行政司、财务司专业笔试主要考查与招考职位相关的专业基础和实际应用能力。

二、笔试选拔的环节安排

1. 外部安排

(1) 初试环节(根据所报考职位是否包含非通用语职位)。

①公共科目笔试。所有报考人员均须参加公共科目笔试,包括行政职业能力测试和申论两科,时间为××××年××月10日。有关考试安排见中共中央组织部、人力资源和社会保障部、国家公务员局公告。

②部分非通用语职位外语水平测试。报考日语、法语、俄语、西班牙语、阿拉伯语、德语、朝鲜语(韩语)、葡萄牙语等8个非通用语职位的考生须参加相应语种外语水平测试。时间为××××年××月9日下午。

(2) 复试环节(根据初试分数高低进行排序)。

①通用语职位按照公共科目笔试成绩从高到低的顺序,确定进入专业能力测试人选。

②非通用语职位按照公共科目笔试成绩与外语水平测试成绩1∶1的比例合成笔试成绩,按合成成绩从高到低的顺序,确定进入专业能力测试和面试的人选。

专业能力测试于第二年1月底或2月初在北京集中进行,具体安排另行通知。

2. 内部安排

笔试设计与应用的基本步骤。

①成立考务小组:工作内容包括计划的制订;试题的编制;考务的组织。

②制订笔试计划:笔试的目的和科目的确定;试题的设计,试卷的审定、印制与保管;笔试的组织与安排;笔试试卷的装订、收存与阅卷的组织和管理;笔试的经费预算与效果预测。

③设计笔试试题:针对人员需求数量大、招聘周期长、重复性强的职位,可考虑建立笔试试题题库系统。

④监控笔试过程:考前通知;考场管理;考卷保管。

⑤笔试阅卷评分:一般来说,应首先抽取一定数量的试卷进行初评,然后请设计试题的专家进行讲评,以提高评卷的正确性和准确性。

⑥笔试结果运用:对于笔试的最终成绩,一般有两种筛选方法:淘汰法;达到一定分数的人员,可以进入下一轮的测试。

三、笔试选拔的评分标准

详细评分方法可参考“笔试的计分与误差控制”部分的内容。

CHAPTER6

第六章

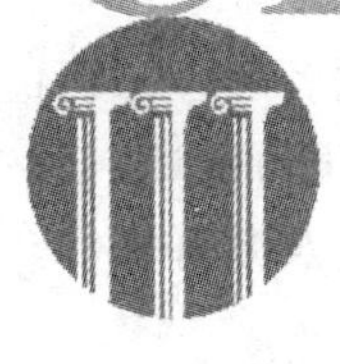

面试法

第一节 基础理论

一、面试法概述

(一) 概念

面试是由来已久的一种识人、选人的手段和方法，蕴含了丰富的哲学，被广为使用。据不完全统计，全世界绝大多数的部门或组织都将面试法应用于人才选拔中。在我国，面试也同样是公共部门选拔人才的重要方法。

面试主要是指通过应试者与面试考官之间面对面的交流和沟通，从而对应聘者做出评价的方法。

(二) 类型划分

(1) 根据面试方法的应用，面试主要分为情景面试、行为面试、投射面试和压力面试四大类别。

情景面试，是受情景模拟测试的启发而产生的面试形式。在情景面试中，面试考官会向应试者描述一个假设的情景，并明确应试者的身份或角色，然后提出应试者需要完成的任务或需要解决的问题，考官根据应试者对题目的反应从而对其素质进行评价。情景面试既适合工作经验丰富的应试者，也适合缺乏工作经验的应试者。

行为面试，是受人才测评的基本假设“被试者过去的行为是对其未来表现最好的预测”的影响而产生的面试形式，其显著特点是，面试考官提出的所有问题都要应试者回答出具体的行为。行为面试对面试题目有明确的要求，要求面试考官提出的问题必须让应试者能够以具体阐述的行为、措施来回答，所以对面试题目的要求比较高。

投射面试，借鉴了心理学的投射理论，通过降低面试题目的表面效度等特殊设计保护面试考官的意图，让应试者的心理素质得到真实体现，提高面试的效度。相比传统面试方法，投射面试能有效避免面试意图被觉察及有意迎合或规避等应试的失真表现。

压力面试，是指面试考官提出比较紧迫或比较难完成的任务，要求应试者解答，其目的主要考查应试者情绪稳定性或应对压力的能力，属于情景面试的范畴。压力面试一般会以环境、言行、方式、内容、节奏、形式等对应试者施加压力，常用的题目涉及激将法、诱导法、测试法等。这种方法大量应用于公关、销售、科学研究等一线职位。

(2) 根据面试内容的结构化程度，分为结构化面试、非结构化面试、半结构化面试。

在非结构化面试中，通常没有必要遵循既定的模式，因此面试可以向多个方向展开。由于没有结构，面试考官可以进行跟踪式提问。有少数问题可能是事先确定的，但通常不是规定的问题，也很少有针对回答的评价标准或规范。这种面试可以说与普通的谈话差不多。

在结构化面试中，提问和参考答案都是事先确定的，并且根据回答内容的恰当性对答案做出评价。McMurry 的模式化面试是早期结构化面试的一种。面试考官根据一张打印好的表格提出一系列问题，比如“此人是如何得到其现任工作的”，将考评提示打印在问题的下面用于指导面试考官对答案做出评价。

半结构化面试是介于非结构化面试和结构化面试之间的面试形式。包括两种方式：一种是面试考官提前准备重要问题，但不要求按照固定次序提问，且可讨论在面试过程中出现并需进一步调查的问题；另一种是面试考官依据事先规划的一系列问题来对应试者提问，根据不同的工作类型，设计不同的问题表格。半结构化面试方法结合了以上两种面试法的优点，有效避免了单一方法的不足。另外，它还具有双向沟通性，面试考官可以获得更为丰富、完整和深入的信息，并且可以做到内容的结构性和灵活性的统一。因此，半结构化面试得到了越来越广泛地应用。

(3) 根据面试的组织方式，分为陪审团式面试、集体面试。

(4) 根据面试的过程，分为一次性面试、系列性面试。

(三) 发展新动态

当前，信息技术的迅猛发展，使视频及电话等远程面试形式迅猛发展，弥补了单纯面对面进行面试的地理局限。Silvester 等人(2000)比较了电话面试与面对面(face to face)面试后，发现应试者在电话面试中得到的评价比面对面面试中得到的评价显著偏低；当应试者先经过一轮电话面试后，会在面对面面试中表现得更好，两种面试存在显著的交互作用。Straus 等人(2001)的研究却有不同的发现，他们认为，面试考官在电话面试中给予的评价要好于在面对面面试中的评价，当应试者姿色欠佳时，这种差异更为明显；虽然电话面试让面试考官感到管理和理解双方的讨论存在着困难，但是面试考官在电话中所做的评价并不会受到技术条件的影响。

视频面试,是让应试者与面试考官通过计算机视频连线来进行远程问答。美国南佛罗里达大学的职业指导中心同美国面试公司合作推出的虚拟视频面试(virtual video interview,VVI)系统,具有网络面试与情景判断测试两者的优点。应试者完成 VVI 系统测试需 20 到 30 分钟。面试在一台电脑前进行,通过一位虚拟的面试考官提问,摄像头录下应试者的反应。不同于视频会议或电话形式的面试,VVI 系统让应试者在见到面试考官前有足够的时间准备回答问题;由应试者决定移到下一个面试问题的时间,应试者也可以重新进行测试。面试考官可以从任何能接入互联网的地方观看面试过程。雇主可以根据面试过程记录做出雇用决定,从而能较好地节约成本。VVI 系统测试非常适用于面试的早期阶段。①

二、面试法的优势与缺陷

(一) 优势

面试法之所以得到广大管理者的青睐,是因为其简单易行,方法直接且成本较低。同时,面试法是一种即时性的评估,相比笔试,它的考题、测评过程及测评方法都有较大的弹性,它的测评要素也相对多元、丰富,不仅涉及知识、能力等显性内容,而且涵盖心理、性格、价值观等隐性内容。同时,面试对于应试者而言,可能会更有新鲜感、挑战感和压力感。有研究发现,专业的结构化面试的效度要远高于经验型面试。

(二) 缺陷

首先,笔者对实践的观察发现,许多组织或企业缺乏对面试方法及过程的认知和重视,中小企业更甚,因此在面试中,往往容易出现几大常见问题:①由于职位履历分析或胜任力评价的缺失,面试指标及评价体系不明确,影响了面试的效度;②大部分企业缺乏科学面试的思维,没有专门进行面试题目设计,导致面试题目的随意性大;③面试的过程没有统一的标准和质量把控,导致面试容易走样;④容易受到面试考官首因效应、近因效应、光环效应等因素蒙蔽,影响其判断的准确性。

其次,面试考官的专业化程度直接决定了面试的效度,因此寻找、培养、培训成熟且专业的面试考官非常关键。对于一些新兴组织或企业来说,自身组织架构都没搭建起来,也没有专门的招聘人员,面试一般由组织或企业的创立者承担。对于公共部门而言,因为多年来的经验累积,形成了人事部门组织面试的惯例,缺少科学的研究、思考和改进,因此路径依赖下的考官也很难进行技术、流程、内容的革新。

最后,面试虽然应用广泛而且效度较高,但是还需要将面试法与其他方法搭配使用,避免面试过程的不确定性因素或面试考官的不专业表现带来的不良反应。因此,不能将面试作为录用决策的唯一依据,更不能盲目迷信面试的测评结果,应该同知识考试、履历分析等手段相结合。

---

① 肖翔,王重鸣.电子化人事测评研究现状[J].人类工效学,2004(2):35-37.

三、面试法的关键环节和实施步骤

（一）关键环节

面试的设计、组织、实施是一个涉及多环节的过程，需要环环相扣，进行严密而系统的思考和研究。其中，最重要的环节是面试题目的设计。

在面试中，行为面试和情景面试是最常用的方法，也是效度最高的方法，一般会搭配结构化面试方法，设计面试题目。

1. 面试题目设计的基础

从面试题目设计的角度看，无论是行为面试题目还是情景面试题目，都是在履历分析或行为事件访谈的基础上基于职位或组织的关键事件进行的。两类面试题目的结构都包括了题干（或称首问）和追问，评价标准都是基于行为指标的，但在特征上有很大的差异。行为面试题目与情景面试题目的比较，如表 6.1 所示。

表 6.1 行为面试题目与情景面试题目的比较

	行为面试题目	情景面试题目
设计基础	职位说明书、胜任力模型、关键事件或行为	
时限特征	基于过去的	更多基于未来的
事件特征	真实发生的	假设的、未发生的
对象特征	有经历的面试对象，对缺乏经历者有局限性	有无经历均可
题干长度	较短（信息量小）	较长（信息量大）
追问	素质剖面或 STAR 法则	素质剖面或内隐分析

2. 面试题目设计的流程

面试题目的设计一般要进行六个步骤的科学化设计，如图 6.1 所示。

面试题目设计需要结合人力资源管理的前置环节履历分析或胜任力评价等，明确测评对象，并结合测评指标选择合适的面试类型，进而设计出高效度的面试题目。

基于第一步和第二步，面试题目的设计一般要运用第三步关键事件分析或访谈。关键事件分析是一种开放式的行为回顾式探查技术。通过对关键事件的背景因素、性质（任务导向还是过程导向）、个体差异（意识差异和行为差异）等，为问题设计寻找事件素材。一般选择的关键事件应该具有四大显著特征。

（1）关键事件的背景因素清晰（什么情况下发生的）。

（2）关键事件的目标清晰（要解决什么问题或达成什么目标）。

（3）关键事件中行为表现清晰（有哪些具体的行为展现）。

（4）关键事件具有典型性（事件发生频率较高、具有普遍性）。

第四步的题目加工是按照题目特点要求形成完整的面试题目的过程。题目加工过程

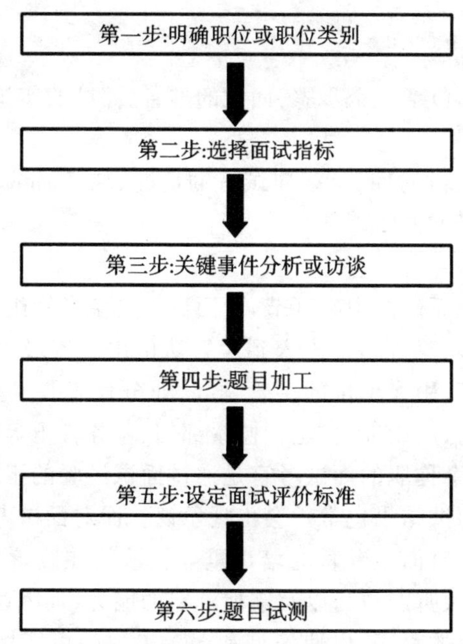

图 6.1　面试题目设计步骤

包括提炼题干和提取追问两个部分。题干是面试考官向应试者提出的问题,也称为首问。追问是面试考官根据应试者对题干或首问做出的反应,进一步询问应试者详细情况的问题,题干与追问两者间具有因果关系。行为面试的题干就是关键事件的主题。假设在关键事件访谈中,有应试者提到了过去工作经历中创新性地完成了某项政策的宣传推广,那么根据这个事例就能得出一个主题"创新性完成政策宣传工作"。将这一主题转化为行为问题的题干,即"在你过去的工作经历中,你通过创新完成的一项任务是什么"或者"在你过去的工作经历中,你曾经进行过什么卓有成效的创新,请举一个具体事例"。在行为面试中,追问一般选用 STAR 法则,STAR 即 situation(情境)——了解事情发生的背景;task(任务)——了解应试者要达到的目标、所需完成的新任务;actions(行为)——应试者针对上述情境所采取的行动;results(结果)——采取行动产生的结果或者通过经历产生的体会。一般实际操作中,还会突破 STAR 法则,基于素质剖面进行追问。

第五步设定面试评价标准,主要是指设定面试指标的评价标准,评价标准不一定要细化,建立一些指导性的答题要点即可。

第六步题目试测的主要目的是使题目语句优化和美化,减少问题的歧义,提高针对性和精准性。比较简便的办法是向不同应试者提出问题,看他们的理解是否一致,再做出相应改动。学术界常按照心理测量学的要求进行信度和效度的检验,还要对题目的质量、难度进行验证。

对于面试题目的设计,可以结合本章附录一的结构化面试指南和附录二的结构化面试题库,进一步熟悉如何设计面试题目的题干、追问及评分标准等。

（二）实施步骤

面试实施的具体操作包括三个步骤：面试的准备、面试的实施和面试评价。

1. 面试的准备

面试准备除了明确面试时间、了解应试者的情况、准备面试材料（面试评价表和面试提纲）之外，还主要涉及以下方面。

（1）选择面试考官。

面试的实施是结构化面试的中心环节，而面试又是由考官组织实施的，所以考官是至关重要的，应选取那些德才兼备的人进入到考官队伍中。省级以上的面试考官小组一般是由负责考录工作的代表、用人单位的主管领导、业务代表和专家学者等组成；县级面试考官小组一般由组织部门、用人部门、纪检监察部门、业务骨干等组成。

许多研究者认为，一个称职的面试考官是通过面试经验的不断积累而产生的，但是有经验的面试考官之间对面试结果也常常会出现争议。而对面试考官进行培训是减少偏差的一个行之有效的方法。对面试考官的培训重点应该放在改善培训人员的提问技巧，建立和谐的相互关系，培养倾听的技巧以及掌握资料的能力，训练讨论、演示、反馈能力。应鼓励面试考官遵循最优化的程序，以使偏见和误会出现的可能性降到最低。其中对主试考官的培训，重点要解决以下问题：熟悉结构化面试的程序和要求；掌握评价标准和评分方法；学会以同样的语气、语句内容对所有的应试者发问；在同样的时间，按同样的标准对所有的应试者评分；明确面试考官纪律等。

研究和实践都证明，经过培训的面试考官不论是评分的信度还是评分的质量，都明显比没有经过培训的面试考官高。培训主要就是让面试考官系统掌握面试内容、方法、技巧等，从而达到科学化的目的。国外就十分重视面试考官培训，如英国的文官考试，面试考官的培训共7天，分三轮进行：第一轮为讲授，第二轮为观摩，第三轮为研讨。我国现在拟推行面试考官资格制度，对面试考官拟分三级，经过培训后考核合格者颁发面试考官资格证书，凡面试考官必须持证上岗。

（2）选择和布置面试考场。

面试考场是面试构成的重要空间要素，是面试实施的具体场所，它对面试效果也有一定的影响，要求组织者精心设计。结构化面试考场设考官席（以面对门为好）、考生席（以背对门为好）、监督席、计分席。一般而言，监督席和计分席分列考官席两侧，考生席与考官席相对。

对面试考场的基本要求有四条。一是考场所在位置的环境必须安静、无干扰。二是考场面积适中，一般以30～40平方米为宜。三是温度、采光适中，有良好的通风条件，面试考场的布置要朴素大方。四是每个独立的面试考场处除考场外，还应根据考生的多少设立若干候考室。候考室的选择应与考场保持一定的距离，以免相互影响。候考室的设置一般有以下三个要求。①候考室的安排应该使相同职位的应试者出场后没有再与候考的其他应试者相遇的机会。②候考室内一般应该摆设桌椅、茶水、烟灰缸、杂志、报纸之类的物品。③候考室与面试考场之间不宜太远，应有专门的工作人员负责联络、传呼工作，以保证面试有条不紊地进行。

面试考场的布置也是很有讲究的。座次的安排，对考生心理和情绪有一定的影响。就面试考官与应试者的位置安排来讲，通常有如下五种模式，如图 6.2 所示。

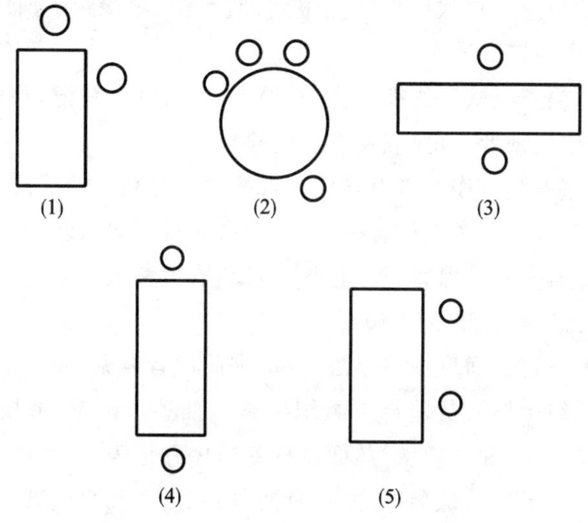

图 6.2 五种面试考场布置模式

图(1)是一对一的形式，面试主考官与应试者成一定的角度而坐。

图(2)作为圆桌会议的形式，多个面试考官面对一个应试者。

图(3)是一对一的形式，面试主考官与应试者相对而坐，距离较近。

图(4)是一对一的形式，面试主考官与应试者相对而坐，距离较远。

图(5)是一对一的形式，面试主考官与应试者坐在桌子的同一侧。

图(3)的形式，面试主考官与应试者相对而坐，双方距离较近，目光直视，容易给对方造成心理压力，使应试者感觉到自己像在法庭上受审，神经紧张不安，以致无法发挥出正常的水平，当然，如果想考察应试者的心理承受能力，可采用此种方法。图(4)的形式，双方距离太大，不利于交流，同时空间距离过大也增大人的心理距离，不利于双方进行更好的交流。图(5)的形式，面试主考官与应试者坐在桌子的同一侧，心理距离较近，也不易造成压力，但面试主考官的位置显得有些卑微，也显得不够庄重，而且也不利于面试主考官对应试者的表情、姿态进行考查。图(2)的形式，排列成圆桌形，应试者不会觉得压力大，同时气氛较为庄重。图(1)的形式，面试主考官与应试者成一定的角度而坐，避免目光直视，可以缓和心理紧张感，避免心理冲突，同时也有利于对应试者进行观察。因此，我们建议，在通常情况下最好采用图(1)、图(2)这两种位置形式进行面试。

(3) 选定相关的计分员、监督人员。

在确定好面试时间后，就要选择计分员和监督人员。计分员具体负责面试结果的统计和核算，必须经过专门培训，按照结构化面试的要求公正、保密操作。计分员一般由两人同时负责核算，而监督员负责对面试全过程实施公正的监督。

2. 面试的实施

面试的具体操作程序应该凸显严谨性与科学性。特别是对公共部门的人才选拔面试环节而言，整个过程还应该通过场景、环节的设计以及相关专业人员的引入，保证其严肃性、公正性、透明性和合法性。以下将针对公共部门的人才选拔阐述规范面试的实施。

(1) 组织面试人员报到(面试开始前60分钟)。

应试者要在面试当天准时到指定地点报到;监考组、纪检组、公证组等的工作人员提前10分钟在候考厅内迎接应试者。

监考组工作人员检查应试者的准考证、身份证,进行签到登记,并登记应试者的姓名、考号。同时,发给每位应试者一份《应考人员纪律》。

应试者签到后,监考组工作人员引导应试者按照事先划分的等候区就座。

应试者全部到齐后,由监考人员统一宣读《应考人员纪律》;通知带手机等通信工具的应试者将上述物品交监考人员保管,否则视为违纪,取消考试资格。

(2) 组织面试抽签(面试开始前40分钟)。

由监考组工作人员宣读面试抽签办法,并征求应试者意见,如无不同意见,准备抽签。

监考人员在公证组工作人员监督下组织应试者抽签。首先,由报考同一个单位的应试者抽取各自的面试顺序,抽签后填写《面试抽签顺序登记表》。然后,由分到同一考场的应试者抽取报考岗位当天的面试顺序(办法有两种:一是由几组应试者中每组第一个面试的应试者抽签;二是由几组应试者各推荐本组的一位应试者抽签),抽签后填写《报考单位面试抽签顺序登记表》,应试者、公证人员、监考人员签字。

抽签结束后,监考人员负责收集抽签登记表。按抽签序号,分别统计并安排好当天每个考场应试者的面试顺序,并将整理后的排序表送给各考场的监考组组长。

(3) 组织应试者进入考场(面试前20分钟)。

评委、纪检、公证、计分、计时及旁听人员进入考场。各考场纪检组长负责宣布《面试工作人员纪律》《旁听人员须知》和《应试人员纪律》(上、下午各宣布一次)。

各考场监考人员按照面试时间,将应试者依次(每次各组带一名应试者)带入指定的候考室。

监考组人员到保密室领取试卷,然后带应试者一同进入考场。

应试者入场时将准考证交给监考组长,经检验后交给主考官。然后由纪检组长当众启封试卷袋,并将试卷分发给各位评委(每位评委一份题签、一份答案、一份评分要素表)和应试者(应试者只发一份题签在答辩席上公用)。

(4) 面试正式开始。

面试开始前,每位主考官手中应有以下材料:面试顺序表;个人材料(上有应试者的基本情况);结构化问题表;应试者的面试评分表等。每位应试者的评分表要单独成页,主考官在宣布每位应试者的面试开始前,要提醒计时员及其他评委、工作人员做好准备工作并宣布面试开始,然后宣读试题,计时员开始计时(每位应试者30分钟),应试者须在规定的时间内答题(包括阅读、思考、准备)。计时员在面试进行到第27分钟时要提醒应试者"距离考试结束还有3分钟",答辩进行到30分钟时宣布"时间到",主考官宣布面试结束(应试者若提前结束答辩,则由主考官宣布面试结束)。面试结束后,主考官将准考证退还给应试者,要求应试者将题签翻放,然后由一名监考人员陪同退场,到候分室等待成绩宣布。

一般而言，面试可从引入、正题及收尾三个环节展开。面试考官应该在熟悉问题类型的基础上，重视提问的技巧。提问时尽量避免应试者能用“是”与“否”回答问题。不论应试者的回答是否正确，都不要做任何评价，要学会倾听和观察，必要时给予目光接触以示鼓励，并注意掌握和控制时间。

在应试者答题过程中，面试考官即可对照参考答案，按照各测评要素给应试者打分。当应试者退场后，由计分员到考官席收取每个考官的评分要素表，然后在公证人员的监督下，按照考官顺序将各位考官给应试者的打分录入计算机，计算机自动汇总计算成绩。成绩出来后，由计分员填写在面试成绩登记表上，等公证、纪检、监考及计分员签字后，交监考组长，派一名监考人员到候分室宣布应试者面试成绩。应试者得知本人成绩后，在引导员的陪同下离开考场。一个招考职位的全部应试者成绩都宣布完后，由监考组长负责将所有题签、答案连同面试成绩登记表收齐，送保管室统一保管。

3. 面试评价

面试评分表是面试考官手中的重要工具，是面试标准化、结构化的重要手段，它集中体现面试测评标准。面试中，考官一边提问，一边倾听回答，观察应试者的表现，同时将应试者的表现与评分表上的测评标准相对照，在评分表上记录要点，给应试者打分。评分表如同笔试时的试卷，是面试中的重要文件，具有法律效用，应存档备查。从专业的角度来讲，面试评分表的设计受到计分形式和评分程序的影响，因此面试评分表的种类多种多样，一般可分为：判断类评分表、行为类评分表和典型行为对照评分表。

表 6.2 和表 6.3 是两个结构化面试评分表的例子，是中央国家行政机关和一些地方国家机关结构化面试评分表的常见形式，由原考试录用司设计提出，表中包括了应试者的基本信息、测评要素及其权重、观察要点（即测评指标）、评分刻度、考官记录及评语等方面的内容，高度集中，一目了然，便于考官使用。表 6.2 的特点是分要素评分，采用 10 分制，其好处是符合一般模糊评价给分的心理习惯，便于考官做出判断，如应试者表现优良给 8～10 分，表现中等给 4～7 分，表现差时给 0～3 分；在最后合成总分时，只要将各要素的 10 分制得分乘以其权重系数即可。表后给出了总分合成公式：总分 $T=1.7A+1.7B+1.4C+1.4D+1.3E+F+0.7G+0.8H$。假定一名考官给一名应试者进行评分，将各要素分数代入公式，即得到该考官对应试者的面试总评分。当然，在多名考官评价同一应试者的结构化面试中，一般没有必要计算个别考官的总评分。这种方法的另一个优点是，便于了解应试者在不同要素方面的优劣情况，如同有了一个应试者剖析图。

表 6.3 的特点是将各要素权重的不同直接体现为各要素满分值的不同。例如，综合分析要素的满分是 17，说明其权重即为 17%。考官给出各要素的分数后，直接相加，即得一名考官对该应试者的面试总评分。这种评分法有一定的缺陷：一是不同要素分制不同，满分不同，应试者在不同要素上的个体差异无法直观地体现出来；二是不符合考官模糊评分的心理习惯，可能导致较大误差。

表 6.2　结构化面试评分表（专业知识类）

（注意：本表各要素得分不得涂改，涂改后本表无效，须重新填写）

序号		姓名		性别		年龄	文化程度	报考岗位
面试要素	综合分析	言语表达	应变能力	计划、组织与协调能力	人际交往的意识与技巧	自我情绪控制	求职动机与拟任职位的匹配性	举止仪表
权重	17	17	14	14	13	10	7	8
观察要点	对事物能从宏观方面总体考虑；对事物能从微观方面考虑其各个组成部分；能注意整体和部分之间的关系及各部分间的有机协调组合	理解他人意思，口齿清晰、流畅；内容有条理、富有逻辑性；能理解他人并具有一定的说服力；用词准确、恰当，有分寸	有压力状况下：思维反应敏捷；情绪稳定；考虑问题周到	能依据部门目标，预见未来的要求、机会和不利因素，并作出规划；能看清冲突各方关系；根据现实需要和长远效果做适当选择；及时做适当决策；调配、安置人、才、物有关资源	人际合作主动；理解组织中权属关系（包括权限、服从、纪律等意识）；人际间的适应性；有效沟通（传递信息）；处理人际关系原则性与灵活性结合	在较强刺激情境中，表情和言语自然；受到有意挑战甚至有意羞辱的场合能保持冷静；为长远或更高目标控制自己当前的欲望	兴趣与职位情况匹配；成就动机（认知需要、自我提高、自我实现、服务他人的需要，得到锻炼等）与职位情况匹配；认同组织文化	穿着打扮得体；言行举止符合一般的礼节；无多余的动作
满分	10	10	10	10	10	10	10	10
要素得分	A	B	C	D	E	F	G	H
考生得分（T）								

考官签字：　　　　　　　　年　　月　　日

评分说明：①对每一评分要素，考官按 0～10 给分；表现优良的给 8～10 分；表现一般的给 4～7 分；表现差的给 0～3 分。②总分 T＝1.7A＋1.7B＋1.4C＋1.4D＋1.3E＋F＋0.7G＋0.8H。

表 6.3 结构化面试评分表(普通类)

姓名		性别		年龄		应聘职位		工作年限	
毕业院校			专业			学历			

评分要素		参考标准	得分
举止仪表(8)分		仪表端正,装扮得体,举止有度	
对本职位的欲望(8分)		对本单位做过初步了解;面试经过精心准备;面试态度认真;待遇要求理性	
综合能力(25分)	自我认知能力(4分)	能准确判断自己的优势、劣势,并针对劣势提出弥补措施	
	沟通表达能力(6分)	准确理解他人意思;有积极主动沟通的意识和技巧;用词恰当,表达流畅,有说服力	
	分析能力(5分)	思路清晰,富有条理;分析问题全面、透彻、客观	
	应变能力(4分)	有压力状况下:思维反应敏捷;情绪稳定;考虑问题周到	
	执行力(6分)	在任何情况下都能服从领导的工作安排,全力以赴完成工作任务	
综合素质(35分)	可塑性(6分)	拥有较强的学习力;能理性接受他人的观点;对他人、他事无成见	
	情绪稳定性(5分)	在特殊情况下(如较大的压力、被冤枉、被指责)能保持情绪稳定,不会做出极端言行	
	求职动机(3分)	生存需要、自我提高、自我实现、职业规划	
	主动性(7分)	找借口还是找方法;工作方法的灵活多样性	

四、面试法在公共部门的适用性

面试法是在细致全面的职位分析基础上,针对职位要求的要素提出一系列科学设计的问题,针对应试者的举止仪表、言语表达、综合分析和应变能力等方面的行为指标,观察其在特定情景下的情绪反应和应对策略,并做出对其目标职位匹配性的分析和评价。基于公共部门职位的稀缺性,履历分析以及行政职业能力测试等方法,只能测试出应试者的一般能力,比如通用能力或知识水平,缺乏针对不同职位的差异化测评。因此,不同的职位选择面试方法能够有效地解决笔试等方法可能导致的“高分低能”问题。并且通过不同类型的题日设计,能够测评出不同方面的能力素质,同时还能通过追问近距离观察掌握应试者心理素质特征。

面试法可以在公共部门人才的选拔录用以及晋升环节广泛使用,但要特别注意面试过程的科学性,避免“面试就是跟面试考官聊聊天”等误区。特别是在现今领导干部竞争性选拔过程中，充分重视面试的功能和作用，并且强调面试题目的设计及专业面试考官的选择，这些是决定面试信度和效度的非常重要的环节。

第二节 实验设计

一、实验目的

通过对外交部某职位的面试问题设计及过程安排，熟悉并了解不同的面试方法，并且掌握针对不同职位匹配最佳面试方法的途径，并进行有效的结构化面试环节的设计及面试结果评价，帮助提高面试的效度和信度。

二、实验条件和环境

1. 仪器和材料

(1) 电脑。

(2) 大张白纸及马克笔。

2. 实验条件及准备

(1) 适合面试的场地，方便移动的桌椅若干。

(2) 适合进行展示、即时观察的场地。

(3) 实验室或机房。

三、实验组织方法及步骤

(1) 由指导教师系统讲授面试法及相关示例(约 0.5 小时)。

(2) 按照实验角色招募、扮演及实验观摩的要求，组建 4 人实验展示小组，1 人扮演主考官，3 人扮演应试者；组建 4 人面试工作组委会，担任人力资源主管、面试专员、面试实习生等职位；其余学生充当专家评委，进行面试评价。

(3) 指导教师要求所有学生围绕附录三“重庆市外经贸委 2015 遴选公务员职位表”的相关要求，展开讨论，明确测评对象和测评指标，结合相关基础理论设计面试考场布置、面试形式、评分标准细则等，最终由面试工作组委会审定、发布。

(4) 面试工作组委会正式开始模拟面试过程；实验展示小组成员结合附录四的相关材料，按照面试当场的各项要求，演绎各自的角色；面试评委们安静地在场外观察。

(5) 评委们分别对应试者的表现进行评分。

(6) 评委们比对各自的评分表，并就面试评价及拟录用人选展开讨论，将面试建议提交给面试工作组委会。

(7) 面试工作组委会结合评委建议，比对发布的职位要求等，决定并宣布最终的录用结果。

（8）个人总结并编撰实训报告。

四、实验成绩

序号	实验要求	分值
（1）	熟悉行为面试过程的组织安排	30
（2）	能够根据职位要求安排面试场景，设计面试形式及评价标准	30
（3）	能在面试正式实施过程中，进行合理掌控，把握提问技巧等细节	20
（4）	能进行合理的面试结果评价	20

五、思考题

（1）行为面试及情景面试的适用范围有什么差别？

（2）结构化面试题目需要保留一定的弹性吗？

（3）如何提升面试考官的提问技巧？

第三节 实验材料

附录一 结构化面试指南

结构化面试是指提问和参考答案是提前设计的。但实际上，并非所有的结构化面试都会具体说明每个合格的答案。以下展示了一张求职者结构化面试指南，其中只给出了一些需要注意的答案。

（1）工作兴趣

姓名________ 申请职位________

你认为工作（职位）包含什么？________

你为什么申请这一工作（职位）？________

你为什么具有工作的资格条件？________

你的工资要求是多少？________

你对我们公司了解些什么？________

你为什么要为我们工作？________

（2）当前工作状况

你现在工作吗？________是________否。如果不，你失业多久了？________

你为什么失业？________

如果你在工作，为什么申请本职位？________

你什么时候能开始和我们一起工作？________

(3) 工作经历

当前/最后雇主________地址________

就业日期：从________到________

当前/最后工作名称________

你的职责是什么？________

你是否在该公司中一直从事同样的工作？________是________否

如果不是，说明你从事的各种工作，每个工作的就职时间，及担负的主要责任________

你的起薪是多少？________你现在的收入是多少？________

评语________

你最后或当前主管的姓名________

对于那份工作你最喜欢的是什么方面？________

你最不喜欢的是什么方面？________

你为什么离开？________

为寻找工作你做了什么努力？________

你具有其他能帮助你胜任本职职位的经历和培训吗？________

解释你在什么地方和怎么获取这一经历或培训的。________

(4) 教育背景

你接受过哪些能够帮助你从事所申请工作的教育和训练？________

说明你接受的任何正规教育(如果相关，主试者可用技术培训代替)________

(5) 业余活动

业余时间你干什么？________兼职工作________

竞技运动________娱乐活动________俱乐部________其他________

请说明________

(6) 主考官的特别问题

主考官：补充面试中提出的其他问题，留出时间用于作答(注意避免可能被视为歧视的问题)________

(7) 个人问题

你愿意迁至新地方吗？________是________否

你愿意出差的最长时间是多久？________

你怎样看待周末上班？________

自我评价________

你认为你的优点是什么？________

你认为你的缺点是什么？________

主考官：比较求职者的回答和求职者申请表提供的信息，澄清任何不一致的地

方。________

在求职者离开前，若主考官尚未提供关于组织和职位空缺的基本信息，应当予以提供。求职者应当得到关于工作地点、工作时数、工资或薪金、报酬类型（薪金或薪金加红利等），以及其他会影响求职者对工作兴趣的信息。

(8) 主考官印象

对每一特征按1～4级来评定，4级是最低评定。

	1	2	3	4	评定
个人特征					
个人外貌					
举止、姿态					
讲话					
与主试者的合作					
工作关联特征					
工作经历					
工作知识					
人际关系					
有效性					

(9) 总体评定

1	2	3	4	5
很好	平均以上	平均	勉强	不令人满意
	（很合格）	（合格）	（仅合格）	
评语				
			主试人	日期

附录二　结构化面试题库

以下问题仅限于测评个性倾向和一般通用能力，专业能力测评由招聘部门自定。

一、简单寒暄

(1) 您怎么过来的？交通不方便吧？

(2) 从（待定）到广州要多长时间？路途辛苦吗？

(3) 以前来过广州吗？对这里的印象如何，跟你所在的城市有何不同的感受？

(4) 这几天的（或这边的）天气较（待定），您还能适应吗？

(5) 您的籍贯是哪里？（简单与面试者聊聊他出生地的特点）

二、观或听

(1) 衣着整齐度。

(2) 精神面貌。

(3) 行、坐、立动作。

(4) 口头禅、礼貌用语等。

三、口头表达能力(注意语言逻辑性、用语修辞度、口头禅、语言波幅等)

(1) 请您先用3～5分钟的时间介绍一下自己吧!

(2) 先说说您最近服务的这家公司(由简历而定)的基本情况(规模、产品、市场)。

(3) 您目前工作职位中主要有哪些工作内容? 主要的顾客有哪些?

(4) 请您简要介绍一下自己的求学经历。

(5) 您简要介绍一下自己的成长经历。

四、灵活应变能力(也涉及工作态度)

(1) 您为何要离开目前服务的这家公司?(答案可能是待遇或成长空间或人际氛围或其他,待回答完毕后继续发问)

——您跟您的主管或直接上司有没有针对以上问题沟通过?(如果没有,问其原因;如果有,问其过程和结果)

(2) 除了简历上的工作经历,您还会去关注哪些领域?(或有没有其他潜在的兴趣或是否想去尝试、从事其他职业)

——(若有,继续发问)您觉得这跟您目前要从事的职业有哪些利弊关系?

——(若无,继续发问)您不觉得您的知识结构有些狭窄或兴趣较贫乏吗? 说说未来的改善计划。

(3) 您在选择工作中更看重的是什么?(可能是成长空间、培训机会、发挥平台、薪酬等答案)

(若薪酬不排在第一,问)——您可不可以说说你在薪酬方面的心理预期?

(待回答完毕后)那您刚才的意思也可以这样理解:薪酬方面可以适当低于您的心理预期,对吗?

(若薪酬显得不太重要,可问)——有人说挣未来比挣钱更为重要,您怎样理解?

(若薪酬排在第一,问)——有人说挣未来比挣钱更为重要,您怎样理解?

(4) 您觉得您在以前类似于我公司提供的这个职位上的工作经历中有哪些方面做得不足?

(若答有,问)——您打算在以后的工作中采取哪些改善措施?(待回答完毕后,继续发问)

您再想想如果到我们公司来任职还有没有补充改善措施?

(若答无,问)——您好像不太连续去追求卓越,您认为您能胜任我们提供给您的这份工作吗?

(5) 您认为《致加西亚的信》中的罗文和推荐罗文的加西亚将军哪一个对企业更为重要?

——(若答罗文,问)您不认为现在的企业面临着"千里马常有,而伯乐不常有"的状态吗?

——(若答加西亚,问其理由)

——(若答两者兼有,问其理由)

五、兴趣爱好(知识广博度)

(1) 您工作之余有哪些兴趣爱好? 兴趣中有没有比较拿手的?

(2) 您在大学所学的专业课中最感兴趣的是哪一门? (待回答完毕,问)谈谈您对这门课的相关看法。

(3) 您是怎样理解自然科学(比如数学)与社会科学(比如说政治经济学)之间关系的或者说两者有何异同?

(4) 就您个人的理解说说您对我们公司所处行业(电子产品制造业)的前景和生存途径。

(5) 谈谈您目前想去学习或弥补的知识。

(6) 如果让您重新选择一次,您对自己的专业领域会有所改变吗?

六、情绪控制力(压力承受力)

(1) 我们的工作与生活历程并不是一帆风顺,谈谈您的工作或生活或求学经历中出现的挫折或低潮期,您是如何克服的?

(如果回答无此经历,问)——您的生活是不是太过于顺畅,成长中往往伴随着失败,您觉得自己的成长来自哪些方面?

(2) 请您举一个您亲身经历的事例来说明您对困难或挫折有一定的承受力?

(3) 假如您的上司是一个非常严厉、领导手腕强硬、时常给您巨大压力的人,您觉得这种领导方式对您有何利弊?

(4) 您的领导给您布置了一项您以前从未触及过的任务,您打算如何去完成它? (如果有类似的经历说说完成的经历)

(5) 您有没有过失业或暂时待业的经历,谈谈那时的生活态度和心情状态。

(6) 您有没有过在感情上失败或不顺利的经历,它对您那时和现在的生活有什么样的影响?

(7) 假如您喜欢上了一个人,您对他(她)表白后遭到拒绝并说你们是不可能的,拒绝的原因是他(她)已有女(男)朋友,但他(她)也并不讨厌您,接着您将采取什么行动?

(8) 假如在公众场合中,有一个人有意当众揭您的短处或您的隐私,您怎样去处理?

(9) 谈谈您以往职业生涯中最有压力的一两件事,并说说是如何克服的。

(10) 谈谈您以往职业生涯中令您有成就感的一两件事,并说说它给您的启示。

七、上进心与自信心

(1) 谈谈您求学经历中的成功事例及成功的因素。

(2) 说说您对成功的看法。

(3) 您认为自己有什么资格来胜任这份工作?

(4) 说说您未来3～5年的职业定位计划。

(5) 您如何看待学校的学习与工作中的学习的区别。

(6) 谈谈您最近的"充电"经历,并说说它对您的益处。

(7) 您怎样看待游戏中的输赢。

(8) 谈谈您认真追求过的一件事或一个人,并说说过程和结果。

(9) 有人说:满足感÷欲望=幸福或成功,即幸福是个人偏好的满足程度。举例来说,一个儿女满堂、子女孝敬的老人认为自己与李嘉诚有同样的成功感,您怎样理解?

八、责任感与归属意识

(1) 请描述一下您以往所就职公司中您认为最适合您自己的企业文化的特点。

(2) 您的下属未按期完成您所布置给他的任务,如果您的上司责怪下来,您认为这是谁的责任,为什么?

(3) 描述一下您对上司所布置任务的完成思路与过程。

(4) 当您所在的集体处于竞争劣势时,您有什么想法和行动?

(5) 往往跨组织的任务中,由于涉及过多成员,最后易形成"责任者缺位"现象,您如果身处其境,会是什么心态?

(6) 您每一次离职时有没有过失落感? 您跟过去就职过的公司的一两个上司或同事还有联系吗? 并说说他们目前的处境。

九、管理能力

(一) 领导与指挥

(1) 请问您在求学经历中参加过哪些社团组织或参加过哪些公益活动? 您在其中扮演什么角色?

(2) 课堂上您对老师的讲解有所疑惑时,您是采取何种方式去消除这种疑惑的?

(3) 在长途旅行的火车或飞机上,您不认识周围的人,大家都在沉默,您是如何去适应这种陌生环境的?

(4) 工作中您发现上司的管理方式有些不妥,并有了自己的想法,您此时如何去做?

(5) 您在以往的工作中是如何去约束下属的? 如何去调动他们积极性?

(6) 假如您是足球队队长,而队中有两名队员有些不和,他们都是主力队员,而此时有一场重要比赛,您如何去协调和处理?

(7) 您认为上司对下属做些什么更有利于他们的成长?

（二）计划与控制

(1) 您来面试的过程中有没有想过整个过程？说说您先前是如何打算应对这场面试的，包括各个阶段。

(2) 举个例子来说明一下您曾经做过的一个成功计划及实施过程。

(3) 假如您今天晚上有一场重要的约会，说说您打算怎么去应对？（可提示答案方向：是倾向于去了再随机应变，还是事先做好规划？）

(4) 工作中您发现自己的实施结果与事先计划出现较大的偏差，你将如何去行动？

(5) 您觉得自己的个性适合井然有序的工作环境？或者是其他任何形式的。

(6) 说说您对下属布置任务时在时间方面是如何要求的。

(7) 说说您在完成上司布置的任务时，在时间方面是如何要求自己的？

（三）决策

(1) 您在逛超市时，碰到了一件十分符合您审美意识的物品，尽管这件物品目前对您来说没有多大的实用价值，您此时会有什么行动？

(2) 假如您现在的月收入是 3000 元人民币，您在商场看上了一件非常符合您审美意识的西装，价格 2800 元人民币，您倾向于怎么做？

(3) 假如您目前的处境不算太好，而此时您一位十分要好的朋友跟您借相当于您财产 10%的钱且归还期较长，您会如何去做？

(4) 您在购买您所需要的一件重要物品时，是如何去实施的？

(5) 您对一个紧急决策项目收集了八成信息，下一步您倾向如何去做？

(6) 说说您是怎样理解决策方案中的“最优”与“更优”的关系的？它们对您的决策思想有怎样的影响？

（四）授权与激励

(1) 假如您是部门领导，请设想您在每半月一次的会议议程中该如何去部署会更好？（可提示回答方向：直奔主题，还是先给下属打气）

(2) 您跟您下属在一个月里的业余沟通的频率是多少？您目前有几个下属？（待回答完后，问）简单说说他们各自的优、缺点。

(3) 您以往在领导职位中，一个月内分别有哪些主要的工作任务？（可提示回答方向：开会、跨组织协调、日常事务管理、审核资料、策划方案、实施方案等）。它们占用您时间比例是怎样的，或者说各自的频率是怎样的？

(4) 当您发现您的下属目前士气较低沉时，您一般从哪些方面去调动？

(5) 说说您在以往领导职位中出现的管理失控的事例及事后的原因分析。

(6) 描述一个您在以往工作经历中出现的士气较低沉的情境，那时您的角色是怎样的？现在回想起来有何感触？

(7) 您的下属在一个专业的问题上跟您发生争执，您如何对待这种事件？

注：

(1) 本题库前 8 个提问项适合所有应试者，第 9 项适合中层以上管理人员。

(2) 本题库所涉及的每个提问项中至少要提一个问题，并对已提的问题在“□”打“√”。

(3) 结构化面试时间控制在 30～45 分钟。

(4) 结构化面试完毕后，若时间充足可进行非结构化面试(灵活提问)。

(5) 面试完毕后，一定要留出 5～15 分钟时间给面试考官提问。

附录三　重庆市外经贸委 2015 遴选公务员职位表[①]

<table>
<tr><th rowspan="2">用人处(室)或所属单位</th><th rowspan="2">机构属性</th><th rowspan="2">机构层级</th><th rowspan="2">职位名称</th><th rowspan="2">职位简介</th><th rowspan="2">遴选指标</th><th colspan="7">职位资格条件</th><th rowspan="2">是否组织职位业务水平测试</th><th rowspan="2">咨询电话</th><th rowspan="2">传真电话</th><th rowspan="2">备注</th></tr>
<tr><th>专业</th><th>学历学位</th><th>年龄</th><th>政治面貌</th><th>笔试比例</th><th>面试比例</th><th>是否试用</th></tr>
<tr><td rowspan="4">综合类处室</td><td rowspan="4">行政</td><td rowspan="4">市级机关</td><td rowspan="4">综合管理类职位</td><td rowspan="4">从事综合管理类相关工作</td><td>1</td><td>经济学类</td><td rowspan="4">本科学历并取得相应学位</td><td rowspan="4">30周岁及以下</td><td rowspan="4">不限</td><td rowspan="4">1∶3</td><td rowspan="4">1∶3</td><td rowspan="4">否</td><td rowspan="4">是</td><td rowspan="4">—</td><td rowspan="4">—</td><td rowspan="2">1. 加试：对外经济、贸易相关专业知识；2. 遴选职位为副主任科员及以下</td></tr>
<tr><td>1</td><td>金融学类</td></tr>
<tr><td>1</td><td>建筑类</td><td rowspan="2">1. 加试：对外经济、贸易相关专业知识；2. 遴选职位为副主任科员及以下</td></tr>
<tr><td>1</td><td>工商管理类</td></tr>
</table>

① 重庆市外经贸委 2015 遴选公务员职位表[EB/OL]. (2015-04-26). http://www.edu-hb.com/Html/201504/26/20150426174730.htm.

附录四　重庆市外经贸委 2015 年度公务员面试现场实录

第一回合

主考官:欢迎你来参加今天的外经贸委综合管理类职位的竞聘。请你用两三分钟的时间介绍一下自己的工作经历和到任后的打算。

考生 A:我今年××岁,毕业于天津理工学院,1994 年分配到环保部门工作,1996 年调到工业局任办公室主任,负责文秘工作至今。

我之所以参加竞聘,就是为了更好地发挥自己的作用。特别是我国加入世贸组织以后,许多问题都面临着挑战,而我喜欢在挑战中发挥自己的能力。对今后的打算我还没有考虑清楚,在此就不谈了。

考生 B:我 1985 年毕业于师范学校,1990 年调到县经贸委。对于任职后如何搞好经贸委的工作,我的设想是:第一,加大投资力度,采用多种手段,拓展引资领域;第二,开发新型产业,增加贸易项目;第三,狠抓农副产品的出口,并要和县里的“鲜菜园”工程结合起来;第四,为了早见成效,要加强对各种制度的具体落实,做到责任到人。这是我的初步设想,谢谢。

考生 C:我今年××岁。华东师大本科毕业,正在读研究生课程,现任乡党委副书记。师大毕业之后分配到乡中学教语文,当过 5 年班主任,所带班多次被评为先进班集体。能很好地完成教学任务,并在报刊上发表文章十多篇。1997 年调到县志办公室,现任科长,这期间我主要抓了以下几项工作,一是……(主考官插话:请不要展开说。)好,下面我说说我上任后的打算。第一点,要切实做好科技推广工作。做好这项工作的主要措施,一是领导带头抓,二是上下一起抓,三是下乡亲自抓。二是抓好典型,以典型引路。三是创造良好的环境,比如,副职跟上靠下,尽职而不越位,摆正关系,如……(主考官插话:请注意言语的简明扼要。)好。最后两条是……

第二回合

主考官:请问,假如你是外经贸委副主任,你喜欢什么样的下属?

考生 A:我喜欢有一定业务能力、能独当一面的下属。

考生 B:我喜欢的下属,一是要有较高的思想素质,不贪不占,作风正派,不搞斜的歪的。二是要有较高的业务素质,既能在职权范围内搞好本职工作,又能在关键时候做出正确的决定;既要有改革创新精神,又不莽撞行事。三是要坚持原则,敢于对不良现象进行批评,乃至对上级的错误决定提出不同意见。因为这样的下属才能使自己少犯和不犯错误,才能使工作有新的进展。

考生 C:我喜欢对工作有责任心的、能力强的、爱岗敬业的下属。当然,为人要实在,要与上级步调一致,不能越权,对事情不经请示不能擅自做主。当然也不是越听话越好,要基本做到指哪打哪。这样的下属让人放心。

第三回合

主考官:假如你有一位下属很有能力,但有一些小毛病,你将如何对待,用什么办法帮他改正?

考生 A:对下属的一些小毛病,比如工作马虎问题,我认为可以通过谈心解决。(主考

官:还有别的补充吗? 考生A:没有了)

考生B:我认为对很有能力又有些小毛病的下属,要用爱护的态度去帮助他改正毛病。其方法就是动之以情,晓之以理。比如,他上班爱迟到,我先要查清楚他迟到的原因,如果是家庭有实际困难,我就设法从解决他的困难入手,用真情感动他;如果是其他原因,就找他谈话指出迟到对工作的影响,并教给他避免迟到的措施,给他改正机会,之后,及时肯定他的进步。人不是无情物,我相信以真诚之心会使他改正小毛病。

考生C:首先你得承认,人无完人。(主考官:是的,我承认。)因此,对下属的小毛病,我们应该学会宽容。当然,对小毛病要具体情况具体分析,有些小毛病看起来小,也能造成大祸害。您说他有什么毛病呢?(主考官:我是问你,让你去分析设想。)那好,比如工作不勤快,我就先谈心,后警告,再不改就扣奖金、开除。

第四回合

主考官:天津有个餐饮名牌"狗不理",结果商标被日本一家公司抢注,还有不少类似的现象。请分析一下这是什么原因造成的。

考生A:该店之所以出现这种情况,主要是因为市场竞争引起的,要竞争就要抢注别人有名的商标。

考生B:让他人抢注了商标,我认为主要是对自己的商标权的保护意识不够,让别人钻了空子。商标是无形资产,它的使用权是有期限的,到时你不及时注册,别人就要抢注。因此,必须提高对知识产权的保护意识。

考生C:抢注商标属于盗窃行为,是违法的,对此现象应坚决打击、严肃处理。我们可告到法院,用法律追究这事。自己的东西不能让别人抢了去。(主考官笑了:打官司你准败诉,你的定位有问题,下面再思考思考吧。)

第五回合

主考官:这个问题较长,请注意听。假如你竞聘成功了,你上任后本来要处理两件事,一是接待外商,一是听取下属厂长的汇报。这时你的下属打电话来说他生病不能来上班了,原来安排好的上午由他接待上级一个检查团接待不了。这时你又接到一个电话,说一个企业的产品在出口时被海关查封了。请问,你将如何安排这些工作? 需要说明的是,你不一定都亲自去干。

考生A:与外商谈判我想找个有经验的人代替,把谈判的尺度告诉他;对海关查封产品这件事,我可打电话问一下什么原因,如果是手续问题可派别人去。

考生B:和外商谈判的方案不能变,要以信誉为重;听取厂长汇报可放一放,什么时候汇报另行通知;接待检查团的事可说明情况让他人接待;对海关的事必须打电话问清楚情况,然后,责成有关人员去解决,如需要的话,和外商谈判后我再亲自出马解决,延误时间会在经济上造成严重后果的。

考生C:我没听清楚问题,您能再说一遍吗?(考官重复一下所提问题。)如果我是外经贸委副主任,出现这种事后,我首先得向正主任汇报,让主任安排处理这些问题。(主考官:请注意,现在谈的是如果让你去办这些事,你怎么处理?)反正人不能分成两半,不能同时处理这些问题,我想我就轻重缓急地一样一样地处理。我最先安排的是谈判,谈判完事后大概也就是10点左右,然后接待检查团,上级来了人不能怠慢。11点处理海关问题,下午听取厂长汇报。我想这些我都能亲自处理好。

第四节
实验报告

实验报告

<table>
<tr><td>院系</td><td></td><td>专业</td><td></td></tr>
<tr><td>班级</td><td></td><td>姓名</td><td></td></tr>
<tr><td>实验教师</td><td></td><td>学号</td><td></td></tr>
<tr><td>成绩</td><td></td><td>日期</td><td></td></tr>
<tr><td>实验名称</td><td colspan="3"></td></tr>
<tr><td colspan="4">一、实验目的

二、实验原理

三、实验步骤

四、实验数据(如有则填)

五、实验结果

六、讨论分析(完成指定的思考题和作业题)

七、实验总结及改进实验建议(如有则填)

八、问题与困惑</td></tr>
<tr><td colspan="4">备注：</td></tr>
</table>

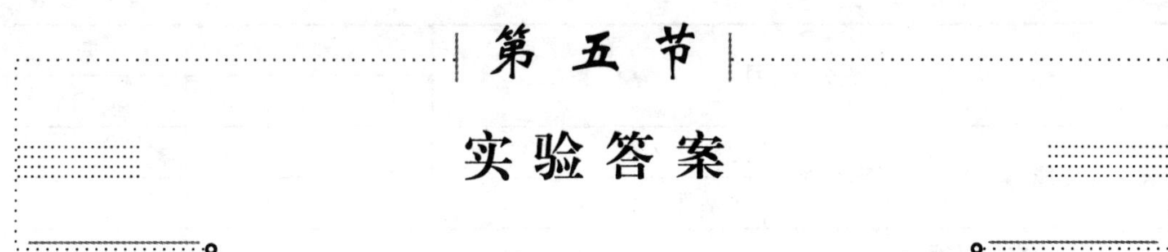

第五节 实验答案

（1）考虑到实验设计要求是群面，因此面试考场布置宜为下图形式。

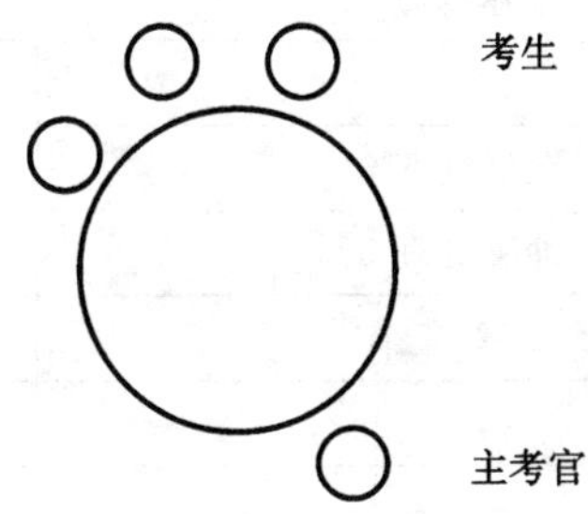

（2）面试形式：根据实验要求，此次面试选用结构化面试的形式，可以结合本章表6.2和表6.3的结构化面试评分表来设计测评要素及其权重、观察要点（即测评指标）、评分刻度等。

（3）结合重庆市外经贸委综合管理类职位的特点，面试测评可以重点围绕商品推广技巧、灵活应变能力、主动性、独立思考能力、人际关系能力、处理冲突能力等几个维度来设计评价指标，评分表可参考以下表格。

重庆市外经贸委综合管理类职位面试评分表

基本信息：

编号		姓名		年龄	
本考官职务		考官人数		本场主考官	

面试信息：（9分为最高，表现极佳；1分为最低，表现极差。请面试考官在适当位置画√）

评分项目		评分				
		9	7	5	3	1
基本条件（仪表、学历、经验等）10%	形象5%					
	职位要求5%					
专业知识15%	行业知识7%					
	市场知识8%					
推广技巧与能力15%	销售技巧7%					
	销售策略8%					

续表

<table>
<tr><th colspan="2" rowspan="2">评分项目</th><th colspan="5">评　分</th></tr>
<tr><th>9</th><th>7</th><th>5</th><th>3</th><th>1</th></tr>
<tr><td rowspan="2">灵活应变能力15%</td><td>原则性7%</td><td></td><td></td><td></td><td></td><td></td></tr>
<tr><td>灵活性8%</td><td></td><td></td><td></td><td></td><td></td></tr>
<tr><td colspan="2">主动性与独立思考能力5%</td><td></td><td></td><td></td><td></td><td></td></tr>
<tr><td rowspan="2">人际能力15%</td><td>包容性7%</td><td></td><td></td><td></td><td></td><td></td></tr>
<tr><td>人际能力8%</td><td></td><td></td><td></td><td></td><td></td></tr>
<tr><td colspan="2">独立工作能力10%</td><td></td><td></td><td></td><td></td><td></td></tr>
<tr><td rowspan="2">处理矛盾和冲突的能力10%</td><td>全局性5%</td><td></td><td></td><td></td><td></td><td></td></tr>
<tr><td>冲突处理5%</td><td></td><td></td><td></td><td></td><td></td></tr>
<tr><td colspan="2">建立合作关系的能力5%</td><td colspan="5"></td></tr>
<tr><td colspan="2">总评得分(将每项得分×相应权重)</td><td colspan="5"></td></tr>
<tr><td colspan="7">面试考官参考意见：</td></tr>
<tr><td colspan="7">面试考官签字：
日期：</td></tr>
</table>

CHAPTER7

第七章

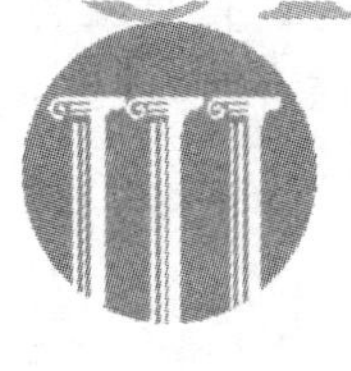

问卷调查法

第一节 基础理论

一、问卷调查法概述

（一）问卷调查法的定义

问卷调查法也称问卷法，它是调查者运用统一设计的问卷向被选取的调查对象了解情况或征询意见的调查方法。

问卷调查法具有以下五个基本特征。

(1) 问卷调查是标准化调查，即使用统一设计的、有一定结构的问卷进行。

(2) 问卷调查一般是间接调查，即调查者不与调查对象直接见面，而由调查对象自己填答问卷。

(3) 问卷调查一般是书面调查，即调查者以书面的形式提出问题，调查对象也运用书面形式回答问题。

(4) 问卷调查一般是抽样调查，即调查对象是通过抽样方法选取的，而且调查受众数量较多。

(5) 问卷调查一般是定量调查，调查的主要目的是通过样本统计量推断总体。

（二）问卷调查法的类型

按照问卷填答者的不同，问卷调查可分为自填式问卷调查和代填式问卷调查。其中，自填式问卷调查按照问卷传递方式的不同，又分为报刊问卷调查、邮政问卷调查和送发问卷调查；代填式问卷调查按照与调查对象交谈方式的不同，又分为访问问卷调查和电话问卷调查。

常见的问卷形式有两种。一种是给调查对象提供等级量表，如5分等级或7分等级的量表，让调查对象选择相应的分值；另外一种是提供开放式的问题，让调查对象写出自己的评价意见。有时，这两种类型也可以综合采用。问卷调查内容可以是与调查对象的工作情景或职位要求密切相关的，也可以是通用的综合性行为，或者二者的综合。

二、问卷调查法的优势与缺陷

（一）问卷调查法的优势

1. 科学性

一般而言，为了保证问卷的质量，问卷设计者或组织者要运用相关性分析、主成分分析、方差分析、因子分析等方法对问卷的信度和效度进行检验。同时，还要通过试测来调整问卷形式、内容、结构等，提高问卷问题的精准度，降低问卷信息噪音。此外，问卷的问题还可以通过技术处理，进行测谎筛选，以降低调查对象亲社会的迎合心理。

2. 经济性

因为问卷调查对于人才测评的场景要求并不高，所以实施成本较低。同时，问卷调查可以实现规模化调查和网络调查，一次性对多名甚至是成千上万名对象进行调查。

3. 可延展性

基于问卷调查内容的开放性，可以结合研究需要有意识地对一些可操作性变量进行概念化和操作化，获取定量数据，方便开展量化研究，以分析调查对象的价值观、心理、知识、能力等测评要素与工作绩效、组织认同、组织承诺、组织忠诚度等的相关关系，进而对调查对象与工作职位、组织、文化等的匹配度，以及对未来综合工作绩效进行预测。

（二）问卷调查法的劣势

1. 问卷设计要求高

因为问卷调查是事实调查、科学测评的基础，假如问卷设计得不科学，将“一损俱损”，浪费工作投入，更甚的是将带来错误的人才测评报告。因此，问卷的科学设计需要专业化的知识和技术，不单单要通晓相关业务，最好还要熟悉心理学、统计学等理论原理。

2. 问卷调查的稳定性不高

问卷调查的实施效果受到很多变量的影响，比如调查对象的填写心境、实施环境、操作步骤等的变化可能会影响问卷填写的质量、真实性等，同时问卷发放之后的回收数量和时间不太好控制，进而导致问卷调查的稳定性不高。

3. 问卷调查的刻板性

问卷调查有时会被诟病为“一张卷”考所有人，因为问卷一般都是统一的，这满足了经济、效率等要求，但是它很难针对不同的职位进行差异化设计。另外，一旦问卷确定并发放之后，所有的错误都“覆水难收”了，一般只能“将错就错”或者是重新再来。

三、问卷调查法的实施步骤

(一)问卷的设计

1. 问卷的一般结构

问卷一般由卷首语、问题与回答方式、编码和其他资料四个部分的内容组成。

卷首语是问卷调查的自我介绍信,其内容应该包括调查目的、意义和主要内容,选择调查对象的途径和方法,调查者的希望和要求,填写问卷的说明,回复问卷的方式和时间,调查的匿名和保密原则以及调查者的名称等。为了能够引起调查对象的重视和兴趣,争取他们的合作和支持,卷首语的语气要谦虚、诚恳、平易近人,文字要简明、通俗、有可读性。卷首语一般放在问卷第一页的上面,也可单独作为一封信放在问卷的前面。

问题与回答方式是问卷的主要组成部分,包括调查询问的问题、回答问题的方式以及对回答方式的指导和说明等。

编码就是把问卷中询问的问题和调查对象的回答,全部转变为A、B、C或a、b、c等代号或数字。

其他资料包括问卷名称、调查对象的地址或单位、调查者的姓名、调查开始的时间和结束的时间、调查完成情况、审核员的姓名和审核意见等。

自填式问卷需要加上一个结束语,可以是简短的几句话,如对调查对象的合作表示感谢;也可以稍长一些,顺便征询一下调查对象对问卷设计和问卷调查的看法。

2. 问题种类、结构和设计原则

问卷调查所要询问的问题是问卷的主要内容。设计问卷,必须清楚问题的种类、问题的结构和设计问题的原则。

问题种类是指问卷中要询问的问题,大体分为四类。

第一类:背景性问题,主要是调查对象个人的基本情况,这是对问卷进行分析研究的重要依据。

第二类:客观性问题,是指已经发生和正在发生的各种事实和行为。

第三类:主观性问题,是指人们的思想、感情、态度、愿望等一切世界观方面的问题。

第四类:检验性问题,是为检验调查对象的回答是否真实、准确而设计的问题,这类问题一般安排在问卷的不同位置,通过互相检验来判断回答的真实性和准确性。

在这四类问题中,背景性问题是任何问卷都不可缺少的,因为背景情况是对调查对象分类和不同类型调查对象进行对比研究的重要依据。

问题结构是指各类问题的排列组合方式,这个是问卷设计中的一个重要方面。为了便于调查对象回答问题,同时也便于调查者对资料的整理和分析,设计的问题一般可采取以下四种方式排列。

①按问题的性质或类别排列,避免把不同性质或类别的问题混杂在一起。

②按问题的复杂程度或难易程度排列。一般来说,应该先易后难,由浅入深,先排列客观事实方面的问题,后排列主观状况方面的问题;先排一般性质的问题,后排特殊性质的问题,尤其是敏感性强的问题,更应安排在问卷的后面。

③按问题的时间顺序排列。一般来说，应该按调查对象的过去、现在、将来的历史顺序来排列问题。无论是由远到近，还是由近到远，问题的排列在时间顺序上都应该有连续性、渐进性，而不应该来回跳跃，打乱调查对象回答问题的思路。

④问题的排列要有逻辑性。在特殊情况下，也不排除对某些问题做非逻辑安排。检验性问题也应分别设计在问卷的不同部位，否则就难以起到检验作用。

问卷的问题设计要有利于提高问卷回复率、有效率，设计问题时应遵循以下原则。

①客观性原则，即设计的问题必须符合客观实际，特别要围绕职位分析的结果，测量调查对象的素质、行为特征等。问卷中测评问题描述的行为应该与职位要求、组织的价值观、组织对员工的期望等相符。

②必要性原则，即必须围绕调查目的来设计必要的问题。设计的问题数量过少、过于简略，无法满足调查所需；数量过多、过于繁杂，不仅会大大增加工作量和调查成本，而且会降低问卷的回复率和有效率，也不利于正确说明所要调查的问题。

③可能性原则，即必须符合调查对象是否自愿真实地回答问题的原则。凡调查对象不可能真实回答的问题，都不应该正面提出。

④专业性原则，即问题的设计应由组织内部专业人员或外派专家进行设计；在问卷设计之初要对调查对象进行访谈，查看职位档案记录等，并仔细研究目标职位的职位说明书、组织发展方向、战略等。

3. 问卷的效标验证法

问卷的验证实际上是为了保证调查问卷的科学性。一般是由试测人员填答问卷，将此问卷的测评结果与已知的效度数据进行比对，再编制问卷进行修订，以达到结果的一致性。如前文所示，一般还会采用相关性分析、主成分分析、方差分析、因子分析等方法对问卷的信度和效度进行验证，并帮助调整问卷内容。

（二）问卷的发放和回收

(1) 印制　问卷定稿之后，就要结合需要进行纸质版的印制或网络媒体版的设计。

(2) 发放　问卷的发放有很多种方式。集中填写，召集调查对象集中到某一地点，在专业人员的指导下进行统一填写，这种方法效率高，效果好，但是召集成本大；分散填写，一般可以将纸质版问卷或电子版问卷分别发送给调查对象，让其在规定时间内填写完毕并上交、回发至指定路径。传统的邮寄问卷的形式基本被信息化的调查问卷所取代，所以现代部门或组织中采用分散填写，一般会借助网络平台、微信平台发布在线版问卷调查，一方面方便发放回收，另一方面后台还有自动数据录入功能，节约了数据录入的时间成本。

(3) 回收　理想状态之下，问卷回收应该在预期的时间限制内，按照需要的数量进行回收。回收的同时，做好检查以及编码等工作。对于残缺问卷，考虑运用取中位数的方法补齐缺省值或者直接筛除。

(4) 录入和分析　问卷的录入是保证问卷分析效果的关键环节，应注意录入信息的细节，并且利用抽查等办法核查信息录入的准确性。结合录入的信息，就可以根据问卷调查的目标和科学方法展开统计分析研究了。

四、问卷调查法在公共部门的适用性

美国联邦政府自2002年开始，每两年就要对联邦政府的所有文官连续开展长达几十页、涉及几千个问题的问卷调查，每年回收随机反馈的十几万份问卷，以全面调查文官的工作价值观、工作承诺、工作动机、工作绩效、离职倾向、工作满意度等变量，并全面开放问卷量表和数据库，以供理论部门和实践部门进行研究，以启示美国联邦政府的人事管理政策、手段。总的来讲，问卷调查法对公共部门而言具有特别重大的效用。

首先，对于各个国家浩瀚的公职部门而言，无论来自何种职业类别和职业层级，职位自带的自然属性"公共性"，已然让所有公共部门的从业人员共同拥有了"公共性"的烙印。特别是对于基层的从业人员，其职位要求和胜任力模型更偏向于通用型的知识和技能，因此比较适合进行问卷调查。

其次，问卷调查法在公共部门的人力资源管理中，可以广泛应用于人员的选录、晋升、培训、职位分析、胜任力模型建构等，以及个人、组织或个人-组织的各种现存心理、认知、行为、动机的具体表现和未来的目标设定等，可以说适用范围广阔，且生命力旺盛。

具体而言，公共部门可以结合目标职位说明书中涉及的任职资格及职位职责（或者是胜任力模型），有针对性地设计出与目标职位相匹配的甄选问卷、培训需求调查问卷、工作分析调查问卷、胜任力关键行为事件调查问卷、360度或非360度行为调查问卷等等，相关问卷范例请见本章最后的附录。同时，结合相关的管理心理学、组织行为学领域的相关量表，设计出各种心理行为量表式问卷，帮助个人了解自己的各方面状况，帮助组织掌握员工及组织的各方面情况和面貌。相关量表推荐查阅专业的工具书，比如李超平等主编的《管理研究量表手册》。[①]

然而，问卷调查这种具有强大功能的方法，在我国公共部门运用得并不充分，主要体现在公共部门很少牵头组织进行这类问卷调查，并很少利用这些数据指导现实的人事工作；部分研究机构组织的学术调查问卷回收率不高，并且基于回收数据而产出的研究发现和研究结果对实务部门的人事改革和举措创新产生的影响非常有限。因而，未来应该依靠专业化的人力资源管理团队和咨询外包等形式，重视这一有效的调查方法，并加强这种方法的使用范围和深度，一方面，帮助提高公共部门人事管理的针对性和科学性，并且运用现代化的手段，实现对人力资源的动态追踪和打造人力资源数据库；另一方面，帮助实现公共部门人事管理的革新，从传统的自上而下的经验式管理过渡到以尊重员工为中心的自下而上的管理，体现现代人事管理的理念，实现我国公共部门人力资源管理的现代化。

---

① 李超平，王桢，毛凯贤.管理研究量表手册[M].北京：中国人民大学出版社，2016.

第二节 实验设计

一、实验目的

通过对某高校辅导员职位招聘公告的分析，设计出符合职位特征及招聘要求的选录调查问卷。熟悉并了解调查问卷的编制技术；能掌握调查问卷编制的基本原则，并对调查问卷的问题类型、问题的表达语言、问题长度与匹配度等细节进行有效的思考和设计。

二、实验条件和环境

1. 仪器和材料

（1）电脑。

（2）打印机。

（3）相关量表工具书（见李超平，王桢，毛凯贤主编《管理研究量表手册》）。

2. 实验条件及准备

（1）实验室或机房。

（2）适合讨论的讨论室。

三、实验组织方法及步骤

（1）由教师系统讲授问卷调查法，并结合附录一和附录二的相关示例提示问卷的设计原则及细节要求（约 0.5 小时）。

（2）按照一般团队要求，组建实验训练小组，3～5 人为一组。

（3）指导教师要求各小组围绕附录一的招聘公告展开讨论，利用工具书或网络资源查询，寻求有效的参考信息，梳理出问卷调查的计划书，包括以下基本步骤：如何进行调查问卷设计的准备工作；如何设计问卷的结构、内容、容量、调查形式等；如何检验、调整问卷；采用什么形式进行问卷调查（线上、线下）。

（4）设计出该高校辅导员遴选的调查问卷，应包括：卷首指导语、问卷结构、问题类型、问题设定、题干设定等。同时，尝试将该调查问卷呈现出来，比如用打印机打印出来，或者是发布在开放的问卷调查网站。

（5）各个小组尝试将问卷调查计划和调查问卷进行展示，相互点评、修正，最终合成出一份“高校辅导员遴选调查问卷”。各个小组还可以对该调查问卷进行模拟试测，以调整问卷或者进行数据的统计分析。

（6）指导老师对实验中各小组的表现进行点评和总结。

（7）个人总结并编撰实训报告。

四、实验成绩

序号	实验要求	分值
(1)	熟悉问卷调查法的实际操作和适用功能等基本原理	20
(2)	能够根据职位要求选择合适的问卷类型，并设计有效的问卷指导语、问题，以及问卷结构	50
(3)	了解问卷调查的呈现形式及发布渠道，能掌握其适用性并进行有效的选择	10
(4)	能对调查问卷的检验等步骤以及调查问卷设计的关键细节进行思考和把握	20

五、思考题

(1) 问卷调查法在公共部门是否常用？为什么？

(2) 如何通过实施条件、环境、过程等的设定提高问卷调查的稳定性和有效性？

(3) 调查问卷的设计人员应该具备什么样的基础知识或能力？

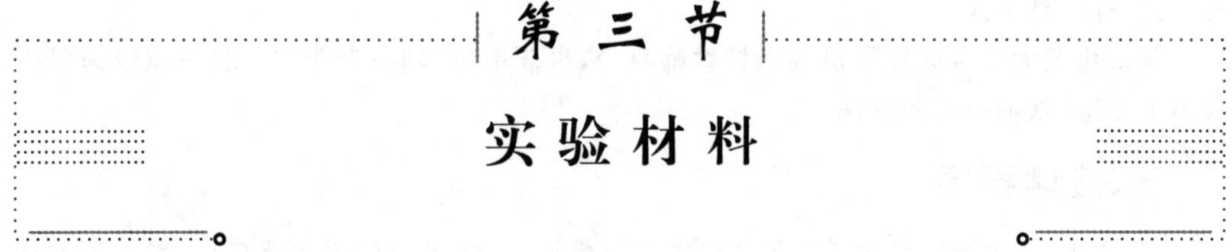

第三节　实验材料

附录一　北京化工大学2016年专职辅导员招聘公告①

北京化工大学高度重视大学生思想政治教育与管理工作，现有一支专兼结合、精干高效的辅导员队伍。根据学生工作体系，规划了辅导员“十二条专业化发展路径”，并成立了十二个辅导员专业化分类发展培养团队，积极开展辅导员专业核心能力提升工程。专职辅导员实行专业技术职务职位单列（思想政治工作型）。学校辅导员队伍建设成果曾被教育部加强和改进大学生思想政治教育工作简报专题报道，并获得北京市高校党建和思政教育优秀成果一等奖和创新成果奖。为进一步适应创新人才培养需要，构建一支专业化、专家化的辅导员队伍，不断提高学生工作水平，学校现决定面向社会公开招聘本科生专职辅导员，具体事宜如下：

一、招聘条件

(1) 应聘人员需具备硕士及以上学历，获得博士学位者优先；应届毕业生需确保入职前获得相应学位。

---

① 北京化工大学2016年专职辅导员招聘公告[EB/OL]. 2016-04-25. http://www.gaoxiaojob.com/zhaopin/fudaoyuan/20160425/191984.html.

(2) 中共党员,思想政治素质高,具有马克思主义理论基础,坚持正确的政治方向,自觉贯彻执行党的路线、方针、政策。

(3) 所学专业为马克思主义理论、思想政治教育、心理学、教育学等及我校各学院相关专业,学习成绩优秀,原则上需要英语通过国家英语六级或六级 425 分及以上。

(4) 综合素质较高,有高等教育阶段校、院主要学生工作经历,具有较强的组织管理能力、语言和文字表达能力。

(5) 具备学生思想政治教育的基本专业知识和技能,热爱学生思想政治教育和管理工作,为人师表,有较强的责任心和奉献精神,较强的团队意识、创新能力、心理素质、事业心,有志于长期从事学生工作。

(6) 具有兼职辅导员经历或者拥有心理咨询、就业指导等专业资格证书者优先。

(7) 年龄条件应满足:非北京生源应届硕士 27 周岁以下(生于 1989 年 1 月 1 日之后),非北京生源应届博士 35 周岁以下(生于 1981 年 1 月 1 日之后)。

二、工作岗位

专职从事本科生辅导员工作,工作地点为北京化工大学东校区(朝阳区)和北京化工大学北校区(昌平区)。

北京化工大学专职辅导员为高校教师身份,事业单位编制;专业技术职务职位为思想政治工作型,教师系列职务岗位。

三、应聘程序

(1) 应聘者需要填写我校提供的标准简历模板(需按照附件格式填写)通过电子邮件发送至邮箱××××,邮件主题及附件名称注明:应聘辅导员+学校名称-学历-姓名-专业名-手机号码-高校人才网。具有北京户口的请单独注明。

(2) 学校对应聘者简历进行初选后确定进入下一轮考核名单并通过电话方式通知。

(3) 学校校验证书原件后组织笔试、心理和素质能力测试、面试、公示等环节,本着坚持公开、公平、公正原则,最终审批确定录用专职辅导员人员名单。

附录二 北京化工大学专职辅导员应聘陈述简表

<table>
<tr><td rowspan="6">基本信息</td><td>姓名</td><td></td><td>性别</td><td></td><td>出生年月</td><td></td><td rowspan="5">照片</td></tr>
<tr><td>政治面貌</td><td></td><td>民族</td><td></td><td>籍贯</td><td></td></tr>
<tr><td>婚姻状况</td><td></td><td colspan="2">户籍所在地/生源地</td><td colspan="2"></td></tr>
<tr><td>毕业院校</td><td></td><td colspan="2">最高学历/学位</td><td colspan="2"></td></tr>
<tr><td>外语成绩</td><td></td><td colspan="2">身高/体重</td><td colspan="2">cm kg</td></tr>
<tr><td>人员类别</td><td colspan="6">☐应届毕业生
☐社会在职人员(现工作单位及职务:)</td></tr>
<tr><td></td><td colspan="2">学科专业(一级学科、二级学科)</td><td colspan="2">一级:</td><td colspan="3">二级:</td></tr>
<tr><td></td><td>特长</td><td colspan="6"></td></tr>
</table>

续表

<table>
<tr><td rowspan="2">联系方式</td><td>联系电话</td><td></td><td>联系邮箱</td><td></td></tr>
<tr><td>联系地址</td><td colspan="3">地址：　　　　　　　　　　　　邮编：</td></tr>
<tr><td rowspan="4">个人经历</td><td>教育经历</td><td colspan="3">自本科开始(起止时间、毕业院校、所学专业、所获学位),并注明指导教师</td></tr>
<tr><td>学生干部经历</td><td colspan="3">自本科开始(任职时间、职务),并注明指导教师</td></tr>
<tr><td>工作经历</td><td colspan="3">在每段工作后注明职务和证明人。证明人是指熟悉本人的同事或单位负责人</td></tr>
<tr><td>独立策划或组织活动情况</td><td colspan="3"></td></tr>
<tr><td colspan="2">主要研究领域及研究内容</td><td colspan="3">简要概述本人的主要研究领域(限 3 项)及本人的主要研究内容</td></tr>
<tr><td colspan="2">发表论文或作品情况</td><td colspan="3">1. 需要列出论文的全部作者、论文题目、期刊名、卷号及页码,并标明影响因子,他引次数
2. 尽量先列出本人为第一作者及通讯作者的论文(按照时间从近到远顺序),后列出其他论文(按照时间从近到远顺序)</td></tr>
<tr><td colspan="2">参与科研项目</td><td colspan="3">需要列出项目名称、起止日期、项目来源、项目负责人等信息及本人在项目中的作用</td></tr>
<tr><td colspan="2">获得或申请专利</td><td colspan="3">需要列出专利的所有发明人、名称、专利号(或申请号)、目前状态</td></tr>
</table>

续表

获奖情况	需要列出获奖时间、奖项名称、奖励等级(全国/省/市/校)
本学科领域专家推荐	本人导师或本领域专家推荐信(注明推荐人姓名、职务、单位、有效联系方式),推荐信另附
工作设想	简述本人任职后工作目标、拟承担的主要工作任务
自我评价	
备注	其他说明

本人承诺:对上述所填写内容的客观真实性负责。

申请人:

时　间:

第四节
实验报告

实验报告

院系		专业	
班级		姓名	
实验教师		学号	
成绩		日期	
实验名称			

一、实验目的

二、实验原理

三、实验步骤

四、实验数据(如有则填)

五、实验结果

六、讨论分析(完成指定的思考题和作业题)

七、实验总结及改进实验建议(如有则填)

八、问题与困惑

备注:

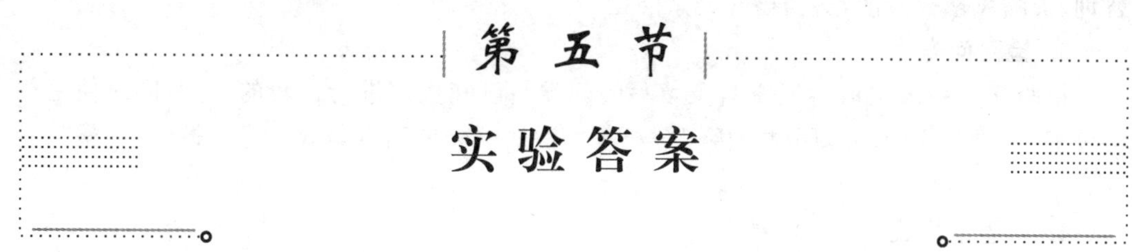

第五节 实验答案

一、问卷的设计原则

1. 客观性原则

本次问卷的设计要基于高校专职辅导员的职业特点，问卷中涉及的测评项目要与高校辅导员的职位要求、素质能力、组织要求相符合。

2. 必要性原则

本次问卷应针对高校专职辅导员这一职业特点，专注于设计符合其职位要求的必要问题，尤其是学生工作相关问题，增强问卷调查的信度与效度，同时削减冗余问题，提高问卷调查质量，节省人力、物力并提高问卷的回复率。

3. 可能性原则

在调查涉及高校辅导员的具体工作事项或隐私问题时，要充分考虑调查对象是否自愿且真实地回答这类问题，应采取更加委婉的方式设计问题。

4. 专业性原则

在设计本次问卷时，应当邀请从事高校辅导员的专业人员或是研究高校辅导员制度的专业学者参与，确保问卷调查的专业性，提升问卷调查的科学性与严谨性。

二、问卷调查的计划书

1. 准备工作

(1) 准备仪器和材料，包括电脑、打印机、相关量表工具书等。

(2) 确定调查环境，使用实验室或机房能够提高问卷调查效率。

(3) 确定调查对象，充分搜集调查对象群体的相关资料。

(4) 讨论问卷设计初稿，拟定核心问题。

2. 设计问卷

(1) 问卷的结构。注重调查问卷各个问题的排列组合方式，通常使用先易后难、先客观后主观的模式。

(2) 问卷的内容。根据问卷的设计原则，提出核心问题，并且适当增加检验性问题。在问卷内容的制定过程中，要与调查对象相关人员或专业学者进行讨论，确保问卷内容科学合理，提升问卷总体信度与效度。

(3) 问卷的容量。在设计问卷的过程中，要控制好调查问卷的容量，问题不能过少，否则无法满足调查需求；问题也不能过多，否则会增加成本，同时会降低问卷回复率。如若问卷容量较小，可访谈调查对象群体代表，拓宽思路；如若问卷容量较大，则可采用专家咨询、头脑风暴等方法，适当剔除冗余问题。

3. 检验问卷

检验问卷一般采取将调查对象填写的问卷与已知数据进行比较的方法，同时使用相关分析、主成分分析、方差分析、因子分析等方法对问卷的信度与效度进行检验，调整问卷内容。

4. 问卷的形式

针对高校辅导员这类调查群体，问卷的发放形式可以采取线上与线下相结合的形式，将问卷扩展至更大范围，提升数据的可信度。

第八章 CHAPTER8

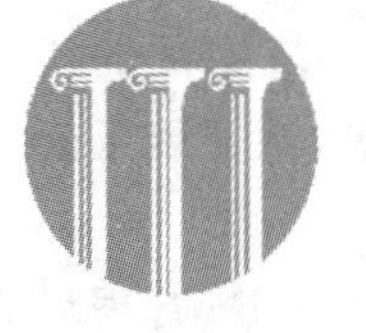

公文筐测试法

公文筐测试，又叫文件筐测验、篮中训练法（In-basket，简称 IB），是评价中心使用最多、最重要的测评手段，可用于评价候选人是否具备特定职位所需要的胜任力，是一项对员工甄选和培训非常有意义的管理技术。在这种测评活动中，主考官会向应试者提供一些根据与职位相关的各种典型问题设计的、经常需要处理的文件和重要大事。由于给出的文件资料通常都是放在公文筐中的，所以就称为公文筐测试。最简单意义上的理解，公文筐就是“一大堆待处理公文的累积”，这些“待办事项或公文”则处于具体背景中。通过应试者模拟管理者的身份，在规定条件下处理各类材料的行为表现或书面作答，来评价其制订计划、组织安排工作、判断预测、分析控制、决策，以及沟通合作的能力。[①]

第一节 理论基础

公文筐测试是现代社会应用较广且较为有效的一种情景模拟测试，是对实际工作中管理人员掌握和分析资料、处理各种信息，以及做出决策的工作活动能力、内隐知识能力等的综合测评。公文筐测试兼备了情景模拟技术和传统纸笔测验的优点，被越来越广泛地应用于中、高级领导干部和管理人员的招聘选拔中。本节主要就公文筐测试的概况、主要功能、优缺点、实施过程，以及在公共部门的适用性等作详细介绍。

① 王莉.公文筐测验在公务员测评中的应用[M].商业文化，2011(10)：311-312.

一、公文筐测试概述

(一) 定义

公文筐测试是评价候选人能否胜任特定管理岗位的常用情景模拟技术(situational exercises)之一。公文筐测试作为一种重要的心理测量工具,迄今为止已经有六十余年的研究和应用历史。1957 年,Fredriksen,Saunders 和 Wand 开展的有关公文筐测试的研究,引起了学者们的广泛关注。此后,许多国际知名的公司如 GE、AT&T 等,都开展了公文筐测试的研究和应用。[①]

公文筐测试一般在假定情景下实施,该情景模拟一个组织所发生的实际业务、管理环境,根据目标职位在实际工作中将会遇到的典型事件、棘手问题等,通过结构化设计,以请示、汇报、通知、备忘录、信函、报表、来电记录等书面形式呈现,提供给应试者的材料包括财务、人事备忘录、市场信息、政府的法令公文、客户关系等。这些材料通常是放在公文筐中的,公文筐测试因此而得名。测试要求应试者以管理者的身份,模拟真实工作情景中的想法和行为习惯,在规定条件下(通常是较紧迫困难的条件,如时间与信息有限、孤立无援等)对各类公文材料进行处理,形成公文处理报告。处理完毕后,一般还要求应试者填写行为理由问卷,说明处理的理由、原则或依据,对于不清楚的地方或想深入了解应试者时,主考官还可以与应试者进行深入面谈,以澄清模糊之处。通过观察应试者在规定条件下处理公文过程中的行为表现以及分析被试者的处理理由说明,评估其计划、组织、授权、决策和解决问题能力等多方面的管理潜质。

(二) 起源

第二次世界大战期间,美国情报机构在向纳粹德国派遣敌后情报员的过程中,使用情景模拟法物色可靠人选,结果大获成功。情报机构的这一“发明”刺激了商界精英的管理灵感,20 世纪五六十年代,美国电报电话公司率先将该创意由“军用”转为“民用”,先后为该企业 400 多名经理人进行了别具一格的、以工作情景模拟为核心的测试。该测试重点评估管理人员的知识、技能、价值观和职业追求,同样获得了轰动性的效果,这其中就包括被称为“管理者实战演习”的公文筐测试。

在美国,该测试目前已被 1000 多家知名企业采用,除美国电报电话公司外,福特汽车、通用电气等诸多大型企业集团均将公文筐测试作为企业管理人员选拔、测评的重要手段。据统计,在欧美发达国家和日本广泛使用的评价中心技术中,公文筐测试被认为是评价中心中应用最广且最为有效的一种测评形式,它在评价中心技术中使用的频率最高,达到 81%。

公文筐测试的效度和信度极高,且操作方便,在以往的几十年中已为各国企业的人才招聘选拔、考核和管理人员培训、需求分析立下了汗马功劳。近几年来,公文筐测试在国内被越来越广泛地应用于领导干部和管理人员招聘选拔,在组织管理中的价值和作用也

---

① 徐晓锋,车宏生. 对文件筐测验(I-B)在选拔高层经理人员中的实证研究[J]. 心理科学,2004(5):1230-1232.

逐步得到中国管理理论界及企业界人士的高度重视。

（三）现代发展

随着无纸办公的实现，电子沟通技能变得越发重要，因此传统的公文筐测试也演绎出了一些电子化手段。比如，Barclay 和 York 尝试运用了一种新的 Email 公文筐测试来反映应试者的电子沟通能力。① 肖翔与王重鸣曾经在研究中提到了电子化公文筐测试的实践案例，案例首先要求测评者提供角色/案例描述和组织结构图，然后安排由 20 个 Email 构成的测试项目进行测试，最后通过评分表给出测评分数。②

二、主要功能

1. 能力测评功能

鉴于公文筐测试有较高的开发和使用成本，且适合评价指标的特点，目前它主要应用于中高层管理人员的评价。由于它可以将管理情景中可能遇到的各种典型问题抽取出来，以书面的形式让应试者处理，所以它可以考查应试者多方面的管理能力，特别是计划能力、决策能力、分析和判断问题的能力、给下属布置工作并进行指导和监督的能力等。相对而言，人际沟通、团队合作等能力指标，不太适宜采用这种形式进行考查。

（1）与事有关的能力。

公文筐测试的各种公文会涉及组织中的各种事件，应试者搜集和利用信息的能力（洞察力）会首先体现出来。另外，有的事情需要应试者做出分析、综合、判断（分析判断能力），有的事情需要做出决策（决策能力），有的事情需要组织、计划和协调（计划能力、组织协调能力），有的时候还需要分派任务（授权能力），而且在纷繁复杂的事情中需要分清轻重缓急等，这些能力都可以在公文处理中得到反映。同时，由于与其他测评方法相比，公文筐测试提供给应试者的测试材料及作答方式都是以书面形式呈现的，所以还能有效地考查应试者的写作能力。

（2）与人有关的能力。

在公文中会提到各种各样的人物以及他们之间的关系，好的公文筐测试会把人物的特点勾勒得淋漓尽致。应试者除了处理公文中的事情之外，还需要对与公文有关的人物非常敏感，因为很多情况下，事情处理得是否得当，取决于当事人是否能够正确理解他人的意图、愿望和人物之间的关系。

2. 实践应用功能

公文处理的模拟操作在实践应用中有以下功能。

（1）选拔功能。

在选拔领域中，公文筐测试是评价应试者能否胜任特定管理岗位的常用情景模拟技术之一。它将实际工作情景中可能遇到的各种问题设计成一系列的公文材料，让应试者

---

① BARCLAY L A，YORK K M. Electronic communication skills in the classroom：An e-mail in-basket exercise [J]. Journal of Education for Business，1999，74(4)：249-253.

② 肖翔，王重鸣. 电子化人事测评研究现状[J]. 人类工效学，2004(2)：35-37.

在规定时间内将这些问题处理完，并形成公文处理报告。测评者通过观察应试者在规定条件下处理事务的行为表现和书面作答，评估其计划、组织、预测、决策和沟通能力。与通常的纸笔测验相比，公文筐测试显得生动、不呆板，测试的是应试者实际解决问题的能力。

(2) 培训功能。

公文筐测试不仅是一种选拔方法，而且也是一种培训技术，可用于培训、提高管理人员的管理技巧，解决组织内部的人际冲突与摩擦，为人力资源规划和组织设计提供信息。

组织人事部门可以对应试者进行典型事件的模拟操作，观察下一步进修培训的重点内容，它既是一个素质测评过程，又是一个应试者在模拟工作中自我学习、自我提高的训练过程。

3. 理论研究功能

公文筐测试还广泛应用于培训以及工作满意度、绩效评估、组织公民行为、决策、压力管理、组织气氛等管理心理学诸多领域的研究。①

三、公文筐测试的优点和缺点

（一）优点

1. 灵活动态

公文筐测试兼具了情景模拟技术和传统纸笔测验的优点，可以因不同的工作特性和面临的难题、困境，以及所要评估的能力而设计和编制题目。在测试中，应试者作答的自由度很高，主动发挥的空间很大，因为应试者面对的不是封闭性的问题，而是可以灵活处理的各种开放性问题。

2. 实战仿真

公文筐测试的所有题目均来自管理工作的实践，是基于中高级管理人员的特点而设计的，它自然也更符合中高级管理者的职位特点、职责内涵。同时，公文筐测试力求模拟目标职位在现实中真实发生的管理情景，让应试者扮演目标职位管理者的角色，对解决实际问题具有高度价值意义。

3. 公平客观

作为一种情景测试，公文筐测试把应试者置于模拟的工作情景中去完成任务，可以对每个参加测试的个体行为进行直接观察，与结构化面试、无领导小组讨论等其他测评方法相比，它提供给应试者的背景信息和测验材料，以及应试者的作答都是以书面形式的。这一方面考虑到了应试者在日常工作中接触和处理大量文件的实际需要，另一方面也是为了统一操作和控制，给每个应试者提供相同的条件和机会。因此公文筐测试比较公平，不会因为情景的不同或者小组成员的差异等因素而影响测评结果。

4. 综合多用

公文筐测试是一套公文的组合，可以同时从多个维度评价一个人的管理能力，这些能力是知识、经验和智力相互作用和整合的结果，具有综合性。测验材料涉及日常管理、人

① 马欣川. 人才测评：基于胜任力的探索[M]. 北京：北京邮电大学出版社，2008.

事、财务、市场、公共关系、政策法规等各项工作，从而能够对应试者的管理能力进行全面测评。同时，公文筐测试还可用于考核和培训，能够有效提高管理者的管理技巧。

（二）缺点

1. 成本高昂

企业在决定使用公文筐测试前，应当分析以下因素。成本因素：公文筐测试的题目设计、评分标准确定，需要投入相当大的人力、物力和财力，只有通过深入的研究与筛选，才能保证较高的效度，因此精力、时间和费用花费较多。从企业成本控制的角度分析，公文筐测试适用于担负重大职责的战略性关键职位，一般为中高级管理职位，而用于基层管理者则可能得不偿失。

2. 评分难度大

首先，公文筐测试的评分因成本高等原因存在先天缺陷。其次，由于不同的组织具有不同的机构、氛围和管理观念，公文处理结果的评价往往受多种因素的影响。最后，在公文筐测试的评分过程中，由于专业人员和实际工作者内外因素的差异，导致评价标准一般不会相同。因此，公文筐测试的信度与效度需要依靠经验丰富的专业人员。

3. 某些能力较难测评

因为公文筐测试兼具了笔试的方法，每个应试者单独在答题纸上作答，缺少应试者与测评者以及应试者之间的互动，因而人际沟通能力的评价在公文筐测试中较难体现。

四、公文筐测试的实施过程

（一）公文筐测试的编制

1. 公文筐测试编制的原则

公文筐测试在编制时一定要坚持系统性原则、全面性原则、重要性原则及标准化原则。

(1) 系统性原则，公文筐测试中所包含的所有文件不是孤立存在的，而是一个系统，彼此相互联系。

(2) 全面性原则，公文筐测试中的文件要确保在内容和形式上完整。内容上的全面性是指工作中所涉及的文件都应当包括。形式上的全面性是指报告、指示、函件、制度等都要占到一定比例。

(3) 重要性原则，讲求全面性的同时不能忽视了重要性原则，不能仅仅为了将工作中的所有文件都纳入公文筐中，而忽略了工作重点。

(4) 标准化原则，指公文筐测试的编制要有一个标准化的程序。

2. 公文筐测试编制时注意事项

编制公文筐测试题目，要求题目须源于实际，测验文件应来自拟招聘职位日常工作中需要处理的各类文件；题目难度适中，不能超过实际工作太多，也不能设置得过于简单而失去测试的意义；注意对测验文件的保密，不应将公司秘密泄露出去。

为了保证公文筐测试与实际工作情景高度相似，公文筐里的素材必须从一线管理部门收集,不能凭空杜撰。收集素材的主要方法是关键事件法,即请一批优秀的任职者及其上级对职位工作中的关键事件进行回忆,关键事件应该能体现职位的特点、难点,具有一定的挑战性,同时最好由任职者提供至少一种解决办法。为了针对拟测要素收集素材,测试题编制人员可以事先告诉他们拟测评的要素及操作性定义,以挑选合适的文件。

素材的收集要注意文件的全面性。从内容上看,应包括指示性文件、知会性文件、报请性文件、记录性文件、法规性文件等。从形式上看,应包括书面报告、电话录音、电子邮件、各类信函等。从事件类型上看,应包括处理下属提出的各种问题、回复各种商业信函、分派任务、调解各种冲突与矛盾、客户谈判、会议、讲座等。

素材收集结束后要进行筛选。第一步,要对素材进行筛选,剔除那些不能反映拟测要素或过于累赘、烦琐的不符合要求的文件。第二步,对剩余文件进行分门归类。具体做法是,先给每个文件编号,同时对拟测要素也进行编号,然后将素材与拟测要素对应起来,确定素材能够测评的要素。

文件编制还应注意以下几点。

第一,文件要有典型性。文件中的事件应该是实际工作岗位中最典型、最常见的事件。文件要反映实际工作中的典型任务,在文件编制时可以把实际工作中发生的多个事件进行典型化处理,使之成为一个典型事件。

第二,文件的主题突出。一般来说,一个文件会涉及事件的多个方面,但编制文件时通常是使用一个文件重点考查应试者某一方面的能力,文件的设计应以拟测要素为核心,一个文件应以一个事件为轴心。如将考查应试者的组织协调能力的文件作为文件一,将考查应试者的洞察能力的文件作为文件二,将考查应试者的决策能力的文件作为文件三。

第三,把握文件的难度。文件的难度太高,会使测试分数都很低;题目太容易,又会出现“天花板效应”,使测试分数都很高。测试难度可以根据职位分析所得出的工作对人的要求程度来确定。一般来说,以职位说明书所要求的管理者合格的水平,作为测试的及格水平比较好。

3. 公文筐测试的编制程序

公文筐测试的编制需要经过建立指标体系、搜集素材、确定测评要素、编制文件、确定评价标准五个步骤。

(1) 建立指标体系。

通过因素分析、文献检索等方法来分析拟招聘职位所需要的所有素质,对牵涉的每一项素质进行详细描述,然后编制岗位胜任力任职调查问卷,要求应试者对每一项的重要性进行打分,最后通过数据分析锁定该岗位所需要的胜任力素质。

明确测试指标后,要针对不同指标的重要性确定其权重,最后要运用胜任力模型对指标权重进行检验。

(2) 搜集素材。

公文筐测试具有情景模拟的特性,因此除通过历史文献检索法收集公文外,还应进入各工作职位收集日常工作中所遇到的典型公文、典型事件,明确公文、事件的结构和形式。收集的公文应该注重其内容和形式上的全面性。搜集素材的问卷单实例如表 8.1 所示。

表 8.1　素材搜集问卷单实例

尊敬的女士/先生：

您好！我们正在进行一项关于管理人员选拔与测评方法的课题研究，因研究需要，我们要收集一些与企业管理工作相关的公文素材（主要包括上级主管的指示、电话记录、请示报告、待审批的文件、各种函件、建议等）或关键事件。所以，希望能得到您的大力支持！谢谢！请您提供一些工作中处理过的典型公文或关键事件，可以是您自己亲自处理过的，也可以是您的所见所闻。要点：(1)公文信息或关键事件发生的组织（企业）背景介绍；(2)发生的时间、地点、人物；(3)遇到的问题；(4)**解决问题的方法及效果**；(5)您认为对此公文或事件的处理体现了管理者的哪些能力和品质？（可以从以下几个方面考虑：战略意识、计划和组织能力、解决问题能力、沟通能力、统筹能力等）

要求：(1) 内容描述尽可能详尽；

(2)下划线部分要描述清楚，若解决办法还没找到，可阐述自己观点；

(3)事件中出现的具体单位名称、人名、地名等可用虚拟名称替代。

姓名：

性别：男/女

工作单位及部门：

职务：

非常感谢您的配合！

(3) 确定测评要素。

在确定测评要素时要根据企业所在行业的特征、内外环境、企业文化、测评目的、岗位胜任力要求等，尽可能地把测评要素全部列入其中。通常，公文筐能够测评到的素质特征有规划能力、组织能力、决策能力、表达能力、应变能力、协调能力、控制能力、反馈能力、处理实际问题的能力，以及应付压力的能力。公文筐测试的测评要素及操作性定义实例如表 8.2 所示。

表 8.2　公文筐测试的测评要素及操作性定义

测评要素	操作性定义
计划组织能力	能有条不紊地处理各种公文和信息材料，能根据信息的性质和轻重缓急对信息进行准确的分类，在此基础上对处理公文的时间进行管理，掌握处理公文的节奏
综合分析能力	能够领会公文中各种备忘录的含义，不但能处理各种公文中比较明显的问题，还能从各个公文的联系中去寻找解决问题的方法
关系协调能力	在处理问题的过程中能够充分考虑可能涉及的组织内外各方的利益，在此基础上来考虑解决方案
问题解决能力	善于对复杂问题进行审慎的剖析，能灵活地搜索各种解决问题的途径，在此基础上提出可行性的问题解决意见

续表

测评要素	操作性定义
判断决策能力	充分考虑各种事务对事件或方案的影响，并做出合理的评估，对各种方案的结果有着清醒的判断，从而做出高质量的决策
书面表达能力	能够以书面的形式表达自己的思想和意见

（4）编制文件。

利用双向细目表或多向细目表勾画出公文筐测试的整体编制思路。测试项目提纲编制如表 8.3 所示。编制过程中要考虑公文涉及的维度，考虑其重要性和紧迫性的程度，考虑公文的形式和内容的比例，还要设计好测验指导语、测验复本等。测试中需要处理的公文可多可少，一般不少于 5 份，但不多于 30 份。①

表 8.3 公文筐测试项目提纲编制

公文编号	公文主题	重要程度	紧急程度	测评维度	通用维度
文件一	产品改进与发展	重	中	关系协调能力、决策能力	计划组织能力、书面表达能力
文件二	员工冲突	中	中	关系协调能力、问题解决能力	计划组织能力、书面表达能力
文件三	行业发展规划	重	中	综合分析能力	计划组织能力、书面表达能力
文件四	业务投资	重	急	关系协调能力、决策能力、综合分析能力	计划组织能力、书面表达能力
文件五	奖金分配	重	急	关系协调能力、问题解决能力	计划组织能力、书面表达能力
文件六	工伤处理	中	缓	关系协调能力、问题解决能力	计划组织能力、书面表达能力
文件七	职工工作态度	中	中	综合分析能力、问题解决能力	计划组织能力、书面表达能力
文件八	计划生育	轻	轻	决策能力、综合分析能力	计划组织能力、书面表达能力

（5）确定评价标准。由于公文筐测试没有完全客观化的答案，测评的最终分数会受到评价者主观因素的影响，所以可以制定以行为锚定为基础的等级评定量表，以使评价标准客观、详细。公文筐测试评分标准及公文筐测试评分表如表 8.4 和表 8.5 所示。

① 殷明. 公文筐测评实用评分模式[J]. 企业改革与管理，2011(5)：58-59.

表 8.4　公文筐测试的评分标准

测评要素	评分等级
计划组织能力	优:能够准确地判断公文的重要性和紧迫性,并根据这一判断对公文处理顺序进行合理的统筹安排 良:能够较为准确地判断公文的重要性和紧迫性,并根据这一判断对公文处理顺序进行较为合理的统筹安排 中:能够对公文的重要性和紧迫性进行一定的判断,但不能对公文处理顺序进行合理的统筹安排 差:不能或是没有判断公文的重要性和紧迫性,不能对公文处理顺序进行合理的统筹安排,或只是按公文的编号顺序处理公文
综合分析能力	优:能够准确认识到公文之间有无联系,并能根据公文之间的联系来处理问题 良:能够较为准确认识到公文之间有无联系,并能根据公文之间的联系来处理问题 中:能够准确认识到公文之间有一定的联系,但不能根据公文之间的联系来处理问题 差:不能够认识到公文之间的联系,也不能根据公文之间的联系来处理问题
关系协调能力	优:处理问题时能准确考虑自身部门内部的联系以及与外部各部门的联系,全面地考虑解决问题的方案 良:处理问题时能考虑到自身部门内部的联系以及与外部各部门的联系,以此考虑解决问题的方案 中:处理问题时可能没有考虑自身部门内部的联系或是外部各部门的联系 差:没有考虑到部门内部的联系以及与外部各部门的联系
问题解决能力	优:处理问题时能够准确地洞察问题的本质,全面有效地搜索解决问题的各种相关信息,在此基础上提出具有相当可行性的问题解决意见 良:处理问题时能够发现问题的本质,尽量搜索问题解决的各种相关信息,在此基础上提出问题解决意见 中:处理问题时不能准确发现问题的本质,有限地搜索问题解决的各种相关信息,在此基础上提出问题解决意见 差:处理问题时不能发现问题的本质,缺乏搜索各种解决问题相关信息的能力,不能提出相应的问题解决意见
判断决策能力	优:在决策时能全面考虑到各方面的因素,并及时做出准确、有效的决策 良:在决策时能考虑到各方面的因素,但不能做出准确、有效的决策 中:在决策时考虑因素很少,也不能做出准确、有效的决策 差:不能做出决策

续表

测评要素	评分等级
书面表达能力	优:处理意见叙述得有条理,多个相关文件处理意见表达得前后一致,措辞恰当,处理意见中能准确使用文体 良:处理意见叙述得有条理,措辞恰当,处理意见中准确使用文体,但多个相关文件处理意见表达的前后关联性不高 中:处理意见中准确使用文体,但处理意见叙述得没有条理性,多个相关文件处理意见表达的前后一致程度不高,措辞不恰当 差:处理意见叙述没有条理,措辞不恰当,有错误

表 8.5　公文筐测试评分表

评价指标	应试者编号							
公文 1								
计划组织能力								
综合分析能力								
关系协调能力								
问题解决能力								
判断决策能力								
书面表达能力								
公文 2								
计划组织能力								
综合分析能力								
关系协调能力								
问题解决能力								
判断决策能力								
书面表达能力								
公文 3								
…								
公文 4								
…								
公文 5								

（二）公文筐测试的正式实施

公文筐测试的基本原理在于通过观察应试者在公文处理中的行为样本来推测其在工作中的一般行为特征，即通过测试的分数来预测应试者在工作中的绩效。公文筐测试可以集体施测，实施过程分为准备、测评和评分 3 个阶段。根据测试要求控制好测试时间，一般测试时间为 2 小时左右。如果职位比较重要，测试的内容比较多，时间可以加长。

1. 准备阶段

（1）测评师的选择和培训。

由于公文筐测试有别于传统的能力测试，答案不可能做到完全客观标准化，评分会受到测评师主观判断的影响。为了减少这一影响，除了必须在编制时尽力做到标准化以外，同时必须注重对测评师的选择和培训。

①测评师的选择。

在理论上，测评师应由心理学专家、管理学专家和在职领导三部分组成，从不同角度全面评价应试者。但在实际操作中，我们发现，学院理论派和在职实践派对问题的看法和认识差别比较明显，学院派追求理论体系的完美和测评功能发挥，喜欢对测试本身提意见，对应试者回答的结果是否合理、实用则把握不准；在职实践派关注测试的情景性，侧重对应试者工作经验和解题思路的分析，能敏锐发现应试者答题的闪光点。

通常而言，公文筐测试要求主试官具有以下方面的素质：了解企业基本情况，对目标职位的内涵理解深入，具备相关基础知识；了解公文筐测试的理论和实践依据，熟知测试题目的各种可能答案及题目之间的内在联系；明确题目的评分标准及测试要素的定义，并与其他主试官达成一致；善于观察应试者的行为表现，准确记录并形成判断；具备较强的沟通技能，恰如其分地进行深度问询；主试官应当在测试前得到充分的培训；能够对应试者进行独立、客观的评价。

公文筐测试对测评师要求较高，需要测评师在组成结构上符合一定的要求。

第一，必须考虑能力的互补。在评分时，其中的一部分测评师必须是曾经接受过测评并通过一定的评价技术培训的在职管理人员。同时，还有部分必须是有丰富测评知识和一定管理实践经验的心理学专家，然后再加上一般人员，每一次的测评师构成应不少于 5 人。

第二，必须考虑气质的互补。不同气质的测评师组合在一起能够消除评分中对某一气质类型应试者的偏好。

第三，必须考虑性别的互补。不同的性别有不同的长处，女性较为细心、耐心，可以从细微处观察人。男性坚强、思路开阔，倾向于从全局把握人。测评师性别的互补可以避免评分过程中的性别歧视。

第四，要考虑到年龄的互补。年龄的差别体现了经历、知识、经验和处理问题方式的差异。不同年龄段的测评师组合起来更能客观地评价不同年龄的应试者。

当然气质、年龄、性别所带来的差异并不是绝对的，符合要求的公文筐测试的评分人员也不易找到，因此在选择测评师时必须优先考虑的是能力上的互补。

②测评师的培训。

由于公文筐测试的技术性较强，因此进行测试之前要对测评师进行一定的培训。培训的内容一般有以下几项。

第一，接受公文筐模拟测试。一次模拟测试可以让测评师了解公文筐测试的内容、答题方式、测试组织形式。

第二，让测评师对模拟测试的结果自己评分或互相评分，在这一过程中可了解公文筐测试的评价内容和评价标准。

第三，对测评师进行公文筐测试的总体讲解，使他们对公文筐测试形成一个完整的理性认识，熟悉测试程序，以及熟记指导语。

第四，针对具体的公文筐测试答卷和评分过程进行讨论，使测评师的评分基本达到一致，这是培养评价能力的关键时期，需要足够重视。

第五，自信心的培养。如果测评师缺乏信心，就会使应试者产生不信任感，最终会影响评价的结果。

(2) 测试环境安排。

在测试实施过程中必须对测试环境进行控制，其中包括采光条件、桌椅的高度、桌面的面积等，测试中的文字材料都必须用统一的纸张，按统一规格印刷，应试者使用的笔一般也由主试者提供。测试进行时不能有外界的干扰，为此必须在测试室的房门外挂上一个牌子，示意测试正在进行，旁人不得入内。测试室外可设休息室，准备一些应试者可以浏览的杂志或播放轻松的音乐。测评师的状态也会影响测试的分数，因此测评师的语言、行为、态度、表情都要严格控制。

测试的场所要求比较宽敞、安静，每个人一桌一椅，相互之间无干扰。为了保密，最好要求所有应试者在同一时间完成。如果文件内容涉及招聘单位内部的一些情况，测试前应对所有应试者提供培训，介绍相关状况，缩小内部应试者和外部应试者对职位熟悉程度的差别。

(3) 测试材料。

测试由测试材料和答题纸组成，以纸笔方式作答。

①测试材料。

提供给应试者的资料、信息，是以各种形式出现的，包括信函、备忘录、投诉信、财务报表、市场动态分析报告、政府公函、账单等。测试中所用的每份材料文件上均标有文件编号，文件是随机排放在公文筐中的，应试者在测试的各个部分都要用到这些文件。

文件编号只是文件的标识顺序，不代表处理的顺序，应允许应试者根据轻重缓急调整顺序，但给所有应试者的文件顺序必须相同，以示公正。

②答题纸。

答题纸是供应试者写文件处理意见或回答指定问题的，是应试者唯一能在其上写答案的地方，评分时只对答题纸上的内容进行计分。

答题纸主要由三部分内容构成：一是应试者姓名(或编号)、应聘单位和职位、文件编号等；二是文件处理意见(或处理措施)、签名及处理时间；三是文件处理的理由。公文筐测试答题纸实例如表 8.6 所示。

表 8.6　公文筐测试答题纸

<table>
<tr><td colspan="2">现在请您阅读公文筐中的文件，并按照您自己的处理顺序，依次把处理意见写在后面表格中，同时判断每一个文件的重要性和紧迫性程度。现在请您暂时忘记自己的身份投入到文件处理的活动中来吧！</td></tr>
<tr><td colspan="2">文件编号：</td></tr>
<tr><td>重要程度：□高 □中 □低</td><td>紧急程度：□急 □中 □缓</td></tr>
<tr><td colspan="2">处理意见：(请您按照正式公文的行文方式简要给出处理意见)</td></tr>
</table>

2. 测评阶段

(1) 相关说明。

主试者要对测试要求做简单介绍，说明注意事项。然后发给应试者测试指导语和答题纸，回答应试者的提问，当应试者觉得没有问题后再发放测试文件。应试者人数较少时，也可以一次将文件发下去，但要求应试者严格遵从主试者的要求，先看指导语再看文件。测试指导语是测试情景、应试者扮演的角色、应试者任务和测试要求的说明，必须明确、具体、一目了然。有时在初级人员的公文筐测试中，发给应试者指导语后，让应试者完成一个指导语的测试，强迫应试者熟悉、理解指导语，这在文化水平较低的群体中较为有用。在应试者正式处理文件时，一般不允许应试者提问，除非是测试文件本身有问题。

(2) 测试的施测过程。

公文筐测试可以有不同的分测试，每个分测试都有严格的时间控制，总计时间一般为 2 小时。整个测试的过程最好都用设备记录下来。可以集体施测，一组不超过 10 人为宜。如能单独安排在模拟实验室里进行测试，效果更好，具体过程如下。

①备好测试所用的材料：测试文件、答题纸、铅笔、橡皮，保证每位应试者有以上几种完整的测试物品。允许应试者自带计算器。

②安排应试者入场，并宣布测试注意事项和测试第一部分的指导语，开始测试。

③计时，注意监督应试者不能提前翻看或做后一部分的题目。

④宣读第二部分的测试指导语，开始测试。

⑤计时，注意监督应试者不能提前翻看或做后一部分的题目。

⑥后部分的测试依此类推。

⑦测试时间到，回收测试文件和答题纸，测试结束。

(3) 评分阶段。

公文筐测试的计分需要评分小组来完成，根据计分的主观和客观程度不同，可以分为要素计分法、总体计分法、维度计分法(dimension ratingscheme)等。其中维度计分法的应用最为广泛，它要求计分者对测试的所有维度都计分，测试总分数是每个维度分数的总和。在特定的公文筐测试中，需要根据文件数量、时间等要素选择合适的计分方法。① 另外，在实际操作中，还有人采用锚定维度计分方法，即每个计分者都只对多个维度中的某几个维度进行计分，以减少信息加工量过大的问题，克服计分者评判标准在多个维度之间频繁转换带来的误差。② 最常见的考评维度有7个，即个人自信心、企业领导能力、计划安排能力、书面表达能力、分析决策能力、风险承担能力与信息敏感性，也可以按具体情况增删，如加上创造思维能力、工作方法合理性等。总而言之，要评估出应试者在职位上独立工作的胜任力和长期发展的潜力和素质。③

为了使公文筐测试的评分更加准确客观，可以把公文筐测试的评分分为三个步骤。一是独立评价。每位评分者对每一位应试者的文件处理情况进行独立评价，然后由工作人员汇总。二是比较独立评价。比较分析各位评分者对每位应试者的评分，查看评分是否在某些指标上出现较大差异，如果没有出现较大差异，就可以确定评价分数，这样就不需要实施第三个步骤；如果出现较大差异，就需要实施第三个步骤，即重新评价。出现差异较大的指标，必须经过小组讨论后重新进行评价；如果还有争议，继续重新评价，直到没有显著差异并确定评价分数为止。

在公文筐测试评分时，需要注意两个问题：第一，要对评分者进行专业培训，对每份文件考察的素质、理解的角度、评分的标准要进行反复练习，达到熟练的程度。使评分者根据评分标准而不是经验评分，这样可以避免一些主观因素的出现，保障评价的相对客观性。第二，具体评分的时候可以有两种方式：一种是以应试者为准，评完一个再评另外一个；另一种是以文件为准，评完所有应试者的同一文件再评另一文件。前一种方法可以形成对应评价者的整体印象，后一种方法有利于达成评价标准的一致。

五、公文筐测试在公共部门的适用性

公文筐测试的应用范围已从最初的培训选拔军队官员，扩展到了企业管理层的选拔、学校校长的选拔、政府公务员的选拔等方面，涉及的领域也从军队扩展到企业、政府、学校、中介机构与非营利组织。它是测评管理人才的重要工具，它为中、高层管理人员的选拔、考核和培训提供了一种具有较高信度和效度的测评手段，为企业的高层人才资源计划和组织设计提供了科学可靠的信息。

近年来，我国各地党委面向社会公开选拔党政领导干部的工作中，公文筐测试等评价中心技术得到了逐步应用，并取得了初步成效。2005年，湖南省结合实际情况，创新党政领导干部公开选拔的测评形式，在省管干部中增加了公文筐测试环节，这是该方法在全国公选厅局级领导干部中的首次运用。④ 目前，公文筐测试除了继续在我国中、高层领导者、管理者的选拔中发挥重要作用外，也被广泛应用于领导行为、培训、工作满意度、绩效

---

① 潘晓萍.企业成功应用文件筐测验的几个关键点[J].中国劳动，2012(12)：45-46.

② 徐晓锋，车宏生.对文件筐测验(I-B)在选拔高层经理人员中的实证研究[J].心理科学，2004(5)：1230-1232.

③ 戴恩民.民企选拔员工如何应用文件筐测试工具[J].企业改革与管理，2013(12)：56-57.

④ 红军，王远志.用“公文筐”选拔厅局级干部——现代人才测评技术运用探索[J].中国人才，2008(4)：63-66.

评估、组织公民行为、组织信息加工、决策、压力管理、组织气氛等诸多领域的研究。①

基于公文筐测试的开发和评价难度大、成本高，在实践中也遇到了一些阻碍。未来的研究和使用应着力于简化公文筐测试：一是把原始测试的文件材料在文字上进行概括，这称为摘要型简化模式的公文筐测试。二是对测试文件的呈现方式进行修改，改为由一个个问题组成的测试文件，这被称为问题型简化模式的公文筐测试。两种简化模式的公文筐测试都比源模式的阅读量少很多，可以使应试者把更多的精力投入到处理文件上，而不是对材料信息的阅读和理解上。

另外，在信息化和经济全球化的今天，网络技术快速发展，计算机的使用日趋广泛，更多的办公室人员采用网络化办公方式，用 email 传递信息。公文筐测试作为情景模拟测评技术的一种，必须“高仿真性”地模拟实际工作情景。Barclay 等人已于 1999 年开发出了一种电子邮件式公文筐测试，国内对公文筐测试电子化方面的研究还很少，有必要在当今时代利用信息化手段开发出适合于公共部门的电子化公文筐测试手段。

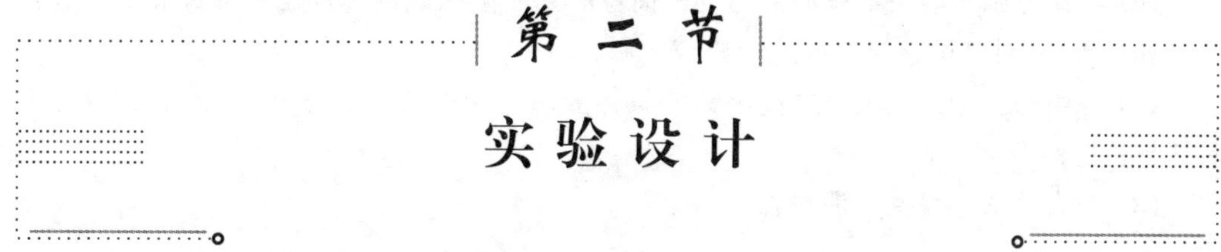

第二节　实验设计

一、实验目的

通过对公共部门某一秘书职位晋升的公文筐测试的具体设计及操作，充分熟悉公文筐测试的具体实施过程，并了解公文筐测试的适用范围、关键环节、技术难点及评分标准等。一方面，让学生作为应试者亲临实境，体验公文筐测试的要求、标准及流程；另一方面，让学生作为组织者和测评者，体会如何安排设计公文筐测试，并且如何给出科学评价。

二、实验说明

1. 仪器和材料

(1) 电脑。

(2) 大张白纸及马克。

(3) 打印版的附录二。

2. 实验条件及准备

(1) 实验室或机房。

(2) 讨论室。

① 徐晓锋，车宏生. 文件筐测验的计分研究和应用[J]. 中国人力资源开发，2003(8)：34-35.

3. 实验时长

2～3小时。

三、实验组织方法及步骤

(1) 由教师系统讲授公文筐测试方法及相关示例(约0.5小时)。

(2) 按照一般团队要求,组建实验训练小组,3～5人为一组。

(3) 指导教师要求各小组针对公共部门的秘书职位,锁定核心的胜任力素质,明确测试指标及操作性定义,并针对不同指标的重要程度确定其权重。

(4) 分组设计素材收集问卷单,考虑收集何种类型的典型公文、典型事件,明确公文、事件的结构和形式。

(5) 结合第3、4步,进一步讨论测试指标及操作性定义,并考虑其重要性和紧迫性的程度,设计测评细目编制提纲。

(6) 各组分别对附录二政府部门秘书岗位的公文筐测试的文件编制形式和内容进行改进和完善,并对测试指导语等进行修订。

(7) 各组综合考虑此次公文筐测试的具体要求及岗位胜任力素质指标,分别设计出具体评价标准及评分表。

(8) 个人总结并编撰实训报告。

四、实验要求及评估

序号	实验要求	分值
(1)	熟悉公文筐测试的胜任力指标设计及操作性定义的描述	10
(2)	了解素材的结构、形式和类型,熟悉素材收集问卷单的设计	20
(3)	能理解公文编制的具体要求及注意事项,善于把握不同公文考察的胜任力,熟悉测评项目提纲的编制	20
(4)	善于运用现有材料进行文件编制及指导语的设计	20
(5)	基本掌握公文筐测试评价标准及评分表的设计方法	30

五、思考题

(1) 公文筐测试的基本程序是什么?

(2) 设计公文筐评分标准和评分表的难点是什么?

(3) 公文筐测试要在公共部门取得更好的效果取决于哪些因素?

第三节 实验材料

附录一 源模式、摘要型和问题型简化公文筐测试文件比较①

1. 源模式公文筐测试的文件

张总监：

你好。在三家企业刚刚整合的初期阶段，最近在各部门的实际工作中出现了以下新情况。第一，很多员工都反映三家企业原来的工资水平和工资模式不同，被合并的两家企业员工整合之后的工资还是按照其原来企业的模式运行，员工感到很不公平。第二，很多员工反映由三家企业的工作人员组成工作团队时，很多员工都不太愿意与其他企业员工一起工作，出现了很多工作不配合的现象。第三，三家企业原来的工作方式不同，A企业原来严格按照四六制来工作，B企业原来的工作则以军队的要求来实施，C企业原来加班非常多，工作状态比较紧张。以上问题我们正在进行相关的深入调研，关于下一步工作如何开展，请指示。

人力资源部

××年×月×日

2. 摘要型简化公文筐测试的文件

致：张总监

自：人力资源部

内容：

初步调研：三家企业的工资模式不同、工作团队不和谐、工作方式有差异。下一步如何开展工作，请指示。

人力资源部

××年×月×日

3. 问题型简化公文筐测试的文件

张总监：

初步调研发现，企业整合的初期阶段存在以下问题：

(1) 三家企业原来的工资水平和工资模式不同，不公平感强烈。

(2) 由三家企业的工作人员组成工作团队时，工作不配合。

(3) 三家企业原来工作方式(特别是对待加班问题的态度)差异大。

---

① 潘晓萍.企业成功应用文件筐测验的几个关键点[J].中国劳动者，2012(12)：45-46.

下一步工作如何开展，请指示。

人力资源部

××年×月×日

附录二　政府部门公文筐测试实例[①]

案例一

以下是有关的背景情况，请您务必仔细阅读并牢记于心。

您是局办公室秘书之一，大家都称您小A。此办公室是直接协助几位局领导工作的职能部门，目前由田主任一人负责。今天是2006年5月23日，星期五。局里在远郊召开一个重要会议，田主任和办公室所有其他同事都去办理会务，只有您一个人留守。所有局领导都在出席重要会议，您不能找他们请示，局里其他同事也都因种种原因不能给您帮忙。最不巧的是，由于那里电信线路出现故障，您无法和在郊区开会的田主任及其他同事联系。田主任昨晚辗转托人给您一张便条：

小A：

明天(23日)有这么几件事情要劳烦你：

(1) 主管分房的李局长要了解职工对分房办法第五稿的意见。请你看一下职工的意见材料，代我起草一份500字左右的报告。

(2) 实习生郑兰说写了一份信息，你给看一下。最近局里上报的信息比较少，被采用的更少。看这份信息能否上报或经修改后上报。

(3) 请你给杨菁去封信，告诉她我们已经录取了新秘书。

(4) 请你根据李局长给马林副局长来信的批示，把马副局长的信处理一下。以上几件事情都不能再拖了，明天上午无论如何要完成。下午1:00局里有车来会场，你搭车来会场，这里实在忙不过来。

明天上午办公室若有什么事，你见机行事。办公室不要因为我不在就影响正常运转。谢谢！

田 5. 23

现在是早晨8:30，您一上班就得到上述指示和有关材料，您的任务是遵照指示完成所有工作中必须遵守的程序和规定。

(1) 首先，请您完成《指导语自测题》，回答结果构成评分的重要内容。

(2) 其次，请在《日程计划表》上拟订一份今天的日程安排，若情况变化，日程安排可以更改，但必须在《日程计划表》上予以注明。

(3) 一切任务请按您本人对秘书工作的理解和相应的指示独立完成，并一定要说明这么处理的理由，否则要倒扣分。

① 李云田. 文件筐测验法解析[J]. 决策，2008(12):56-57.

《指导语自测题》

请您判断以下陈述是否正确，选择“是”或“否”。

1. 局里只有你一人上班。

   A. 是　B. 否

2. 有什么不清楚的事情，您可以打电话请示田主任。

   A. 是　B. 否

3. 能处理完最好，处理不完向田主任好好解释一下，他会谅解的。

   A. 是　B. 否

4. 变动日程安排是允许的。

   A. 是　B. 否

5. 一件事情怎么处理有时候凭直觉，不一定非要说出理由。

   A. 是　B. 否

案例二

××年×月×日，某市人事局副局长接到了一份群众寄来的《申诉书》，内容如下：

市人事局领导：

我叫张×，现在市××局工作。由于各种原因，我曾在2002年年度考核中被定为不称职等级。单位领导据此于今年3月27日将我辞退，并书面通知了我本人。自4月份起单位又停发了我的工资。我接到被辞退通知后，一时难以接受，精神恍惚，感到难以见人。同时，由于我爱人收入也比较低，三口之家的生活受到很大影响。因此，我于今年4月20日向单位领导提出申诉。但是，单位领导说：“你已经被辞退，不再是我单位的人了。何况已经时隔半个多月了，我们也不再受理了。”万般无奈之中，只好给你们写信反映情况。请在百忙之中过问一下此事，关心一下我这个普通人。

申诉人：张×

××年×月×日

如果此《申诉书》内容全部属实，你认为张×所在单位对张×的处理是否正确，并说明理由；请你根据《公务员法》(2006)的有关规定，提出具体的处理意见。

附录三　湖南省运用公文筐测试公开选拔省管干部①

湖南省曾在省管高校6个职位的公开选拔中使用了公文筐测试，其中有正厅级正职1个，副厅级正职1个，副厅级副职4个。针对公文筐测试，湖南省委组织部领导干部考试与测评中心制定了详细的命题方案，抽调3名同志组成命题小组。

工作分四阶段进行。第一阶段：收集资料。命题小组先后调阅了四所高校近两年的文件卷宗，走访校、处级领导54名，收集命题素材485份，历时3周。第二阶段：编制试题。经过反复筛选、改造，形成2套试卷：普通高校类1套10题、职业院校类1套11题，

① 红军，王远志. 用“公文筐”选拔厅局级干部——现代人才测评技术运用探索[J]. 中国人才，2008(4)：63-66.

历时 1 周。第三阶段:实施测试。每个职位笔试前 5 名进入公文筐测试,限定 2 小时完成测试。第四阶段:评阅试卷。抽调 3 名专家评阅试卷,抽调工作人员 2 名统计分数,请中组部领导干部考试与测评中心专家 1 名现场指导,全程封闭,历时 3 天。

从被试者和专家的评价及实际测试的效果来看,这一测试是成功的。成功应用公文筐测试是湖南省委组织部领导干部考试与测评中心在测评技术上的一个里程碑。

附录四　某企业公文筐测试实例

指导语:假如你有机会担任××公司人力资源部的副总经理,由于人力资源部的刘总经理正在外地分公司视察,因此你将在他回来之前全权代理他的职务。××公司是一家大型国有股份制企业,其人力资源部下设三个处:人事处、劳资处、福利处,分别处理人力资源调配、工资奖金和员工福利等项工作。现在是上午 9 点,在听取了下属的工作汇报,做好今天的工作安排之后,你来到办公室。秘书已经将你需要处理的近日积压的文件整理好,放在了文件夹内。文件的顺序是随机排列的,没有任何意义,你需要自己去排序处理。你必须在两个小时内处理完文件,并做出批示。11 点在会议室还有一个重要的会议等你主持。在这两个小时里,你的秘书会为你推脱掉所有的杂事,相信没有什么人会来打扰你。另外,很抱歉,由于电话线路正在维修,你在处理文件的过程中,没有办法与外界通话。所以,需要你以文件、备忘录、便条、批示等形式将所有文件的处理意见、办法,作书面表达,最后交给秘书负责传达。在公司,你被员工称为“肖副总”或“肖总”。

好了,可以开始工作了,祝你一切顺利。

文件一

肖总:

前一段时间,福利处对同行业的员工福利状况进行了一次调查,就每个月用于员工的人均福利费而言,我们公司位于同行业的中上等水平。但考虑到现在行业的激烈竞争和高流动率。为了增强我们的凝聚力和吸引力,我们认为,提高员工的福利待遇是一项有力的激励措施。因此,我们提出一项增加员工福利的计划,也就是将现在的人均福利费 1000 元/月提高到人均 1500 元/月的较高水平。不知您对这项计划的意见如何?请指示。

福利处

××年×月×日

请你提出处理意见。

文件二

肖副总:

近几周来,有第三分公司员工反映他们的工资分配不合理,他们指责分公司经理王卫在进行绩效考核时不能客观、有效地对员工进行评定。此外,第三分公司还有克扣临时工工资的现象,他们有可能会集体罢工或辞职。

劳资处

××年×月×日

请你提出处理意见。

文件三

肖总：

收到一份通知，本月 20 日在北京饭店召开北京地区大型企业人力资源管理研讨会。届时到会的均为各企业人力资源部总经理或副总经理及国内外一些人力资源管理专家和学者。

您是否参加？请回复，以便我及早做出安排，办理相关报名事务。

开会时间：10 月 20 日，上午 8：00—11：30，下午 13：30—16：30

秘书
××年×月×日

请你提出处理意见。

文件四

肖副总：

根据刘总经理上周指示，我们做了一个工资分配调整方案，基本思路是增加公司核心岗位上优秀员工的工资收入，吸引他们为企业长期服务，同时降低公司一般事务性岗位上员工的工资收入，因为他们可以很容易地被劳动力市场上的其他人所替代，他们的流动不会影响企业的发展。此方案当否，请批示。

劳资处
××年×月×日

请你提出处理意见。

文件五

肖副总：

近期各部门相继反映，由于我公司不断发展扩大，各部门的事务性工作量大幅度增长，因此需要聘用一些专职秘书以缓解各部门的工作压力，以往我们的做法是从公司的员工中选拔能胜任此项工作的人员，总的感觉是，这些员工从事一般秘书工作还可以，但是，从现代管理的角度出发，他们的个人素质限制了我公司秘书工作的质量和效率。因此，我们拟从社会招聘一批素质较高的秘书人员，数量大约二十余名，不知您意下如何？

另外，如果决定招聘这批秘书人员，您是否参加面试？

人事处
××年×月×日

请你提出处理意见。

文件六

肖副总：

公司办公室的负责人员转来一封群众来信。信中说，公司总务处员工王建军在其居住地扰得四邻不安，群众很有意见。如果情况属实，将会对公司名誉产生负面影响，特别是其居住地附近住有我们公司大客户的一些中高级管理人员，总裁要求尽快处理此事。

秘书

××年×月×日

请你提出处理意见。

文件七

肖总：

根据我们的调查，公司中青年员工离职率高与公司现住房分配制度有一定关系，目前，公司已停止为员工建设或购买住房，仅为员工提供住房补贴，让他们自行租房居住或由公司提供帮助向银行抵押贷款买房居住，但由于房价太高，中青年员工无力购买，租房又不稳定，员工没有安全感。我们考虑，是否可由公司出资建设或购买一些小型公寓，以适当价格出租给暂时无房的员工，并规定在一定的期限后迁出公寓，给后来的员工暂住，这样可以使中青年员工安居乐业，降低核心员工流动率。此建议当否，请指示。如果可行，我们将向总裁办公室提出报告。

福利处

××年×月×日

请你提出处理意见。

文件八

肖副总：

最近，从财务部的部分员工那里反映上来的一些情况引起了我们的注意。您知道，前两个月我们刚刚从其他公司调入了一位具有丰富管理经验和特长的员工刘××任财务部经理，目的是为了进一步开展财务部的工作。但近来我们发现，因为多种原因财务部副经理在与刘××的工作配合不尽人意，并产生了一些矛盾。虽然二人之间的冲突尚未公开化，但已在财务部内部引起一些反映，并对工作人员的情绪产生了不利的影响。这件事如何处理，想听听您的意见。

人事处

××年×月×日

请你提出处理意见。

文件九

肖总：

由于受世界经济形势的影响，公司近来效益有所下降。目前，公司承受较高的工资成本。总裁提出适当降低公司员工的工资水平，但这又有可能造成企业核心员工流失。另外，如果真的降低工资水平，是降低固定工资水平还是降低奖金水平？请批示。

劳资处

××年×月×日

请你提出处理意见。

文件十

肖副总：

关于开展"如何建设我们公司的企业文化"的讨论现已告一段落，我们计划下周三上午 10:00 开一个中层正职以上管理人员参加的专题讨论会。会议主题是：如何确立公司的企业文化、怎样建设我们公司的企业文化。会上想请您谈一下对这个问题的看法。届时我们准备把您的讲话要点打印成文件下发。望您务必参加，并将您的看法写成文字资料交给我们，以便打印（要求：必须在文件处理中由本人完成此项工作）。

人事处

××年×月×日

请你提出处理意见。

文件十一

肖副总：

我们对近年来人员变动情况进行了统计，现将结果呈报给您。为了减少人员流动、保持员工相对稳定，我们采用了许多手段，如提高福利待遇水平，增加工资收入，提高本公司工龄津贴水平，但总觉得收效不明显。我处对此问题探讨了很久，尚不能确定问题的症结所在，望您指示。

人事处

××年×月×日

请你提出处理意见。

第四节
实验报告

实验报告

<table>
<tr><td>院系</td><td></td><td>专业</td><td></td></tr>
<tr><td>班级</td><td></td><td>姓名</td><td></td></tr>
<tr><td>实验教师</td><td></td><td>学号</td><td></td></tr>
<tr><td>成绩</td><td></td><td>日期</td><td></td></tr>
<tr><td>实验名称</td><td colspan="3"></td></tr>
<tr><td colspan="4">一、实验目的

二、实验原理

三、实验步骤

四、实验数据(如有则填)

五、实验结果

六、讨论分析(完成指定的思考题和作业题)

七、实验总结及改进实验建议(如有则填)

八、问题与困惑</td></tr>
<tr><td colspan="4">备注：</td></tr>
</table>

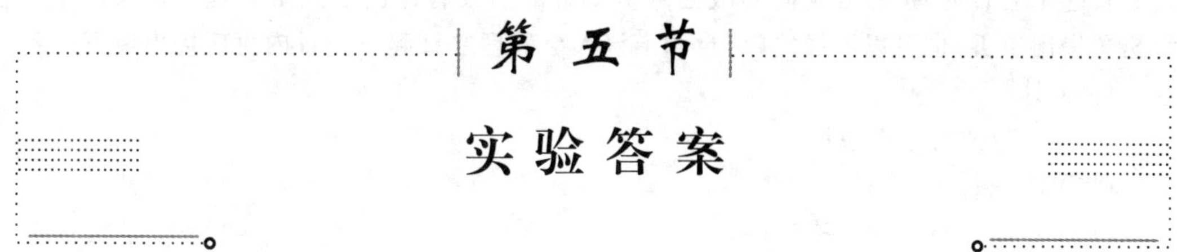

第五节 实验答案

附录二　政府部门公文筐测试实例

案例一

(1) 指导语检测题答案:B,B,B,A,B

(如自己的回答与答案不符,请对照指导语检查)

(2) 前提:在一个上午完成。

顺序	事件	理　由
1	1	因为已经到第五稿,说明你对职工的意见应该大致了解,看材料和起草500字的报告应该不是一件麻烦事,而且是单位的一把手需要的材料。
2	4	相比第1件,这是二把手需要的辅助,相比2、3件,不及时处理第4件可能会给领导带来麻烦,因为有些事早几分钟与晚几分钟产生的后果会大相径庭。
3	3	要珍惜别人的时间。
4	2	看一份信息的时间弹性很大,实在没有时间可以一目十行,时间充裕可以逐字逐句地琢磨,因为这条信息发不了,明天、后天都可以再写,再弥补。

案例二

处理不正确。

理由:

(1)《公务员法》第八十三条,公务员有下列情形之一的,予以辞退:

(一) 在年度考核中,连续两年被确定为不称职的;

(二) 不胜任现职工作,又不接受其他安排的;

(三) 因所在机关调整、撤销、合并或者缩减编制员额需要调整工作,本人拒绝合理安排的;

(四) 不履行公务员义务,不遵守公务员纪律,经教育仍无转变,不适合继续在机关工作,又不宜给予开除处分的;

(五) 旷工或者因公外出、请假期满无正当理由逾期不归连续超过十五天,或者一年内累计超过三十天的。

张×在2002年年度考核为不称职等级,并没有连续两年确定为不称职,且无其他符合辞退的情形,因此不符合辞退条件,不能予以辞退。

(2)《公务员法》第九十条,公务员对涉及本人的下列人事处理不服的,可以自知道该人事处理之日起三十日内向原处理机关申请复核;对复核结果不服的,可以自接到复核决定之日起十五日内，按照规定向同级公务员主管部门或者作出该人事处理的机关的上一级机关提出申诉；也可以不经复核，自知道该人事处理之日起三十日内直接提出申诉：

（一）处分；

（二）辞退或者取消录用；

（三）降职；

（四）定期考核定为不称职；

（五）免职；

（六）申请辞职、提前退休未予批准；

（七）未按规定确定或者扣减工资、福利、保险待遇；

（八）法律、法规规定可以申诉的其他情形。

张×向原单位提出申诉时，时间未超过规定的三十天，所以张×所在单位的处理不当。

附录四　某企业公文筐测试实例

文件一：

(1) 要求福利处做一次员工福利满意度调查，确定有无提高福利计划的必要。

(2) 要求福利处跟踪处理满意度调查结果，如有必要进行福利计划的提高，请与财务部沟通，确定提高的幅度和比例。

(3) 要求福利处根据财务分析提供福利计划的具体实施意见。

(4) 建议人事处调查人才需求供给现状，提前做好人才储备工作。

(5) 加强员工思想教育，提高员工忠诚度。

(6) 要求劳资处对核心员工的薪酬满意度进行摸底，做好核心员工的稳定工作。

文件二：

处理办法：请劳资处出具调查分析报告，对此事尽快给予处理。

具体步骤：

(1) 对第三分公司的员工进行情况调查，看情况是否属实。

(2) 对王卫本人进行调查，给予他申诉的权利。

(3) 召开员工大会，表明公司的态度。

(4) 做好危机处理的方案（含人才储备），防止该事件对公司造成大的影响。

(5) 请劳资处提供本次绩效考核情况，如所反应情况属实，重新进行绩效考核。

(6) 请劳资处根据绩效考核的成绩，进行合理的工资分配。

(7) 调查了解临时工工资发放情况，如所反应情况属实，则按标准发放临时工工资。

(8) 如调查情况属实，按公司的规章制度对王卫进行相应的处理。

文件三：

确定要参加此次研讨会，做好如下准备。

(1) 参加会议的原因如下：

①可以学习同行业工作经验，吸取专家经验。
②可以扩大公司影响，树立公司良好社会形象。
③可以发现专业人才，扩大人才信息库资源。
④可以提高人力资源管理水平。
(2) 了解研讨会内容、议程，准备相关资料。
(3) 合理安排好会议期间的日常工作。
(4) 请秘书做好相关会议准备。

文件四：
此方案欠妥，做好如下工作。
(1) 做好市场薪酬调查、员工满意度调查，提倡员工参与。
(2) 确定员工加薪比例。
(3) 做好薪酬调整财务预算。
(4) 调整核心员工工资，调整工资结构。
(5) 降低一般事务性岗位员工工资欠妥，员工流动率过高，会给企业带来负面影响。
(6) 征求刘总意见，与刘总进一步沟通。

文件五：
做好如下准备工作，尽快解决此事。
(1) 进行各部门员工职位分析，确定招聘需求。
(2) 根据各部门特点、职位要求，确定招聘人员所需技能和任职资格。
(3) 优先保证内部招聘，如果内部人员不能满足，再考虑外部招聘。
(4) 通过培训提高现有秘书人员的个人素质和工作能力。
(5) 制定招聘方案，具体如下：
①确定招聘广告发布形式，如网上招聘等。
②确定招聘人数。
③确定招聘流程。

文件六：
(一)
处理方式：书面批示。
处理意见：要求尽快调查，拿出处理办法。
(1) 要求人力资源部门相关人员找群众调查核实，收集证据，评估影响的严重性。
(2) 要求人力资源部门相关人员持群众来信与王建军本人交换意见，核实事件的真实性。
(3) 要求人力资源部门根据上述情况提供处理建议。
(4) 视影响的严重程度及后果的严重性，向群众致歉。
(5) 内部通报并做好员工公德教育。

（二）

回复方式：电话。

处理意见：对该事进行了解、调查取证，达成妥善处理意见。

处理办法：

(1) 恳请公司就此事出具一份调查报告，详细说明情况。

(2) 与当事人王建军电话沟通，并由他本人出具书面申诉材料。

(3) 进行取证工作。

(4) 咨询律师，了解法律尺度。

(5) 根据调查实际情况，依据公司相关政策，形成处理意见。

(6) 合理合法，协商执行。

(7) 加强公司全体员工职业道德教育。

文件七：

(1) 授权福利处就文件中提到的情况进行深入调查分析，核实员工离职率高与公司住房政策之间的因果关系。

(2) 要求福利处了解同行业关于员工住房矛盾的解决办法，综合各种解决方案以做参考。

(3) 要求福利处综合比较发放住房补贴和建房（购房）的成本，及文件提议方案的可信性，制订详细、执行性强的操作草案。

(4) 召开相关部门讨论草案的可行性，并进一步完善。

(5) 与员工进行深入沟通，听取员工关于住房使用的想法，如申报资格、员工可接受价格等，制订切实可行的住房管理办法。

(6) 根据情况，审核公司现行其他福利政策与员工的需求是否一致，动态跟踪，不断完善。

(7) 开展丰富多彩的员工活动，创造亲如一家的企业文化氛围，增强员工归属感。

(8) 结合公司实际情况，对企业核心员工施行员工持股、期权激励方案，让员工个人业绩与公司业绩挂钩，增加员工收入。

文件八：

考虑以下几个方面，尽快解决此事。

(1) 分析产生矛盾的原因。

(2) 建议采取必要措施，不要因此影响当前的工作。

(3) 与财务部员工沟通，侧面了解矛盾产生的原因。

(4) 了解刘××的工作方式和工作方法，是否其价值观与本公司企业文化不相符，是否有待改进。

(5) 调查此二人是否存在其他误解。

(6) 建议采取合适的沟通方法，消除误解，调节人际关系，促进团队合作。

文件九：

(1) 请劳资处薪酬主管做一个员工薪酬水平市场调查方案，并组织实施，方案重点关注可比性企业中核心员工的薪酬水平及构成。

(2) 了解本企业中核心岗位劳动力市场供求状况。

(3) 与财务部门沟通，了解公司财务状况。

(4) 进行以薪酬文化和员工薪酬观念变革为主的企业文化教育，从薪酬机制上引导和刺激员工行为。

(5) 了解员工需求特别是核心员工的需求，组织核心员工面谈，以感情留人，可为关键核心员工提供升职通道。

(6) 在企业财力承受范围内降低奖金发放水平为妥，如要降低工资水平要控制在合理的幅度(核心员工薪酬保持在市场水平的75%左右，其他员工以与市场薪酬水平持平或略低为宜)。

(7) 制定工资(或奖金)调整方案，应建立以成本控制为导向的薪酬绩效管理制度。

(8) 做好新的人力资源规划，核心员工的培训储备工作。

文件十：

会议发言稿标题：论人力资源政策与企业文化管理。提纲如下。

(1) 分析本公司企业文化与企业竞争优势之间的关系，即企业文化建设的重要性。

(2) 强调高层领导要重视、积极配合企业文化建设。

(3) 确保公司的人力资源政策、规划、系统等能有效地支持和强化企业核心价值观和公司原则，即企业文化。

(4) 评估和调整招聘系统，把符合公司企业核心价值观作为新员工招聘的标准之一。

(5) 建议在新员工入职培训课程中增加企业核心价值观和公司原则的培训，帮助新员工了解和理解企业文化，增强核心价值观认同。

(6) 在员工业绩考评上，在员工的提升、任职和工作轮换上，建议将能否践行公司的核心价值观作为对员工进行考核和晋升的重要标准之一。

(7) 建立符合企业核心价值观和企业原则的薪酬系统。

(8) 建立符合企业核心价值观和企业原则的和谐劳动关系。

(9) 制定奖励政策，奖励模范表率企业核心价值观和遵守企业原则的员工，奖励为企业文化建设献计献策的员工。

文件十一：

进行调查，加以分析，做好以下工作。

(1) 进行员工满意度调查，查明人员流动的原因。

(2) 对近年来人员变动情况的统计结果进行分析。

(3) 约谈离职员工及其主管领导，了解其对公司的意见和建议，探究离职的原因。

(4) 对公司福利待遇水平、薪酬进行调查。

(5) 对同行业福利待遇水平、薪酬进行调查。

(6) 对公司的绩效考核进行调查。

(7) 约谈企业核心人员和管理干部,了解员工的需求。

(8) 分析讨论留住关键人才的人力资源策略。

①员工持股。

②针对员工的福利需求,实行灵活的福利制度等。

③授权和工作成就感。

④营造尊重人才的氛围。

⑤提供培训机会与职业生涯发展(晋升)机会。

CHAPTER9

第九章

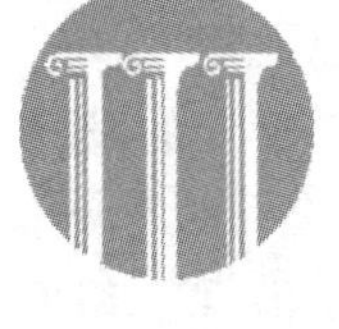

角色扮演法

角色扮演法在国外最初用于心理咨询和心理治疗，当评价中心技术蓬勃发展后，成为一种具有较高信度和效度的测评方法。在人才选拔、培训和行为矫正等方面都有较多的应用。但国内将角色扮演应用于测评领域的研究还很少。本章将重点介绍角色扮演法的概念、起源、理论来源、类别划分、优缺点等基础内容，并通过角色扮演法的实验实训环节，进一步提升角色扮演法的实施效用，并提高该方法在测评领域的社会认知和应用广度。

第一节 基础理论

一、角色扮演法概述

（一）概念

角色扮演（role-playing）法是评价中心中常用的一种较为复杂的测评方式，它是根据测评目的精心设计一段“剧情”，应试者根据“剧情”任务要求和自己的理解，扮演其中相应的角色，完成特定的“角色任务”，如处理各种问题或矛盾，以增进人们对他人社会角色及自身原有角色的理解，从而学会更有效地履行自己的角色。测评者通过观察应试者完成“角色任务”的过程来对其说服能力、沟通表达能力、思维能力、处理冲突的能力等素质进行测评。[1]

① 王胜会.人才测评：理论、方法、工具、实务[M].北京：人民邮电出版社，2014.

（二）方法起源

角色扮演源自心理剧（psychodrama），最初用于心理咨询和心理治疗，尤其是儿童心理治疗和社会技能训练。心理剧在1920年左右由J. D. Moreno在维也纳创立。心理剧的角色扮演方法在社会技能、行为评估方面的实践运用有相当的成效，后来学者们又不断对其进行修正和完善。

20世纪70年代，斯坦福大学心理系学者津巴多等人在斯坦福大学心理系地下室创造了一座模拟监狱，进行了监狱模拟实验。实验参与者是通过广告以每天15美元的报酬而招聘到的自愿参加实验的大学生。研究者以问卷和面试的方式选出了24名最成熟、情绪最稳定且反社会倾向最低的应征者参加实验。24名应试者被随机分为两组，第一组6人，充当监狱警卫，另外18名为第二组，充当囚犯。研究除了模拟实验这一点之外，其他一切与真实监狱一样。实验开始时，"囚犯"被响着警笛的警车从家中带走，并经搜身、换号衣、喷防虱液、戴镣铐等手续后投入监狱。警卫则发制服、警哨、警棍等用品，并采用8小时轮班制维护监狱秩序。结果，原计划两周的实验到第六天就不得不终止。因为充当警卫与囚犯的应试者不论在情绪上还是行为上越来越像真的警卫与囚犯。"囚犯"们显示出被动、依赖、压抑、无助、自贬等消极情绪与行为，而"警卫"则以侮辱、威胁"囚犯"的非人道方式来取乐，甚至罚"囚犯"做俯卧撑，拒绝他们上厕所的要求等。最后，实验不得不提前终止。

监狱模拟实验的戏剧性结果引起了人们的广泛关注，它使人们更好地认识到，通过角色扮演可以使人更为深刻地体验他人社会角色，引起人们心理与行为的显著变化。由此，角色扮演法被广泛地运用到人们日常生活的几乎每个领域，如人才培训、态度改变、学生良好个性品质的培养等。尤其在评价中心技术蓬勃发展后，角色扮演法成为一种具有较高信度、效度的测评技术，应用于人才选拔培训等领域。角色扮演法也是改善人际关系最为重要的方法之一。

（三）理论基础

角色扮演使人暂时置身于他人的社会位置，并按这一位置所要求的方式和态度行事，能够增进人们对他人社会角色及自身原有角色的理解，从而学会更有效地履行自己的角色。角色扮演源于角色理论，角色是我们对于自我的一种评价及行动，它是情感和行动的系列组型，是一种独特的、习惯性的待人态度。最初的角色扮演研究主要是以个人为中心探讨其内心世界，偏重研究个体的人格。行为学派的Wople利用角色扮演为减敏感训练，此后，行为的角色扮演迅速发展应用于社会技巧训练方面，其方法主要是提供详细而具体的行为示范，以供当事人观摩、效仿、预演，并给予增强，使当事人习得预定的目标行为或技巧。角色扮演后来发展为主要以团体为对象，以了解及解决个体在团队内的生活问题，偏重于团体成员相互间的人际关系。此外，George Kelly也以其建构理论心理学的理念为基础，发展出"固定角色疗法"，该方法主要是依据一组新的建构，形成一个人的特征，应试者在治疗师的指导下先预演被塑造的角色之后，才开始扮演此角色，使应试者得以观察自己和环境,借此改变应试者的认知建构。[1]

(四)类型划分

角色扮演法在日常人力资源管理过程中的招聘、选拔领域常用的类型有多种。

1. 按表演形式划分

按表演形式划分,角色扮演法可分为即兴式角色扮演法和固定角色扮演法,两者都是比较常用并适合人才测评的方法。即兴式扮演法即事先不编制"剧情",只给应试者一个基本要求,角色表演由现场气氛即兴决定。即兴式扮演能够真实地表现出应试者的内在特质,但也正因为是即兴表演,其所表现出来的特质并不一定是希望测评的能力素质,不可控因素较多。固定角色扮演法是根据任务目标和要求设置固定的"剧情"和"角色",让应试者扮演该角色,固定的角色和事先设计的"剧情"可以确保应试者表现出来的特质是希望测评的能力素质,可控性较高。因此,固定角色扮演法成为人才招聘、选拔中最为常用的一种角色扮演方式。以下是即兴式角色扮演案例。

即兴式角色扮演案例:党委办公室的故事

测评指导语:

快速阅读关于你所扮演角色的描述,然后认真考虑怎样去扮演这个角色。你将与其他两个人合作,你们三个角色的行为是相互影响的。请运用想象使表演持续 15 分钟。

角色一:推销员

你是个大二的学生,你想多挣点钱自己养活自己,所以一直不让家里寄钱。这个月内你要尽可能多地卖出手上的图书,否则将发生"经济危机"。你刚才在党委办公室推销,无论你怎样介绍书的内容,办公室主任就是不肯买。现在你正进入人事科。

角色二:人事科科长

你是人事科科长,刚才你已注意到一位年轻人似乎在隔壁的党委办公室推销书,你现在正急于拟定一个人事考核计划,需要参考有关资料。你想买一些参考资料,但又怕上当受骗。你知道党委办公室主任走过来的目的。你一直很反感别人觉得你没有主见。

角色三:党委办公室主任

你认为大学生推销书是"不务正业",只想自己多挣点钱。他们只是一个劲儿地想说服别人买他的书,而根本不考虑买书人的意愿与实际用途。因此你对大学生推销书的行为感到很恼火。你现在注意到那位大学生走进了人事科的办公室,意识到这位大学生马上会利用你同事想买书的心理推销成功。你决定去人事科阻挠那个推销员,但又意识到你的行为过于明显会使人事科科长不高兴,且认为你的好意是多余的,并使他产生你认为他无能的错觉。

2. 按有无助手参与划分

按有无助手参与划分,可分为有助手参与的角色扮演和无助手参与的角色扮演。有

---

① 胡蓓,张文辉. 职业胜任力测评[M]. 武汉:华中科技大学出版社,2011.

助手参与的角色扮演是指角色扮演中有一个以上的助手在情景中承担一定的角色任务，并参与整个角色扮演的过程。一个助手参与的实例请见下文案例1；多个助手参与的实例请见案例2。在角色扮演的过程中，要求助手根据测评要求扮演上级、同级、下级、客户或者合作伙伴等，按照事先设计好的"剧本"对应试者进行相关提问、设置一系列困难等，适当地引导和激发应试者的行为。这要求在测评前安排好助手，并对其进行专门的培训，使其熟悉整个角色扮演的内涵、真正目的、"剧情"设计原因、所希望测评的能力素质，了解扮演过程中的控制技巧等。助手这一角色可以由有扮演经验的人员担当。在有助手参与的角色扮演中，对助手的培训、练习要花费较多的精力，但也大大增加了对扮演过程和测评能力素质的可控性，因此有助手参与的角色扮演也是广泛应用的一种角色扮演法。

无助手参与的角色扮演是指角色扮演过程中没有任何助手的参与，可以是单个应试者扮演某个角色，也可以是几个应试者分别扮演"剧情"中的不同角色，共同完成角色扮演。在这个过程中，各个应试者的表现除了完成角色任务外，也受其他应试者表现的影响，从测评的角度来讲，可控性不强。同时无助手参与的角色扮演对评分、测评者的要求更高。无助手参与的角色扮演实例请见案例3。

案例1　单个助手参与的角色扮演案例：副县长如何为民做主①

情景任务：

应试者的身份为副县长，一名助手扮演来访群众。来访群众主要反映垃圾回收站、河水污染以及农民工工资三件事情。情景描述为"假设某县A镇和邻县B镇交界处有一个垃圾回收站。该回收站位于河流上游，由于疏于管理，造成了河水污染，给下游A镇百姓生产生活用水造成较大不便。另外，邻县一家化工厂是该县的纳税大户，但是长期排放有刺激性气味的废气，A镇村民对此怨声载道。近期，有几位在该厂上班的A镇村民没有按时拿到工资，向厂方反映后，厂方却以他们'乱告状'为由，拒绝给他们发工资。"群众来访主要问题为"如何尽快解决河水污染的问题？如何尽快解决废气污染问题？如何尽快帮助村民把拖欠的工资拿回来？"

角色预演：

事先选择并确定好助手，本次测评助手由具有丰富基层工作经验的干部担任。要求助手在情景模拟中扮演指定角色与应试者互动，先提前在测评专家面前反复预演，配合测评专家设想应试者可能的反应，对情景设置情况做出适当修改并形成评分参考要点，并对助手的语言、动作等行为模式进行规范化训练，尽量保证不同测评小组的助手行动一致。根据事先的培训和角色要求，将助手的行为规范化，在扮演来访群众时通过对应试者提问、追问、设置障碍以及情绪表达等方式来诱发应试者自我表现，评价应试者是否具有测评目的所希望的胜任力特征。

助手角色规范化培训要点：主要程序和内容节选

"群众"大声说：你就是领导啊？找你好多次，都找不到！我代表张家村村民来找你！我们村河水污染了，你打算怎么解决？（根据情况可以加重语气：打断一下，究竟什么时候

① 任旭林，陈垟羊．角色扮演法的开发程序与应用[J]．中国人力资源开发，2016(10)：30-34．

解决？马上是多久？）

第一个两分钟时间结束，“群众”问第二个问题：化工厂空气污染，你打算怎么解决？（根据情况可以加重语气：打断一下，究竟什么时候解决？马上是多久？或者：打断一下，老百姓都生病了，到底怎么解决？）

第二个两分钟时间结束，“群众”问第三个问题：村民工资你什么时候帮我们拿回来？（根据情况可以加重语气：打断一下，究竟什么时候解决？马上是多久？）

结束时说：“那好，我明天再来找你！”

案例2　多助手参与的角色扮演案例——某大型国企总经理选拔实例①

应用领域：

角色扮演方法应用于某省某国有大型集团公司总经理职位的公开招聘。

角色身份：

应试者的角色身份是集团公司刚上任的总经理，配合助手包括集团公司分管人事的副总凌某、A子公司（该公司一年前刚并购进集团公司）的总经理张某（此人人际关系好但能力平平），A子公司常务副总沈某（此人懂管理且精通业务）。

模拟情景：

今年是集团公司对子公司推行绩效考核的第一年，各子公司抵触情绪较大。春节前，A子公司绩效考核在集团排倒数第一，只能发30%的绩效奖金，员工不满情绪严重，上访危机一触即发。忐忑不安的张某找到了总经理（应试者）评理，认为A子公司绩效低是集团年初考核指标定得过高、集团对A子公司项目选择出现决策失误等诸多原因造成的，不能怪罪A子公司，要求全额发放绩效奖金。集团公司分管人事的副总凌某认为集团应坚持原则，不能放松对A子公司的考核。沈某因在A子公司被张某孤立，工作无法开展，也找到总经理递交辞职信，要跳槽到同行业另一家公司。此外，总经理还要赶飞机与重要合作伙伴签约。

测评目的：考查应试者在面对贯彻集团公司政策、维护子公司稳定、安抚关键管理人员、绩效推行受阻、对外签约时间冲突等诸多困难时，如何在有限的半个小时面试时间内做出正确决策。

案例3　无助手参与的角色扮演案例——承担任务的困扰

角色身份：

唐玉斌——K厅S处处长

高双海——K厅副厅长、主管S处

林玉昆——K厅S处副处级调研员

小王——K厅S处副主任科员

小李——K厅S处科员

① 由红军，王远志. 角色扮演测评技术运用与探索——以某国有大型集团公司选拔总经理的实践为例[J]. 中国人才，2011(7)：52-54.

情景背景：

1982 年林玉昆任 S 处科长时，高双海是他手下的干事；1986 年高双海任 S 处处长，1993 年提升为 K 厅副厅长。高、林二人关系十分密切，但由于林玉昆整天出工不出力，工作能力也较差，难以提拔为处长，因而 1993 年将其定为副处级调研员；同时，将 1986 年毕业来 S 处工作的唐玉斌提拔为处长。此后，林玉昆就更不干活了。本处的小王、小李也攀比老林不干活了。

情景任务：

今年年初，高双海告知唐玉斌，有个紧急任务由 S 处一周完成。唐处长算了一下，全处 4 个人加班加点干才能完成这个任务。考虑到本处情况，他向高厅长提出增加人手或给加班费的建议。高双海说："既不能调入人，也不准调出人，就你们 4 个人干，而且也不给加班费。有什么矛盾你处长处理。"唐处长回到处里想了一个办法：平均分配工作量。结果林玉昆带头反对，提出自己身体不好（实际没病），应少承担任务；唐处长又想了一个办法：让小王、小李多承担些任务。小王、小李不接受。事情僵持住了。怎么才能使大家都高兴地承担任务呢？

表演要求：

每小组出 5 人扮演不同角色，可以事前略做排练，总时间不超过 20 分钟。

3. 按情景的任务内容划分

按情景的任务内容划分，角色扮演法可以划分为关系协调型、动手操作型和问题解决型三种。关系协调型的角色扮演要求应试者以某一特定的身份去协调组织内外部的关系。动手操作型的角色扮演会提供给应试者一定的操作仪器或材料，要求应试者具体操作某一仪器或活动。问题解决型的角色扮演就是在情景中设置问题让应试者以一定的身份来处理和解决。其中，关系协调型和问题解决型的角色扮演能够考察应试者组织协调、人际沟通、应变等多方面的能力素质，因此，是人才招聘与选拔中常用的角色扮演类型。而动手操作型角色扮演由于是考查应试者的实际动手能力、学习能力等素质，因此在人才测评中并不常用。以下是较为典型的关系协调型角色扮演案例。

关系协调型角色扮演案例：编辑部的故事①

地点：某省报社总编室

人员：记者、通讯员、总编室主任等

记者小郭带通讯员（某地市委办公室王副主任）进了报社总编室张主任的办公室，向张主任递上一篇通讯稿。

记者：张主任，我与市委办的王副主任采写了一篇他们市委朱书记先进事迹的通讯，想马上发稿，并加印 300 份。因为朱书记要到外省开会，想带 300 份去。

王副主任：朱书记是全省优秀党务工作者，"十佳公仆"，我们写的稿件真实可靠，我们市委办已加盖了公章，请你们支持一下。

① 王胜会. 人才测评：理论、方法、工具、实务[M]. 北京：人民邮电出版社，2014.

记者：张主任，市委办的王副主任是我报的老通讯员了，这篇长篇通讯又是我们一起合写的，应该能发吧？

正好这天报社总编、分管专版的副总编一个出差、一个外出开会去了。问题：如果你是总编室主任，你如何答复记者和通讯员的问题？

参考答案：

(1) 稿件先放在我这里，我先要核实一下有关情况。

(2) 明天就要发稿这不行，要请副总编或者总编看了以后再定，因为这是比较重要的人物通讯稿。

(3) 如果能发，我们将安排尽快发，但加印300份要请示有关部门同意，加印经费由谁承担要协商。

此外，按照应试人数的不同，可以分为单独角色扮演或多人角色扮演；按照角色间不同的身份关系，可以分为合作型角色扮演和对立型角色扮演等。

二、角色扮演法的优点与缺点

（一）优点

角色扮演法的测评主要有以下几个方面的优点。

第一，参与性强。角色扮演是一项参与性的活动，可以充分调动起应试者参与的积极性。为了获得较高的评价，应试者大多会充分表现自我，施展自己的才华。应试者扮演指定的角色，是明确的、有目的的。在扮演培训过程中，应试者会抱有浓厚的兴趣，发挥角色扮演法娱乐性功能。

第二，高度灵活。角色扮演具有高度的灵活性。从测评的角度看，角色扮演的形式和内容是丰富多样的，为了达到测评的目的，考官可以根据需要设计测评主题、场景。在考官的要求下，应试者的表现也是灵活的，考官不会把应试者限制在有限的空间里，否则不利于应试者真正水平的发挥。从人才培训的角度看，培训者可以根据培训需要改变应试者的角色，与此同时，培训内容也可以根据角色适时调整。在培训时间上没有任何特定的限制，视要求而决定长短。而且角色扮演从培训设计上就已经消除了由于人际交互作用而产生的不利影响。

第三，负面影响小。角色扮演是在模拟状态下进行的，因此应试者在做出决策行为时可以尽可能地按照自己的意愿完成，也不必考虑在实际工作中决策失效会带来工作绩效下降或失败等问题，它是一种可反馈的行为。应试者只是尽力地扮演好角色就行，没必要为自己的行为担心，因为这只是角色扮演行为，其产生的影响可以控制在一定的范围内，不会造成不良影响，也没有必要在意他人的看法。

第四，可培养集体荣誉感。角色扮演过程中，需要角色之间的配合、交流与沟通，因此角色扮演可以增加角色之间的情感交流，培养人们的沟通、自我表达、认知等社会交往能力。尤其是同事之间一起接受培训进行角色扮演时，能够培养职员的集体荣誉感和团队精神。

第五，可积累工作经验。角色扮演为应试者提供了广泛获取多样工作生活经验的机会。这一点是就人才培训而言的，因为在培训过程中，通过角色扮演，应试者可以相互学习对方的优点，可以模拟现实工作生活，从而获得实际工作经验，明白本身能力的不足之处，使各方面能力得到提升。

（二）缺点

虽然角色扮演法在职业胜任力测评中得到了广泛的应用，但是不可否认，这种测评方法也存在着一定的缺点，主要表现在以下几个方面。

第一，虚拟场景可能与实际不符。如果没有精湛的“剧情”设计能力，则可能会使角色扮演简单化、表面化和虚假化等。这无疑会直接影响测评效果，使应试者得不到真正的角色锻炼和能力提高的机会。同样的，在设计角色扮演场景时，可能由于设计不合理、设计的场景与测评的内容不符，使应试者摸不着头脑，更谈不上测评应试者的能力水平了。

第二，实施过程费时费力。因为对场景设计要求较高，所以其实施成本较高；另外，因为测评过程较为复杂，客观科学的评价非常困难，因而对于测评者的专业要求也较高。①

第三，受应试者自身的影响较大。首先，受应试者参与意识的影响。有时应试者由于自身的特点，不乐意接受角色扮演的测评或培训，而又没有明确拒绝，其结果就是，在测评或培训中不能充分地表现他们自己；有时应试者的参与意识不强，角色表现漫不经心，这些都会影响测评或培训的效果。其次，应试者很有可能在实施过程中隐藏真实自我。对某些人来说，在接受角色测评或培训时，表现出刻板的模仿行为和模式化行为，而不是反映他们自身的特征。这样，他们的角色扮演就如同“演戏”一样，偏离了测评的实际意义。此外，在某些团队测评中，有的应试者可能过度突出个人，个人表现太富于个性化，可能会影响团队整体合作性。

第四，受旁观者的影响。由于角色扮演测评时，大多数情况有第三者存在，这些人或是同时接受测评或培训的人，或是评价者，或是参观者，自然的交互影响会产生于应试者和参观者之间，这里的影响是很微妙的，但绝不容忽视。

三、角色扮演法的实施流程与细则

1978 年，Bellack 提出，标准化角色扮演测评的编制或设计要经过 6 个步骤：选择角色扮演情景、确定测评的行为标准、确定可靠的评分方法、信度检验、效度检验、常模确定。基于角色扮演功能的复合性，一次完整的角色扮演的实施，测评考官和应试者要经过准备阶段、扮演阶段和评分阶段、点评阶段和撰写报告阶段。

（一）实施流程及关键环节

1. 实施流程

（1）准备阶段。

选择或者设计合适的角色扮演情景，做好周密的实施计划；考官和应试者进入角色扮演现场。先进行自我介绍，由测评考官先进行此次角色扮演的指导语宣读、角色分配、任

① 张爱卿．人才测评[M]．2 版．北京：中国人民大学出版社，2011．

务分配、注意事项说明等等。

(2) 扮演阶段。

应试者要根据角色需求，通过语言、行为动作等完成分配的任务；测评考官要对应试者的行为表现进行观察，并对观察到的行为进行记录，然后将每一行为归类到相应的测评项目中。行为的记录类型可能包括：微笑等表情神情、语调音量等语言反应、目光接触及专注程度、反应时间及潜伏期、肢体动作等诸多类型。

(3) 评分阶段。

测评考官对所有观察到的行为进行记录后，结合测评项目及评分指南、具体的行为表现、评分标准等进行打分。

每位考官要公布每位应试者的评分结果，对应试者的表现和评分结果展开讨论，以达成一致的测评意见，提高测评的准确性。考官在评分过程中的操作流程和关键技术，可以参考图 9.1 及表 9.1。

(4) 点评阶段。

在这一阶段，可以确定一位考官有针对性地对应试者的行为表现进行点评，点评不限制在规定的测评项目上，还可以结合应试者在角色扮演过程中反映的素质特征进行点评。

(5) 撰写报告阶段。

针对应试者的表现撰写测评报告，报告内容包括测评时间、地点、内容，应试者、应试者的行为表现、测评要素评分、对角色的把握程度等，并对人员选拔、培训开发和人事调整给出指导性建议。

角色扮演法的实施流程如图 9.1 所示。

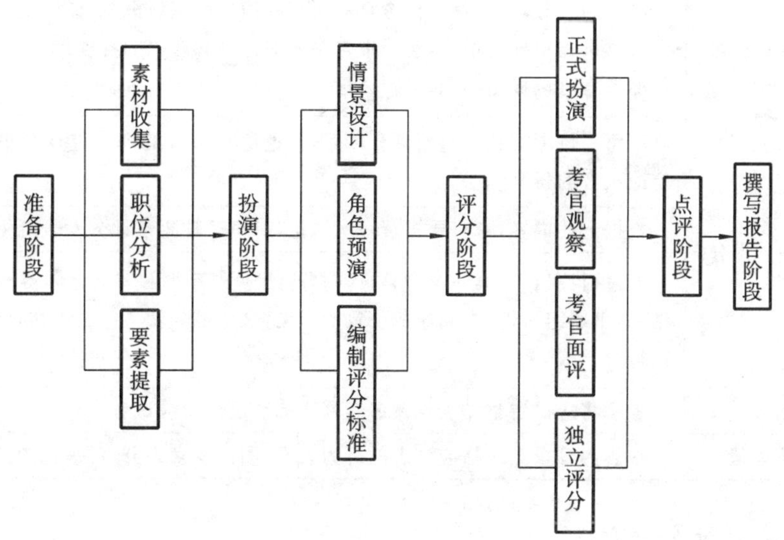

图 9.1　角色扮演法操作流程

2. 关键环节

角色扮演法实施中的关键环节如表 9.1 所示。

表 9.1　角色扮演法关键环节描述

<table>
<tr><td colspan="2" rowspan="2">准备阶段</td><td>事先做好周密计划，每个细节都要设计好，不要忙中出错，或乱中出错</td></tr>
<tr><td>助手事先训练，讲什么话，做什么反应，都要规范化，在每个应试者面前要做到基本统一</td></tr>
<tr><td rowspan="2">扮演阶段</td><td rowspan="2">编制评分标准</td><td>编制评分标准主要看其心理素质和实际能力，而不要看其扮演的角色像不像、是不是有表演的能力</td></tr>
<tr><td>一般角色扮演评价的内容分为四个部分：
①角色的把握性。应试者是否能够迅速地判断形势并进入角色情景，按照角色规范的要求采取相应的对策行为
②角色的行为表现。包括应试者在角色扮演中所表现出的行为风格、价值观、人际倾向、口头表达能力、思维敏捷性、对突发事件的应变性等
③角色的衣着、仪表与言谈举止是否符合角色及当时的情景要求
④其他内容。包括缓和气氛化解矛盾技巧、达到目的程度、行为策略的正确性、行为优化程度、情绪控制能力、人际关系技能等</td></tr>
<tr><td rowspan="7">评分阶段</td><td rowspan="3">考官观察</td><td>每一位考官要仔细观察，及时记录一位或两位应试者的行为，记录语气要客观，记录的内容要详细，不要进行不成熟的评价，主要是进行客观的观察</td></tr>
<tr><td>观察以后，考官要马上整理观察后的行为结果，并把它归纳到角色扮演设计的目标要素之中，如果有些行为和要素没有关系，就应该剔除</td></tr>
<tr><td>对与要素有关的所有行为进行观察、归纳以后，根据规定的标准答案对所有要素进行打分</td></tr>
<tr><td>考官初评</td><td>给行为打分以后，每一位考官对所有的信息都应该汇总，形成报告，每位考官要宣读事先写好的报告，包括报告要素的评分和有关的各项行为。在报告时其他的考官可以提出问题，进行讨论</td></tr>
<tr><td rowspan="3">独立评分</td><td>等每一位考官独立重新评分以后，再把所有考官的评分进行简单的平均，确定应试者的得分</td></tr>
<tr><td>根据上述内容，考官要进行一次讨论，对每一种要素评分发表意见</td></tr>
<tr><td>通过讨论以后，第一个考官再独立地给应试者评出一个总体得分，然后公布结果，由小组讨论，直到达成一致的意见，这个得分就是应试者在角色扮演中总的得分</td></tr>
<tr><td colspan="2">点评阶段</td><td>考官将应试者整体表现及参考答案标准反馈给应试者</td></tr>
<tr><td colspan="2">撰写报告阶段</td><td>报告内容重点包括应试者的行为表现，测评要素评分，对角色的把握程度等</td></tr>
</table>

（二）测评计分细则

1. 测评要素

在角色扮演法中，测评考官对应试者的行为表现一般可以从以下几个要素维度进行评价，如表 9.2 所示。

表 9.2　角色扮演测评要素表①

测评要素	测评要素描述
角色适应性	应试者能否迅速判断形势并进入角色情景，按照角色规范的要求采取相应的对策
角色的表现力	应试者在角色扮演过程中所表现出来的行为风格、人际交往技巧，对突发事件的应变能力、思维的敏捷性等
角色的仪表	应试者的衣着、仪表与言谈举止是否符合角色及当时的情景要求
其他内容	应试者在扮演指定角色处理问题的过程中反映出来的决策、抗压、问题解决、指挥、控制、协调等管理能力

例如，有助手参与的角色扮演案例“副县长如何为民做主”，其测评要素如表 9.3 所示。

表 9.3　“副县长如何为民做主”测评要素②

测评要素	优　良	一　般	较　差
角色适应度	角色定位准确，语言、行为表现与角色的要求一致	对要求自己承担的工作角色有一定的认知，语言、行为表现与角色的要求比较一致	角色定位模糊，不能按照角色的要求参与活动，语言、行为与角色的要求不一致
沟通协调水平	能顺利实现双向沟通，与来访群众沟通时条理清晰、措辞恰当，了解工作情况	能主动与来访者沟通，与群众沟通时条理比较清晰、措辞恰当，比较了解工作情况	被动沟通型，紧张怯场，几乎不了解工作情况
决策能力状况	考虑全面，决策时敢于承担风险，决策高效，能运用令人信服的论据说服来访群众接受决定	考虑比较全面，决策时比较敢于承担风险，能做出判断和决定，决策合理	考虑片面，不敢做出决定，决策低效，不能运用令人信服的论据来说服来访群众接受决定

2. 行为表现特征

以“副县长如何为民做主”的角色扮演为例，反映角色扮演法中测评要素的各类行为表现及其特征，如表 9.4 所示。

① 张文榕. 角色扮演测评技术的运用[J]. 现代企业教育，2014(14)：135-136.

② 任旭林，陈垟羊. 角色扮演法的开发程序与应用[J]. 中国人力资源开发，2016(10)：30-34.

表 9.4 “副县长如何为民做主”行为表现分类

测评要素	行为表现特征	行为表现
角色适应度	角色定位准确型	“你反映的这个情况，我还需要跟县上以及你们镇上领导进一步核实，我们马上着手安排相关人员成立工作小组进行调查，搞清楚问题的具体原因，然后对症下药，有针对性地制订解决方案。也请你相信我们政府，一定尽最大努力保障老百姓的切身利益。”
	角色认知模糊型	“这个情况我还要向上级反映一下，征求领导的意见，所以现在无法给你一个确切的答复。”
沟通协调水平	双向沟通型	“这位群众你好，请坐。首先请你不要着急，把你想反映的问题慢慢跟我说清楚。感谢你对我们政府的信任与监督，送来的材料我在早上大致看了一下，我也非常理解你们的心情，我们永远会站在老百姓的切身利益这一边，切实地为百姓服务。你们反映的问题主要有……你看还有什么补充？”
	主动沟通型	“你主要说了河水污染问题以及老百姓的工资拖欠问题，接下来我马上派人去镇上和工厂里了解具体情况，请你们放心。如果还有什么问题或者需要帮助，也请你们主动与政府沟通，你也可以直接找我反映。”
	被动沟通型	“你好，请问今天有什么问题？”“问题我在材料里已经反映了，领导你没有看啊？”“好，你反映了一个河水污染问题。这个我们接下来会成立工作组实地调查一下情况然后制订方案。”“那拖欠我们农民工的工资，领导你打算怎么解决啊？”“这个工资问题我目前也只是听了你单方面的意见，还需要了解工厂方面的情况才能具体给你答复。”
	紧张怯场型	群众情绪激动时，通常哑口无言；互动过程中显得拘谨，无所适从
决策能力状况	高效决策者	“你好，根据材料反映和你刚刚的陈述，我对情况有了一个基本了解。由于这个垃圾场位于两县交界处，所以关于垃圾场造成的河水污染问题，我会马上与邻县的领导沟通，协调两镇相关领导共同商讨，落实责任人，制订解决方案。同时，我们会马上成立工作组，派人组织两县领导协商，一旦确定，马上给你们答复。”
	合理决策者	“关于河水污染问题，接下来我们会成立工作小组，会同环保部门、水务部门以及镇上和村里的相关人员共同进行实地考察，协商出一个具体解决方案。针对拖欠工资的问题，县里面会组织劳动保障部门以及联系相关法律工作人员与工厂协商，最大程度保障老百姓利益。”
	低效决策者	“针对你反映的情况，我会马上下令整改垃圾回收站，必须保障老百姓的生产生活用水安全。化工产业排放的刺激性气体，一经查实就要马上下令整改或者关闭工厂，绝不能威胁到老百姓的身体健康。”主要是行政命令式的思维方式，解决方案过于简单没有对关键问题如何进一步切实解决，提供具体可操作的方案

3. 测评计分

角色扮演法测评要素的计分，主要是依据评价中心的评分方法进行判别，有行为列表法[①]和等级评定法等。在实际测评中使用更多的是等级评定法。

等级评定法是普遍应用的一种绩效评估方法。这种评估方法的操作形式是，给出不同等级的定义和描述，然后针对每一个测评要素，按照给定的等级进行评估，最后再给出总的评价。应用等级评定法时要对N件事物排出一个等级顺序，最小的等级序数为1，最大的为N，若并列等级时，则平分共同应该占据的等级。如，两个并列第一名，它们应该占据1，2名，所以它们的等级应是1.5；又如一个第一名，两个并列第二名，三个并列第三名，则它们对应的等级应该是1、2.5、2.5、5、5、5，这里2.5是2、3的平均，5是4、5、6的平均。

目前，等级评定法主要有以下几种形式。

①五等级法：优秀、良好、中等、及格、不及格。

②四等级法：高级、一级、二级、三级。

③三等级法：上、中、下。

④二等级法：合格、不合格。

（三）实施要求

1. 测评环境要求

角色扮演对测评环境的要求主要侧重于两点：一是根据角色扮演的特定形式和内容设计相应的测评场景；二是测评环境要方便测评考官观察应试者的行为表现。

2. 测评考官要求

实施角色扮演对测评考官有如下要求。

首先，熟悉测评的素质维度（胜任力）和测评工具，了解测评的一些细节内容；其次，要具备测评过程中的行为观察、归类和行为评估技巧；最后，要统一评分的标准和尺度，提高评价的一致性。

此外，在模拟面谈中，对测评考官的要求也比较高。第一，测评考官必须非常了解模拟面试的意图，知道通过什么方法来引发应试者的反应；第二，测评考官必须有灵活迅速的反应能力，能够根据应试者的不同反应对事先准备好的脚本进行调整；第三，测评考官要有表演能力，将情景表现得非常逼真。有的时候让测评考官本人扮演与应试者进行交谈的人，这样就给测评考官的工作增加了难度，他既要当测评考官，又要当与应试者谈话的人，他的注意力就容易分散，因此专门让一个人扮演与应试者交谈的人，而由另外的人做测评考官比较好。另外，应该对扮演与应试者交谈的人进行培训，而且在模拟面试中使用的题目要经过相当数量的测试，以便了解各种不同的应试者可能做出的反应，让扮演者事先准备好应对应试者各种可能反应的对策，保证测评情景的标准化和测评的有效性。

---

① 田效勋，柯学民，张登印．过去预测未来：行为面试法[M]．北京：中国轻工业出版社，2008．

四、角色扮演法在公共部门的适用性

角色扮演法因为具有较强的情景模拟性，因而主要适用于对公共部门管理人员、人力资源管理人员、从事销售工作的人员、从事客户工作的人员等的测评。可以测评应试者的角色把握能力、人际关系处理技巧、团队领导能力、情绪控制能力、思维敏捷性、应变能力、培养和管理下级的能力、口头表达能力等。一个结构化的角色扮演一般需要30～40分钟完成。[①]

国外的角色扮演法经过了多年发展，已逐渐成为一种有效且成熟的测评方式。但是在我国起步较晚，研究开展得也很不充分，尤其缺乏全面、系统的研究。在理论研究方面，谷向东(1998)从社会技能测评的角度对角色扮演法进行了较为系统的介绍，肯定了角色扮演法的应用价值。[②] 在实证研究方面，陈社育与余嘉元对角色扮演法作为仿真测评技术的信度和效度进行了探讨。[③]

在我国企业中，角色扮演法也逐渐开始应用于中层管理人员、技术部门经理的选拔。对于公共部门来说，测评情景可以取自真实而复杂的公共行政环境，也可通过情节的转化设计出测评需要的矛盾、冲突等，虽然设计实施过程比较复杂，但赋予了应试者在模拟情景中自由演绎的空间，且测评考官可以依据其现场的直观表现抓取关键行为和要素进行客观评价，因而测评效度和效果还是备受推崇的。并且随着全国领导干部竞争性选拔的“热火朝天”，角色扮演法在我国公共部门的中高层领导干部选拔中渐受欢迎，好评不断。

比较可喜的是，公共部门采用角色扮演法进行人才测评的案例越来越多了。比如，2011年4月，湖南省委组织部领导干部考试与测评中心在《中国人才》上发表了关于大型国企总经理选拔的角色扮演实录[④](需要说明的是，在我国，大型国企高管的选拔由中央组织部门负责，因而该案例也属于公共部门人才测评的案例)；2016年10月，西南财经大学任旭林研究员在《中国人力资源开发》上发表了关于某市副县级后备领导干部评选中采用的角色扮演法的实例，探讨了角色扮演法在测评领导潜质和综合能力中的可行性和有效性，为企事业单位选人、用人采用角色扮演法提供了参考。[⑤]

总的来说，角色扮演法可以应用于公共部门人事的甄选与晋升面试、培训开发、绩效考核、行为矫正和技能水平提升等环节。比如，通过一定情景模拟，要求应试者扮演某种干部角色，发表电视演说或即兴演讲，可以帮助领导干部结合“表演回放”及考官点评总结经验，矫正自己的不良肢体动作、不恰当的表情神态、反复的口头禅等，提升语言表达能力，优化个人形象。作为情景模拟面试的一种，角色扮演法最好与其他测评方式搭配使用，如公文筐测试法、无领导小组讨论法、决策模拟竞赛法、访谈法、即席演讲法、案例分析法等。

---

① 梁博科，张帆. 构建领导干部立体化测评体系的案例分析[J]. 领导科学，2011(9)：48-49.

② 谷向东，李伟. 社会技能的角色扮演测试[J]. 心理学动态，1998(3)：48-52.

③ 陈社育，余嘉元. 仿真模拟测评技术信度和效度的初步研究[J]. 心理科学，2000(6)：669-671.

④ 由红军，王远志. 角色扮演测评技术运用与探索——以某国有大型集团公司选拔总经理的实践为例[J]. 中国人才，2011(7)：52-54.

⑤ 任旭林，陈垟羊. 角色扮演法的开发程序与应用[J]. 中国人力资源开发，2016(10)：30-34.

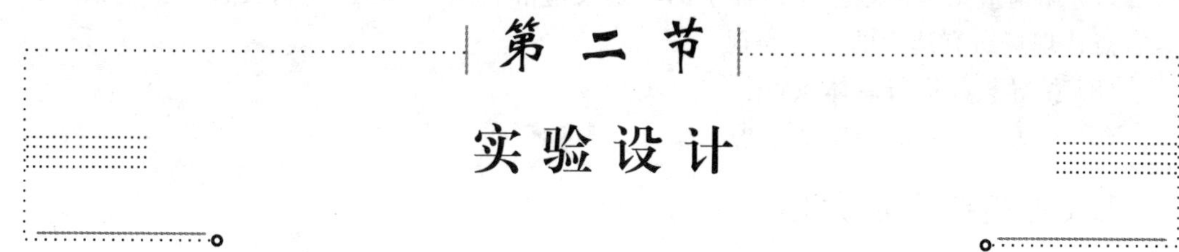

第二节 实验设计

一、实验目的

通过对角色扮演法实施原理与方法的掌握，熟悉作为应试者如何参与到角色扮演测评中，并懂得如何做好测评组织和评分的工作。因此，本实验要求学习者能掌握如何结合情景安排、布置角色扮演的场景，知道如何进行应试者的行为观察、要素评价，并出具测评报告。

二、实验条件和环境

1. 仪器和材料

(1) 电脑。

(2) 白板和马克笔。

2. 实验条件及准备

(1) 适合召开大中型会议的场所。

(2) 计算机。

(3) 带扩音效果的话筒。

(4) 姓名牌等。

三、实验组织方法及步骤

(1) 由教师系统讲授角色扮演法的基本原理(约 0.5 小时)。

(2) 按照一般团队要求，组建实验训练小组，6～8 人为一组，并且按照角色招募的基本方式，每个小组推荐一名应试者，其余人员可以视角色设计担任相关角色或测评考官。

(3) 指导教师要求各小组围绕附录的情景，拟出情景道具，设计模拟的测评场所；同时结合附录说明，根据需要安排设计情景中情节的呈现方式(文字宣读、现场演绎等等)，以投票的形式选择出最佳场景设计和最佳角色呈现方式。

(4) 指导教师要求各个小组围绕应试者的现场表现，锁定观察的关键行为及评分的基本要素，设计评分规则等。并且通过白板展示让各组进行分享和讨论，并且达成一致的观察方案和评分细则。

(5) 各个小组的应试者悉数上场，演绎限定五分钟的现场演讲。

(6) 考官们针对应试者的现场表现进行即时评分，允许不同意见的发表，并且通过讨论形成相对一致的评价意见和判断。

(7) 邀请应试者回顾测评过程中的心理反应和行为表现，进行自我评价。邀请测评考官点评现场所有选手的综合表现。

(8) 指导教师进行总体点评。

(9) 个人总结并编撰实训报告。

四、实验要求及评估

序号	实验要求	分值
(1)	熟悉角色扮演法的设计及操作等理论内容	20
(2)	熟悉角色扮演法的场景设计及呈现形式	20
(3)	能针对角色扮演法需要观察的关键行为和评价要素，设计评分规则	20
(4)	善于对角色扮演法中不同应试者的现实表现进行评价	20
(5)	能通过测评结果撰写应试者的总体评价	20

五、思考题

(1) 试总结无助手参与和有助手参与的角色扮演法的差别有哪些？

(2) 为什么关系协调型和问题解决型是角色扮演法中常见的类型？

(3) 试归纳角色扮演不同阶段的关键技术？

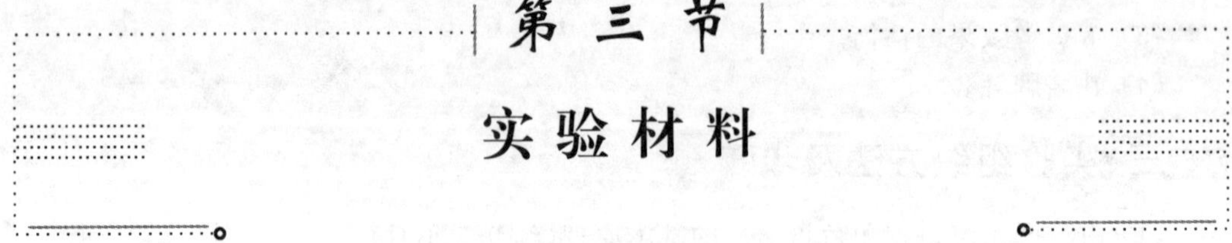

第三节 实验材料

附录　角色扮演情景：局长的5分钟

江大奎经过公开选拔，出任某局局长。经过深入细致的调查研究，局党组针对后勤工作管理混乱、人浮于事、铺张浪费的情况，研究制订了《关于机关后勤工作的改革方案》。在机关后勤工作改革动员大会上，局里特意邀请了上级主管部门的一位领导出席并讲话。大家没料到该领导由于不了解这个改革方案及其内容，当场对这个改革方案中的有关条款与措施提出了严厉的批评。顿时，全场哗然，主席台上的局领导们也显得束手无策。在会议无法正常进行下去的关键时刻，江大奎沉着镇定，讲了一番非常得体的话，从而使会议圆满结束。

现在给你5分钟时间，请你根据上述情景，模拟江大奎局长的讲话。

第四节
实验报告

实验报告

院系		专业	
班级		姓名	
实验教师		学号	
成绩		日期	
实验名称			
一、实验目的 二、实验原理 三、实验步骤 四、实验数据（如有则填） 五、实验结果 六、讨论分析（完成指定的思考题和作业题） 七、实验总结及改进实验建议（如有则填） 八、问题与困惑			
备注：			

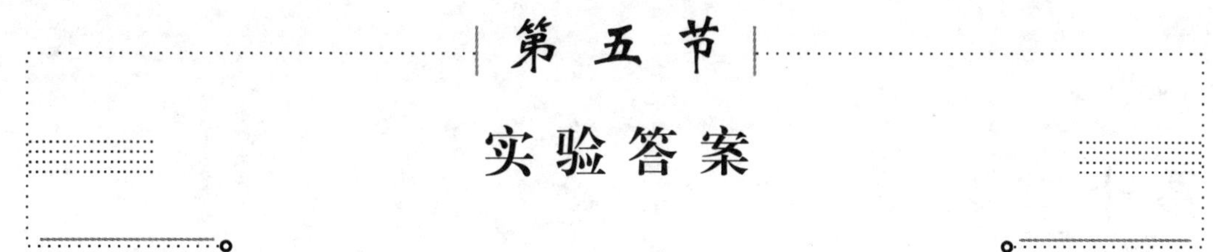

第五节 实验答案

【作答参考】江大奎的讲话，首先，应对上级领导表示尊重，肯定上级领导批评的主观动机，虚心接受并积极采纳；其次，就改革方案做进一步阐述，用解释语言说服上级，得到某种共识，坚持改革；最后，要统一全局职工的思想，以理服人、以情感人，稳定会场秩序，树立领导班子的威信。

CHAPTER10

第十章

案例分析法

第一节 基础理论[①]

一、案例分析法概述

（一）概念

案例分析是一项综合性的情景模拟测评项目。测评者向应试者提供一些在工作中遇到的现实问题，要求他们进行书面分析和在小组讨论会上进行口头分析。测评者根据应试者在分析过程中表现出来的分析能力、逻辑思维能力、独创能力、说服能力等进行评估，以此来判断应试者对职位的胜任程度。

案例分析，从名称角度分析，它存在两个基本要素，即案例材料和分析结论；从测评实践的角度分析，又可分为书面案例分析和汇报式案例分析。书面案例分析要求应试者根据测评者给出的限定性案例素材，解决某个或数个面临的问题，然后将分析的结果或提出的方案以书面形式提交给测评者。而汇报式案例分析则是应试者将分析结果或提出的方案以口头汇报的方式向测评者说明。

案例分析的测评形式决定了该方法主要适用于对应试者分析和解决实际问题的隐性素质进行考查，它属于结果评定类情景测评方式，该方法多针对高层管理者进行测试。

---

① 寇佳伦. HR最喜欢的人才测评课——人才测评实战[M]. 广州：广东旅游出版社，2014.

（二）案例分析题目的结构

案例分析题目主要包括案例和需要分析的问题或现象。

案例是含有问题或疑难情景在内的典型事件，从案例的定义中可以看出，案例具有三个特性：首先，案例是事件，是对一个实际情景的描述。案例讲述的是一个故事，叙述的是故事产生、发展的过程。其次，案例是含有问题或疑难情景在内的事件。能够称之为案例的事件，必须包含问题在内。最后，案例是典型性的事件，能够从事件的解决中说明、诠释类似的事件，要能够给读者带来一定的收获和启发。

编写案例的时候，一般要包含以下要素。

(1) 背景：说明故事发生是否具有特别的原因或条件。

(2) 主题：首先要考虑这个案例所要反映的问题，应从最有收获、最具启发性的角度切入，从而确立主题。

(3) 细节：不是有闻必录，而是对原始材料进行筛选，关键性的细节要描述清楚。

(4) 结果：交代事件的结果，也可以包括相关对象的感受等。

(5) 任务：需要应试者分析的问题或现象。

一般情况下，案例分析中需要应试者分析的问题都是依据案例素材中的“问题或疑难情景”设计的。由于应试者阅读理解能力存在差异，为了避免应试者误读分析任务，对分析任务的阐述必须简明、易懂，不能使用太过生涩的语言。

二、案例分析法的优点和缺点

（一）优点

1. 广泛的灵活性

案例分析题目具有广泛的灵活性，测评者可以根据测评目的和测评维度，设计需要应试者分析的素材和解决的问题。例如，在基于选拔的测评活动中，案例分析的题目设计应关注那些在特定职位上对绩效产生绝对影响的核心职责，然后就应试者是否具备在特定职位上创造高绩效的潜质进行设计。

2. 测评方式简单

由于案例分析的测评形式比较简单，目前国内的大部分案例分析测评都是以纸笔测试的方式进行的，并且以书面案例分析题目居多。案例分析的测评方式简单，对测评环境的要求不高，同时又可以进行批量化、规模化进行，是一种形式简单、成本低廉的测评方法。目前，国外有些专业测评机构已经具备了通过计算机平台实施案例分析测评的能力和条件。

3. 关注结果而非过程

测评者不必关注应试者完成测评的过程，而需要关注应试者完成的任务结果，因此案例分析测评不属于行为观察类测评项目，而属于结果评定类测评项目。有时测评者为了对应试者的特定素质进行更加可靠和准确的把握，会对应试者提出相关问题，深入了解应试者做出分析结论的原因。

（二）缺点

首先，评价标准是影响案例分析法的关键因素，但是由于案例分析中所涉及的解决问题的办法是多角度与多层面的，因此不太可能存在绝对的标准答案，导致案例的测评指标操作方式不清晰、不明确，测评项目后期评价的信度不高。

其次，由于测评者的水平存在差异，对测评指标理解存在差异，对所分析案例的理解的差异也可能导致评价结果的可靠性和准确性受到质疑。

最后，案例分析对应试者的价值观、动机等内驱力指标进行测试的效度比较低，因此不能依靠单一的案例分析来给应试者做全方位的测评报告。

三、案例分析法的实施过程

（一）案例分析的施测过程

案例分析的施测过程相对比较简单，和其他情景模拟类测评方法的施测过程基本一致，具体包括指导语和时间控制两个方面。

案例分析指导语相对简单，即告知应试者在案例分析环节的测评规则。案例分析的测评过程中最主要的是时间要求，一般情况下，案例分析测评的施测时间为 30～60 分钟，这需要测评者根据案例的信息量和分析任务的复杂程度来确定。

另外，需要注意的是，测评者对应试者完成分析过程后的汇报方式，也会对测评时间产生影响。如要求书面汇报，应试者需要的时间相对较长；而如果是口头汇报，则时间相对较短。

（二）案例分析评价

就应试者提交的书面报告而言，测评者需要针对应试者的书面报告进行评价。首先，对应试者书面报告中表现出的行为进行分类；其次，根据评价标准对应试者在每个测评维度上的行为表现进行评价；最后，依据应试者书面报告的内容与形式做出评价。

评价结果主要从应试者的知识水平与能力特点两个方面进行表述。如应试者具有丰富的战略管理知识、高超的战略管理能力，应试者根据材料提供的信息发现了组织目标，寻找到了支撑组织战略成功的关键要素，并在要素中进行了合理选择，为战略实施制订了符合组织特点的工作计划。

（三）案例分析题目设计

1. 选择测评维度

测评者首先根据测评目的明确案例分析的总体测评维度，然后从总体测评维度中选择那些适用于通过案例分析的方式进行考查的维度。

由于案例分析的局限性，测评者不能用它来测评应试者的所有素质，所以必须在客观认识案例分析法特点的基础上合理地选择测评维度。

2. 选择案例

在案例分析中，案例是测评者提供给应试者的资料主体，因此，案例的质量能够直接决定测评的质量。案例可以来源于职位实际工作过程中的关键事件，也可以由一个关键事件或几个关键事件共同构成；案例可以是事关组织战略方向的大问题，也可以是职能管理系统中的小问题。测评者在获得案例的过程中需要掌握四个要素：环境因素、任务因素、行为因素与结论因素。

3. 加工案例并建立评价标准

测评者提供给应试者的案例应具备三个特点：典型性、完整性、生动性。

典型性要求测评者提供的案例必须是职位任职者经常遇到的问题，这样才能将应试者的素质与职位标准进行比较。

完整性是指给应试者提供的案例结构要完整，案例的结构性表现为环境信息、人物信息、任务信息等。环境信息指既要有内部环境信息，还要有外部环境信息；人物信息指在案例中出现的各种人物之间的关系；任务信息指测评者给应试者下达的任务必须明确，以便于应试者清晰地理解。

生动性是指测评者提供的案例应该充分体现情景化的特点，对人物信息的描述要生动灵活，并充分表现各种人物关系的特点，清晰地勾勒人物形象，尽可能地与实际工作中的情况接近。

建立评价标准是案例分析题目设计中最困难的工作。案例设计完毕后，由测评专家与业余专家和组织高层三方共同确定评价标准。评价标准要体现应试者可能出现的典型行为与测评维度的对应关系，要体现不同的行为特征与评分等级之间的对应关系，明确应试者的哪些行为属于哪个测评维度的范畴，并且要体现出不同应试者的不同行为特征在分数上的差异。

4. 题目试测

案例分析试测的对象一般是两类人，即职位优秀任职者与一般任职者。优秀的职位任职者的素质代表了职位的素质标准。如果优秀的职位任职者的测试结果同样优秀，说明题目具有明显的区分效度。如果一般的职位任职者的成绩也很出色，说明题目的区分效度较低，需要重新修改，直至具备明显的区分功能为止。应试者的人数一般不能低于10人，如果样本数量较少，就不能说明题目具有普遍的区分功能。

四、案例分析法在公共部门的适用性

案例分析需要事先确定测评标准，实施过程较为严谨，因此它是现代人才测评中较为常用的一种，使用也较为广泛。特别是案例分析中的案例情景具有针对性，能够针对应试者的某种特殊素质进行测试，并且成功区分不同应试者之间的表现差异。因而，案例分析法可以广泛应用于人员的选录、晋升和培训等环节。

对于公共部门而言，需要基于部门间的职责差异以及不同层级的能力素质模型，通过不同的案例情景，有针对性地考察应试者的重点表现，进而为公共部门的领导干部选录、晋升、职业发展等提供有力依据。

第二节 实验设计

一、实验目的

通过对案例分析法的系统学习,全面了解案例分析法的理论体系,学习案例分析法的整体设计和使用过程,熟悉案例分析法的适用对象,掌握案例分析法的评价准则。

二、实验条件和环境

1. 仪器和材料

(1) 电脑。

(2) 白板、马克笔。

(3) 打印的案例材料。

(4) A4 白纸。

2. 实验条件及准备

(1) 适合进行面试的机房实验室等。

(2) 带扩音效果的话筒。

(3) 姓名牌等。

三、实验组织方法及步骤

(1) 由教师系统讲授案例分析法的基本原理(约 0.5 小时)。

(2) 按照一般团队要求,组建实验训练小组,6～8 人为一组,并且每个小组推荐 2～3 名应试者,其余人员充当测评评委。

(3) 指导教师要求各小组围绕附录的案例材料及问题,思考、讨论并锁定该案例材料适用的测评对象(主要涉及部门、职务、职级等)、测评的能力维度,以及评价方案(包括评价标准、评价细则等)。

(4) 要求各个小组利用白板、白纸等工具,展示测评对象选择及评价方案设计的理由,并推选出各组公认的最合适的一套方案。

(5) 要求各个小组设计整体的案例分析测评实施方案及流程,并进行施测预演练。

(6) 各个小组派出一队应试者和测评评委上场展示,要求所有学生仔细观察、记录的应答和测评评委的评分情况。

(7) 指导教师鼓励各个小组之间进行相互评价,并就测评过程中细节把握、测量评价的把握尺度等进行讨论,评选出相对最佳小组。

(8) 指导教师带领所有学生回顾总结案例分析实施的关键环节及评价过程的细节要

领，并对最佳小组的案例分析法的实施方案等进行修订。

(9) 指导教师引领学生针对各个组的应试者进行综合评价，撰写个人评价意见。

(10) 指导教师进行总体点评。

(11) 个人总结并编撰实训报告。

四、实验要求及评估

序号	实验要求	分值
(1)	熟悉案例分析法的优缺点、适用范围及操作实施等理论内容	20
(2)	能针对具体的应试者选择合适的测评维度和评价方法	20
(3)	熟悉案例分析法的实施和操作细节	30
(4)	善于运用案例分析法对应试者的表现进行评价	30

五、思考题

(1) 试分析案例分析法在公共部门的适用范围。

(2) 试论案例分析法实施过程中的难点所在。

(3) 试分析什么样的案例分析题目是“好题目”。

第三节　实验材料

附录　案例材料：东北 M 市转型升级发展之路？

东北地区的发展，一直备受瞩目。从“十一五”到“十二五”的 2012 年，东北经济发展一直快于东部，但到了 2013 年，东北经济增速开始放缓。2014 年第一季度黑龙江省经济增速为 4.1%，居全国末位；吉林省、辽宁省的经济增速也分别只有 7%、7.4%，整个东北经济增速为全国四大经济板块中最低。国家发展改革委负责人表示：“东北的问题，表面看起来是放缓和下滑；深层次上是一些体制性、机制性、结构性的问题，需要加快形成经济增长的内生动力和可持续发展机制，更需要谋求转变，走转型升级之路。”

M 市是东北地区比较典型的尚未摆脱传统产业、传统发展方式的工业大市。2014 年一、二季度，M 市规模以上工业增速分别为 0.5%、0.7%，且二季度工业首次出现负增长，为−2.2%，二季度投资下降 27.9%。M 市经济增长主要依靠政府投资、外贸出口、居民消费，社会投资潜力不足；装备制造业比较发达，但都是传统制造业，生产加工型经济，且处在产业链低端，缺乏国际竞争力。长期以来的大规模、高强度生产要素投入，产生了高消耗、高污染、低效益等一系列矛盾和问题。目前 M 市人均能耗高于全国平均水平 1.3 倍，万元国内生产总值能耗是全国平均水平的 1.7 倍。传统产业产能过剩，先进制造业、现代服务业的发展水平不高。发展资金缺乏，融资难、融资贵的问题长期存在。科技创新投入不足、科技进步贡献率较低。民生领域欠账较多，社会事业发展滞后，“三农”问题突出，城乡、区域发展差距扩大，人民对经济社会发展尚不满意。

请你根据上述材料回答下列问题。

1. 从当前看，你认为解决 M 市经济社会发展问题应该从哪些方面入手？

2. 从长远看，你认为东北地区经济社会发展应该谋求怎样的转变，走转型升级之路？

第四节

实验报告

实验报告

<table>
<tr><td>院系</td><td></td><td>专业</td><td></td></tr>
<tr><td>班级</td><td></td><td>姓名</td><td></td></tr>
<tr><td>实验教师</td><td></td><td>学号</td><td></td></tr>
<tr><td>成绩</td><td></td><td>日期</td><td></td></tr>
<tr><td>实验名称</td><td colspan="3"></td></tr>
<tr><td colspan="4">一、实验目的

二、实验原理

三、实验步骤

四、实验数据(如有则填)

五、实验结果

六、讨论分析(完成指定的思考题和作业题)

七、实验总结及改进实验建议(如有则填)

八、问题与困惑</td></tr>
<tr><td colspan="4">备注:</td></tr>
</table>

第五节
实验答案

【答题要点及思路提示】

第1问，是以一个市为典型，从微观上作答如何解决当前东北地区一市（地）的经济社会发展问题。作答要做到“四个结合”：一是结合东北地区典型市（地）的经济社会发展状况，要深入理解东北地区城市的现状、潜力、优势、劣势等实际；二是结合案例材料给出的相关信息，挖掘隐藏的重要信息；三是结合深化改革、科学发展、转型升级、创新驱动等时代热门的观点和理论，要对这些观点和理论有深入了解，在答题中有机融入；四是结合当前的目标，立足当前、立足一个市来筹划，但不能太长远、太宏观，要答出具体的方略和工作任务。

主要作答内容有：①加快发展工业，遏制下滑势头。强化装备制造业的主导地位，改造传统制造业，延长产业链条。发挥老工业基地优势，发展深加工、精加工和在国内外市场上具有相对优势的产品。扶持具有一定基础和优势的战略性新兴产业并加快发展。发展现代物流、金融保险、研发设计和工业软件等生产性服务业。②加快技术创新，增强自主创新能力。引导企业加大研发投入，提高科技创新能力、技术改造能力和新产品开发能力。升级传统产业，提高产品的科技含量和智能化水平。建立以企业为主体、以市场为导向、产学研相结合的技术创新体系和开放式的创新平台，发展技术创新战略联盟。营造有利于技术创新的环境，完善创新服务体系。支持科技型中小企业发展，激发科技人员的创新创业活力。③拓宽融资渠道，解决资金瓶颈。积极向上争取国债资金和各类专项资金。加大招商引资，依托产业基础吸引更多国内外资金。帮助企业利用资本市场直接融资。引导更多社会资本参与投资。发挥政府引导作用，设立各种产业发展基金、创业基金和创新风险基金。④加大对外开放，培育经济增长新引擎。广泛开展对外交流与合作，加大面向东北亚、蒙古和俄罗斯的开放力度，扩大领域，优化结构，创新模式，不断提高开放质量和水平。完善投资软环境，不断提高利用外资水平。加快出口基地建设，调整出口结构，培育新的出口优势，多渠道、多方式开拓国际市场。坚持引进来和走出去相结合，引导和鼓励企业面向全球配置资源，主动融入全球产业大循环。⑤增加居民收入，提升消费能力。通过第三产业发展，提供更多的就业机会。推进农业产业化、现代化，提高农业生产效率和效益，吸引农村剩余劳动力进城务工。加快新型城镇化建设，拓展发展空间，加大民生事业投入，发展城乡社会事业。稳步提高城镇居民和农村居民收入水平。改革收入分配制度，建立工资正常增长机制，提高扶贫标准、社会保障水平和最低工资标准。加快社会保障制度改革，推动城乡社保一体化。

第2问，是从长远上、宏观上作答东北地区经济社会发展转变升级的方略。作答要站在振兴整个东北地区的高度，答出推动东北地区经济社会发展要实现哪些转变、怎样转变，并且还要体现全面振兴的含义。作答前要认真领悟案例材料中国家发展改革委负责人话中的含义，作答内容要突出内生动力和可持续发展机制，在推动转变、转型上下功夫。

主要作答内容有：①由大工业向强工业转变。把增强工业核心竞争力放在首位，实现规模和结构的“双提升”。一方面，围绕装备制造、能源等传统支柱产业，发挥老工业基地优势，改造升级传统产业，做大拉长产业链，培育优势产业集群。另一方面，培育和发展战略性新兴产业，努力在高端装备制造、新一代信息技术、新能源、新材料、节能环保等领域率先突破，形成先导性、支柱性产业。发展现代服务业，构建现代产业体系。②由粗放型向集约节约型转变。淘汰落后产能，消化产能过剩，大力发展绿色经济、低碳经济和循环经济，形成节约能源资源和保护生态环境的产业结构、增长方式和消费模式，促进人口、资源、环境协调发展。③由投资拉动向创新驱动转变。加强自主创新和技术改造、产品升级，走科技引领、创新驱动、内生增长的发展之路。加强技术创新体系建设，形成一批具有自主知识产权的技术和产品，推动由“东北制造”向“东北创造”迈进。④由政府主导向市场主导转变。改革经济管理体制，增强企业活力。推动政府职能转变，减少审批事项和环节，减少对微观经济活动的干预，将政府工作重点放在为经济发展创造良好环境上，注重履行公共服务、市场监管、社会管理、环境保护等职责。建立科学的绩效评价体系和评估机制，严格执行问责制，提高政府的执行力和公信力。⑤由城乡区域非均衡发展向统筹协调发展转变。坚持科学发展观，统筹推进城乡和地区之间的发展，增强发展协调性。以工业化致富农民、以城市化带动农村、以产业化提升农业，统筹推进新型工业化、新型城市化和农业现代化建设。推动东北地区沿海经济带、沿边经济带、对俄经贸区开放，推动黑龙江、吉林、辽宁和内蒙古东部一体化发展。建立协调机制，形成优势互补、资源共享的区域发展格局。

第十一章 CHAPTER11

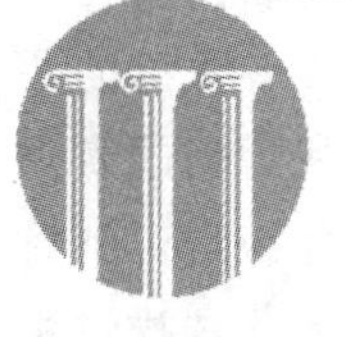

无领导小组讨论

第一节 基础理论①

一、无领导小组讨论概述

（一）概念

无领导小组讨论(leaderless group discussion，LGD)是评价中心技术中经常采用的一种测评方法。无领导小组讨论即"群面"，区别于结构化面试的"逐一面试"形式，近年逐渐应用于我国公务员招录的面试中。此方法采用情景模拟的方式对应试者进行集体面试，运用松散群体讨论的行为快速诱发人们的特定行为，并通过对这些行为的定性描述、定量分析以及人际关系比较，来判断应试者的素质特征。

就操作过程而言，无领导小组讨论就是给应试者一个待解决的问题，给他们大约一个小时的时间，让他们在既定的背景下或围绕给定的问题展开讨论并解决问题。应试者的数量最好是5～7人。所谓"无领导"，就是参加讨论的这一组应试者在讨论问题的情景中，地位是平等的，不指定哪一个具体的人充当小组的领导者。目的就在于考查应试者的表现，尤其是看谁会从中脱颖而出，成为自发的领导者。测评者不参与讨论过程，只是在讨论之前向应试者介绍所要讨论的问题，给他们规定所要达到的目标以及时间限制等，至于怎样解决问题则完全由应试者自己来决定。测评者一般通过现场观察或者通过录像观

① 刘远我.人才测评方法与应用[M].2版.北京:电子工业出版社,2011.

察对应试者进行评定。

（二）历史起源

无领导小组讨论起源于 20 世纪 20 年代的德国，创始人为 Rieffer。德国最先将此方法运用于国内军事人员的选拔——军事心理学家用圆桌讨论方式来挑选间谍。第二次世界大战期间，美国、英国采用无领导小组讨论选拔优秀的情报人员和优秀军官。由于在军队中的成功运用，二战结束后，心理学家们进一步发展了该方法，引入了更多有争议的课题，以便能观察应试者沟通与妥协的社会技巧。其后，英国、澳大利亚以及战后美国联邦服务机构与私人企业将该方法用于贸易、商业、教育及艺术职业等领域的人才探索。到目前为止，在世界 500 强企业中，绝大多数的企业在内部高级职务聘任和外部人才选拔过程中都运用该方法。另外，近年来随着我国对人力资源管理技术重视程度的提高，该技术被越来越广泛地应用在企业的面试中。在我国公务员和事业单位的招聘面试中，无领导小组讨论也越来越受到面试官的青睐。从 2000 年开始，国家各部委招考公务员面试过程中的部分单位（如国家知识产权局、公安部、全国总工会等），以及地方招考公务员面试过程中的部分地区（如吉林省、云南省、山东省、江苏省、重庆市）的部分职位开始尝试采用无领导小组讨论的面试形式。此外，公开选拔领导干部面试也都倾向于使用这种方法。

（三）类型划分

根据讨论背景的情景性，可以将无领导小组讨论分为无情景性的无领导小组讨论和有情景性的无领导小组讨论。无情景性的无领导小组讨论，一般是让应试者就一个开放性的问题展开讨论，阐述自己的观点并试图说服别人，一般会要求应试者在规定的时间内得出一个一致的结论。有情景性的无领导小组讨论，是将应试者置于某种假设的情景中，让他们从情景所要求的角色的角度去思考某个问题，寻找解决问题的思路和办法。

根据是否给应试者分配角色，可以将无领导小组讨论分为不定角色的无领导小组讨论和定角色的无领导小组讨论。不定角色的无领导小组讨论，是指在讨论过程中并没有给应试者分配一个固定的角色，仅仅是阐述自己的观点或充当小组中的一个与其他人没有什么差别的成员。定角色的无领导小组讨论，是指讨论过程中给每个应试者分配一个固定的角色，应试者需要履行这个角色的责任，完成这个角色所规定的任务。

根据小组成员在讨论过程中的相互关系，可以将无领导小组讨论分为竞争型的无领导小组讨论、合作型的无领导小组讨论和竞争与合作相结合的无领导小组讨论。竞争型的无领导小组讨论，是指每个小组成员都是代表他们各自的利益或他们各自所从属群体的利益，小组成员之间的目标是相互冲突的，并且往往存在对某些机会或资源争夺的问题。合作型的无领导小组讨论，是指小组成员之间互相配合来共同完成某项任务，每个小组成员的成绩都依赖于合作完成这项任务的结果，同时也取决于他们在完成这项任务的过程中所做出的贡献。竞争与合作相结合的无领导小组讨论的实施方式，一般是将一个大组分为两个或几个相对较小的组，在小组内部，成员的行为是合作性的，而小组之间是竞争性的。

二、无领导小组讨论的优缺点

（一）优点

首先，无领导小组讨论能够提供应试者一个充分展现其才能与人格特征的平台，应试者能够在一种动态的情景中充分表现自己的真实行为，有利于测评者识别最具有潜能的人。

其次，无领导小组讨论能够提供给应试者一个平等的相互作用的机会。在相互作用的过程中，应试者能够完全展示自我，同时也给测评者在与其他应试者进行对照比较的背景下对某个应试者进行评价的机会，从而能够得出更加全面、合理的评价。

再次，无领导小组讨论具有生动的人际互动效应，通过应试者的交叉讨论、频繁互动，能看到许多纸笔测试乃至面试所不能检测的能力或者素质，如应试者在无领导小组讨论中会无意中显示自己的能力、素质、个性特点等，有利于捕捉应试者的人际技能和领导风格，提高预测应试者在真实团队中行为表现的效度。

最后，无领导小组讨论可以同时考察若干名应试者，并且应用的领域比较广泛，操作起来比较灵活。

（二）缺点

无领导小组讨论具有一个突出的缺点，就是基于同一个背景材料下的各个不同小组讨论的气氛和基调可能完全不同。有的小组气氛比较活跃，比较有挑战性，而有的小组的气氛则比较平静，节奏比较缓慢，甚至显得死气沉沉。一个应试者的表现会过多地依赖于同一小组的其他应试者的表现，如一个健谈的人遇到了一些比他更加活跃的人时，反而会让人觉得他是比较寡言的，一个说服力不是很强的人在一个其他人更不具有说服力的群体中，反而会显得说服能力很强，不同的无领导小组讨论小组之间缺乏横向比较性。

无领导小组讨论对测评题目的要求较高，题目的好坏直接影响了对应试者评价的全面性与准确性。而且这种评价的方式对测评者的要求也较高，评价标准相对不易掌握，测评者必须接受专门的培训。测评者对应试者的评价很容易受到主观影响（如偏见和误解），这就会导致测评者对应试者的评价结果不准确。

最后，由于被试者知道自己正在被测评，评价者正在观察自己的表现，所以在小组讨论中被试者也有做戏、表演或伪装的可能性。

三、无领导小组讨论的设计与实施

（一）无领导小组讨论题目的设计

无领导小组讨论通过小组成员之间的互动，对某个讨论题目发表意见、互相讨论，并最终获得解决方案的方式来诱发小组成员表现特定的行为，测评者则依据讨论成员所表现出来的特定行为对其进行评价。因此，讨论题目的设计是无领导小组讨论中非常重要的环节之一。必须遵循一定的设计原则和设计步骤，才能设计出成功的讨论题目，才能确保诱发出应试者的特定行为，为评价工作打下良好的基础。

1. 讨论题目的设计原则

(1) 逼真性原则。

无领导小组讨论的特点之一就是其情景模拟性，而体现无领导小组讨论情景模拟性的一个重要方面就是其设计的讨论题目是独立、高度逼真、与实际工作有关的，即要求讨论题目具有现实性和典型性。因为这些典型的事件或问题最能够反映拟任职位的工作特点。设计的讨论题目越有典型性，就越能从无领导小组讨论中反映出应试者是否具备完成实际工作的能力和品质，所以设计讨论题目必须结合实际工作，从中找寻具有现实性和典型性的讨论题材，设计出与实际工作情景相似的讨论题目。

(2) 针对性原则。

讨论题目的设计必须建立在测评维度和测评标准基础上，这样设计出来的题目才更有针对性。讨论题目的设计必须针对拟任职位的特点，即要求讨论题目必须与拟任职位的特点相结合，所设计的讨论题目应能针对性地反映拟任职位的工作特点，讨论题目是现实工作中已发生的或与现实相似的事件或问题，能够体现具体的现实工作情景特点和所需具备的各种人才技能、品质等要素。

(3) 熟悉性原则。

设计的讨论题目在内容上必须是所有应试者都熟悉并感兴趣的，只有这样才能够保证人人有感而发，保证每位应试者在讨论过程中能够比较充分地表现自己，从而确保测评的公平性。如果内容对应试者而言比较陌生，就会限制他们的特定行为表现，以致无法全面地做出评价，使得测评无法达到预想目的。同时，讨论题目的内容不会诱发应试者的防御心理，因为这样才能让应试者尽情展现自己的风采，表现真实的自我。

(4) 具体性原则。

讨论题目设计的内容应该广泛而深刻。在立意方面一定要高，设计讨论题目要从大处着眼，含义要深刻；另外，讨论题目的内容一定要具体，即设计题目要从小处入手，要具体、实在、不空谈，一定要避免那些玄妙、抽象、言之无物的争辩，避免给评价带来不便。

(5) 适宜性原则。

讨论题目要有适当的难度。设计的题目不能过于简单，其结论不能显而易见，使得讨论形成“天花板效应”；同时，设计的题目也不能过难，使得应试者无法讨论下去，形成“地板效应”。讨论题目的难度一定要适宜，以促使应试者必须经过周密分析和仔细推敲，才能理出头绪，进行争辩，最终使能力强者崭露头角，从“无领导”状态下产生出能操纵讨论的真正“领导者”，进而使不同应试者真正地、自然而然地表现出各自的不同水平和特点。

(6) 辩论性原则。

无领导小组讨论重在“讨论”。通过讨论来观察和评价应试者的各项能力素质。这种讨论的目的不在于阐明或捍卫某种观点或思想的孰是孰非，而在于过程。所以设计的讨论题目必须体现出其辩论性，即讨论的题目要能够引起应试者激烈的讨论行为，让他们在讨论的过程中真实地把自己表现出来。

(7) 多元性原则。

讨论题目的设计一定要一题多解，在每个案例的分析与判断中，都要有几种可供选择的方案和答案，每一方案和答案均有利有弊，让应试者的主观能动性得以充分发挥，讨论之中仁者见仁、智者见智。

(8) 平等性原则。

平等性指的是角色平等。适用于角色分工的讨论题目，对角色的分工在地位上一定要平等，而不能造成应试者之间有等级或者优劣的感觉。只有应试者的地位平等了，他们才能有发挥自己才能和潜能的平等机会，应试者之间才能有可比性。

2. 讨论题目的数量

讨论题目的数量与应试者的人数有关，一般来说，小组讨论的人数每组为 5～9 人，人数太少往往讨论不起来。而人数过多会导致每个人的表现机会太少，同时评价者的观察难度也会增加。为此，我们建议小组讨论以 6～7 人为最佳，以此测算，如果要对 30 人进行无领导小组讨论测评，那么分为 5 组为宜，至少需要 5 道小组讨论题。这里就需要注意，题目的难度要基本一致，否则对不同的应试者是不公平的。在实践中，处理这种问题的办法有两个，一是操作实施时可让两个或多个测评小组同时进行，这样对小组讨论题目的数量要求就成倍下降；二是尽量将应聘同一职位的应试者放在同一组，这样对不同组难度的一致性要求就会降低，也便于测评者对同一职位的竞争者进行比较。

3. 讨论题目的形式

无领导小组讨论的讨论题目一般都是智能性的题目，从形式上来分，可以分为以下五种。表 11.1 分别从定义、考查要点及优缺点等方面对这五种题型进行了说明。

表 11.1　无领导小组讨论的常见题目类型

题目类型	定　义	考查要点	优　缺　点	举　例
开放式问题	答案的范围可以很广、很宽	思路的清晰性、针对性和全面性；新见解；言语表达	容易出题；不太容易引起应试者之间的争辩	你认为什么样的领导是好领导
操作性问题	用给定的材料和工具，设计出题目要求的物体	主动性；合作性；操作任务中充当的角色	主要考查操作能力；不太易引发争辩；对测评者和题目要求较高	小组成员用给定的材料按要求共同设计一座铁塔
两难问题	从两种互有利弊的答案中选择其中一种	分析能力；言语表达；说服力	题目的编制难度不大，可引起争辩；要注意两个答案的均衡性	你认为是以工作取向的领导是好领导呢，还是以人为取向的领导是好领导
多项选择问题	从多种备选答案中选择有效的几种，或按重要性对备选答案排序	主要考察分析问题的能力	较易形成争辩；题目编制难度大，要注意备选答案的合理、周全、平衡性	列举一名优秀的领导应具备的 14 种素质，从中选取你认为最重要的 3 种

续表

题目类型	定　义	考查要点	优缺点	举　例
资源争夺问题	就有限的资源进行分配	言语表达；问题分析；概括总结；组织协调；反应的灵活性	易引发充分的辩论；对题目要求较高，保证案例之间的均衡性	让应试者分别担当各业务部门的负责人，并就有限的科研经费进行分配

4. 讨论题目的编制步骤

编制无领导小组讨论的题目通常有以下六个步骤。

(1) 工作调研。

进行有关工作分析，特别是职位胜任力特征分析，了解拟任职位所需人员应该具备的特点、技能。根据职位的这些具体要求和无领导小组讨论自身的特点，开展有关题目素材的收集和整理工作。

(2) 素材收集。

收集与拟任职位有关的素材，这可以通过查看与职位有关的工作记录来获得，必要的时候也可以通过对任职者的访谈来获得更多具体的案例。所收集的相关案例应该能充分地反映拟任职位的特点，并且能够让应试者处理时有一定的难度。

(3) 案例设计。

对收集到的所有原始素材进行甄别、筛选，并在此基础上对素材进行加工，根据具体的测评目的，设计出难度适中、内容合适、典型性和现实性都比较好的案例。

(4) 讨论题目的编制。

对所设计出来的案例进行整合，使其符合无领导小组讨论的要求。主要是剔除那些不宜公开讨论的部分或者过于琐碎的细节，相应地，应该根据所要考查的目的，补充需要的内容，尤其是要设定一些与职位工作相关又符合讨论特点的情况或问题，使其成为具备科学性、实用性、可测性、易评价性等特点的既凝练又典型的讨论题目。

(5) 讨论题目的完善。

讨论题目编制完成以后，如果条件允许的话，可以对与应试者相似的一组人进行试测，一则看讨论题目是否具有可行性和可操作性；二则检验讨论题目是否能考察出应试者的相关素质。据此，对讨论题目进行进一步的修正和完善，直至其达到预期的效果。一定要注意讨论题目的保密，否则题目将会失效。

(6) 评分表的制定。

最后，需要根据讨论题目和小组讨论的特点，对每个测评要素进行界定，给出每个要素的权重，并结合讨论题目给出相关要素的观察要点。

(二) 无领导小组讨论的实施

无领导小组讨论的实施可以分为准备阶段、开始阶段、讨论阶段、汇报阶段、评价阶段五个环节。

1. 准备阶段

(1) 有关材料准备。

在小组讨论之前，须准备每位应试者的材料和每位测评考官的材料，前者包括讨论的背景信息和讨论的主题、必要的道具、笔、答题纸等；后者包括测评考官的指导语、讨论题、评分表和记录用纸等。

(2) 测评者的准备。

①将考官分组，每组5～7人，指定一人为主考官。

②对考官进行集中培训，使每位考官熟悉所采用的讨论题目，包括题目的内容、实施程序、指导语、时间限制、评价维度和评分标准等。

(3) 应试者的准备。

①将应试者分成讨论小组，尽量将报考同一职位或相近职位的应试者安排在同一组，每组5～9人。

②排出应试者参加讨论的时间表。

(4) 场地的准备。

场地应整洁、安静，采光良好。场地要有足够大的面积，应试者的座位宜围成圆桌，以便于讨论，也有利于使所有的应试者处于同等的地位。考官的座位应与应试者的座位保持一定的距离，并便于进行观察。通常，考官与应试者的位置安排以图11.1(1)所示为好。

这种位置安排方式既有利于应试者之间进行讨论，又便于考官对每位应试者的行为表现进行观察。在评价中心，若每位考官只需观察一两个应试者的行为表现，这种情况下考官和应试者的位置也常安排如图11.1(2)所示。

2. 开始阶段

(1) 考官提前入场。

考官和工作人员应提前10分钟进入考场，检查考场的有关准备情况，包括所需材料是否齐全等。

(2) 应试者入场。

应试者入场前应先由工作人员对其身份进行确认，经确认无误后，在工作人员的引导下入场。考官根据事先安排好的位置将应试者引到相应的座位上。为便于考官观察和评价，每位应试者面前应有桌签，上面有其姓名和序号，序号按1、2、3、4、5等顺序排列，这样考官在评价时只需记住每个应试者的序号即可，这比记住每个应试者的姓名要容易得多。

(3) 宣读指导语。

工作人员给每位应试者发放材料。然后，主考官宣读指导语。指导语的示例如下。

大家好！欢迎大家参加这次讨论，讨论的主题是关于……希望你们在这次讨论中积极发言。考官将根据你们在讨论中的表现，对你本人及小组进行评价。在你们整个讨论的过程中，考官作为旁观者，不参与你们的讨论，由你们小组自主进行。讨论开始后，请不要再向考官询问任何问题……

(4) 应试者的讨论准备。

应试者在讨论前需要用10～15分钟时间阅读材料，有时还需要应试者在答题纸上独

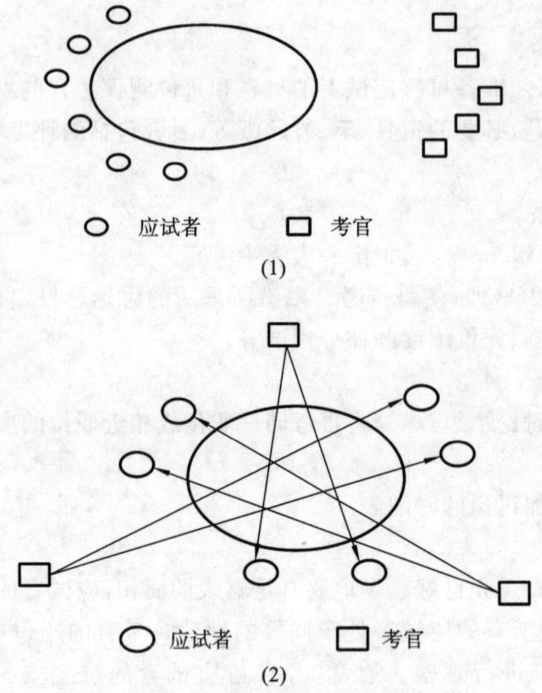

图 11.1　考官与应试者的位置安排

自写出自己的观点，并阐述理由。在这段时间里，应试者是不能相互讨论的。表 11.2 给出了一个奖金分配类问题的小组讨论答题纸样例。

表 11.2　无领导小组讨论答题纸（样例）

<table>
<tr><td colspan="3">考官：　姓名：　报考部门：　编号：</td></tr>
<tr><td rowspan="4">奖金分配方案</td><td>排序</td><td>各部门人均奖金额由高至低依次为：</td></tr>
<tr><td rowspan="3">人均奖金额</td><td>高于平均水平的部门：</td></tr>
<tr><td>相当于平均水平的部门：</td></tr>
<tr><td>低于平均水平的部门：</td></tr>
<tr><td colspan="2">简单理由</td><td></td></tr>
</table>

3. 讨论阶段

（1）主考官宣布讨论要求，说明讨论的具体规则、时限和小组要达成的目标。在主考官说“讨论开始”之后便可以进行自由讨论，讨论时间一般为 40～60 分钟。在讨论期间，小组的任务一方面是要形成一个解决问题的一致意见，另一方面是讨论结束后选派一名代表向考官报告讨论情况和结果。

(2) 应试者首先轮流发表自己的意见,然后按照要求展开讨论。通常,在讨论开始时每个人需在 2 分钟内阐述自己的观点,在紧接着的讨论中,每人每次发言时间一般也不能超过 3 分钟,但对每人的发言次数不做限制。

(3) 考官观察和记录应试者的表现,观察可以从以下多个方面进行。

①每位应试者提出了哪些观点?

②当别人的观点与自己的观点不符时是怎样处理的?

③应试者是否坚持自己认为正确的观点?

④应试者提出的观点是否有新意?

⑤应试者是怎样说服别人接受自己的观点的?

⑥应试者是怎样处理与他人的关系的,是否善于赢得他人的支持?

⑦应试者是否善于倾听别人的意见,是否一味只顾自己讲或常常打断别人的讲话?

⑧应试者是否尊重别人,是否侵犯别人的发言权?

⑨当个人的利益与小组发生冲突时,应试者是如何处理的?

⑩是谁在引导着讨论的进程?

⑪是谁经常进行阶段性的总结?

⑫每个人在陈述自己的观点时语言组织得如何,语调、语速及手势是否得体?

4. 汇报阶段

(1) 考官宣布讨论结束,请应试者停止讨论。

(2) 应试者推荐一人进行总结汇报,其他人可以进行适当地补充。

(3) 考官宣布结束,请应试者退场。

5. 评价阶段

(1) 考官对自己的记录进行整理,并根据每位应试者的综合表现对他们进行评分,必要时可写出文字评价意见,最后签上自己的名字。

(2) 工作人员回收考官的评价表,并对评分进行汇总。

(三) 无领导小组讨论的结果评定

1. 评价标准

一般来说,在无领导小组讨论中,考官评分依据的标准如下。

(1) 参与有效发言次数的多少。

(2) 是否善于提出新的见解和方案。

(3) 是否敢于发表不同意见,并支持或肯定别人的意见,在坚持自己意见的基础上根据别人的意见发表自己的观点。

(4) 是否善于消除紧张气氛,说服别人,调解争议问题,创造一个人人愿意发言的氛围,并最终使众人达成一致意见。

(5) 是否善于倾听他人的意见,并尊重他人,是否侵犯他人发言权。

(6) 语言表达能力如何,分析问题、概括或归纳总结不同意见的能力如何。

(7) 发言的主动性、反应的灵敏性、概括的准确性等。

2. 总体结果评定

为了便于考官把握评分尺度，通常对每个评分标准的评定采用10分制的形式，在给出具体分数前可以先根据应试者的表现进行等级评定(如优、中、差)。

优(8～10分)：发言和行为表现很突出，基本没有失误，在大部分观察点上表现优异，或与大部分观察点一致性程度很高。

中(4～7分)：发言和行为表现一般，没有过多的失误，在部分观察点上表现较好，部分观察点上无突出表现，或与部分观察点符合程度不高。

差(1～3分)：发言和行为表现很差，在大部分观察点上表现很不理想，或与大部分观察点描述的行为很不一致。

必须注意的是，除按标准要素评分法对每位应试者进行评价之外，在实践中还经常需要根据每位应试者在小组讨论中的总体表现进行评价，以及对整个小组的总体表现情况进行评价，后者的评价对每个小组成员都会有影响。表11.3和表11.4分别是个人总体情况评价和小组总体情况评价示例。

表11.3 个人总体情况评价

问题1：此人的参与程度有多高											
应试者1	很低	1	2	3	4	5	6	7	8	9	很高
应试者2	很低	1	2	3	4	5	6	7	8	9	很高
应试者3	很低	1	2	3	4	5	6	7	8	9	很高
应试者4	很低	1	2	3	4	5	6	7	8	9	很高
应试者5	很低	1	2	3	4	5	6	7	8	9	很高
问题2：此人对小组讨论的贡献有多大											
应试者1	很低	1	2	3	4	5	6	7	8	9	很高
应试者2	很低	1	2	3	4	5	6	7	8	9	很高
应试者3	很低	1	2	3	4	5	6	7	8	9	很高
应试者4	很低	1	2	3	4	5	6	7	8	9	很高
应试者5	很低	1	2	3	4	5	6	7	8	9	很高
问题3：在小组讨论中此人在多大程度上显示了管理潜力											
应试者1	很低	1	2	3	4	5	6	7	8	9	很高
应试者2	很低	1	2	3	4	5	6	7	8	9	很高
应试者3	很低	1	2	3	4	5	6	7	8	9	很高
应试者4	很低	1	2	3	4	5	6	7	8	9	很高
应试者5	很低	1	2	3	4	5	6	7	8	9	很高

表 11.4　小组总体情况评价

问题 1:小组在多大程度上显示了竞争性/合作性											
小组 1	竞争性	1	2	3	4	5	6	7	8	9	合作性
小组 2	竞争性	1	2	3	4	5	6	7	8	9	合作性
小组 3	竞争性	1	2	3	4	5	6	7	8	9	合作性
小组 4	竞争性	1	2	3	4	5	6	7	8	9	合作性
小组 5	竞争性	1	2	3	4	5	6	7	8	9	合作性
问题 2:小组的好战性/凝聚性如何											
小组 1	好战性	1	2	3	4	5	6	7	8	9	凝聚性
小组 2	好战性	1	2	3	4	5	6	7	8	9	凝聚性
小组 3	好战性	1	2	3	4	5	6	7	8	9	凝聚性
小组 4	好战性	1	2	3	4	5	6	7	8	9	凝聚性
小组 5	好战性	1	2	3	4	5	6	7	8	9	凝聚性

(四) 提高测评过程的信度与效度①

信度是指测评结果的可靠性和一致性。无领导小组讨论是由多位测评者同时对应试者进行评价的过程,评分信度常常是最重要的信度指标。效度是指测评内容与想要测评的素质之间符合的程度。无领导小组讨论多用于选拔高层次人才,且测评中覆盖了较复杂全面的指标,为了保证测评过程的信、效度,应该注意以下几点。

1. 小组成员的数量和结构

在前文介绍讨论题目的设计原则以及讨论题目的数量时,我们已经讨论过小组成员的数量和结构要求,在此再次陈述一下,竞聘同一职位的应试者应安排在同一小组,一般为 6～8 人,不宜过多或过少。建议选定人数为双数,因为组员在争执不下时经常以投票表决,双数易形成平衡局面,迫使组员们继续展开讨论。同时,还应考虑有无类似经验及性别、年龄的均衡,同时保持陌生度以降低熟悉因素的影响,以有利于营造更好的讨论氛围。

2. 题目设计的有效性

题目设计的有效性表现如下:首先,题目难度适中;其次,讨论的主题应该是应试者熟悉的,确保每个人都能有感而发、有话可说;再次,题目应具有一定的争论性,且题目内容应避免诱发应试者的心理防御机制,保证应试者能尽情展示自己真实的一面;最后,测评题目应尽可能全面地反映职位所需的能力素质,特别是工作职位所需要的关键能力。

3. 评分的科学性

有研究者提出运用 ORCE 法对评分步骤进行细化,包括观察(observe)、记录(record)、归类(classify)和评估(evaluate)四个环节。应重点明确讨论内容和互动过程两

① 张永翠,王晓庄.无领导小组讨论测评案例分析[J].心理技术与应用,2014(8):26-29.

个维度的考查。内容维度即应试者对讨论内容和结果的贡献，包括认识和分析问题的高度、深度及其周延性，辩证发展的思想，总体与局部关系的把握，概括的准确性等。过程维度是指应试者为实现讨论目标所做的贡献，包括对讨论进程的控制，对他人观点的理解与引申，沟通礼仪，如何说服他人，协调矛盾，以及合作意识、思维敏捷性等。

无领导小组讨论具有招聘的高效率性、角色间的平等性、情景的仿真模拟性、测评的全面性和动态性等优势，同时，该测评方法也存在选拔对象的特定性、对测评者和题目设计要求较高、测评维度的选取和确定较难等局限。为保证无领导小组讨论的有效实施，在今后的实践应用中，还应注意积极发展专业测评机构，选择和培训高素质的测评人员；以科学的工作分析为基础确定测评要素，严格遵循要素设计的针对性、选择性、内涵明确、不重复、操作性等基本原则；规范化实施无领导小组讨论，结合中国文化特点，努力实现无领导小组讨论题目和程序的中国化。

四、无领导小组讨论的适用性分析

无领导小组讨论主要是通过模拟团队情景来考查应试者的能力，无领导小组讨论技术要求高，实施费时又费力，所以一般将无领导小组讨论用于组织中高层人员的选拔与测评。既可用于选拔企业单位的管理人员，也可用于选拔事业单位的领导干部，还可以对组织的在职管理人员进行测评判定。对基层岗位的人员进行无领导小组讨论测评则得不偿失，既浪费物力、人力，同时浪费时间，而且不一定能取得一般测评方法能取得的结果。无领导小组讨论所测评的要素不符合基层岗位人员所需求的要素指标，而这些要素指标从一般的测评方法中就能得到。

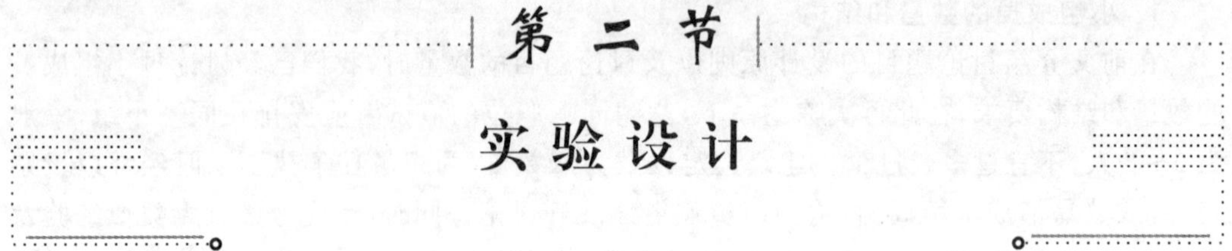

第二节 实验设计

一、实验目的

通过无领导小组讨论的实验设计，全面了解无领导小组讨论的基本流程，明白如何设计无领导小组讨论的题目，并且进行无领导小组讨论评分表的编制；充分理解如何通过无领导小组讨论的应用实现行之有效的领导干部选拔。

二、实验仪器与材料

(1) 宽敞、明亮的会议室。

(2) 圆形大会议桌，椅子若干把。为有利于应试者的平等交流，无领导小组讨论应使用圆桌而不是方桌(如无，可采用拼成的长方形桌子)。

(3) 报道表。报道表上需要有姓名、性别、身份证号及应试者的报道签名栏。在抽签决定应试者的座位号码后，还需填上该应试者的座位号码，以便评分时确保不会因为座位误认造成误评。

(4) 抽签条。用于应试者抽取座位号码。为了公正起见，座位由抽签决定。

(5) 座位号码。座位号码是摆放在应试者桌前的号码，应试者讨论时彼此用号码称呼。由于考官一般不熟悉应试者，用号码来标记对方更方便观察与记录。

(6) 指导语。主要告知应试者讨论的程序及注意事项。

(7) 测评题目。一般来说，应选择能够引发小组成员激烈争论的题目，同时，对测评题目的准备还需要实现试测验证。为了保证测评的顺利进行，一般还要准备一套备选题目。

(8) 讨论汇报表。应试者在最后达成一致意见后，要将意见写在讨论汇报表上，然后交给主考官。

(9) 观察记录表。考官用于记录应试者的讨论表现，如发言次数、接受别人的观点、表情姿态等，作为评价的依据。

(10) 评分表。考官最后给应试者打分的表格。评分表若干份，考官每人一份。

(11) 白纸。为每位应试者发放一张白纸，供草拟提纲和讨论记录之用。

三、实验组织方法及步骤

(1) 由教师讲解实验内容与实验要求，大约 2 课时。

(2) 组建实验训练小组，5～9 人为一组。

(3) 小组成员模拟应试者参加无领导小组讨论。

(4) 主考官(可以由教师扮演)对应试者进行面试，并做面试记录。

(5) 小组模拟 HR 汇总面试记录，形成面试结论。

(6) 小组对招聘过程进行总结和评估，或者互评。

(7) 将以上结果在全班进行交流展示，辅以教师讲评。

(8) 个人总结并编撰实训报告。

四、实验成绩

序号	实验要求	分值
(1)	熟悉无领导小组讨论的基础理论体系	20
(2)	熟悉无领导小组讨论的实施过程及细节	20
(3)	善于根据不同的应试者选择合适的测试题目	20
(4)	熟悉无领导小组讨论实施过程中观察记录表的填写方法与要诀	20
(5)	能结合评估标准给应试者打分及评价	20

五、实验思考与作业

(1) 无领导小组讨论测评方法适用的岗位有哪些？可以测评哪些维度？

（2）无领导小组讨论测评技术有何优缺点？

（3）实施过程中应该注意哪些事项？

第三节 实验材料

附录一　无领导小组讨论综合评分表范例

组别：第＿＿＿组　时间：年月日＿＿＿＿＿至＿＿＿＿＿

测评要素	解决问题的能力	个人影响力	组织协调能力	团队合作能力	语言表达能力	稳定性举止仪表	总分
权重	20%	20%	20%	20%	10%	10%	100%
观察要点	分析问题思路清晰，善于抓住问题的要害，解决问题的方法切实可行	思维敏捷，能根据考场上的情况及时调整、完善自己的思路，能抓住适当时机积极发言，有效赢得认可与支持	在讨论中善于寻找大家观点的共同点与不同点，为达成小组目标主动平息小组的纷争，推动小组形成统一意见	愿意与他人共同工作，专心聆听他人意见，不压制，能够赢得他人的信任、支持与合作，从而构建融洽高效的小组	能够清晰地表达自己的观点和思路，语言生动、流畅，富有感染力	面试中情绪稳定、沉着，穿着打扮自然得体，言谈举止表现出良好的文化素质	
应试者1							
应试者2							
应试者3							
应试者4							
应试者5							

续表

<table>
<tr><td rowspan="2">表现最好的应试者：

理由：

其他意见：</td><td>打分标准说明：
(1) 满分 10 分，请根据您的个人观点打分，不要和其他考官商量
(2) 8 分以上为优；4～7 分为中；4 分以下为差</td></tr>
<tr><td>考官签字：</td></tr>
</table>

附录二　无领导小组讨论测评样题 1

一艘在大海上航行的游轮不幸触礁，有四名乘客搭乘一艘小型救生艇逃出，艇上有一罐汽油、一箱金子、指南针、一桶淡水。四名乘客分别为：①孕妇，身上带有巧克力；②富商，带有重要文件；③寡妇，带有稀世珍宝；④儿童，带有地图。

问题一：由于救生艇承载力不够，只能承载三个人，富商与寡妇狼狈为奸，坚决不肯离开小艇。请决定：孕妇和儿童谁最应该放弃逃生机会。

问题二：若必须丢弃艇上的物品以减轻重量，请列出放弃的先后顺序，并说出你的理由。

附录三　无领导小组讨论测评样题 2①

大家好！欢迎各位来参加今天的竞聘面试评价活动。

现在大家要进行的是以测查综合能力为目的的测评活动。在这个活动中，我们要求每一小组的成员都以平等的身份参与到讨论活动中来，大家一起就给定的材料及所提出的问题表达自我观点，进行团体讨论，最后提出统一的问题解决方案。我们将会根据大家在表达、讨论中的表现进行评分。

请阅读问题背景，然后按照问题情境的要求，思考答题。

背景：S 公司是一家从事数码产品开发与销售的企业，成立三十多年来，在全体员工的不懈努力下，该公司已形成较强的市场竞争力，生产经营也正呈现出越来越好的势态。日前，经董事会决议，该公司计划在全国 5 个城市开展产品的销售业务，但考虑到资金周转问题，决定相继在三年之内打开各地的营销市场。

问题：如果你是 S 公司的董事会成员之一，请参照下面 5 座城市的描述信息，考虑该公司数码产品的销售在 5 座城市间开展的先后顺序，确定最先的切入点。

各城市的描述信息：

A 城市：这是一座一线城市，人口密度较大，流动性较强，经济发展水平高，民众消费观念较强；目前，该城市已有十几家从事数码产品销售的企业，市场竞争激烈。

B 城市：为中小型城市，居民生活水平较高，人口基数小且老年人口比重较大，数码产

① 张永翠，王晓庄. 无领导小组讨论测评案例分析[J]. 心理技术与应用，2014(8)：26-29.

品在市场上接近饱和；当前，市政府正对城市的扩建工作进行规划。

C 城市：属于国家重点开发区，人口较多，但目前经济发展水平相对较低；而随着化工等大型企业的进驻，城市正处于迅速发展阶段，怀揣梦想的大批年轻人正不断涌入。

D 城市：离 S 公司数码产品原产地最近，人口密集且年龄比例均衡；经济发展良好，人均消费水平较高；从事数码产品经营的竞争企业较多。

E 城市：离 S 公司数码产品原产地相对较为偏远，城市人口基数大且出生率高；目前为止，从事数码产品经营的厂商只有两家；居民物质生活水平较高，但数码产品方面的消费观念不强。

第四节
实验报告

实验报告

<table>
<tr><td>院系</td><td></td><td>专业</td><td></td></tr>
<tr><td>班级</td><td></td><td>姓名</td><td></td></tr>
<tr><td>实验教师</td><td></td><td>学号</td><td></td></tr>
<tr><td>成绩</td><td></td><td>日期</td><td></td></tr>
<tr><td>实验名称</td><td colspan="3"></td></tr>
<tr><td colspan="4">一、实验目的

二、实验原理

三、实验步骤

四、实验数据(如有则填)

五、实验结果

六、讨论分析(完成指定的思考题和作业题)

七、实验总结及改进实验建议(如有则填)

八、问题与困惑</td></tr>
<tr><td colspan="4">备注:</td></tr>
</table>

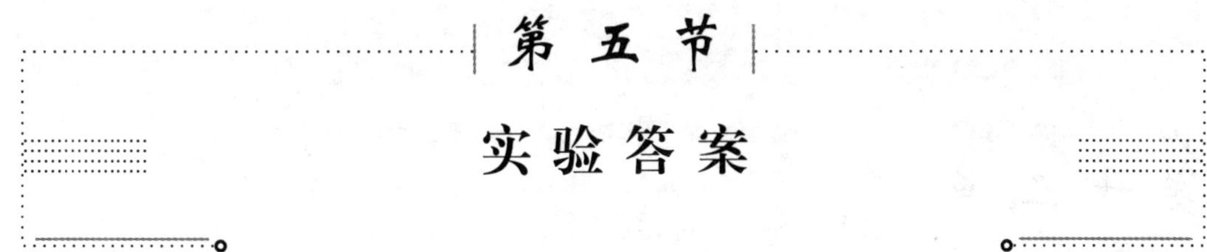

第五节 实验答案

一、附录二参考答案

本实验没有标准答案，言之有理即可。

本道题主要是为了考查应试者的语言表达、逻辑思维、辩论说服等语言能力，以及表情、手势、气质、自信等非语言能力，并不是考查应试者的道德素质。

第一小题中，应试者可从存活概率方面分析，认为孕妇存活率比儿童低，应放弃逃生机会；也可从生命数量方面考虑，觉得儿童应放弃逃生机会，因为孕妇关乎两条生命，总之言之有理即可。

第二小题中，应试者可根据自己选择的物品进行一定逻辑的重要性排列，要根据排列顺序条理清晰地进行表达，言之有理即可。

二、附录三参考答案

本实验没有标准答案，言之有理即可。

本题考查应试者的逻辑思维、语言表达、团队协作与协调等能力。

应试者可以从多方面设计出S公司三年内对于A、B、C、D、E五座城市的一套产品销售顺序，如可从五座城市的经济发展水平、人口密度和组成、开发潜力、同行业产业聚集程度、城市发展规划政策等方面，结合S公司自身发展程度进行方案讨论，最终产生一套综合性方案。

第十二章 CHAPTER12

360度评估法

当今形势和环境下，组织之间的竞争越来越激烈，组织内部的考评竞争也越来越激烈，因而对组织内部员工的公平考核、全面评估变得越来越重要。员工的考核和评估，对于人员优化、资源整合、缩减开支、形成良好激励机制、运用新管理手段等都发挥着重要作用。对员工的行为表现进行全面评估，加强绩效管理，360度评估是一种可行的评价方式。

第一节 基础理论

一、360度评估法概述

（一）概念

360度评估，又称多源评估、多评价者评估。它不同于自上而下、由主管评定下属的传统方法，其评估者不仅可以包括被评者的上级主管，而且可以包括其他与之密切接触的人员，比如同事、下属、客户等，还可以包括被评者自己。也就是说，360度评估法是从不同层面的群体中收集评估信息，将评估结果反馈给被评者。一方面，这将促使组织管理者全面认识自己，提高管理技能和工作业绩，改善团队工作，为员工的个人发展（如培训计划的制定）提供信息；另一方面，对于整个组织来讲，它可以增强绩效评价的效果，激励组织员工参与组织变革。

（二）历史发展与实现形式

360 度评估法的形式多种多样，其中应用最为广泛的是多源反馈(multi-sources feedback)评估技术，也称为 360 度反馈评估(360 degree fedback)。该技术是美国学者 Edwards 等人于 20 世纪 80 年代研究发展而成，瞬间风靡全球，为世界 500 强企业所广泛采用。

多源反馈评估是组织内部进行胜任力评估的重要方法之一。但我们这里所说的多源反馈评估技术与通常人们所说的 360 评估是不一样的，其主要特点在于融入了胜任力模型以及行为评价理念，由与被评者有密切工作关系的人员(包括被评者的上级、同级、下级、自己)对被评者日常工作中表现出来的与胜任力模型要求相关的实际行为进行判断和评估。在这一过程中，多源反馈评估如同一面"镜子"，使个体能够从中发现自我，调整自我，进而不断提高自身的胜任力水平。①

（三）操作方式

问卷调查和一对一访谈都可以用来搜集 360 度评估的反馈数据，最为常用的是问卷调查，即评估者通过纸笔作答。评估问卷的题目，通常由围绕能表现出胜任力特征(一般约含 10 个指标)的关键行为描述构成，评估者在被评者的这些行为表现上打分或选择符合程度。问卷回收后，对数据进行量化分析处理。有些评估题目会包含部分开放式问题，使评估者能有机会用自己的语言，把看到的和感受到的经验表达出来。随着电子化问卷和在线的评估系统在信息化时代越来越流行，许多组织或部门已经或正在购买 360 度评估反馈的软硬件产品。

二、360 度评估法的优点和缺点

（一）优点

360 度评估法从概念的角度基本能对其特征有一些感性的认识，具体而言，其主要优点可以概括如下。

(1) 多方面的评估。360 度评估的评估者来自不同群体，这样对被评者的了解能够更加深入全面，得到的评估信息能够更加准确客观。

(2) 基于胜任力特征。360 度评估的要素设计需要依据职位的胜任力特征。胜任力特征是指能将某一工作(或组织、文化)中表现优秀者与表现一般者区分开来的潜在的深层次特征，它是职位行为设计的依据。

(3) 评估的匿名性。为了保证评估结果的可靠性，减少评估者的顾虑，这种评估一般采用匿名的方法。同时，为了使参与评估者能够客观地进行评估，还要对他们进行专门的评分方法培训。

(4) 多方位的反馈。多方位的反馈能够帮助个体调整自我知觉、自我评价和行为，增

---

① 余兴安. 人力资源服务概论[M]. 北京：中国人事出版社，2016.

强个体的自我意识，提高自我管理效能。360度评估强调及时、客观地反馈，能够促使被评者正确认识自我、改善行为表现。

(5) 促进个人与组织职业生涯发展。在360度评估的结果反馈中，均设有专门的个人发展计划和建议。这些咨询意见和建议一旦让被评者接受，就有可能促进其个人的职业生涯发展。与此同时，也能增强组织的凝聚力，提高组织绩效。

(二) 缺点

360度评估法的缺点在于大面积评估者的参与，费时且费力，实施难度比较大。而且基于亲疏关系或者与被评者的熟悉程度、关联程度的差异，不同的评估者对最终评估结果的参考权重是不一样的，但是设计合适的权重却是非常困难的。

同时，并不是所有的测评都适合使用360度评估法。比如在公共部门，有些公务员职位属于政策研究型，很难挑选出非常明确的"顾客"为其打分。因此，360度评估法的使用有一些条件限制。目前，我国出现了一些为了"360度"而"360度"的不正常现象，出现了一些不适合进行360度评估的失败案例，这些都充分说明了360度评估方法使用受限的缺陷。

三、360度评估法实施步骤和流程

(一) 实施前的准备

360度评估是一个复杂的系统工程，在准备的时候首先要获得组织高层领导的支持，同时要获得全体员工的支持，能掌握评分细则并愿意参与其中，所有的评估流程均采用匿名方式。其次要选择合适的评估者，需要选择会提供真实、有用反馈信息的评估者。比如具有6个月以上共同合作经历的同事，或经常有工作来往的同事。一般情况只需要一名上司参与反馈。除本人及上司以外，一般要对下属和同事发放3份以上的测评调查表。

(二) 答卷前进行专业指导

在填写评估纸质答卷前，需要认真对评估者说明指导语，打消评估者的顾虑，独立作答，不受他人影响。评分等级是1～5分，主要目的是拉开分数差距，不要漏选等。特别要提醒评估者填写答卷尽量避免近因效应、光环效应等评价误差。而且收卷、评分及分析需要保密进行，故需要当场回收试卷，并当众密封之后，直接将调查问卷送至评估分析员手中，进行专业分析。

(三) 反馈评估结果

首先，基于反馈的GAPS理论(goal，ability，point of view，standard)准备反馈面谈内容，应包括：你想做什么？(目标，goal)你能做什么？(能力，ability)他人是如何看待你的？(看法，point of view)他人对你的期待是什么？(标准，standard)

其次，以"发展第一"为例，集中于个人的发展重点，促进交流沟通的效果，帮助员工产生积极变化。

最后，向个人或团队反馈评估结果时，要注意沟通技巧，掌握反馈尺度。比如，要表扬前 15％的员工；警示后 5％的员工；慎重随意点评优秀和落后的员工。

四、360 度评估法在公共部门的适用性

360 度评估是一种全面的测评方法，以胜任力特征作为依据，比较多方评估者对某人员的评估结果及人员对自身的评估结果，帮助个人进行绩效的改进和能力的提升。因而这是一个更能为广大基层员工所接受的一种测评方法，因此被公、私部门所广泛接受，运用到员工绩效评估、培训、晋升及内部选录过程中。

现代测评工作中，考虑到操作性问题，我们有时将 360 度评估简化成 270 度或 180 度评估。同时，可以充分利用现代计算机和网络，通过在线方式完成整个评估过程，能大大减少人力、物力及时间耗费，也很好地解决了 360 度评估中最敏感的保密性问题。基于互联网开发的多源行为反馈系统（behavioral multi-source feedback，BMF）可以与企业内部的 E-HR 系统实现无缝对接，完成评估后自动生成员工胜任力档案，并与历年评估结果进行对比，对人事决策具有较大的参考意义。

尤其是对于公共部门，360 度评估的全方位参与性，不但能有效避免传统自上而下评估的过度政治化，减少上下级之间的摩擦，提高民主参与性；而且能够通过全面的测评结果，避免测评的主观效应，提升测评的科学性和准确性。这种方法对于呼唤客观理性的公共人事是非常有价值与意义的。

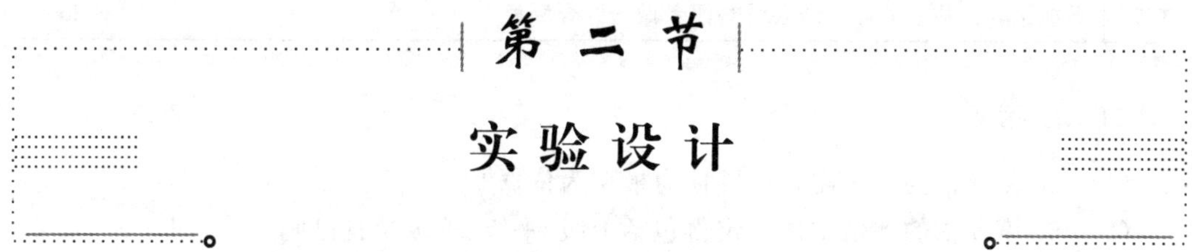

第二节 实验设计

一、实验目的

以我国正科级领导干部的通用胜任力模型为基础，设计我国正科级领导干部的 360 度评估方案，全面了解 360 度评估的概况、操作流程和关键环节，比如如何设计评估问卷，如何选择合适的评估主体，如何综合平衡不同主体的评估结果。

二、实验条件和环境

1. 仪器和材料

（1）电脑。

（2）大张白纸及马克笔。

2. 实验条件及准备

（1）实验室或机房。

（2）我国正科级领导干部通用胜任力模型。

（3）方便进行分组讨论的实验场所。

三、实验组织方法及步骤

（1）由教师系统讲授360度评估法的基本理论（约0.5小时）。

（2）按照一般团队要求，组建实验训练小组，3～5人为一组。

（3）指导教师以我国正科级领导干部通用胜任力模型为参照，要求各组在明确某一具体科级职位的基础之上（即锁定政府机关某一系统某一部门的某一科级职位），讨论针对这一职位如何设计评估问卷，包括评估维度与权重、评估问题及设置、评分细则等等。

（4）要求各组登录该职位所在组织的官方网站，明确参与360度评估的评估者范围，以及如何选择填写评估问卷的人选。

（5）各组模拟360度评估，调整预设的评估问卷及评分细则。

（6）个人总结并编撰实训报告。

四、实验成绩

序号	实验要求	分值
（1）	能根据胜任力模型设计360度评估指标体系及评分细则	30
（2）	熟悉360度评估法的实施流程及方法要点	30
（3）	熟悉360度评估法的评估者选择与确认	20
（4）	能结合评估者的评估结果对被评者做出综合测评	20

五、思考题

（1）360度评估为什么需要以胜任力模型为依据？

（2）360度评估的评估主体一定得包括上级、平级、下级及自己吗？

（3）360度评估在公共部门运用的最大挑战是什么？如何化解？

第三节 实验材料

附录　我国正科级领导干部通用胜任力模型

胜任力维度	解读
服务意识	服务意识是指能够发掘和满足工作对象的需要。正科实职干部既要服务上级领导和部门，又要服务于人民群众，只有在实际的工作中表现出良好的服务意识，能够放下自己的领导架子，才能把机关里的各项工作做好

续表

胜任力维度	解　读
行为正直	行为正直又称为道德、人品、人格，包括为人公正公平、廉洁、坦诚正直，严于律己，自觉遵守社会和职业准则，生活作风好，能处理好公私关系，局部利益让位于大局利益，个人利益让位于集体利益，在遇到和自己的利益和价值观相冲突的情况时能坚持正义，以群众利益和老百姓利益为重。行为正直反映了一个领导的价值观，处理问题公正公平，没有私心
关注秩序	关注秩序又称为制度建设，指关注工作环境和工作内容的条理性，检查自己和他人的工作，使工作井井有条，建立并坚持良好的制度。关注秩序还指对工作的准确度一丝不苟，不断地监控工作和信息进程，使其按部就班，有条不紊地进行
团队合作	团队合作是指通力合作，融入团队，关注团队发展，与团队共同进退，协力解决问题或完成计划。机关工作各部门之间的相互联系性比较强，作为正科级领导干部，只有努力地与他人协作，才能把机关里的各项工作做好
灵活性	灵活性代表了应变能力。正科级领导干部的工作处于第一线，需要根据环境的不同、现实情况的变动，及时调整工作思路，改变做事的方式，并且在面对不同意见和看法的时候能够理解和接纳，甚至珍惜
主动性	主动性指的是工作中付出额外的努力，主动思考做某件事背后的意义和环节。具有主动精神的科级干部能够主动帮助上级领导思考本职工作与整个单位的业绩关联性所在，找到提高部门整体绩效的办法
组织承诺	组织承诺是指把自己的行为与组织需要、组织目标紧密结合，为达成组织目标、满足组织需要而行动，把组织使命放在个人利益之上，愿意做出个人牺牲。政府机关单位不是营利性组织，需要公务员不计经济报酬做出较大的个人努力和牺牲，只有把个人与组织紧密联合，才能有工作的积极性，才有极高的热情完成部门工作
团队领导	团队领导是指以公平、合理、负责的态度领导团队，推动团队任务的达成。正科级领导干部通常负责一个部门的工作，需要一定的领导能力，领导部门完成上级交办的任务，落实既定的工作目标与思路。作为单位领导的后备军，正科级干部尤其需要注意领导能力的培养

第四节
实验报告

实验报告

院系		专业	
班级		姓名	
实验教师		学号	
成绩		日期	
实验名称			
一、实验目的 二、实验原理 三、实验步骤 四、实验数据(如有则填) 五、实验结果 六、讨论分析(完成指定的思考题和作业题) 七、实验总结及改进实验建议(如有则填) 八、问题与困惑			
备注:			

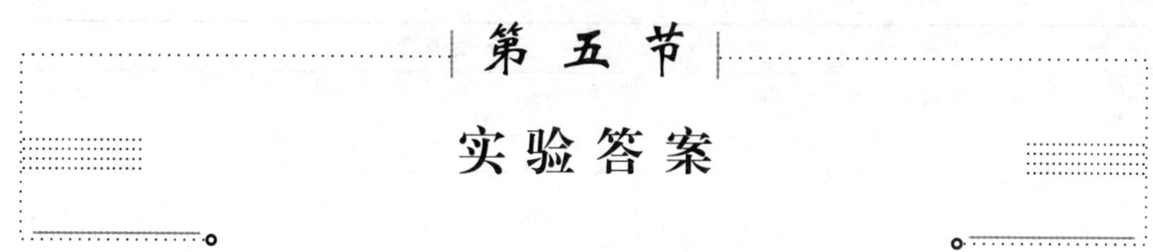

第五节 实验答案

针对某市人力资源和社会保障局人才流动开发科科长职位，讨论如何设计评估问卷，包括评估维度与权重、评估问题及设置、评分细则等等。

1. 确定人才流动开发科科长职位的主要工作职责

(1) 负责全市专业技术人员规划、考核、培训、奖励、惩戒等工作；负责有突出贡献中青年专家、享受政府特殊津贴专家的组织选拔，负责来市(回市)定居专家审批等管理事宜；研究建立博士后流动站、工作站有关事宜，负责博士后管理、服务工作；会同有关部门研究拟定吸引留学人员回市工作和为我市经济社会发展服务的有关政策，负责留学人员回市安置、跨地区跨部门调整和有关科研经费资助工作；研究拟定专业技术骨干人才出入和国外、省市外机构在我市招聘专业技术骨干人才管理政策法规，并监督实施；负责有关人员的出国审查和审批工作；综合管理、指导和协调全市智力引进工作。

(2) 负责全市人才资源规划、预测工作，具体落实人才流动的政策规定；指导全市人才流动和开发工作，发展、规范人才市场，建立国(境)外、省市外人才机构和组织进入我市人才市场的准入和承办，承办中省直、外省、国(境)外机构和组织在我市开办人才中介机构、发布广告、组织招聘活动的审批事宜；提出我市急需、应予保证的高校毕业生配置计划；拟定有关人员调配政策，承办国家和省市特需人员的调配工作，按分工落实研究“农转非”的政策规定和管理办法，并组织实施；按有关规定办理中省直机关及其所属企事业单位因工作需要从市以外选调干部和接收大专毕业生事宜；组织解决市直机关及其所属企事业单位干部的夫妻两地分居及配偶、子女“农转非”问题；综合管理全市专业技术人员继续教育工作。

(3) 负责市直机关国家公务员轮岗交流与回避、辞职辞退等工作。

2. 设计人才流动开发科科长职位的评估调查问卷

评估者与被评者关系：上级(　)同级(　)下属(　)

评分指标	分项	权重	分值区间			
			优 (90～100)	良 (80～89)	中 (60～79)	差 (50～59)
专业能力 (10%)	专业知识	5%	精通本岗位工作所要求的基础理论和实际业务知识，了解其工作发展前沿	有工作或其他相关工作所需的丰富的知识和经验，常能指导别人工作	具有工作所需的令人满意的知识和一定的工作经验	具有工作所需具备的最低限度基础知识，但熟练程度不高

续表

评分指标	分项	权重	分值区间			
			优（90～100）	良（80～89）	中（60～79）	差（50～59）
专业能力（10%）	专业水平	5%	很好地综合运用专业知识与专业技能，并且超出了期望的水平	具有较高的专业知识与娴熟的专业技能，并有综合运用能力和灵活的方法	比较好地掌握了专业技能的操作方法，不需他人过多指导和帮助就能完成工作	专业水平无法完全满足岗位要求，工作常需他人指导和帮助才能完成
团队建设能力（25%）	工作分配与授权	5%	善于分配工作与权力，并能积极传授工作知识，引导下属完成任务	能够顺利分配工作与权力，有效传授工作知识，完成工作任务	基本能够合理地分配工作和权力，具备一定指导下属工作的能力	欠缺分配工作、权力及指导下属的工作方法，工作任务完成偶有问题
	下属评价	5%	能够科学有效地运用绩效管理工具，充分运用绩效管理工具进行团队建设，合理评价他人的技能和绩效，使下属心服口服	能较好地运用绩效管理工具，合理地评价他人的技能和绩效，指出其不足	具备一定的绩效管理意识及方法，基本能够对下属做出客观公正的评估	对下属的评估有时欠缺客观公正
	下属培养	5%	善于了解下属的需要，通过一对一的反馈和培训，帮助下属发展	能够根据实际情况，通过培训和反馈帮助下属成长和发展	基本能够利用反馈和培训手段，帮助下属成长	不能很好地利用反馈和培训手段，帮助下属成长
	引导与激励	5%	了解他人的需求，灵活运用奖励和表彰等方式提高下属积极性，善于引导下级积极主动地工作	能够利用奖励和表彰等多种方式提高员工的积极性	能够采用激励手段激励员工，激励效果有时不明显	不能有效地激励员工，无改进措施，员工积极性不高
	工作指导与跟进	5%	能够充分与下属沟通，督导下属的工作进展，及时进行反馈和培训，让下属对自己的工作负责	能够与下属沟通，注重过程管理，指导和协助员工完成任务	能够与下属保持一定的沟通，但指导的有效性有待加强	虽能够与下属沟通，但缺乏对其进行指导和协助

续表

评分指标	分项	权重	分值区间			
			优（90～100）	良（80～89）	中（60～79）	差（50～59）
组织协调能力（10%）	工作关系的协调	5%	保持同各方面融洽的关系，能够成功解决实施过程中出现的棘手的冲突或矛盾，克服由于他人原因引起的延误，圆满解决超出自己控制范围的问题	协调实施过程中涉及的各方面关系，平衡各方利益关系，保持同各方面的良好沟通，及时解决冲突和矛盾	基本能够保持同各方面的良好关系，出现冲突时能够保持冷静，掌握基本的调解技巧，一般能够解决冲突和矛盾	同各方面维持一般的工作关系，往往需借助上级或其他力量以保证工作继续开展
	任务的监控	5%	建立过程监控和反馈机制，保证工作有节奏地开展，能够预见到可能出现的问题，并采取措施	对任务实施中容易出问题的工作环节重点关注，及时应对出现的各种障碍和问题	基本能够控制工作的进展	偶尔出现不能控制工作进展的情况
分析判断能力		10%	具有不同寻常的理解判断能力，善于分析事实，解决问题	有较强的判断能力，思维成熟、判断准确	考虑问题一般比较理智，没有不成熟或不合逻辑之处	有时不能面对事实，会做出常人能够避免的错误判断
责任感		10%	充分认识到自己工作对组织的意义，把实现组织目标和个人目标结合在一起，具有很强的使命感	认识到自己工作的重要性，明确自己承担的责任，具备工作自觉性和主动性，尽最大努力做好工作	对本职工作有基本的认识，基本能够按照上级要求或有关工作标准，按时保质地完成工作目标	对本岗位所承担责任有一定理解，但有时会出现逃避责任或推卸责任的情况
敬业精神		5%	对工作倾注自己全部的精力，工作热情很高，总是能够将自己的工作做到最好	热爱自己的事业，工作热情高，本职工作完成得较为出色	工作勤恳，办事扎实，有事业心，能够保质保量地完成自己的工作	有一定的事业心，但工作热情不稳定，工作业绩也不稳

续表

评分指标	分项	权重	分值区间			
			优（90～100）	良（80～89）	中（60～79）	差（50～59）
	学习能力	5%	学习意识强烈，善于学习，乐于从工作中总结经验，学习讲求方法与效率，能通过学习提高工作效率，能力提升很快，进步明显	能主动学习，理解与领悟能力较强，能从工作中总结经验、提升能力，进步较快	基本能自觉学习，有一定理解与领悟能力，但学习的效率有待进一步提高，进步缓慢	学习欠缺主动性，不善于总结，几乎看不到进步
	诚信正直	5%	为人非常坦诚，很值得信赖，遇事公正客观，从来没有隐瞒事实和违背工作原则的行为	为人比较坦诚，遇事比较公正客观，极少有隐瞒事实和违背工作原则的行为	基本能诚信待人，偶尔有隐瞒事实和违背工作原则的行为	缺乏诚信，遇事不够实事求是，不够公正客观，时常有隐瞒事实和违背工作原则的行为
	自律性	10%	总是能够严格遵守工作规定、标准以及国家有关规章制度，有非常强的自觉性和纪律性	能够遵守工作的规定、标准以及国家有关规章制度，有较强的自觉性和纪律性	基本能够遵守工作规定和标准，以及国家有关规章制度	纪律性较差，自我要求不严，出现过违纪违规现象
	自主创造性	5%	工作中善于发现问题，并经常提出新思路和建议；能够提前意识到别人没有想到的问题，并采取必要的步骤去创造机会	工作中有时能够提出新的思路和建议；工作中出现某种机遇或问题，能够快速做出反应并积极应对	工作中有时能提出新思路和建议；自觉投入更多的努力去从事工作，不需要督促	工作中很少提出新思路和建议；不能提前计划或思考问题，工作需要督促
	团队合作	5%	总是主动与他人积极合作，他人评价较高，是合作精神的楷模	主动与他人合作、相处，对人态度良好	能与他人合作，友好相处，对人态度良好	不能与他人合作，对人态度不友好

第十三章 管理游戏法

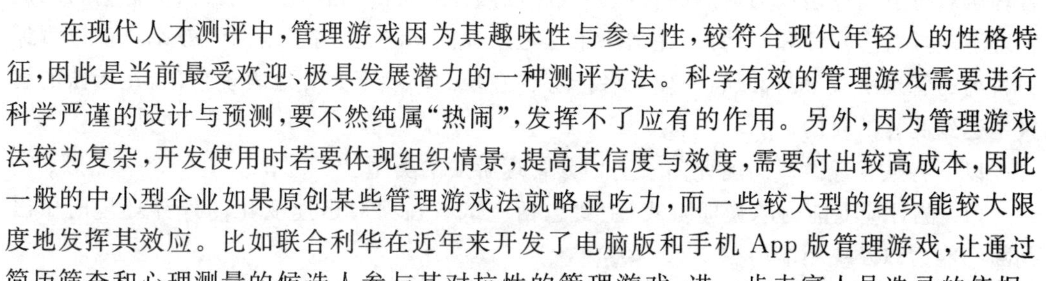

在现代人才测评中，管理游戏因为其趣味性与参与性，较符合现代年轻人的性格特征，因此是当前最受欢迎、极具发展潜力的一种测评方法。科学有效的管理游戏需要进行科学严谨的设计与预测，要不然纯属“热闹”，发挥不了应有的作用。另外，因为管理游戏法较为复杂，开发使用时若要体现组织情景，提高其信度与效度，需要付出较高成本，因此一般的中小型企业如果原创某些管理游戏法就略显吃力，而一些较大型的组织能较大限度地发挥其效应。比如联合利华在近年来开发了电脑版和手机 App 版管理游戏，让通过简历筛查和心理测量的候选人参与其对抗性的管理游戏，进一步丰富人员选录的依据。以下将就管理游戏法的概述、特点分析、组织与实施，以及适用范围进行梳理。

第一节 基础理论

一、管理游戏法概述

（一）概念

管理游戏是评价中心常用的测评技术之一，主要用于考察应试者的战略规划能力、团队协作能力和领导能力等，是一种以完成某项实际工作任务为基础的标准化模拟活动。在这种活动中，将数名应试者集中起来组成一个临时团队，置身于一个模拟的任务情景中，面对特定的现实问题，要求他们在规定的时间内通过合作加以解决，有时还引入一些竞争因素以分出优劣。测评者通过观察应试者在完成任务过程中表现出的行为来评价被试者的素质。模拟活动大多要求应试者通过游戏的形式进行，并且侧重评价他们的管理

潜质，管理游戏因此得名。

在管理游戏的情景中包含有现实环境的不确定性，这种不确定性有部分是来自参与者取得的信息不完全和参与者的主观预测，也有部分是来自参与者不完全了解游戏的规则，但更重要的是由于无法完全掌握与预测未来，加上对手时常出现不规律的竞争行为，造成与真实世界若干相符的仿真商业情景。这意味着管理游戏具有的情景很难以理论完全诠释，因此没有所谓提供“正确答案”的需要。如同真实环境中的情况，管理游戏的测评者要从游戏中了解实际状况，要注意每一事件的起因与影响，就必须检视相关概念、证据与提出解决问题的技巧和方法。

（二）分类

管理游戏是一种社会性的游戏，它通常经过严密的组织和设计，要求应试者必须严格遵守游戏规则，通过团队合作，解决某些问题，进而完成任务。从管理游戏的目的来划分，管理游戏可分为以培训为目的的管理游戏和以测评为目的的管理游戏。以培训为目的的管理游戏具有多样性和互动性，在增添了学习乐趣的同时，提高了培训的效率。而以测评为目的的管理游戏参与性强，使应试者能够在轻松的环境下充分地表现自己，在活跃的气氛中达到测评的目的。

以下将从管理游戏的测评因素上划分管理游戏的类型。

(1) 测评应变能力的管理游戏：主要包括应试者在面对迅速变化的外界环境时做出判断的能力以及决断能力。

(2) 测评逻辑思维能力的管理游戏：主要包括应试者正确、合理思考的能力。即对事物进行观察、比较、分析、综合、抽象、概括、推理的能力，采用科学的逻辑方法，准确而有条理地表达自己思维过程的能力以及思维的严密性和连贯性。

(3) 测评协作沟通能力的管理游戏：主要包括应试者的语言表达能力、换位思考能力、团队合作能力以及冲突管理能力。

(4) 测评创造性思维能力的管理游戏：主要包括应试者的横向思维能力、纵向思维能力、联想力以及开放性思维能力等。

(5) 测评动手能力和表现力的管理游戏：主要包括应试者的身体协调能力、实际操作能力以及自我表现的能力。

(6) 测评解决问题能力的管理游戏：主要包括应试者在面临棘手问题、两难选择或巨大压力等情况下做出正确决策的能力。

根据要解决的问题类型，可以将管理游戏分为会议游戏、销售游戏、创造力游戏、破冰游戏、团队建设游戏、压力缓解游戏、激励游戏等。

二、管理游戏法的优势与不足

管理游戏作为评价中心的一种测评方式，其复杂程度是评价中心技术中最高的。管理游戏的复杂程度，有利也有弊。因此，与其他方式相比其使用频率相对偏低，但是它的测评效度较高。

(一) 管理游戏法的优势

管理游戏有积极的一面，它比一般的情景模拟看上去更为真实，更接近组织中“真实的生活”。它能帮助有经验的管理者学习技巧，也能使应试者感到开心和兴奋。具体而言，管理游戏法的优势在于以下几点。

1. 集中考察应试者的多种能力

管理游戏是为了解决某一问题或达到某个具体目的而设计的，应试者在游戏过程中参与问题的解决，能集中反映多种能力素质。

2. 模拟内容更接近实际工作情况，真实感强

它能够突破实际工作情景中时间与空间的限制。许多行为在实际工作中也许要有几个月甚至几年才会发生一次，在管理游戏中几个小时内就可以发生。

3. 形式活泼，趣味性强

管理游戏将复杂的测评内容与有趣的游戏结合起来，形式活泼，富有竞争性，又能使应试者马上获得可观的反馈信息，故能引起应试者浓厚的兴趣，消除应试者的紧张感，使他们在游戏的过程中得到乐趣。在游戏结束后，通常会安排讨论。讨论的过程会揭示蕴涵在游戏中的深刻寓意，应试者可以从中受到启发；同时，游戏的趣味性容易激发应试者的潜在能力以及创造性解决问题的能力。

4. 测评效度高

在管理游戏的测评过程中，由于应试者处于一种更为放松的状态，其行为表现会更加真实，能帮助应试者对错综复杂的组织内部各单位之间的相互关系有更加深刻的了解，可以减少掩饰的机会，提高测评的效度。

(二) 管理游戏的不足

管理游戏不足的一面是，当应试者从这个房间到那个房间或待在一个小组中时，他们的行为常常难以观察。当管理游戏用于培训目的时，有时其情景可能过于复杂，以至于没有人能表现得很好，应试者很难学到什么东西。据调查，管理游戏只在25%的评价中心中使用，可能是因为它的复杂性，导致施测上的困难。具体而言，其缺陷或不足在于以下方面。

(1) 管理游戏对环境、道具的要求较高，且需要花费大量的时间去组织与实施。

大多数管理游戏都要设置特定的场景，一些游戏还需要在户外进行，且根据游戏内容的不同要准备各种有形的道具。

(2) 操作不便，难以观察，对测评者要求较高。

通常在游戏中，应试者完成任务时要来回走动，这使测评者的观察难以进行。假如测评者要观察一个以上应试者的行为，问题就更为复杂。鉴于这种测评形式很活泼，在游戏过程中往往会产生混乱状态，要在这样的情形中仍能观察并评价应试者的细小行为表现，确实需要测评者具有很高的水准。假若测评者需要观察几个应试者的行为，问题就更加复杂了，可能某个应试者在房子的这一头，而另外一个应试者却在房子的那一头。

(3) 完成游戏所需时间较长。

由于兼顾行为运动与脑力活动的特点,管理游戏通常会比其他测评方法耗费更多时间,大部分需要一个小时才能完成,一些要求较高的游戏则需要两个小时甚至更多时间。

(4) 应试者专心于战胜对方从而会忽略对所应掌握的一些管理原理的学习。

三、管理游戏法的组织与实施

管理游戏有着特别复杂的程序,要求组织实施方在开始之前要进行严谨的前期设计,在实施过程中也需要利用特殊的技术设施进行观察与监控,并且要基于应试者的过程行为和游戏结果进行分析决策。

(一) 实施步骤

结合《人才测评服务规范》(报批稿)标准中的流程,管理游戏法的基本步骤可以划分为准备阶段、实施阶段、决策与分析阶段及检测反馈阶段,如图 13.1 所示。

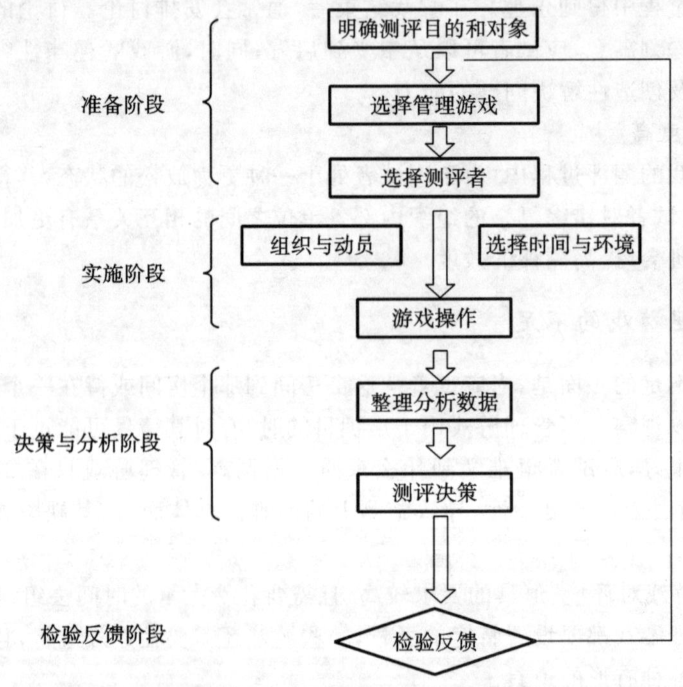

图 13.1　管理游戏实施步骤流程图

1. 准备阶段

通过分析测评对象的岗位说明书等相关要求,结合游戏环境及条件的可行性,选择合适的游戏类型,设计恰当的游戏内容。例如,在一个游戏中,应试者的任务是用木材建造一个很大的"房子",两名辅助人员被指定作为"农场工人"接受应试者的指挥,协助建造"房子"。按照游戏的设计,"工人甲"表现得被动懒惰,如果没有明确的命令,他就什么也不干;“工人乙”则好斗鲁莽,总是用不现实、不正确的办法工作。其实,甲和乙是游戏中设计的角色,他们按照测评者的指令干扰和批评应试者的建造方案。在这个游戏中,应试者置身于真实的冲突环境,需要其具有良好的情绪控制能力、领导能力以及指挥能力来完成任务。

同时,对于测评者的选择也是准备阶段的重要环节。一般管理游戏的测评者要求三人以上,角色应包括一名主评委、两名副评委。主评委主要负责游戏进程的引导和控制。副评委在游戏过程中不发言,配合主评委的工作。三位评委在游戏过程中都必须对应试者的典型行为事件进行评价。因此,在准备阶段,典型行为事件的评价标准也需提前进行设定。同时,应该配备一名熟悉管理游戏法的主持人,把控游戏环节的发展和进度。另外,还需要提供很多的游戏工具,辅助进行游戏,以及对所有测评者进行专业的培训。

2. 实施阶段

(1) 测评者工作任务。

①按照要求布置游戏场地,给评委发放管理游戏题本、评分标准、评分表格和白纸,通知应试者准时到测评现场并核对应试者身份。

②主评委介绍导语,宣读游戏规则等等。

③游戏过程中不能任由他人出入测评现场,并禁止闲杂人等进入。

④记录游戏过程中应试者的各项表现,尽可能呈现应试者的原话和原有行为,不加任何定性评价和个人判断,并根据需要录音录像。

⑤游戏结束后将应试者带离测评现场。

(2) 应试者要求。

①按时到达指定场地。

②游戏过程中不能随意出入测评现场,并保持通信工具等不干扰游戏。

3. 决策与分析阶段

评委结合游戏过程中对应试者典型事件的观察,以及工作人员的相关记录,讨论各个应试者的具体表现,并结合评价标准给出分数。评委的每一个评判应该能提供相应的行为反应证据。

在这一阶段应该妥善保存题本、评价标准、评委记录纸、评分表格等原始材料。

4. 检测反馈阶段

将评委的评分结果进行检查验证,并反馈给相关测评部门。结合测评的目的,也可以视情况反馈给应试者本人。比如基于培训的测评,应试者本人可以利用专业的管理游戏测评结果,发现自己很难发现的“短板”,有针对性地开展培训。

(二) 施测过程中的注意事项

(1) 测评场所的安排。

管理游戏的测评场所类似于拓展培训游戏的实施场所,一般在宽敞、明亮的房间内,或根据游戏的要求安排在户外。整个测评过程应该确保应试者所受的干扰最小化,应试者与测评者之间应有一定的距离,既要保证所有测评者都能看清应试者的活动内容,又要保证应试者不会因为和测评者太近而产生被监视的情绪，无法表现正常的能力素质。

（2）测评者的选择与培训。

由于管理游戏的复杂程度高，对测评者的要求也较高，因此选择测评者的标准是至少应包括熟悉管理游戏的培训师、心理学专家、人力资源管理咨询师、目标职位直接上级或公司的中高层领导；同时，为了保证测评人员的技术水平，在实施测评前，应对测评者进行针对性培训，培训内容包括熟悉测评能力素质维度、行为观察及评估的技巧、评价的统一标准和尺度等。

（3）游戏过程的问题应对。

由于管理游戏的形式活泼，给应试者较多自由发挥的空间，因此在游戏过程中发生意外的可能性也较其他测评方式大，所以游戏组织者应采取有效措施尽量避免意外发生。以下列举几种常见问题的应对方法。

①事先准备备用游戏。当原定游戏因某种情况不能使用时，可以用备用游戏替换，如室外游戏由于天气的原因无法进行时，可以用备用的室内游戏替代，另外，在开始游戏前，务必检查道具是否有遗漏或错误。

②控制游戏成员间的互动过程。有些应试者试图通过游戏来展示自己，但表现过于夸张，影响了游戏正常进行，或者有的测评者在游戏中让他人遭受失败或羞辱，此时游戏组织者应适当控制，使游戏回到正常的轨道上。

③提醒游戏目的。管理游戏的趣味性易造成应试者忘掉游戏的测评目的，因此，过程中应避免只为游戏而游戏，应经常提醒应试者游戏的目的，同时，游戏中要注重对应试者的引导。

四、管理游戏在公共部门的适用性

管理游戏主要以共同完成某种任务的方式考察每个应试者的管理技巧、合作能力和团队精神等方面的素质。这种测试通常需要40～60分钟的时间。因此，管理游戏适用于管理干部或技术人员，而不常用于高级领导的选拔测评。

针对公共部门，管理游戏可适用于公共部门中行政级别不高的领导干部的选录、晋升和培训等多个环节。由于其开发难度大、实施过程要求高及外部变量可控性低，导致其在公共部门中应用并不那么广泛。但在未来网络信息时代，管理游戏将通过仿真模拟等技术手段在公共部门拥有更广阔的空间。

首先，管理游戏法具有较强的情景交融性，可以针对公共部门不同的组织类型、岗位类别和级别设计差异化的管理游戏，让测评活动变得更加生动。

其次，管理游戏法提供的是过程测评，在游戏中通过生动的、对抗性的典型行为对应试者进行全方位评估，弥补其他测评方法简单、单一、静态的不足。

最后，管理游戏不是个体测验，一般会要求多个应试者同时参与，因此管理游戏能同时考查和比对多个应试者，测评效率较高。

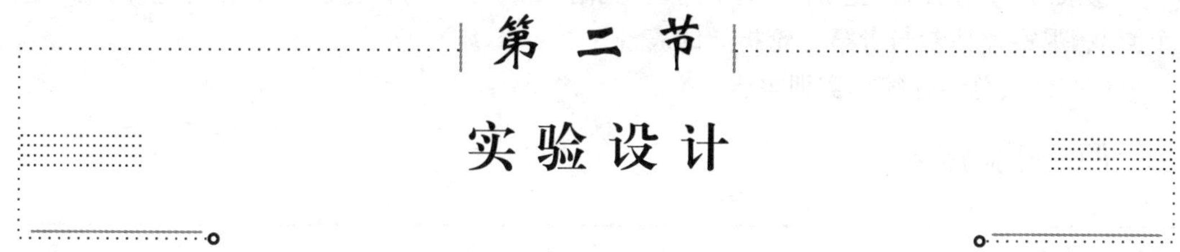

第二节 实验设计

一、实验目的

通过对管理游戏法的现场演练，熟悉管理游戏法的趣味性，启发学生加强对管理游戏情景开发与职位要求的匹配，帮助学生了解并熟悉管理游戏的实施步骤，学会充分观察并有效记录应试者的行为表现，学习进行科学评价。

二、实验条件和环境

(1) 适合进行演练与观察的实验室。

(2) 实验器材：短袜、一双网球鞋(其中一只网球鞋没有系鞋带)。

(3) 游戏背景材料(见附录一)。

(4) 纸和笔。

三、实验组织方法与步骤

(1) 由教师系统讲授管理游戏的测评方法(约 0.5 小时)。

(2) 由教师宣读游戏目的及游戏安排。

这是一个生动、有趣的游戏，参与者在游戏中口头教一位"外星人"穿短袜和网球鞋，但不允许进行示范。本游戏的目的是教会参与者清晰地发出命令和进行指挥。时间：15～20 分钟。

(3) 教师征集游戏参与者(视学生的积极性，可以是一名，也可以多名)，其他学生作为观察员和评价员。

(4) 游戏正式开始。

①教师自己扮演"外星人"。"外星人"走进教室，一只脚穿着袜子和系了鞋带的鞋子，另一只脚则赤裸着。将游戏材料(见附录一)发给所有学生，然后坐下，将短袜、鞋带和网球鞋放在参与者面前，等参与者给"外星人"发出指令。

②教师的任务是帮助参与者了解如何发布清晰准确的指令。教师本人不能说话，完全按照参与者的指令去做。如果一个参与者说"将短袜捡起来放在脚上"，教师就捡起短袜放在脚上，如果参与者说"拿起鞋带"，教师就随意地拿起鞋带。如果参与者说"将鞋带穿进鞋孔"，教师就将鞋带的头部随便穿入某个空的孔或者是将鞋带一股脑塞进孔里……

③如果有几个参与者同时对教师发布指令，或当某些参与者变得急躁、失落或骂人等异常反应，教师可以停下来，装傻。如果参与者对教师说了或做了让教师高兴的事，教师就可以继续配合参与者的游戏。

④限时10分钟,停止游戏,提出问题(见附录二)并进行讨论。如果时间允许,继续这个游戏,观察评估参与者第二轮指导的表现。

(5) 个人总结并编撰实训报告。

四、实验成绩

序号	实验要求	分值
(1)	熟悉管理游戏的实施步骤和环节	30
(2)	能充分体会管理游戏的趣味性和岗位针对性	30
(3)	能通过观摩掌握关键行为记录的方法,并能结合记录进行相应的人才评价	40

五、思考题

(1) 管理游戏在公共部门人才测评中的难点?

(2) 如何进行管理游戏情景的设计和选择?

(3) 管理游戏测评方法有效性的影响因素有哪些?

第三节 实验材料

附录一 穿网球鞋的外星人

一位到达地球的外星人,双脚穿鞋和袜子,然而出于好奇,他脱下了一只鞋子和袜子,现在他不知道怎么穿回去了。作为一个热心的地球人,请你来教他系好鞋带,然后将袜子和系好鞋带的鞋子穿到脚上。你的任务是进行清晰的指导(抵达地球之前,外星人接受过汉语培训,他能听懂,但他不能说)。外星人没有能力模仿你,所以你自己演示穿鞋子和袜子的过程,对他们没有任何帮助。还有,在来地球以后,外星人形成了一次只能听一个人说话的特点,请和其他参与者相互配合,轮流进行指导。对了,再提醒一点,不要碰这个外星人,如果你碰了他,没有人会确定将会发生什么,以前碰了这个外星人的参与者当场就蒸发掉了。

附录二 管理游戏讨论题

1. 以下题目要求参与者现场作答

(1) 你从指导他人中学会了什么?

(2) 在这个游戏中,你会看到外星人有时听从你的指挥,有时又不听你的指挥。请问如何让你的服务对象听从你的指挥并加以实施呢?

(3) 怎样才能更好地指导你的服务对象?

2. 以下题目要求观察员和评价员现场作答

(1) 你记录了哪些参与者的关键行为表现?

(2) 你认为哪位参与者发出的哪些指令较为有效?

(3) 综合评价哪位参与者的表现最佳。

(4) 这个管理游戏比较适合公共部门的哪些职位?

第四节
实验报告

实验报告

<table>
<tr><td>院系</td><td></td><td>专业</td><td></td></tr>
<tr><td>班级</td><td></td><td>姓名</td><td></td></tr>
<tr><td>实验教师</td><td></td><td>学号</td><td></td></tr>
<tr><td>成绩</td><td></td><td>日期</td><td></td></tr>
<tr><td>实验名称</td><td colspan="3"></td></tr>
<tr><td colspan="4">一、实验目的

二、实验原理

三、实验步骤

四、实验数据(如有则填)

五、实验结果

六、讨论分析(完成指定的思考题和作业题)

七、实验总结及改进实验建议(如有则填)

八、问题与困惑</td></tr>
<tr><td colspan="4">备注：</td></tr>
</table>

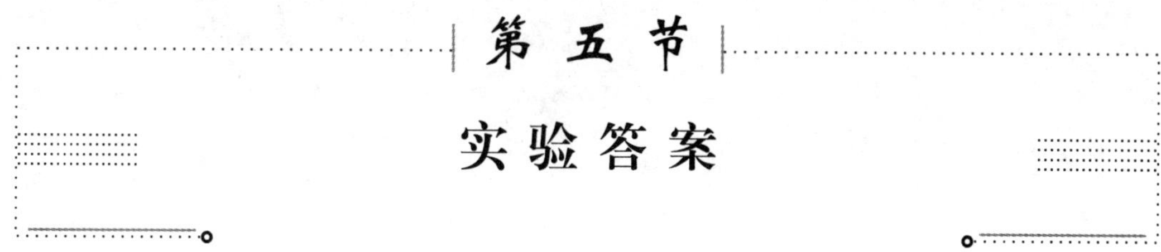

第五节
实验答案

1. 参与者现场作答题。

(1) 答题要点:学到了如何发指令并引领示范他人的行为动作。

(2) 答题要点:首先,要了解服务对象的特征特点;其次,要用精准的口头和肢体语言发出指令;再次,要及时调整未得到回应或反应错误的指令。

(3) 答题要点:首先,要了解服务对象的需求及特征;其次,要深度互动融合;再次,要及时调适指令发布的方式与方法。

2. 测评者现场作答题。

(1) 答题要点:可记录的关键行为表现包括语言的态度,是否耐心、温和、友善等;语言的速度,快慢是否适当;语言的内容,是否精准、有针对性、有指导性等;演示的动作,是否有指导性,是否干净利落,是否规范标准流程等等。

(2) 答题要点:通过关键行为记录及细致分析,以指导的耐心程度、互动程度及关键行为的准确程度等作为考量标准,判断参与者中哪些语言行为指令较有效果。

(3) 答题要点:根据关键行为记录以及有效行为指令统计,判断哪位参与者的综合表现最佳,即有效行为指令条数最多的人表现最佳。

(4) 答题要点:这个管理游戏比较适合基层公共部门的领导,比如基层的市场监管队站所(原工商所)所长,他们是政府部门拥有一定指挥职能的“小领导”,但他们的决策职能较弱,一般要对基层公务员的业务进行现场指挥、指导、引领和示范。

第四部分　人才测评的策略

单一测评方法的使用难免遭遇信度、效度等局限的挑战。大凡有实力的、专业的组织部门都会采用测评方法的组合，但是测评方法组合一直是人才测评实践领域的难点。测评方法组合从十多年前各种测评工具或量表的“数量叠加”，到评价中心时代强调各种测评方法的“有机组合”，到当前基于胜任力模型时代的“深度匹配”，人才测评实践者越来越清晰地认识到，应该做测评目的的主人，而不能做测评工具的奴隶。[①] 因此，现代人才测评实践应该多一些多元、复合的思路，重视人才测评方法的科学使用。比如，基于现实需要，选择并组合人才测评方法，或是建设客观理性的评价中心，形成工具与工具之间、方法与方法之间的有机搭配。同时，基于现代信息爆炸时代的新形势，理当对人才测评领域的价值引领、技术革新、人才输出、素材供给、方法短缺等不足保持警惕，并着力在学习和借鉴成功经验情况下通过价值重塑、技术赶超、人才培养等方式加以应对。

本部分共分为三章，涵盖第十四至第十六章，涉及测评方法的组合、评价中心技术的基础原理与实验操作。同时，结语部分全面概括了目前人才测评领域的挑战及瓶颈，也充分畅想了未来的应对策略。

① 蔻家伦，HR 最喜欢的人才测评课——人才测评实践[M]. 广州：广东旅游出版社，2014.

第十四章 CHAPTER14

测评方法的组合

测评方法组合主要是在测评方案的设计中，基于测评指标选择合适的测评方法的过程。人才测评的基本设计规则强调应试者的任何一个素质指标都要通过两种以上的方式进行验证，不同的测评方法针对不同的测评指标的效度不同，且每种测评方法都存在相应的局限性，恰当的测评方法组合设计能够有效地保证测评结果的效度，也能够提高测评项目实施的优化水平。

第一节 基础理论

一、测评方法的比较分析

针对不同测评对象、不同情景，测评方法的选择及使用频率呈现差异，同时它们在实施成本、效率、效度方面表现也各异。

（一）使用频次比较

测评方法的选择及使用频率如表 14.1、表 14.2、表 14.3 所示。

表 14.1　企业对候选人才进行评价时主要采用的方法

测评方法	高层管理员	中层管理员	一般员工
知识考试	43.62%	56.17%	64.47%
心理测验	30.43%	30.64%	18.09%

续表

测评方法	高层管理员	中层管理员	一般员工
经验性面试	74.04%	83.19%	77.02%
精心设计的面试	31.28%	25.32%	13.40%
无领导小组讨论	16.60%	15.11%	8.30%
背景调查	56.38%	42.13%	20.43%
其他	3.62%	1.28%	1.70%

表 14.2 国外评价中心各测评方法的使用情况

测评技术	使用频度
公文筐测试	95%
指定角色的无领导小组讨论	85%
模拟性面试	75%
不指定角色的无领导小组讨论	45%
时间安排	40%
案例分析	35%
管理游戏	10%
背景面谈	5%
智力测验	2%
阅读测验	1%
数学和计算测验	1%
个性测验	1%
投射测验	1%

表 14.3 各种测评方法的使用频率①

复杂程度	测评方法	实际运用频率
非常复杂	管理游戏	29%
很复杂	公文处理	81%
很复杂	角色扮演	—

① Gaugler B B, Rosenthal D B, Thornton G C, et al. Meta-analysis of Assessment Center Validity[J]. Journal of Applied Psychology, 1987, 72(3): 493.

续表

复杂程度	测评方法	实际运用频率
很复杂	无领导小组讨论	44%
很复杂	指定角色小组讨论	59%
较复杂	演说(演讲)	46%
较简单	案例分析	73%
简单	事实判断	38%
简单	面谈	47%

(二) 实施成本比较

测评方法的实施成本比较如表 14.4 所示。

表 14.4　测评方法的实施成本比较

测评类别及方法		成本比较		
类别	方法	较高成本	中等成本	较低成本
情景模拟	公文筐测试	√		
	无领导小组讨论	√		
	指定角色小组讨论	√		
	角色扮演		√	
	案例分析		√	
	管理游戏		√	
	事实发现			√
	模拟面谈		√	
笔试	知识考试			√
	心理测验			√
	工作样本测试			√
面试	结构化笔试		√	
	半结构化笔试		√	
	即席演讲			√
评价中心	多种方法	√		
其他	履历分析			√

(三) 效率比较

测评方法的效率比较如表 14.5 所示。

表 14.5 测评方法的效率比较

测评类别及方法		效率比较		
类别	方法	高效率	中效率	低效率
情景模拟	公文筐测试	√		
	无领导小组讨论	√		
	指定角色小组讨论	√		
	角色扮演		√	
	案例分析	√		
	管理游戏		√	
	事实发现		√	
	模拟面谈		√	
笔试	知识考试	√		
	心理测验	√		
	工作样本测试	√		
面试	结构化笔试			√
	半结构化笔试			√
	即席演讲			√
评价中心	多种方法			√
其他	履历分析	√		

（四）效度比较

测评方法的效度比较如表 14.6 所示。

表 14.6 测评方法的效度比较

测评类别及方法		比较
类别	方法	效度
情景模拟	公文筐测试	高
	无领导小组讨论	高
	指定角色小组讨论	高
	角色扮演	高
	事实发现	中
	模拟面谈	中

续表

测评类别及方法		比　较
笔试	知识考试	高
	人格测验	低
	能力测验	中
	职业兴趣测验	中
	工作样本测试	高
面试	结构化笔试	中
	半结构化笔试	高
	即席演讲	中
评价中心		高
其他	履历分析	低

（五）测评方法与工作绩效间的相关性

测评方法与工作绩效间的相关性如表 14.7 所示。

表 14.7　测评方法与工作绩效间的相关性①

评价方法与工作绩效的相关系数(r)	
评价中心	0.65
行为性面试	0.48～0.61
工作实习测试	0.54
能力测验	0.53
现代个性测验	0.39
自撰材料	0.38
推荐信	0.23
非结构化面试	0.05～0.19

二、测评方法选择的依据及组合策略

（一）选择依据

人才测评方法的选择是一个较为复杂的、多变量综合考虑的决策，取决于多个因素，包括测评的成本、时间、筛选比例等。

① SMITH M. Calculating the sterling value of selection[J]. Guidance and Assessment Review,1988, 4(1):6-8.

具体而言，首先要考虑的是测评工具的测评指标，包括区分度(discrimination)、难度(difficulty)、受欢迎度(popularity)等，还要考虑指标对于当前的应用情景而言是否足够。例如，从多个候选人中挑选一个任职者，测评实施者可能需要考虑使用具有高区分度和难度较大的测评方法。

其次，需要考虑测评方法是否适用于测量当前情景下应试者的职位特点，以及需要考查的能力和特质。对一般心智能力(general mental ability)的测量可能适合使用笔试，但对于领导力等的测试，笔试方法可能就很难胜任，实施者需要考虑使用更为复杂的测评方法。再比如，管理游戏适用于管理干部或技术人员，即一般干部，而不常用于高级领导干部的测评。角色扮演法适用于较高层级的管理者，即领导干部，在测评中可以评价候选人的角色把握能力、人际关系处理技巧、团队领导能力、情绪控制能力、思维敏捷性、应变能力、培养和管理下级的能力、口头表达能力等指标。一个结构化的角色扮演一般需要30～40分钟完成。

最后，测评实施者还需要根据人才选拔的情景、成本、时间紧迫性等指标来综合考虑使用哪种测评方法或测评方法组合。通常而言，可以同时实施的标准化笔试测评在成本上是最低的，其及时性也比较好，能够快速地获得测评结果报告。

（二）组合原则

基于不同测评方法的适用范围、对象、目的等有差异，比较理想的状态是通过组合使用不同的测评方法，以提高测评的整体效度。在选择和考虑测评方法组合的时候有一些既定原则可做参考。

首先，测评方法组合应该以测评标尺为中心，严格依据测评的职位说明书、胜任力模型，根据不同的能力、素质要求来选取适合的测评方法。

其次，以测评效度为出发点，一定要强化情景、案例、测试内容的针对性及互补性，力争结合不同素材，选用最匹配的测评方法。

再次，以测评成本效率为依托，强调测评成本的预算、核算，重视测评成本的控制，并在保证有效投入的基础上提升测评效率。

最后，以测评的公平公正为准则和基本追求。测评方法的选择一定要兼顾公平公正，避免一些有失公允的情况出现，即某些测评更容易让某些人群拿到更高的分数等，确保测评“天平”不倾斜。

三、测评方法组合案例分析

（一）某省副厅级干部公选案例

2005年某省公开选拔副厅级干部采用了“8＋3”的立体化选拔测评办法，如图14.1所示。

经过民主推荐，推选上来的候选人要面临的第一关，就是通过人机对话，在3小时内完成500道覆盖面广泛的基础知识题。通过这种方法，将应试型的选手淘汰出局。然后进行拓展培训性质的野外生存训练（过断桥、孤岛泗渡），提高候选人适应外界变化、挑战

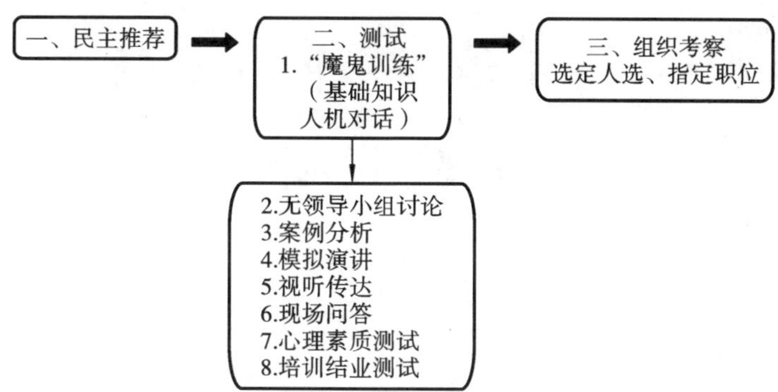

图 14.1　某省副厅级干部立体化测评"8＋3"模型图

自我、团队协作和战胜困难的能力，树立全局观和集体意识。之后进行为期 2 个月的全封闭"魔鬼训练"，将无领导小组讨论、案例分析、模拟演讲、视听传达、现场问答、心理素质测试和培训结业测试等 7 种测试穿插其中。这样的干部选拔测评体系，既进行了民意的测评，也精细测量了每个候选人的体能、勇气、反应速度、表达能力、知识面、团队精神、诚信等不同维度的基本能力和素质。

（二）某省某厅处级干部公选案例

2009 年某省某厅级单位公开选拔处级干部采取了充分尊重民意的票选方式。第一步是推选候选人，以无记名投票形式的全民公推结合部门党政联席会议推选出候选人。每一个被推选出来的候选人只能选择一个岗位进行竞聘。第二步是演讲，包括 15 分钟自由演讲和 5 分钟随机抽签答辩。全体部门群众和领导根据所有候选人的演讲和答题表现当场进行测评打分和统计。第三步是组织考察，由组织人事部门负责实施差额考察。第四步是确定人选，由厅党委根据宁缺毋滥原则讨论决定最终任职的人选。

（三）案例点评

在案例一和案例二中，都选择了多种方法对候选人进行测评。案例一候选人的测试方法虽然丰富多样，但是像人机对话、结业测试等考察基础知识与一般行政能力的测评内容较为趋同；同时演讲与现场问答等环节测试的是语言表达、逻辑思辨等能力，将其混合在一起也有重复之嫌；此外，整个选拔过程是线性单一的票选过程，打分者往往只能凭印象给出结论，而难以对各个候选人不同方面的能力进行具体对比，导致测评中的混乱和不准确。相比案例二，如果将案例一中的 8 个测试方法进行区分挑选，锁定知识测试、无领导小组讨论、现场问答、心理素质测评，并将这四大环节进行充实和增强，有针对性地确定每个环节的测评重点，并分开进行每个环节的评价和打分，不但会提高测评效率和测评效度，也会像案例二中的测评模式一样纵横交错，更加立体化。①

① 梁博科，张帆．构建领导干部立体化测评体系的案例分析[J]．领导科学，2011(9)：48-49.

第二节 实验设计

一、实验目的

通过对重庆市副厅局级领导干部公开选拔面试环节的人才测评方法组合进行设计及安排，熟悉并了解测评方法组合搭配的原则与技术，并且掌握针对不同的胜任力如何匹配最佳测评方法，如何安排测评环节的顺序、层级以提高综合测评的立体化和效度、信度。

二、实验条件和环境

1. 仪器和材料

(1) 电脑。

(2) 纸笔。

2. 实验条件及准备

(1) 适合进行人才测评的场地，如方便移动的桌椅、演讲话筒、答题卡、摄像设备等。

(2) 实验室或机房。

(3) 重庆市公开选拔副厅局级干部材料(实验材料)。

三、实验组织方法及步骤

(1) 由教师系统讲授人才测评方法组合及相关案例(约 0.5 小时)。

(2) 按照一般团队要求，组建实验训练小组，3～5 人为一组。

(3) 指导教师要求各小组仔细阅读附录相关实验准备材料，围绕重庆市副厅局级领导干部的胜任力展开讨论，明确测评对象、测评要素等，结合不同胜任力初步提出相应测评备选方法。

(4) 要求各个小组结合副厅局级领导干部的胜任力特征及职位职级特点，选择最为恰当的测评方法，进行有效组合搭配，形成测评方法的实施顺序及逻辑层次。

(5) 针对选定的测评方法，要求各个小组尝试寻找不同测评方法相对应的案例、情景等素材，同时考虑实施测评所需的环境等其他必须条件，设计出测评的整体实施方案。

(6) 指导教师要求各个小组就测评方法组合设计方案进行汇报，并详细解释理由。

(7) 组织各个小组相互提问、应答。

(8) 指导教师分别对各个小组的表现进行评价和打分。

(9) 个人总结并编撰实训报告。

四、实验成绩

序号	实验要求	分值
(1)	熟悉人才测评方法组合的基本原则	10
(2)	熟悉不同测评方法的适用范围	10
(3)	能针对不同能力要求选择合适的测评方法	20
(4)	能合理安排测评方法的搭配、实施顺序及操作要点	30
(5)	能较好把握组合测评的系统要求、实施及评价	20
(6)	能设计完整的人才测评方法组合	10

五、思考题

(1) 测评方法组合能解决的最大的问题是什么?

(2) 在公共部门中,人力资源测评方法组合的最大挑战是什么?

(3) 测评方法组合能成为公共部门人才测评中的一种潮流吗?

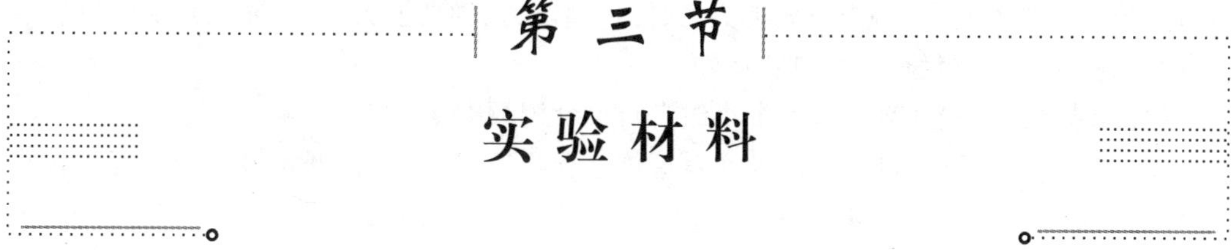

第三节 实验材料

重庆市公开选拔部分副厅局级领导干部

为适应重庆经济社会发展需要,根据党中央《党政领导干部选拔任用工作暂行条例》《深化干部人事制度改革纲要》和中组部《关于进一步做好公开选拔领导干部的通知》精神,中共重庆市委决定,按照公开、平等、竞争、择优的原则,采取组织推荐与个人自荐相结合、考试与考核相结合的方式,面向全国公开选拔 19 名副厅局级领导干部。这则消息在首都北京掀起强烈冲击波。

2000 年 8 月 29 日,团中央书记处常务书记巴音朝鲁和首都 28 所高级组织人事部门表示大力推荐人才的话音刚落,近 60 名博士、硕士就赶到公选办驻地,表示愿意效力重庆。现任德国奥迪公司中国大区首席顾问潘杰客,获知重庆公选副厅局级领导干部的消息后,早早赶来公选办驻地找到负责人,表达了愿意为山城效力的强烈愿望。美国得克萨斯理工大学博士果德安,在与公选办负责人的交流中更是拉近了与重庆的距离。这位留美归来的北京大学教授说,刚在重庆搞完调研回京,最看好对口的市药品监督局副局长岗位。留学日本京都大学的中国人民大学农经系(现农业与农村发展学院)副教授也向公选办负责人表达了愿意效力重庆的强烈愿望。

重庆市委进京公选副厅局级领导干部,不但吸引了一大批留学归国的博士、硕士,而且还将冲击波刮到了北京市市级机关。一位少年时曾随父母“转战”大西南的北京市外经贸委的副处长，找到公选办负责人说，身为女性，她已经走过了恋爱、结婚、生子的三大关口，如今正是施展才华的最佳时期，希望能在公选中取胜，到重庆开创新天地。此外，公选办驻地不断接到来自河北、江西、山西、内蒙古、甘肃、宁夏等地的咨询电话。

为了搞好这次选拔，重庆市委规定了如下选拔程序。

(1) 报名。在中共重庆市委公开选拔领导干部工作小组办公室（以下简称“市公选办”）设立报名站。报名人员可以直接到报名站报名，也可用信函、传真方式报名。报名时需备齐下列证件和资料：身份证、工作证、学历证、专业技术职务任职资格证书、任职文件、获奖证书原件及复印件、近期同一底片一寸正面彩照4张、所在单位或主管部门或当地党委组织部门介绍信、个人学习和工作简历。以信函、传真方式报名的，参加笔试前，须带有关证件原件，以备复审。报名可以采取组织推荐或个人自荐方式。属组织推荐的，须征得本人同意。参选者只能选报1个职位。

(2) 资格审查。由市公选办发放笔试通知书和准考证。填报“服从分配”的参选人员，经市公选办研究，征得本人同意，可改报名参选另一职位。弄虚作假者，取消考试资格。

(3) 副厅局级领导干部胜任力模型包含的胜任力特征：逻辑思维能力、语言表达能力、计划能力、决策能力、组织协调能力、人际沟通能力、创新能力、拟选职位需要的特殊能力以及气质风度、情绪稳定性、自我认知等。

(4) 选拔测评环节（略），请各个小组自行设计测评方案。

(5) 考察、公示和审定。初步考察对象体检合格者，经市委公开选拔领导干部工作小组审核、确定为正式考察对象。如有体检不合格者，从高分到低分递补考察对象。由市公选办组织考察组，对考察对象进行全面考察，并向市委提出拟任意见。市委根据拟任意见确定初步人选，向社会公示。公示结束后，市委常委会根据公示结果，讨论决定任职人选，并按有关法定程序办理任用手续。

(6) 向社会公布公开选拔结果。

讨论题

(1) 本案例中公选干部的政策受到热烈响应，吸引了一大批优秀人才前来应聘，试对这一现象进行分析。

(2) 重庆市这次大规模公选领导干部有哪些可以借鉴的经验？

(3) 公开选拔领导干部具有怎样的时代意义？如何确定选拔的原则和程序？

(4) 领导干部应具备哪些素质？试对公共部门人力资源的招聘考录提出自己的看法和建议。

第四节
实验报告

实验报告

<table>
<tr><td>院系</td><td></td><td>专业</td><td></td></tr>
<tr><td>班级</td><td></td><td>姓名</td><td></td></tr>
<tr><td>实验教师</td><td></td><td>学号</td><td></td></tr>
<tr><td>成绩</td><td></td><td>日期</td><td></td></tr>
<tr><td>实验名称</td><td colspan="3"></td></tr>
<tr><td colspan="4">一、实验目的

二、实验原理

三、实验步骤

四、实验数据(如有则填)

五、实验结果

六、讨论分析(完成指定的思考题和作业题)

七、实验总结及改进实验建议(如有则填)

八、问题与困惑</td></tr>
<tr><td colspan="4">备注：</td></tr>
</table>

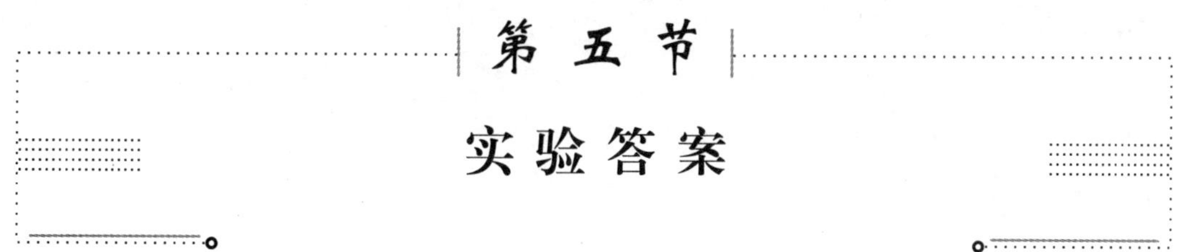

第五节 实验答案

(1) 测评方法组合的基本原则:以胜任力为依据,信效度优先、强化区分度差异化等。

(2) 针对副厅局级领导干部,测评方法的选择策略:

①笔试。笔试建议分公共科目考试和专业科目考试,采用闭卷方式进行。公共科目考试内容包括政治、经济、法律、管理、科学技术及历史、国情国力、重庆市情、公文写作与处理。专业科目考试内容包括拟选职位需要的专业基础知识、专业管理知识和专业政策法规。笔试成绩为公共科目考试和专业科目的得分之和。根据笔试成绩,按拟选职务1∶5的比例,从高分到低分确定面试之选。

②面试。面试应由有关领导和专家学者组成面试评审委员会,建议采取围绕一定案例素材进行即席演讲、半结构化式问答等方式进行。评审委员会根据候选人的现场表现情况,综合考察其个性、能力、特征。面试结束后当场公布成绩,并根据成绩按拟选职位1∶2的比例,从高分到低分初步确定考察对象。

第十五章 CHAPTER15

评价中心技术

不同的职位、不同人才都有各自最合适的测评方式,而将缺乏针对性的笼统测评方法罗列、叠加或者混合在一起的测评方式,并非真正意义上的科学立体化测评体系,顶多是线性测评方式的延伸或变种。随着现代人力资源管理学的不断发展和学科的细化,现代公共部门人才测评手段日臻完善,还急需在专业化、精细化和系统性等方面下功夫,因此评价中心作为现代人员测评的一种严谨、全面的测评方法越来越受到重视。

第一节 基础理论

一、评价中心概论

评价中心(assessment center),又称评鉴中心,是一种用于甄别应聘者或工作候选人未来潜能的评价过程。通过把候选人置于相对隔离的一系列模拟工作情景中,以独立作业或者团队作业的方式,并采用多种测评技术和方法,观察和分析候选人在模拟的各种情景压力下的心理、行为、表现以及工作绩效,以测评候选人的管理技术、管理能力等素质。

评价中心是多方法、多技术的综合体,从测评的形式来看,广义的评价中心包含了传统的心理测验(评价应试者的人格、能力、职业兴趣等特质)、面谈(主要是结构化面谈)、投射测验(应试者的深层次人格特质、职业动机、职业价值观)和情景模拟等。国内外的大量研究发现,实际应用中的评价中心主要是指以情景模拟为核心的系列测评技术,是狭义上的评价中心。

比较经典的情景模拟技术包括公文筐测试、无领导小组讨论、管理游戏、角色扮演等;另外还有如案例分析、演讲、事实判断、模拟面试等,它们在人才测评活动中的使用频率不尽相同。

由于评价中心是一种测定个体在多种情景作业中表现出的行为特征的操作程序，因此评价中心一般针对特定的职位来设计、实施相应的测评方法与技术。通过对目标职位的工作分析，在了解职位的工作内容与素质要求的基础上，事先创设一系列与工作高度相关的模拟情景，然后将应试者纳入该模拟情景中，要求其完成该情景下多种典型的工作，如主持会议、处理公文、商务谈判、处理突发事件等。在应试者按照情景角色要求处理或解决问题的过程中，测评者按照各种方法或技术要求，观察和分析应试者在模拟的各种情景压力下的心理、行为表现，测量和评价应试者的能力、性格等素质特征。

在实践中，评价中心是一项对各类管理人员尤其是中、高层管理人员的能力素质水平进行一系列综合评价的活动。在此过程中，测评者针对特定的目的与标准采用多种评价技术测评应试者的各种能力，评价应试者是否适宜担任某项拟任的工作，预测应试者的能力、潜力与工作绩效的前景，同时察觉应试者的欠缺之处，以确定培养内容、使用方法。

第28届评价中心国际会议给出评价中心的定义是：评价中心是由对多次行为的标准化评估构成的，由许多受过训练的评委运用技术手段，对被评价者从专门设计的模拟情景中表露出的行为做出判断，这些判断被提交到评委参加的会议上或用统计方法加以分析整合。在达成统一评分意见的讨论过程中，每位评委要全面地解释被评价人行为的原因，提交评分结果，讨论的结果是按照设计好的以测度被评价人行为的维度/竞争能力(dimension competence)或其他变量给被评价人绩效总评。评价中心技术应当运用统计的方法以符合专业认可的标准进行。

运用评价中心可以达到两方面的目的，一是筛选人员，为组织发掘和储备所需的人才；二是员工职业发展，对在职人员的潜在能力及培训和发展需要做出早期诊断。总的说来，评价中心为组织内人力资源管理系统的众多职能提供了有价值的信息，这些职能确保了组织的人员招聘、选拔、培训、薪酬和评估，并且为实现组织目标服务。

二、评价中心常用技术

参考以往文献及材料，评价中心常用的技术不仅包括主持会议、处理公文、商务谈判、处理突发事件等，还包括案例分析、事实判断、个人演讲和模拟面谈等。① 追踪不同评价技术的测查特点，学者 Thornton 对8种不同测评方法的测查能力、技术复杂程度和使用频率等进行过比较分析，如表15.1所示。

表15.1　评价中心主要技术对比分析②

测评技术	可测查的能力	复杂程度	使用频率/(%)
管理游戏	战略规划能力、团队协作能力、领导能力等	非常复杂	25

① 斯蒂芬·P.罗宾斯．组织行为学[M]．孙健敏，李原，译．10版．北京：中国人民大学出版社，2005；吴小燕．如何运用评鉴发展中心选拔人才[D]．上海：复旦大学，2003；王海霞．评价中心结构效度模拟实验研究[D]．西安：陕西师范大学，2007.

② THORNTON Ⅲ G C，RUPP D E. Assessment centers in human resource management：Strategies for prediction，diagnosis，and development[M]. New York：Psychology Press，2006.

续表

测评技术	可测查的能力	复杂程度	使用频率/(%)
公文筐测试	判断能力、计划组织能力、管理控制能力、授权能力、决策能力等	很复杂	81
角色扮演	人际关系能力、言语沟通能力、说服能力、应变能力等	很复杂	—
无领导小组讨论	言语表达能力、人际影响力、组织协调能力等	很复杂	59
个人演讲	说服力、语言表达能力、应变能力、沟通能力、战略思维等	较复杂	46
案例分析	业务知识、理解能力、文字表达能力、态度、价值观等	较复杂	73
事实判断	信息搜索能力、把握事实能力、决策技能等	简单	38
模拟面谈	口头交流能力、人际关系能力、问题解决能力等	简单	47

三、评价中心的产生及发展

评价中心技术起源于1929年的德国，发展于20世纪四五十年代，经过60年代的进一步改进，在20世纪80年代被广泛应用于各国的政府与企业的人才选拔中。德国心理学家1929年建立了一套用于挑选军官的多项评价程序，其中一项是对领导才能的测评。测评方法是让应试者指挥一组士兵，他必须完成一些任务或者向士兵们解释一个问题，在此基础上测评者对应试者的面部表情、讲话形式和笔记进行观察。这个实际操作的作业成为评价中心发展的基础。后来美国、英国的军方借鉴了德军的这个测评程序，建立了自己的比较成功的评价中心。

1948年春出版的《对人的评价》一书，第一次使用了“评价中心”一词，并详细介绍了评价中心在第二次世界大战期间军事上的发展与应用。第二次世界大战之后，这种方法被复员的军官带到了工业企业中。布雷(Douglas Bray)博士和比哈莫(William Byham)博士是早期对评价中心进行工业应用研究的著名科学家。布雷博士1956年应美国AT&T公司之邀，负责设计并指导对贝尔系统管理人员的职业发展进行纵向研究，引入了26个维度以及业务游戏(business game)、无领导小组讨论、公文筐测试等测评情景，连续两个夏季共对422名员工进行了测试，在随后的25年内，又对这些人中依然留在公司的员工至少进行了两次以上的评估。从理论上和实践上对其可靠性所做的长期追踪显示，该方法获得了成功，并成为贝尔系统管理人员获得晋升的标准评估手段。从此，评价中心技术在工业组织中得到了迅速传播，在德国、菲律宾、新加坡、南非、澳大利亚、美国、日本等不同文化的国家均被接受和广泛使用。据估计，1980年仅美国就至少有2000个组织使用了评价中心技术。由于布雷博士对此项工作的贡献，1980年美国心理学会授予他“杰出贡献奖”。①

当前在评定和选拔管理人员方面，美国联邦政府的一些部门和几百个著名的美国公司都使用评价中心技术。如美国电报电话公司、美国通用电气公司、美国福特汽车公司、俄亥俄标准石油公司、美国商业机器公司、柯达公司、西尔斯商业银行，以及美国联邦政府的人事管理局(OPM)、农业部等，都设有“评价中心”以开展各自系统管理人员的评定和选拔工作。

在我国，20 世纪 80 年代末、90 年代初才开始有了对评价中心的较为系统的介绍和在企业中的初步应用。1996 年，国家人事部考试录用司在原地矿部选拔局级领导干部时运用了评价中心技术，取得了令人满意的结果。随后，在公务员录用考试中也在尝试着运用评价中心的某些情景化测评方法。

四、评价中心综合特征及其优缺点

(一) 评价中心的综合特征

传统的人员测评以各类纸笔测验和面试为代表，包括背景调查、工作申请、履历分析、民主评议、推荐书和心理测验等，这些方法都能够从不同侧面对人的素质做出评价。但传统素质测评的最大不足，就是测评内容与工作的实际情况关联不大，另外以心理测验为典型代表的传统素质测评大多是对应试者的静态测评，在测评过程中收集到的与应试者有关的信息和资料大多是静态的，这与实际工作情境的动态性、多变性有一定的距离，因而难以测评出应试者的实际工作能力。

评价中心技术与传统测评方法不同，它不是一个单一的测评方法，而是一组测评方法的综合。它结合各种测评方法的特点，更有效地选拔合适人才，发挥各种测评方法的优势。西方管理学家在对评价中心的效果分析中发现，由领导随意选拔的管理人员，按照使用的结果，其正确性只有 15%；经过各级经理层层提名推荐的，其正确性达到 35%；而通过评价中心测评选拔的，其正确性在 70%以上。评价中心之所以成为如此有效的选拔技术，缘于其自身的特点。

评价中心的关键特征是多重评估过程，即有多位参加者，采用多种方法，由评估小组根据所有参与者的数据和基于行为的工作分析进行评价。它的特征主要体现在以下几个方面。

1. 综合性

评价中心是多种测评技术与手段的综合运用，它把各种人才测评的方法综合起来加以运用，使各种测评技术得以相互补充和验证，还能够多方面、多层次地考查应试者在不同条件下的复杂而广泛的心理和行为表现，因而能大大提高测评的信度和效度。

由于评价中心综合运用多种人才测评技术，使它不仅能够很好地测评应试者的实际工作能力，而且还可以测评其他多种能力和性格品质等素质特征。

---

① 管连荣.评定和选拔管理人员的一种心理学方法——美国管理人员“评价中心”介绍[J].心理科学进展，1986(2):74-76.

2. 针对性

由于评价中心的测评指标体系的设计，是从对职位的工作分析出发来进行的，根据不同层次、不同类别人员的职位要求和必备素质，设计有针对性的模拟情景，适应不同职位的需要，在测评的过程中尽可能真实地模拟特定的工作条件和工作环境，并在特定的工作环境和压力下进行测评。这样做的结果是，尽最大的可能保证选拔出来的人员在今后的工作中同他们在测评中的表现一致，以此来预测应试者在今后的工作中的可能表现。

3. 动态性

评价中心多采用一些动态的测评手段，将应试者置于动态的模拟情景中，不断地对其发出该环境下各种变化的信息，要求其在一定的时限和情景压力下做出决策和相应的行为表现。这种对实际行为进行观察的方式往往比应试者的自陈报告更为准确有效。而且，在动态的测评中，应试者之间可以进行相互作用，这样应试者的某些特征会得到更清晰的暴露，更有利于测评者对其进行评价。

4. 模拟性

应用与目标职位工作具有高度相关的情景模拟练习。评价中心一般包括一组情景模拟练习，情景模拟测评是评价中心最为显著的特点，尤为强调对相关工作的情景模拟性。

评价中心技术一般以情景模拟测评为基础，通过多种情景模拟测评形式观察应试者的行为，其中包括处理信件与公文，写市场问题分析报告，发表口头演说，无领导小组讨论等。这些情景模拟测评为测评者提供了观察应试者如何与他人相处、如何分析与解决问题的复杂行为的机会。

5. 预测性

评价中心所采取的测评手段很多是对真实情景的模拟，而且很多情景是与拟任工作相关的。在这种情况下，应试者的表现比较接近真实情况，并且在复杂的任务之下，应试者也不易伪装，因而在情景性测评中应试者的表现与在实际生活中有较大的相似性，对应试者的未来表现有较好的预测效果。

评价中心主要是以对管理人员的管理能力与绩效预测为目的，因此它的测评内容主要是管理人员的管理素质与潜能。应试者一般限于管理人员，规模较小，每次被测人数一般是 6～12 人，测评的目的主要是选拔管理人员。但是，评价中心目前的应用范围日益扩大，已被人们用于能力培训与开发、职业能力测评、职业规划以及人事研究等。

6. 标准化

标准化是一切测评的要求，同其他测评方法相比，评价中心更具有标准化的特点，评价中心虽然活动比较多，并且形式多样，时间持续从几小时到一周不等，但是每个活动都是按照统一的测评需要来设计的。一般来说，测评的内容不是随意而定的，而是通过工作分析来确定。整个测评活动的安排，所有的评委和参与测评的应试者的活动，都是事先安排好的，是以分析所确定的测评目标来进行的。

7. 高效性

很多研究表明，评价中心在预测管理绩效时，其预测结果与事实的吻合程度远远高于其他测评方法。评价中心往往选用多种方式和技术对应试者进行多次测评，并由多个不同测评小组成员分别给予评价，这样可以减少因应试者水平发挥不正常或少数测评者评价偏差而导致评价结果失真的可能性,使一次测评定命运的不公平现象有所减少。另外,评价中心不仅仅满足于测评过程中收集到的信息,而且还在测评后请应试者说明测评时的想法以及处理问题的理由,从而获得更多的信息。在此基础上,测评者进一步评定应试者处理实际问题的能力和技巧,把定量评价和定性评价结合起来考虑。这些技术和手段的综合应用都能有效提高评价中心的可靠性和有效性。

由于评价中心所考查的内容与实际工作情景有着高度的相似性,使测评的情景十分逼真,这样能更好地反映出应试者今后在真实的工作环境中处理和解决各种问题的方式。在评价中心所测评的各种素质中,诸如人的知识与技能、能力、个性特点、品德素质以及各种特殊的能力,都能在这种逼真的情景中得到有效的体现,因此测评的效果非常好,是所有测评中效度最高的。这是国外研究已经证实的评价中心的一个突出的特点。

大量研究表明,评价中心的预测效度与其实施特征有关,如使用的测评手段越多,测评指标项目数量越多,评价中心所获得的结果就越有效,如表 15.2 所示。

表 15.2 测评指标项目数量与测评效度的关系①

测评指标项目数量	OAR 效度
6	0.55
6	0.40
5	0.40
4	0.25
4	0.30
3	0.15
2	0.08

以往大量研究证明,评价中心是一种相当有效的测评手段,它不仅具有良好的内容效度(Woehr & Arthur,2003)、效标关联效度(Gaugler,Rosenthal,Thornton & Bentson,1987;Arthur,Day,McNelly & Edens,2003)、递增效度(Meriac,Hoffman,Woehr & Fleisher,2008)、评分者信度(Lievens,2002),还在应用中展现出良好的效用指标(Hoffman & Thornton,1997)和较好的公平性(Petrides,Weinstein,Chou,Furnham & Swami,2010),并能引发积极的应聘者反应(applicantreaction)(Hausknecht,Day & Thomas,2004)等。②

8. 高费用

同其他人才测评方法相比,评价中心明显存在着高费用的特点。由于它本身的综合性、负责性、费时性,且是一个多品种的合作,因此费用相对于其他的测评要明显高些。从

① 乔治·C桑顿三世.评鉴中心在人力资源管理中的应用[M].上海人才有限公司评鉴中心研发专家组,译.上海:复旦大学出版社,2004.

② 卞冉,高钦,车宏生.评价中心的构想效度谜题:测量维度还是活动?[J].心理科学进展,2013(2):358-371.

投入与产出的比较上讲，如果这种高投入与选拔出来的人才创造出来的效益成正相关，那么这种高投入是值得的，同时也是必要的。

(二) 评价中心的优缺点

1. 优点

与传统的面试、背景调查(组织考察)、书面考试相比，评价中心的突出优势在于，它是人力资源开发中克服偏见的较佳科学工具，是连接过去与未来的桥梁。具体表现在如下几个方面。

(1) 科学化、程序化、可操作化。

对评价中心的研究已经过大量的科学实验与企业实践以及理论论证，而且国际评价中心年会还专门指导这方面的企业实践，其运作方法在发达国家已相当成熟并被广泛应用，其中出现的很多问题也已经有了令人满意的答案，包含了大量的科学研究成果。

(2) 评估效果好、预见性强。

评价中心的有效性已经经过大量的科学研究，结果很明确，经过评价中心预测能胜任职位工作或将会有更大的职业发展前途的人中，有 36%的人其未来同预测一致。

另外，研究显示，评价中心的预测效度明显高于心理测验。心理测验中著名的人格测验 16PF 和 MBTI，现在被很多人用于商业测评。但是，它们对应试者未来成就的预测效度都很低，预测效度最乐观的估计是 0.15，而 0.15 的效度意味着这种预测和随机预测几乎没有差别。而评价中心的预测效度平均为 0.41，其中结构化行为访谈为 0.35～0.45，单个情景模拟为 0.4 左右。如果评价中心设计得好，它的预测效度可以达到 0.53，甚至更高。[①]

(3) 公正客观，减少矛盾。

评价中心的测评过程在多方面要求非主观化，不允许偏袒舞弊。例如，应试者对测评情景的选择由电脑自动生成，或由应试者从文件筐中随机抽取，在测评过程中测评者主要关注应试者的行为，而且测评结束后测评者还要进行评价讨论与总评，所有这些都保证了评分过程的公正性、客观性，评选的结果易于被大家接受。

(4) 紧紧抓住“现在与未来”。

传统的考试、面试、背景调查等方式的一大特点是，寻找过去与将来的共通之处，设想过去的行为在将来还会同样出现并发挥作用，这是一种典型的直线外推的思维方式。在数学上，直线外推法的效度，只有在环境不变而且因果关系明确的前提下才正确。但实际上组织面临的环境在发生变化，个人的工作环境也在变化，且这种变化可能是急剧的。此外，因果关系常常是由多种因素混合而成的，表现为多因一果或多因多果，在环境发生变化后原来的因果关系就可能不起作用，或不再是因果关系了，这样的例子不胜枚举。因此传统的测评方法的有效性、合理性是值得怀疑的。

(5) 有助于克服认知缺陷。

---

① 乔治·C桑顿三世.评鉴中心在人力资源管理中的应用[M].上海人才有限公司评鉴中心研发专家组，译.上海：复旦大学出版社，2004.

人的认知缺陷源于两个方面：其一，因为事物的复杂性，所以人们的有限次探究总是有缺陷的；其二，在有限次探索中，人们常常倾向于过早地做出判断，给出结论。研究表明(Rosenberg，1968)，人们对人、对事印象的形成，主要是由人格特征中的中心品质决定的，好与坏、强与弱、积极与消极就是三个基本的中心品质，其中好与坏最重要，也就是说，人的认识喜欢做出价值判断，一旦做出了判断，人的印象就形成了，并会影响以后对人、对事的看法。光环效应、刻板效应、投射作用、第一印象、近因效应等都是进行价值判断后导致认知缺陷的具体表现形式。因此，如果我们在对人的测评中主要靠价值判断，得出的结论往往有缺陷。评价中心恰恰首先不去进行这种价值判断，而是考查应试者的行为，因为行为是可描述、可测量、可观察的，是可以进行比较的，也是可以通过讨论寻求一致意见的，而价值判断却不能。因此，评价中心通过培训测评者，使他们关注应试者的行为并进行记录，然后对评分进行讨论，就能有效地克服人的认知偏差，得出较科学的结论。

2. 缺点

(1) 实施成本高。

评价中心的内容包括公文筐测试、无领导小组讨论、案例分析等，完整地把这些内容融进一次测评中，在过去常常要花 2～3 天的时间。编写这些测评情景、培训测评者以及测评者间的争论都要耗费时间，因此花费的人力、物力、财力和时间，远比心理测验要多得多。根据国外统计发现，评价中心测评的人均成本至少是 300 美元。根据我国对公务员考录和公开选拔的成本统计，公务员考录人均成本约为 200 元，公开选拔一个科级干部的成本约为 1 万元。[①] 因此，相较而言，评价中心的实施成本高，但对于公共部门而言还处于可承受范围。且随着科学技术的进步，计算机、录像机、摄像机的普及，一般评价中心的测评实施时间已缩短到一天。

(2) 结构效度低。

评价中心测评方法的结构效度低，主要由两个原因引起：其一，在人的个性中，有些特征是普遍稳定的，处理任何事情都会表露出来，而有些特征则总在特定情况下表露出来，在一般情况下则显露不出；其二，个人对问题的解决方法、思路决定了其行为特征，不同的问题导致不同的解决方法，也就自然使不同的人表现出不同的行为特征，有些特征在某种行为中表现明显一些，而有些则表现弱一些，这完全与人的复杂性相吻合，因而不同的测评情景间维度的相关度就低。然而对管理实践而言，笔者认为结构效度低的影响也不大，只要测评组织主体从组织愿景、战略目标、组织文化等紧密联系的工作中精心发掘测评情景，把不同测评情景对应不同的维度，就能获得满意的结果。

(3) 评价中心不是万能的。

评价中心的效度只具有统计学意义上的准确性，对每个个案的准确性不是绝对的，应当把它同传统的测评方法如背景调查、民意测验等结合起来进行测评，相互补充，效果会更佳。例如，布雷博士和比哈莫博士在 A T & T 的人才测评实验中，就把背景调查的面试作为评价中心的有机组成部分，而且在必要时还对应试者进行深度面试。

---

① 刘柏涛，周斌. 基于评价中心的公务员选拔方式初探[J]. 甘肃社会科学，2014(3)：130-134.

五、基于胜任力的评价中心

(一) 评价中心与胜任力模型

目前,很多组织建立了自己的胜任力模型,但是对胜任力模型在人力资源管理各个环节的应用,如招聘选拔、考核、培训发展等,有待进一步深入研究。将胜任力模型运用于评价中心,有助于提高评价中心技术在人力资源管理决策中的效度,从而提升、优化人力资源管理系统。

胜任力模型不仅能够预测员工的未来表现,而且其各项指标界定清晰、分级明确、容易评估。而评价中心的主要作用是为组织选拔、培训和发展高级管理人员,其目的是要确保管理人员具有胜任职位的能力,在未来的工作中表现出优异的绩效。所以,胜任力模型正好满足了评价中心对测评指标的内在要求,不仅有良好的预测性,而且可量化、可评估,为评价中心测评指标体系的建立提供了有力保证。同时,基于胜任力模型的评价中心也为胜任力模型的运用开辟了新途径。

(二) 与传统评价中心的差异之处

1. 预测效度高

评价中心的有效性经过了大量的科学研究,比如 Klimoski 等人的研究结果表明,评价中心预测测评对象职位晋升的相关系数为 0.53,预测其工作绩效的相关系数为 0.36。而且胜任力又是预测员工未来绩效的较好指标,可以肯定的是,基于胜任力模型的评价中心在人力资源管理决策中更为有效。

2. 操作流程标准化,具有较强实用性

不仅建立胜任力模型的流程规范而标准,而且胜任力模型中指标定义清晰,行为定级明确,具有很强的可操作性。评价中心技术自运用以来,学术界和管理界进行了大量的研究和科学实验,使基于胜任力模型的评价中心实施有据可依。

3. 运用灵活,可为人力资源管理多方面的决策提供参考信息

在职位胜任力模型的构建过程中,有大量关于实际工作的情景描述,可以充分利用前人的工作成果,在已有模型的情况下,更快地进入评价中心的其他环节。评价中心不仅可用来招聘、选拔员工,而且可以为诊断员工技能、培训发展和人力资源规划等决策提供参考依据。

(三) 评价中心的问题与改进措施

任何一种测评方法都有其自身的优势与不足,评价中心也不例外。一般来说,人们认为评价中心有以下几方面的不足。

1. 开发与实施成本高,操作复杂

第一是开发胜任力模型的成本较高;第二是评价中心技术复杂,需要掌握的工具多,包括公文筐测试、无领导小组讨论、案例分析等;第三是编写这些测评情景与培训测评者以及测评者间的争论都要耗费大量时间,需要投入的人力、物力较多。

2. 评价中心可能会带来一定的负面影响

Byham 指出，在评价中心表现不好的测评对象，通常担心他们的未来，并因此可能另外寻找新的工作。尤其当评价中心对测评对象做出的总体评价不令人信服时，将会出现较高的离职率，有可能导致一些真正具有发展潜力的员工流失，由此会给部门或组织带来一定的负面影响。

3. 评价中心的质量很难鉴定

虽然评价中心结果可以用来作为鉴定其他测评方法或培训计划的效标，但其自身的质量好坏却很难找到参照效标。

经过数年的实践和研究，一些专家也找到了进一步提高测评效度的途径和方法。首先，根据需要测评的素质内容，选择适合的、有针对性的测评方法，并做好相应的题目设计。专家们研究发现，每一种测评方法都有其最适合的测评对象，在做评价方案时，要根据这些设计，挑选出适合测评要求的测评方法并进行组合。其次，尽可能多地采用测评方法来做评价。从理论上来讲，采用的测评方法越多，层次越丰富，测评的素质内容也越全面，测评结果也越真实、可靠。但是，采用的测评方法越多，相应的测评成本也就越高，所以要根据具体情况做选择。为了保证测评结果的可信度和有效性，至少要采用三种以上的测评方法。再次，挑选合适的测评者，并做好培训工作。此外，测评者在开始评价他人之前，要作为应试者亲身体验一遍评价过程。测评者在此过程中积累的经验，加上全体测评者在评价中达成一致意见，能够使每个测评者尽量将自己的评价标准化。这种标准化的评价能保证每个应试者都被同一标准衡量，从而获得公正的评价。

六、评价中心的实施过程①

评价中心技术的目的是测评应试者是否适宜担任某项即将委任的工作，预测应试者的能力、潜力与工作绩效的前景，同时发现应试者的欠缺之处，以此确定对其培养的内容与方式。评价中心技术的实施过程具体包括一系列步骤，在参照第 28 届评价中心国际会议确定的评价中心核心要素的基础上，笔者认为具体步骤如下。

（一）职位分析

职位分析是人力资源管理的基础，进行职位分析的目的是设计或编写测评情景，确立核心内容，为创建评价维度奠定基础。不同的职位对人的性格、人际交往能力、思维决断能力等素质的要求是不同的，因此应首先仔细分析职位活动的种类、性质、特点、核心要素，还要分析该职位的工作内容是程序性的还是非程序性的，是已有同种性质的还是新出现的。职位分析的重点在于总结出那些与组织的愿景、价值观、经营哲学、战略、核心目标关联性最高的活动，分析它们的特征，概括出胜任该职位所需的竞争能力。

（二）确立测评维度、指标

在职位分析的基础上把该职位的行为活动进行归类，从中提炼出知识与技能等竞争

① 张文贤. 人才测评[M]. 北京：科学出版社，2010.

能力，以及合作性等评价维度。测评维度及指标是构建情景模拟测评的基本框架，同时也是观察应试者行为、评估其行为有效性并给予反馈的基本依据。测评指标的来源有3个，分别是胜任力特征模型、职位分析结果以及目标职位直接上级访谈，评价中心测评指标约为7个项目比较适宜。[①]

一般而言，组织类型、职位等不同，其指标项目及数量也有所不同。资料显示，美国各公司所用指标项目有的为10项，有的多达52项。但作为管理人员，其应有的领导素质又有许多共同点，道格拉斯及布雷博士在1956年提出了7个方面指标项目[②]，如表15.3所示。

表15.3 管理人员领导素质测评指标项目表

测评项目		具体能力
1	管理方面	组织计划能力、决策能力、创造性等
2	人际关系方面	领导才能、语言表达能力、行为灵活性等
3	智力	一般智力、兴趣等
4	稳定性	对压力的忍耐等
5	动机	工作满意情况等
6	对职业方面的追求	—
7	独立性	—

这7个方面的项目，有的是同人的实际管理能力有关，有的则属于个人的职业兴趣、性格特征等，跟管理能力的关系不大。评价中心所使用的较为典型的测评指标项目，如表15.4所示。

表15.4 评价中心使用的较为典型的测评指标项目

序号	项目内容	序号	项目内容
1	决策性	9	敏感性
2	责任性	10	领导艺术
3	果断性	11	对压力忍耐
4	冒险性	12	控制能力
5	主动性	13	坚韧性
6	口头表达	14	权力使用
7	组织和安排	15	书面表达能力
8	问题分析		

① 彭平根. 评价中心的测评有效性及其影响因素的实证研究[D]. 上海：华东师范大学，2003.

② 管连荣. 评定和选拔管理人员的一种心理学方法——美国管理人员“评价中心”介绍[J]. 心理科学进展，1986(2)：74-76.

然而，评价中心的评价维度的构想效度始终不理想，因为评价中心的评分反映的是活动或行为，而非预先设想的维度带来的效应。因此，构想维度的效度研究逐步形成了维度中心取向、活动中心取向及交互作用取向三种主要观点，分别主张控制各种误差因素以改善维度测量，放弃维度而转向活动或任务，以及关注维度与活动的共同作用。未来研究应在传统的维度中心取向之外给予活动中心取向足够重视，并重点发展交互作用取向。①

（三）确定测评标准

社会认知理论表明，观察的目的直接影响观察的方式，信息的编码、储存以及提取。因此，在评价中心技术实施的过程中，必须依据测评目的制定相应的测评标准。例如，测评目的是为了选拔领导后备力量，那么，可以确定诸如思维能力、解决问题能力、事业心、合作性等多方面能力的具体测评指标，并且对每一指标要有详细的说明。在制定测评标准过程中，最为关键的是每一位测评者都必须对指标达成统一的认识，对指标的解释也要一致。

（四）选定评委

评委即测评过程中的评价者，或组织测评的主体人员，由他们对应试者进行评定打分。评委的选择应坚持在种族、年龄、性别、职务级别，以及工作领域方面多样化的原则。如果测评的目的是为职务晋升，那么，被考评人的直接主管就不应作为评委。评委人数一般与参加情景测评的每一小组成员的比例为 1∶2。此外，评委应对所聘职位的工作较熟悉，了解部门的工作性质、难点与重点。

（五）对评委进行培训

评委在评价中心中扮演复杂而重要的角色。评委必须观察、记录应试者在评价中心各个测试中的行为表现，把这些行为归类到相应的、事先确定好的测评维度中，给出应试者在每个维度上的得分，并在讨论的基础上，评估每个应试者在评价中心中的整体表现，提出是否录用或晋升的建议，最后就应试者的发展潜力以及需要改进之处提出专业看法。整个评价中心测评结果的有效性，很大程度上依赖于评委评分的准确性，这也是评价中心信度的基本保证(Schleicher，2002)。因此，如何提高评委评分的准确性，一直是评价中心研究领域持续探讨的话题。同时，由于考虑到组织内业务的专业性等，业务能手参与测评工作的情况越来越频繁，但是他们又不是行为判断、人才测评方面的专家，因此有必要对他们进行培训以达到专业水准。比哈莫博士为此提出了评委培训的目的与方法，主要有如下五方面。

1. 理解测评维度

应使评委对测评维度的含义有一致的认识，有必要组织评委讨论，对维度的含义加以细化。例如，把对领导干部的压力承受能力定义为，面对压力时取得绩效的稳定程度，他们处于压力情景有三个影响因素：①有多项工作需要在大致相同的截止时间完成；②需要

---

① 卞冉，高钦，车宏生. 评价中心的构想效度谜题：测量维度还是活动？[J]. 心理科学进展，2013(2)：358-371.

扮演两难角色,即既要代表上级领导管好下属,又要做好下属代表(甚至是公众)为他们向上级领导争取利益;③因为工作环境的原因要直接面对愤怒的或充满敌意的下属(或是公众)。

2. 学会观察并记录应试者的行为

大多数初次担当评委的领导对应试者在测评情景中的表现都倾向做出迅速评价,然而这样的判断并不符合评价中心的目的。应当培训评委,使他们学会记录考生的行为。首先,要使评委明晰记录行为与做出判断之间的区别;其次,要使评委能把应试者的行为记录下来。常用的测评培训工具是观看过往测评录像,其优点是可重放与暂停,方便集中讨论、强化测评要点。

3. 应试者行为归类

评委应学会把记录的应试者行为归类到适当的维度下,按照测评维度的含义,把与维度含义相一致的行为进行汇总,这对确保评分的有效性与可靠性是至关重要的。这一阶段培训的重点在于对每一评价维度的代表性行为进行描述与讨论,并分析这类行为的表现。

4. 判断应试者行为的质量

用固定的分数值来区分应试者的行为质量。这一阶段培训的关键在于使评委能对评分的标准有统一的认识,因此应提供各维度评分值的相应例子,可利用书面描述或录像,如果在评委之间发生评分偏差,就应进行讨论以统一认识。

5. 统一多测评情景下对各维度的评分并进行总评

由于评价中心包含多测评情景,因此有必要向评委提供多测评情景下,对相同维度行为进行评分的例子,并进行汇总,然后由评委对录像或书面内容进行实际评分,讨论出现的分歧,取得一致的看法。最后根据职位分析的结果确定各维度评分在总评中所占的权重。

不少学者通过实证分析证实,参照系(frame of reference,FOR)培训法能够显著提高评委总体评分的准确性,是有效培训评价中心评委的方法。FOR 培训是由美国学者 Bernardin 和 Buckley 在 1981 年提出的,他们提出 FOR 培训的主要目的是消除评委头脑中绩效标准的差异,运用统一的参照标准评估所有应试者的绩效。FOR 培训主要包括四个步骤:①告知受训者评估维度(包括维度名称和对维度的解释)、各维度的分级(如沟通能力的维度分为 5 级),以及每一级别的代表性行为;②培训师与受训者一起讨论列举出的行为归属于哪个维度以及该维度的哪个级别;③受训者练习评估应试者的行为表现;④对受训者的练习情况给予反馈。[①]

(六)编写测评情景

测评情景要紧密围绕职位分析的结果,还要注意它们必须能激发应试者在应试时表现出多种不同的、有一定力度的且相对持久的行为。测评情景的内容应多样化,但不应有种族、性别、年龄和道德观念上的歧视。一般的组织或企业可以自己设计编写,也可请组

① 刘丹.参照系培训法在评价中心评分者培训中的应用[J].山东社会科学,2015(5):269-270.

织或企业外的专家设计或购买专门测评机构的资料。组织或企业如果要提高评价中心的测评效果，增加与未来工作相关的不同测评情景可能是一个更好的方法。①

（七）应运用多种评价技术

评价中心技术的核心是综合运用各种评价技术，通过不同技术之间的互补，实现对应试者全面、完整的观察和评价。因此，在确定评价技术时并非越多越好，而是需要根据评价指标，选取最具评价效度的技术。为增加评价的有效性，应使用书面的或电脑的智力测试、心理测试、面试、公文筐测试、无领导小组讨论、案例分析等多种测评手段，在评委方面要坚持多人评估，也可使用360度绩效评估等方法。表15.5展示了评价中心主要测评技术的对比分析。

表15.5 评价中心主要测评技术对比分析②

测评技术	可测查的能力	复杂程度	使用频率/(%)
管理游戏	战略规划能力、团队协作能力、领导能力等	非常复杂	25
公文筐测试	判断能力、计划组织能力、管理控制能力、授权能力、决策能力等	很复杂	81
角色扮演	人际关系能力、言语沟通能力、说服能力、应变能力等	很复杂	未调查
无领导小组讨论	言语表达能力、人际影响力、组织协调能力等	很复杂	59
个人演讲	说服力、语言表达能力、应变能力、沟通能力、战略思维等	较复杂	46
案例分析	业务知识、理解能力、文字表达能力、态度、价值观等	较复杂	73
事实判断	信息搜索能力、把握事实能力、决策技能等	较复杂	38
模拟面试	口头交流能力、人际关系能力、问题解决能力等	简单	47

（八）预先试验

在正式进行测评前，应组织评委将编写好的测评情景应用于模拟应试者进行预先评估，主要目的在于从模拟应试者身上发现足够的待测评行为，观察评委对行为维度的认识是否一致，预测可能会出现什么问题以及提出解决问题的办法。

---

① 吴志明，张厚粲. 评价中心的构想效度和结构模型[J]. 心理学报，2001(4)：372-378.

② THORNTON Ⅲ G C, RUPP D E. Assessment centers in human resource management: Strategies for prediction, diagnosis, and development[M]. New York: Psychology Press, 2006.

（九）实施正式测评

1. 时间安排和地点选择

明确了测评标准和测评方法之后，在评价中心技术实施过程中，由测评者去具体实施、安排活动。在实施安排中，主要涉及时间安排和地点选择两个方面。一般而言，评价中心技术用来评选初级管理人员的典型测评项目，需要花费一天的时间，衡量中级管理人员则往往需要三天左右的时间，衡量高级管理人员的时间更长。所以，需要将整个测评活动在有限的时间内进行合理规划，同时应注意活动的先后次序。

测评活动地点的适宜程度会影响应试者的发挥，所以合适的房间有利于帮助应试者达到最佳的状态。房间要足够大，使应试者能够有足够的空间完成各自的任务，相互之间能够保持一定的距离，而且应试者与测评者之间也要保持适宜的距离，以便进行观察与评价。

2. 宣读测评说明

测评者在测评前应把测评的过程、方法、目的向应试者说明，以缓解应试者的紧张心理。在测评时应坚持计算机随机选题或由应试者自己抽取试题。

3. 观察和记录

测评者要在测评过程中仔细观察和详细记录应试者的行为，并给予初步判断。[①] 评价方法可分为定性评价和定量评价。国外研究表明，将定性描述和定量评价相结合，利用行为锚定等级评价法，对应试者素质给予初步判断，具有较高的效度。等级越多，评价越精确。然后以胜任力模型确定的测评要素为依据，设计出评价标准和行为观察记录表（可参考表 15.6 和表 15.7 所示的测评标准与行为观察记录表）。在测评过程中，测评者应仔细记录应试者的行为，并按维度进行评估，最后进行总评，应当运用统计的方法得出最终结果。测评后的结果应当保密，特别是涉及职务晋升的测评维度、权重安排，应对测评者外的任何人保密，以免破坏测评效度。

表 15.6　国家部委公务员测评标准（以组织协调能力为例）

分数	等级	标　　准
5 分	优秀	有全局观念，善于运用资源，有效推动任务完成，善于团结异己者
4 分	良好	有全局观念，可推动任务完成，善于沟通
3 分	合格	对问题有宏观把握，重视合作，能与别人正常沟通
2 分	较差	有组织意识，但无掌控能力，不善于沟通
1 分	很差	无大局意识，只关注细节，排斥沟通，排斥不同意见者

① Task Force on Assessment Center Guidelines. Guidelines and ethical considerations for assessment center operations[J]. Journal of Business and Psychology, 1989(2): 260-273.

表 15.7　国家部委公务员测评行为观察记录表

素质指标	评分表(1-5)	行为记录
组织协调能力	5( )	
	4( )	
	3( )	
	2( )	
	1( )	
学习创新能力	5( )	
	4( )	
	3( )	
	2( )	
	1( )	
业务能力		
……		

（十）评价报告的撰写

实施评价中心技术对应试者进行测评之后，需要对结果进行分析，完成评价报告。评价中心的报告是实施评价中心技术的目的所在，不管是用于晋升、诊断，还是培训，一份详细的评价报告都是必需的。评价报告没有固定的格式，一般包括：应试者在评价中心的总体表现的简述；某种测评技术的结论性评语；对每个标准的评价与解释；基于未来的培训和发展建议，等等。评价报告的长度没有明确的规定。[①]

七、评价中心在公共部门的适用性

评价中心技术是现代人员素质测评的一种主要形式，也是人力资源开发的一种重要形式，有其特殊的形式与功能，也有着综合及系统的实施程序，是人力资源领域较为严谨、全面的一种测评方法，一般适用于管理人员的选拔。[②] 20 世纪 80 年代末，我国开始对评价中心技术进行系统地介绍。因其自身的科学性和较高的预测效度而深受人们的青睐，近年来政府部门和许多企事业单位也相继采用评价中心技术选拔人才。[③]

2006 年《公务员法》出台，为公务员选拔任用机制有条不紊地运行提供了法律保障。2013 年以来，中央和地方政府陆续出台了大量有关公务员选拔和管理的办法和条例，为公务员的选拔和管理提供了制度层面的保证。评价中心以及其他科学测评手段的广泛应用，将为公务员选拔和任用制度提供操作层面的保障，使公务员选拔能够更好地实现“突

① 管连荣. 评定和选拔管理人员的一种心理学方法——美国管理人员“评价中心”介绍[J]. 心理科学进展，1986(2)，74-76.

② 斯蒂芬·P. 罗宾斯. 组织行为学[M]. 孙健敏，李原，译. 10 版. 北京：中国人民大学出版社，2005.

③ 殷雷. 评价中心的基本特点与发展趋势[J]. 心理科学，2007，30(5)：1276-1279.

出岗位特点，科学测试、测评应聘者的能力和素质，注重能力和素质的统一”的目标。要实现深化我国人事制度改革，提高党政机关人才选拔的效度水平，必须充分运用评价中心这一现代人才测评理论和工具，才能重新构建有效运作的党政机关人才测评、选拔体系。①

在我国党政领导干部的选拔中，主要运用到的是面谈和情景模拟。面谈主要是指结构化面试，这种测评形式在面试中经常用到，在我国领导干部考选的使用中日趋成熟和完善。情景模拟是由公文筐测试、案例分析、无领导小组讨论、角色扮演和管理游戏等一系列测评方法组合在一起使用的过程。在现代领导干部选拔中，往往选择其中一种或几种方法组合在一起使用。

驻点调研是评价中心的诸多评价方法中最具中国特色的一种测评方法，是在评价中心技术发展到一定程度，根据我国领导干部选拔的实际需要而形成的一种测评方法。我国对领导干部的要求中，很重要的一点就是基层工作经验。正确的工作经验，正确的决策来自对全局的准确把握。缺乏对基层的了解，很容易导致做出的政策决策偏离实际国情。领导干部只有深入基层，了解人民群众的生活、政治、经济等各方面存在的真实问题，才能够制定有针对性的政策。驻点调研这种测评方法要求应试者深入基层，深入群众，通过对调研点群众的访谈了解其存在的各方面问题，提出可行的解决办法并以报告形式呈现。驻点调研这种测评方式需要耗费一定的人力、物力和财力，测评效率相对较低，测评的准确性相对较高，可根据党政领导干部的具体职位要求安排。②

既然评价中心的作用如此突出，运作方法也是程序化的，而且又受到广大群众的欢迎，那么组织部门就应积极地运用它，促使评价中心在我国人事制度改革中从后台走到前台。并且评价中心等现代人才测评技术的引入，更加契合 2009 年我国颁布的《党政领导干部公开选拔和竞争上岗考试大纲》的原则“干什么，考什么”，因此更应该在政府组织的招聘中大胆和积极运用评价中心技术，以真正筛选出德才兼备的优秀人才。

具体而言，评价中心在公共部门的作用体现在两个方面：其一，用于筛选领导干部，重点在于挑选符合职位胜任力特征的领导干部；其二，用于领导干部职业发展，重点在于考察领导干部有哪些优势，哪些方面尚欠缺，然后进行培训以克服缺陷。

未来公共部门领导干部选拔应用评价中心技术，尤其应该重视以下方面。其一，深入研究国内外评价中心的理论和案例，组织专家编写反映中国国情的测评情景。就管理岗位而言，胜任者的个人性格、品格、技能在许多方面是相通的，在这方面可以多借鉴、学习，积累丰富资料。但是在挖掘本土特色方面，仍然要结合地域、组织部门、职务职位等实际情况进行测评情景的量身定制，将应试者安排在模拟的、逼真的工作环境中，要求应试者处理可能出现的各种问题，用多种方法来测评其心理素质、潜在能力。其二，要深入开展高素质、专业化的人力资源管理人员培训，重点使他们认清评价中心的目的、作用、内容、实施步骤，使他们能在管理实践中改变理念、观点，自觉认识到评价中心的优越性，并能熟练地加以运用。

---

① 刘柏涛，周斌. 基于评价中心的公务员选拔方式初探[J]. 甘肃社会科学，2014(3)：130-134.

② 张保国. 遴选高级人才的首要工具——评价中心[J]. 南开管理评论，2002(4)：48-54.

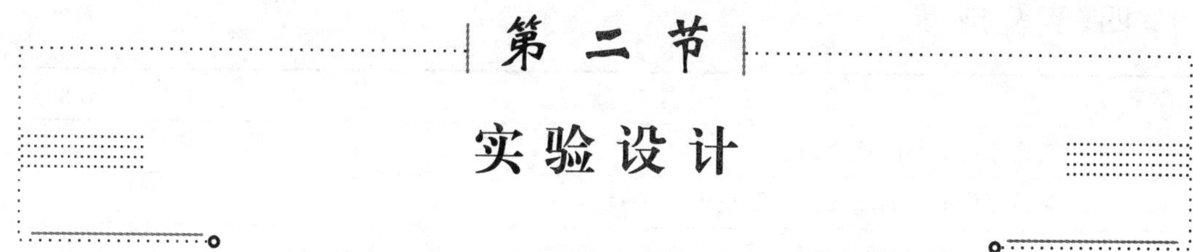

第二节 实验设计

一、实验目的

以国家部委公务员胜任力素质模型为案例，让学生熟悉并了解基于胜任力的评价中心方法的实施过程，学会如何进行测评标准设定及行为观察，并且全面掌握评价中心不同测评技术，能针对不同胜任力特征选择恰当的测评技术。

二、实验条件和环境

1. 仪器和材料

(1) 电脑。

(2) 纸笔。

2. 实验条件及准备

(1) 实验室或机房。

(2) 国家部委公务员胜任力素质模型(实验材料)。

三、实验组织方法及步骤

(1) 由教师系统讲授评价中心的基础理论及实施要点(约 0.5 小时)。

(2) 按照一般团队要求，组建实验训练小组，3～5 人为一组。

(3) 指导教师要求各小组仔细阅读附录相关实验准备材料，围绕国家部委公务员胜任力素质模型展开讨论，明确测评对象、测评要素等。

(4) 要求各个小组针对国家部委公务员 1～2 项胜任力素质(组织协调能力之外的其他胜任力)，设计具体的测评标准及行为观察记录表，并补充相应行为记录条目作为参考。

(5) 要求各个小组针对国家部委公务员不同胜任力素质对常用的评价中心技术进行评判，选择恰当的测评技术，规划技术实施的顺序及逻辑层次。

(6) 针对已选择的测评技术，要求各个小组尝试寻找并设计相对应的情景素材及实施条件。

(7) 指导教师要求各个小组对以上环节进行汇报展示，并详细比较各个小组的测评标准、技术选择及情景构想。

(8) 组织各个小组进行相互提问、应答等讨论互动。

(9) 指导教师分别对各个小组的表现进行评价。

(10) 个人总结并编撰实训报告。

四、实验成绩

序号	实验要求	分值
(1)	熟悉评价中心的理论内容	20
(2)	熟悉评价中心的场景设计及呈现形式	20
(3)	能针对评价中心测评需要观察关键行为和评价要素,设计评分规则	20
(4)	善于对评价中心中不同应试者的现实表现进行评价	20
(5)	能通过测评结果撰写被测评对象的总体评价	20

五、思考题

(1) 相比其他人才测评方法,评价中心最大的优势是什么?

(2) 请预测未来评价中心在公共部门领导干部测评中的应用广度及深度。

(3) 请构思未来如何建设公共部门评价中心情景案例库。

第三节 实验材料

国家部委公务员胜任力素质模型要点①

类 别	项 目	要 点
德	政治意识	理想信念,贯彻执行党和国家的路线方针政策,党性修养,政治纪律,政治理论素养
	大局观念	贯彻执行上级指示决定,执行民主集中制,团结协作,处理各种利益关系,全局意识和战略眼光
	思想品质	讲修养,重品行,做表率
能	政策水平	理解、把握和执行政策,提出政策建议,依法行政,公正用权
	组织协调	组织动员,沟通协调,处理突发事件
	业务能力	工作思路,业务知识,专业水平,专业技能
	学习创新	勤奋学习,学以致用,勇于实践,改革创新,创造性地开展工作
	心理素质	意志与自信心,心理适应及承受能力

① 叶龙,刘岚.国家部委公务员胜任素质模型构建方法研究[J].中国行政管理,2008(7):116-119.

续表

类别	项目	要点
勤	精神状态	爱岗敬业,任劳任怨,勤奋刻苦,甘于奉献,事业心责任感
	工作作风	求真务实,调查研究,联系群众,勤勉节约,服务意识
绩	履职程序	工作成效,按计划完成本职工作,工作效果和质量
	解决难题	工作重点突出,解决复杂矛盾和疑难问题情况
	基础工作	制度建设,基础性、长效性工作的成就
廉	廉洁自律	遵守廉纪规定,作风正派,情趣健康

第四节
实验报告

实验报告

<table>
<tr><td>院系</td><td></td><td>专业</td><td></td></tr>
<tr><td>班级</td><td></td><td>姓名</td><td></td></tr>
<tr><td>实验教师</td><td></td><td>学号</td><td></td></tr>
<tr><td>成绩</td><td></td><td>日期</td><td></td></tr>
<tr><td>实验名称</td><td colspan="3"></td></tr>
<tr><td colspan="4">一、实验目的

二、实验原理

三、实验步骤

四、实验数据(如有则填)

五、实验结果

六、讨论分析(完成指定的思考题和作业题)

七、实验总结及改进实验建议(如有则填)

八、问题与困惑</td></tr>
<tr><td colspan="4">备注:</td></tr>
</table>

第五节
实验答案

一、国家部委公务员测评标准

国家部委公务员测评标准(以业务能力为例)

分数	等级	标　　准
5分	优秀	拥有精湛的业务技能和扎实的专业知识,工作思路清晰、有条理,善于运用各类资源,有效推动任务完成和业务水平的提升
4分	良好	有较全面的业务技能和专业知识,有较好的工作方法,善于推动任务完成
3分	合格	对专业知识和业务技能有一定的掌握,能基本完成任务
2分	较差	专业知识和业务技能掌握不充分,无力掌控业务进度,任务完成情况不力
1分	很差	无基本的专业知识及技能,无法完成业务相关任务

二、国家部委公务员测评行为观察记录表

国家部委公务员测评行为观察记录表(以业务能力为例)

素质指标	评分表(1-5)	行为记录
业务能力	5()	比如:无领导小组讨论能适时提示素材考察的基本要点及意见方向,引导较为合理的整体讨论走向;案例分析中,能较好引入相关理论学说进行分析,能把握问题的主要矛盾进行解读及思路破解……
	4()	
	3()	
	2()	
	1()	

三、国家部委公务员测评维度与测评技术对应矩阵

评价中心主要测评技术对比分析

与行为相关的测评指标		测评技术							
		管理游戏	公文筐测试	角色扮演	无领导小组讨论	个人演讲	案例分析	事实判断	模拟面谈
德	政治意识			+	+	#	#	+	

续表

与行为相关的测评指标		测评技术							
		管理游戏	公文筐测试	角色扮演	无领导小组讨论	个人演讲	案例分析	事实判断	模拟面谈
德	大局观念			*	*	#	#	+	
	思想品质			#	#	#	#	+	
能	政策水平			*	*	*	+	*	#
	组织协调	*	*	*	*		+	#	#
	业务能力	*	*	*	*		#	#	#
	学习创新	+		*	*		+	+	
	心理素质	#	#	#	#	#	#		#
勤	精神状态			+	+	+	#		*
	工作作风			#	#	#	#	+	+
绩	履职程序	#	#	#	#		#	+	#
	解决难题	#	#	*	*		*	+	#
	基础工作	+	+				+	+	+
廉	廉洁自律			#				+	#

备注：① * 表示能够有效地进行测评，并且能够观察出具体的行为；

②+ 表示能够有效进行测评；

③# 表示经过专门的情景设计，可以进行测评；

④空白表示该测评技术暂不能测查该项目指标。

第十六章 CHAPTER16

结语

党的十九大报告提出，人才是实现民族振兴、赢得国际竞争主动的战略资源。科学的人才评价机制和手段，是甄别人才质量并为人才发展提供支撑的重要保障。2018 年，中共中央办公厅、国务院办公厅印发的《关于分类推进人才评价机制改革的指导意见》，不但系统指出了当前我国人才评价机制存在的突出问题，而且提出了分类健全人才评价标准、创新人才评价标准，加快推进重点领域人才评价改革等要求，为新时代发展中国特色社会主义和实现中华民族伟大复兴提供了人才保障。

人才政策的出台，为我国公共部门人才测评的推进带来了新要求和新挑战。当前，我国公共部门人才测评仍存在分类评价模式趋同、评价标准单一、评价手段相对老旧落后，以及社会化程度较低等问题；公共部门体制机制的束缚，以及对现代人才测评的先进理念和技术追踪回应的滞后，也限制了公共部门人才测评的长效发展。因此，我国公共部门人才测评极有必要紧跟新时代的新技术、新理念与新形势，深度剖析现存的问题，找出解决问题的长效办法。

一、人才测评新时代的来临

1. 人才测评新要求与新技术

近年来，人才测评在企业人力资源管理中的应用日趋增多，其应用程度由强到弱，依次是人员招聘与选拔、培训与发展、绩效考核、人力资源规划等。据调查，在人才招聘活动中，有 36% 的国内企业采用过人才测评技术，有 20%以上的企业使用过专业的人才测评系统；未应用人才测评技术的企业也表示，以上几个人力资源管理模块是其最需要应用人才测评的领域。虽然大多数企业人力资源工作者表示不同程度地接触过人才测评，但真正实施高端人才测评的企业还是很少。面对人才竞争的激烈局面，如何通过人才测评有效提高人才选、育、用、留的有效性，降低人才管理的风险，是新时代对科学理性的人才测评提出的进一步要求。

同时，信息化、大数据及人工智能技术的迭代发展，也助推了人才测评领域的高速发展。2014 年，全球知名的综合性人力资源公司任仕达发布的《任仕达 2013—2014 年度的工作报告》指出，61%的中国企业受访者把人才分析和人才大数据当作人才战略的一部分；47%的受访者认为，更有效地规划劳动力队伍是使用大数据的首要理由。在人力资源发展的现代实践中，大数据辅助人才规划、人才任免决策，以及绩效考核等，不但催生了强调客观数据挖掘的先进认知理念，也在实际工作中极大地节约了用人成本，提升了人才管理效率。

2. 人才测评新预期与新前景

在现代科学技术井喷式发展的当下，人与人之间低成本、零距离、无障碍的互动互联的交流与沟通，产生并集聚了海量的数据、信息与知识，其中隐含着人的需求、个性特征、情感变化，以及深度沟通与思想碰撞所产生的新信息与新知识①，这将重构甚至颠覆传统的人力资源管理信息的采集和研判方式。现代科技到底能为人才测评带来什么预期和前景呢？首先，网络通信和大数据等新兴技术手段，能不断提高人力资源管理的信息化水平和数据能力，比如深度分析员工的培训需求，计量员工工作态度、行为习惯的改进等培训效果，解决培训有效性评估的难题。其次，利用大数据的挖掘与采集、人工智能等方式，能对人才开展科学地测评。强效的大数据能从海量的人力资源数据库或网络开放空间寻找到人与人之间、人与组织之间相关联的隐藏信息，建立信息变量间的潜在联系，进行人力资本的价值结构、人才配置的匹配及成效的评价，自动抓取人才满意度、忠诚度、组织承诺度、离职倾向及胜任力模型等驱动行为改变的隐含动机或态度，还原并预警员工的整体工作状态和面貌。最后，通过集成的人力资源管理工作的绩效数据的自动留痕、汇集、生成、分析等，能全面评价人才管理工作者和部门的管理效力等。

目前，企业普遍将人才测评分为选拔性测评、配置性测评、开放性测评、诊断性测评、考核性测评。这些测评类型都逐步开始引入新的技术手段，通过人才测评技术改进的红利，以期更好地实现企业人力资源管理的预期目标。随着国家对人才及人才评价的日趋重视，全国范围内已经掀起了一股重视人才测评专业化的浪潮，我国一些专门的人才测评机构将迎来蓬勃发展的"春天"，我国人才测评的整体实力也将在这股潮流之下迎来大有可为的发展空间。

二、我国公共部门人才测评的瓶颈

技术变革促进了各种社会变革，包括对管理，特别是对政府管理的变革，深远影响。在当今的政府公共服务领域，经济发展、科技革新、文化更新等变化，极大地影响了公共部门提供公共服务的内外条件、技术水平及管理环境②，因此政府"必须小心谨慎和承担责任，而这需要许多智慧、知识和经验"③。当然，面对中国复杂的公共事务，也亟须一批精英干部来进行治理。选拔贤能的精英干部，就需要一种与复杂环境相适应的公共部门人才测评模式。④ 目前，我国公共部门人才测评在现有的测评理论和实践发展过程中，还存

① 彭剑锋. 互联网时代的人力资源管理新思维[J]. 中国人力资源开发，2014(16)：6-9.

② 欧文·E·休斯. 公共管理导论[M]. 北京：中国人民大学出版社，2001.

③ 彭和平，竹立家. 国外公共行政理论精选[M]. 北京：中共中央党校出版社，1997.

④ 李宜钊，孔德斌. 公共治理的复杂性转向[J]. 南京农业大学学报(社会科学版)，2015(3)：110-115.

在诸多先天和后天的不足。

1. 价值瓶颈:价值缺失、身份危机等

正如美国著名行政学家戴维·罗森布鲁姆所说:“美国公共人事管理的发展进程还是具有一定规律性的,即美国联邦政府不同时期的人事制度演进都对政府人力资源的支配性价值观及变革的压力有着预测。”[①]我国学者认为,公共人事管理的“价值”和“政治性”等都不是直接表述出来的,而是借助相关公共人事制度进行有效的公共人事管理活动,来帮助公共组织实现目标。[②] 通过整理大量国内外文献,笔者归纳出我国公共部门人力资源管理的核心价值,即分权、法治、专业主义、社会公平、3Es、为人民服务、对党忠诚、伦理道德,如图 16.1 所示。

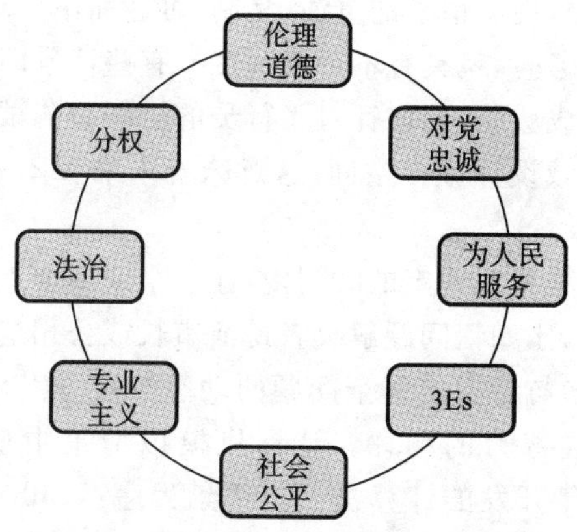

图 16.1 我国公共部门人力资源管理的核心价值

注:笔者研读了大量关于我国公共部门人力资源管理价值的中英文论文,最终写成会议论文《我国地方政府人力资源管理创新实践的支配性价值》,于 2018 年 6 月在清华大学国家治理与公共价值国际研讨会宣读。

我国公共部门人力资源管理的核心价值,是对公共部门人才进行测评的规范性准则,但是在人才测评的形式选择、内容设计和效果追踪等实践中暴露出了对这些价值的忽视。例如,公共部门人才测评的 3E 价值评判,可能被测评的形式主义所遮蔽,这意味着人才测评技术的引入使人们倾向于认为,实现了人事管理的创新突破就是一种成功,因而缺乏对测评信度和效度的追踪,忽略了“效率是政府永恒的追求”等价值观的真正诉求及其实现。又如,人才测评带来了测评成本的降低和效率的提升,以及一味强调“外包”“民营化”,而忽略了组织内外部人才测评的公平、民主等其他价值的秉承。此外,公共部门人才测评需要服务于德才兼备的党政人才的考察,目前重“才”不重“德”的内容测评,导致人才测评的“为人民服务”及“对党忠诚”等政治回应性出现缺位,由此带来人才测评应用于公共部门的“身份危机”。

① ELLIOT R H. Public personnel administration:A value perspective[M]. Reston:Reston Publishing Company,1985.

② 孙柏瑛,祁光华.公共部门人力资源开发与管理[M].2 版.北京:中国人民大学出版社,2007.

2. 技术瓶颈:信息化、AR、VR、大数据信息的冲击

在信息技术的驱动下,更快、更有效、更集约的人事测评系统成为现实。越来越多的选拔测试开始利用信息化设备、VR、AR和互联网完成,其创造的"虚拟实在"环境为人们的角色实践提供了良好场所,人们可以在其中进行"角色换位",把自己"假定"成不同的角色,体会不同角色的需求和情感,按自己理解的角色规范进行角色实践,并通过网络社会的信息反馈验证自己的角色行为,把握自己在现实生活中扮演各种角色的尺度。

概言之,信息化、VR、AR、大数据信息等带来交往方式、生存方式、教育方式等多方面的变革,为人格、能力的测量提供了进一步发展的可能,也带来了人才测评理论与方法范式的重大转换。一般的人才测评,需要在一种真实、身临其境的刺激—反应条件下实现。然而,在实际的人才测评中,现实情景的重演、复制,可遇而不可求,如地震、山洪暴发等突发事件对个人应急能力的考验,就具有不可复制性。有些情景即使能够刻意制造,但代价甚高且会对参与测评者构成威胁,比如针对飞行员的培训和测试。计算机技术的发展,能够针对某些特定行业和领域设计虚拟空间,这意味着未来VR、AR等仿真模拟技术将大行其道,并拥有广阔的前景。

计算机模拟情景测试是指在规定的时间内,让一个或多个人员实现一定目标的程序。程序常常呈现出一种场景,比如让问题解决者扮演市长或公司老板,以模拟的情景呈现现实中的复杂问题,并引发参与者提出复杂问题的动态解决方案。这种方法不同于用静态问题进行经典认知心理或智力的测评。计算机模拟情景中最有影响的一个例子,是Dorner及其同事于1983年开发的计算机模拟情景程序:Lohhausen(一个小镇的名字)。该情景中的问题解决者是Lohhausen镇上的镇长(任期120个月)。该程序的出现使计算机模拟情景可以应用于人事选拔和培训。在众多新兴科技人才测评方式中,运用较为广泛的就是计算机模拟情景。

AR、VR、大数据等新技术产业的兴起,不仅意味着更加多元化的人才测评方式的选择,而且意味着公共部门丰富的实践场域能为人才测评提供源源不断的值得开发的情景案例。在不远的将来,传统人才评价方式将被情景案例测评所取代,给公共部门人才测评带来巨大的技术挑战和变革。如何适应这种变化,以及如何主动利用现代信息技术创新人才测评模式,将是公共部门人才测评最紧迫的时代命题。公共部门一般较难引领技术革新的前沿,对人才测评技术迭代更新的响应速度相较企业也会更慢一些,因此,未来公共部门人才测评对这些新技术的认识、理解、研发和应用,任重而道远。

3. 人才瓶颈:人才测评师的紧缺

人才测评技术已经成为全球人力资源管理的重要技术手段之一,谁掌握了这门技术,谁就能在人力资源管理活动中降低成本,减少风险,获取真正适合本组织发展需要的人才。在这种形势下,人才测评师也成为一种新兴的职业,成为未来人力资源管理部门的重要职位,有着非常好的就业前景和职业发展空间。人才测评师的胜任力特征,主要体现在能够掌握心理测验、评价和人力资源管理的基本理论和方法,在人力资源管理各个环节中正确使用职业心理测试、公文筐、面试、情景评价等多种测评手段并进行人员测评,准确解释测评结果,提出咨询建议,并能参加评价中心的试题编制工作。人才测评师在人员招聘、选拔、岗位设置、绩效评估、员工职业生涯规划等人事工作中发挥着重大作用。

原国家人事部全国人才流动中心和中国人才交流协会，曾经联手共同主办人才测评师职业资格认证考试，为成绩合格者颁发“人才测评师”的职业资格证书。然而，虽然各个行业都非常重视相应人才的测评和开发，但找不到合格的“主考官”，对这一职位的社会认知度与社会参与度也偏低。据了解，目前人才测评师仅在各个人才市场、职业机构和少数高校中存在，而且很多人并不专职做人才测评工作。全国人才流动中心测评办公室负责人表示，人才测评已成为我国近期人才工作的一个重要方面，目前在我国具有职业资格证书的人才测评师只有600余人，接受过人才测评师培训的人员也不过800余人，而全国对此行业人才的需求量统计有300万人。[①] 人才测评师的短缺将影响我国人才测评工作的推进。

人才测评师是开展人才测评工作的基础和“技术”支撑，然而市场的人才测评师供给却严重不足；对于公共部门而言，熟悉公共部门特殊情景的人才测评的专业人士更少。现阶段人才测评师的紧缺，不仅使公共部门处于相对“被动”的局面，还直接影响着公共部门人才测评相关工作实施成效的质量。

4. 素材瓶颈：情景案例库的建设迟缓

近年来，我国公共部门人才测评工作通过案例素材以及其他测评方法的引入，取得了较好的效果。案例素材通过模拟手段为被测评者提供了能力表现的场所，被测评者面对“工作场景”，必须像解决实际问题一样，调动所有的知识储备和经验，进行复杂的行为组合，在纷繁复杂、不断变化的实际中分清各种因素的联系，抓住主要矛盾，形成准确的判断，提出问题解决方案。案例素材可提供不同层次、不同类别的职务环境，给被测评者创造“不在其位也能谋其政”的机会，为人才能力的展现创造条件，所以案例素材可对人员的知识、经验、技能、智力进行综合检验。同样，那些因循守旧、守株待兔的经验主义者，也会在案例测评中原形毕露。只有既善于学习、勇于实践的人，才能获得成功。

但是对国内公共部门而言，与人才测评相关的情景案例库的建设相对迟缓。就管理岗位而言，胜任者的个人性格、品格、技能在许多方面是相通的。在情景案例库建设方面，国外已积累了丰富的资料和经验，国内通常采用购买或查阅免费网站的方式获得，或者组织国内专家编写测评情景，然后针对个别组织的实际需求进行量身定制地修改。公共部门人才测评情景案例库的建设，主要存在以下几个方面的问题：首先，没有建立公共部门特有的以及有针对性的情景案例库，实施中的很多案例存在过时、不能突出问题矛盾以及不符合公共部门属性的现象，直接影响人才测评的质量；其次，由于“拿来主义”意识严重，公共部门存在依赖国外、企业案例资料的现象，情景案例库的本土化不足，测评结果很难反映公共部门人才应具备的个性特征、行为习惯等；最后，没有形成系统完善的分部门、分岗位、分级别，以及分属性的情景案例库，导致人才测评针对性不强。公共部门人才测评工作因为案例情景的短板，未来的问题和挑战依然堪忧。

5. 方法瓶颈：职位分析的缺失

人才测评的实施前提是科学的职位分析。公共部门的职位分析，是指公共部门考察和梳理组织人力资源整体规划及组织结构，客观分析需求职位的权限定位、职能目标和工

① 李永鑫，孙卓. 人才测评从业人员职业素质分析[J]. 人才资源开发，2006(10)：19-20.

作关联，进行目标职位的价值判断、成本估算和任职匹配的行为过程，即对职位设置目的、汇报关系、任职要求、主要职责、衡量标准、工作权限、工作方式、主要流程及制度等，做充分而详细地分析及说明。职位分析的结果，直接影响公共部门人才测评的最终效果，成为制约人才测评的关键环节。职位分析在实现战略传递、职位边界划分、流程效率提升、权责对等平衡的同时，也比较清晰地界定了被测评者的权利、责任和利益，逐步明确了被测评者的任职条件、职位年薪等事项，从而拉开了公共部门人才测评的序幕。

职位分析作为评价标准应该详尽、具体、明确，具有较强的操作性和职位针对性，应该遵循“干什么、考什么”的技术路径并加以分析，是一项专业性和技术性较强的工作，分析过程花费的时间也较长。因此，要做到精准的职位分析，必然要花费大量人力、物力和财力。然而，当前我国公共部门在制定人才考选标准之前，很少采用严谨、科学的职位分析技术，而采用经验总结、访谈梳理和以往工作资料等作为分析依据。职位分析不充分会导致评价标准模糊、缺少个性化标准，外显的素质标准较多，而人格、道德、态度、兴趣、开拓精神、情商等内隐的素质标准较少。评价标准是衡量被测评者表现的基本准则，因职位分析的不全面、不严谨导致的评价标准偏颇，将直接影响公共部门人才测评结果的效度。

6. 安全瓶颈：职员数据安全和个人隐私存在威胁

随着科学技术不断介入人才测评领域，数据信息量和个人隐私之间的博弈不可避免，也是目前难以解决的一个矛盾。[①] 在提倡透明开放的“大数据”时代，信息透明度和信息安全的权衡是一个重要问题，职员个人数据的搜集和隐私保护是大数据时代人才测评应用与推广中不可忽视的问题。对公共部门而言，科学技术介入后，科技设备及人工智能的使用，让测评师能掌握和查询公共部门内部许多重要信息，增加了政府中的个体隐私和部门秘密被侵犯的可能性，甚至可能造成公共部门重要信息泄露而带来严重不良的社会舆论。[②]

具体而言，在公共部门人才测评过程中，领导干部数据种类非常丰富，不仅有简单的考勤信息、个人履历信息等，还有涉及大量领导干部的岗位职责、绩效考核、薪酬财产等信息，甚至是一些不便公开的内部加密信息。如果公共部门人才测评过程中，缺乏对这些数据有效安全的监督和管理，后果将不堪设想。[③]

三、基于大数据的现代企业人才测评技术的经验借鉴

随着“互联网＋”的进一步推进，新兴信息技术与应用模式纷纷涌现，全球数据量呈现前所未有的爆发式增长，这就是我们常说的大数据浪潮。大数据作为互联网、物联网、移动计算、云计算之后，IT 产业的又一次颠覆性技术变革，体现了数据增长的快速性、数据体量的庞大性、数据结构的多元复杂性，以及数据处理的时效性和有效性等特点。新时代下，组织的人力资源管理活动应该主动引入大数据的思维与技术，引爆并颠覆传统的人力资源管理战略决策、业务流程，并利用其重新定义人才测评的理念与模式。比如，人力资

---

① 边鹏飞，王炳辉．大数据背景下人力资源管理应用创新与挑战[J]．商场现代化，2018(8)：80-81.

② 韩燕．大数据在人力资源管理领域的应用价值与挑战[J]．经济研究参考，2016(56)：51-56.

③ 于冰，裴甲军．大数据时代下的网络安全与隐私保护[J]．电子技术与软件工程，2018(18)：195.

源管理部门如果借助大数据，对人的信息和其他资源进行数据化，再用算法进行匹配，测试员工的胜任力、评估职位、考核绩效等，将会为人力资源管理工作带来诸多新的可能，引爆并颠覆传统的人才测评模式。以下将结合两个运用大数据进行人才测评的代表性企业，进行人才测评的新应用介绍。

1. 谷歌公司人才测评应用

谷歌在云计算、数据处理等方面的技术，已成为当今信息技术方面的引领者。谷歌每天产生的海量数据，促使谷歌成为大数据时代的开拓者，并使其进一步基于大数据开展人才测评，形成了一整套数据驱动的人才测评方法论。谷歌在人才测评中重视以数据为基础的分析导向，是其人才测评取得成功的重要因素。

谷歌人力资源管理决策依赖独特的“人员分析”技术，设定人力资源管理部门的核心任务之一是复杂的“员工数据追踪计划”，旨在通过数据分析更好地改善公司的人力资源管理，将企业中最重要的及最具影响力的人员管理决策进行量化和精细化，使企业的人员管理决策成为“基于数据或事实和证明的决策”。[①]

具体说来，谷歌基于大数据的人才测评在人力资源管理中的实践比较精细化，将复杂的员工数据追踪计划，架构于具体的十大人力资源管理模式之上，实施数据化人力资源管理的现代人力职能活动，如表 16.1 所示。在智能化招聘模块，以大数据追踪分析为基础，开发高效招聘算法、鉴别隐含价值并进行科学预测与匹配；在人才保留模块，开发数学算法计算、设计个性化留人方案，预测管理问题并统计分析人员差异；在工作环境优化模块，进行应用性试验、科学数据实验并设计工作环境。

表 16.1　谷歌公司基于“员工数据追踪计划”的人才测评应用

应用模块	智能化招聘	人才保留	工作环境优化
具体措施	高效招聘算法 鉴别隐含价值 科学预测与匹配	数学算法计算 个性化留人方案 预测管理问题 统计分析人员差异	应用性试验 科学数据实验 设计工作环境

2. 腾讯公司人才测评应用

腾讯公司对大数据和人力资源管理的应用结合也进行了深度探索。腾讯公司认为，人才测评要在新时代进行数据化转型，重点包括信息化提升和数据能力的转变。其中，人才测评信息化升级，是指新时代的 HR 需要通过移动端、云端、商业智能等新技术有效连接专家中心（COE，Center of Experts）、业务伙伴（BP，Business Partner）、共享交付中心（SDC，Shared Deliver Center），以及 HR 所服务的管理者和员工，促进人力资源管理的颠覆性创新，而不再仅仅以信息化办公或者提升工作效率为目标。人才测评数据能力升级，是指 HR 传统的数据统计能力已完全不能满足时代需求，如今我们身边的大多事物都已被数据化了，HR 也要掌握数据的分析、挖掘、建模、验证、管理改进等一系列技能，针对个

① 张欣瑞，范正芳，陶晓波．大数据在人力资源管理中的应用空间与挑战——基于谷歌与腾讯的对比分析[J]．中国人力资源开发，2015(22)：52-57．

体或员工数据进行有效的人力资源配置。

具体而言，腾讯公司基于大数据的人才测评将管理架构划分为四部分，分别是源数据层、派生数据层、建模层和应用层，如表 16.2 所示。腾讯公司重视基于源数据层整合计算的派生数据层的应用，人才测评从派生数据和事实分析中获取价值，为企业提供前瞻性的业务观察，降低企业用工成本；通过人才地图，发掘人才战略信息等，而这些实践都有助于提升企业绩效，使企业获得持续竞争优势。①

表 16.2　腾讯公司基于大数据的人才测评架构

划分层面	源数据层	派生数据层	建　模　层	应用层
具体措施	实践产生的机构化数据	对源数据进行计算，形成便捷实用的二次数据	需求收集、分析逻辑建模、方案设计建立问题分析指标体系	数据对业务进行支撑

为了适应大数据分析的需要，腾讯公司在 2012 年通过 People Soft 搭建起了 HR 的统一结果库，2014 年初在共享交付中心内部成立了 HR 大数据团队。腾讯的 HR 大数据平台主要由应用层、功能层以及团队三个部分组成，其中应用层主要是对大数据应用场景、需求及实践做出阐述，体现 HR 大数据支撑 HR 业务；功能层主要是保障数据的质量及价值，科学地管理和使用数据，核心模块有元数据管理、数据质量管理和逻辑建模规划三部分，展示 HR 大数据的后台运作；HR 大数据团队是一个拥有人力资源、HR 信息化、数据库、HR 咨询复合工作经验和背景的团队。②

通过谷歌和腾讯公司人才测评的案例可以看出，基于大数据的人才测评的确在人力资源管理领域，具有强大的实际应用价值与发展潜力。通过人员流动预测分析，谷歌可以有效实现人才留任与智能招聘，腾讯也可以在识别候选人稳定性及精准招聘上提升优势；通过员工行为数据分析，谷歌可以打造出多元化人才团队及优质经理人，腾讯也在提升人才有效战斗力、员工满意度方面取得了较好成果；通过部门合作数据分析，谷歌实现了工作环境优化设计，提升各员工的工作绩效，腾讯在政策及资源协调管理方面有了很大的改善。③ 但是目前，大数据在人才测评中的能量只被挖掘到了冰山一角，还有更多的应用方向及更大的适用空间等待开发。例如，在人才激励方面，目前大数据还表现得相当乏力，基于大数据的人才激励机制并没有得到实质性实践。不管怎样，谷歌和腾讯公司的案例分析，为大数据在人才测评领域中的应用提供了经验技术和思维逻辑，有利于我们结合我国公共部门的特质加以应用。

四、我国公共部门人才测评的未来

1. 公共部门人才测评的全景式战略设计

(1) 公共部门人才测评的系统设计。

① 西楠，李雨明，彭剑锋，等. 从信息化人力资源管理到大数据人力资源管理的演进——以腾讯为例[J]. 中国人力资源开发，2017(5)：79-88.

② 薄美麟. 浅谈互联网时代大数据对腾讯公司人力资源管理的影响[J]. 知识经济，2017(5)：102-103.

③ 薄美麟. 浅谈互联网时代大数据对腾讯公司人力资源管理的影响[J]. 知识经济，2017(5)：102-103.

公共部门人才测评是一项具有战略性的系统化活动，是整个公共部门人力资源管理工作的重要组成部分，科学的方法和手段能对公共部门人才的基本素质和绩效表现进行测量评定。

从宏观意义上来说，完整有效的人才测评需要运用战略管理思路，结合测评的具体需求，回应现实的政治、经济、文化等环境的变化，高瞻远瞩、与时俱进，选择合适的测评方法、测评时期和周期、测评主体和测评场景等。不能简单地将人才测评当作是选、育、用、留等人事工作的辅助手段，而应该当作撬动人才管理创新，提高人才管理整体效能的关键环节。

从微观意义上来说，完整有效的人才测评应该构建"测评有机体系"，也就是说，要重点关注人才测评实施落地的关键要素及要素间的相互配合。针对某一项人才测评的委托任务，应该在研究其测评需求的基础上，设计一个系统集成的人才测评体系，从测评主体、客体的锁定到测评案例、情景、评价标准的选择，从测评的主题内容确定到测评的范围、层次的厘清，从测评的经费来源到测评师的筛选等，都要强调全面性、精细化和专业化。"凡事预则立，不预则废"，切忌不加考虑仓促执行测评项目，并且要拒绝测评的片面化、片段式操作。

(2) 人才测评周期的合理安排。

公共部门要发挥人才评价的"指挥棒"作用，还需要遵循人才成长规律，短、平、快的测评过程是葬送良好测评效果的罪魁祸首。"欲速则不达"，细致全面的人才测评还应该尊重人在不同成长阶段的特质差异，耐心有序地推进测评，而不应该是"一次测评定成败"。基于人才测评的局限性，在条件允许的情况下，可以延长测评周期，建立可持续性的人才评价追踪体系。

一般来说，工作任务越复杂、创造性程度越高，评价周期就越长。比如，按测评对象的职务层次来安排测评周期，也就是根据测评对象的职务级别高低来安排测评期限，职务层次高，劳动复杂程度高，其素质、智能影响业绩高低的反映周期也将越长。因此，要谨慎安排人才测评周期。

(3) 测评结果的审慎评估。

公共部门人才测评的结果，关乎公共部门人员的切身利益和组织效能的最大化。因此，人才测评结果要讲究科学性和客观性，避免人才测评的片面性和局限性。成熟的人才测评应该对测评结果的信度和效度进行检验，同时匹配多元测评方法加以验证，以确保测评结果的精准性。

2. 公共部门人才测评瓶颈的应对

(1) 价值理念的重塑倡导。

公共部门人才测评是公共人力资源管理的重要活动，因此需要构建并秉承公共人力资源管理的基本价值。如前文所述，在任何公共部门人才测评实施之前，都需要进行战略构想设计。在战略构想环节，要审视并权衡公共人力资源管理过程的某个或某些支配性价值，让支配性价值成为指导人才测评活动的基本规范。比如，在一些相对比较传统的公共人事职能部门，为了提高人才测评的专业化，要树立"专业主义"价值取向，指引该部门从社会中的专业化市场测评机构寻求支持，弥补测评能力不足的短板。特别是在我国目

前的形势下，如何落实“党管一切”与“党管干部”的基本原则，如何回应“人民对美好生活的向往”，要求公共部门人才测评在测评内容和方式的选择，以及测评标准的侧重方面，主动回应“为人民服务”及“对党忠诚”的基本价值。

(2) 技术手段的迭代更新。

目前，我国公共部门的人才测评主要用于招聘环节，大多采用面试等比较传统的测评方式。随着社会的转型，以及现代企业人才测评技术的不断发展，我国公共部门在今后的人才测评中要以更加开放的态度，主动拥抱新的科学技术，如大数据、人工智能、互联网+等，敏锐地推进人才测评技术的迭代更新。

迭代是重复反馈过程的活动，其目的通常是逼近所需目标或结果。每一次对过程的重复称为一次“迭代”，而每一次迭代得到的结果会作为下一次迭代的初始值。人才测评技术的迭代更新，是指在引入人工智能、仿真模拟、大数据等新技术时，面对不确定的需求和环境情景定义时，尝试围绕测评需求分析进行测评代码、测试及框架的初始体系设计，并在此基础上逐渐修改完善，逐步推出更加科学、更有针对性和准确性的测评新思维和技术方案。

人才测评技术的迭代更新比较适合公共部门“渐进调试”的改革路径。但是其成功推行还需要扭转人才测评及管理的传统思维，并破除体制机制的束缚。首先，要转变公共部门的传统人事决策方式，逐步推广并扩展“用数据找关系，用技术得结论”的人才测评技术导向，没有定量测评就没有人事发言权和决策权。其次，要在体制机制上予以保证，为公共部门创新使用新技术、新手段提供宽松的制度环境和相应的支持，如领导要营造相应的创新氛围，并加大支持性经费拨付，以推进人才测评技术创新。

(3) 测评人才的培育开发。

测评师的短缺是目前我国公共部门人才测评推进缓慢，以及效果不尽如人意的关键原因。因此，未来应该着力于加大人才测评师的招录和培养，促进对这一职位的补缺及测评效能的提升。人才测评师的招录首先要锁定其资格条件。一般来说，要成为专业的人才测评师必须拥有工作经验，对人才测评工作要有浓厚的兴趣，具备本科以上学历，最好是人力资源专业或心理学专业的毕业者，经过了体系性的专业训练和实践。测评人才的培育、开发要加强职业相关教育，在人才测评实务、高效访谈技术、应用情景模拟等重要的测评技术方面加强培育和开发；加强人才测评师职称资格的分级考评。与此同时，在提升人才测评师社会美誉度的基础上，逐步提高人才测评师的福利和待遇，以此吸引更多的潜在人员加盟人才测评师群体。

(4) 情景素材的精进积累。

面对强劲的人才测评需求，系统全面的人才测评情景案例成为必须，这也是破解我国人才测评困境的重要切入点。首先，建立公共部门本土化以及有针对性的情景案例库，紧随时代发展不断选取和吸纳具有时代感和针对性的情景案例，鼓励公共部门自主提供可行案例以扩展案例库，充分利用络、期刊、教材等共享资源搜集案例资料；其次，对搜集的情景案例素材进行组织与设计，形成系统完善的分部门、分岗位、分级别以及分属性的人才测评情景案例库，以匹配人才测评的实际需要；最后，情景案例库还可发挥社会力量的作用，充分发挥市场化机制，加强与高校、企业等人才测评机构的合作，以实现资源的共建共享。

(5) 方法技术的操作规范。

人才测评应严格按照人才测评的基本框架与规范进行。总的来说,人才测评主要分为四个基本步骤:准备阶段、测评数据获取阶段、测评结果分析阶段和测评结果反馈阶段。公共部门的人才测评在操作过程中,应特别围绕测评目标职位的职位说明书或胜任力模型,制定人才测评的调查提纲与实施计划,广泛收集有关职位任职者的主要工作要求与工作内容素材,形成内容全面的测评要素调查表(包括品德、智能、知识、经验与资历要求等),并对调查结果进行多元的定性及定量统计分析,进而开展试测或专家咨询等,形成测评结果,通过严谨规范的分步技术操作保证人才测评质量。

(6) 安全隐私的加密保护。

在大数据时代,公共部门人才测评信息化的网络安全和隐私数据保护显得尤为重要。如何减少信息安全风险,公共部门可以采取行之有效的策略:第一,通过人才测评协议合同的签订,厘清测评主体对测评客体信息的访问权限,设置重要数据"打水印"等加密方式,构筑防治网络病毒侵袭的防火墙,安装杀毒软件;第二,对于人才测评过程中的数据管理和应用,应建立完善的操作安全规范和健全的工作流程,明确各方、各环节的职责,加强信息、数据保护,避免非法入侵、非法复制和非法操作。同时,加强对从事数据相关测评人员职业道德和职业素养的审查。[①]

国家的竞争力取决于人才的竞争力,取决于国家如何在全球范围内吸引、识别、开发和利用人才的治理能力。人才测评作为激活与挖掘经济社会发展人才动力的关键工具,已经迎来了创新发展的跨越式阶段及重大机遇。对于公共部门来说,人才测评也成为识别人才、提升人才管理效能的重要支撑,有助于公共部门人力资源配置的科学化、人力资源开发的合理化。自 20 世纪 80 年代以来,我国开始对国外著名的测评量表进行本土化改造,如人格测验、职业兴趣测验、公共服务动机测试等,但仍然存在着诸多不足,如人才测评技术更新缓慢、专业化人才测评师短缺等。伴随着科学技术的快速发展,第四次工业革命的浪潮迭起,人工智能的渗透拓展,公共部门人才测评的全过程将被重新定义。未来公共部门人才测评如何消除与科技的隔阂,如何利用新科技重塑并引爆人才测评的新思维、新路径,将成为新时代下公共部门人才测评的不朽主题。

① 于冰,裴甲军.大数据时代下的网络安全与隐私保护[J].电子技术与软件工程,2018(18):195.

《处级公务员胜任力》调查数据

答题人员	A	B	C	D	E	F	G	H	性别	学历
1号	4	4	4	4	4	4	4	4		
2号	4	4	3	5	5	3	4	5	A	C
3号	4	5	4	5	5	4	3	5	A	C
4号	3	5	3	4	4	3	3	4		
5号	5	2	3	3	4	1	4	3	A	C
6号	5	5	4	5	5	4	4	5	A	E
7号	4	5	4	5	5	2	3	5	A	B
8号	5	5	4	4	5	2	3	5	A	C
9号	5	5	4	5	5	3	3	5	A	D
10号	5	5	3	5	5	3	3	5	A	E
11号	5	5	4	5	5	3	3	5	A	E
12号	5	5	5	5	4	3	3	5	B	C
13号	5	5	4	5	3	3	4	5	A	D
14号	3	5	4	5	5	4	3	4	A	D
15号	4	4	4	5	4	3	3	5	A	D
16号	5	5	2	4	5	1	2	1	A	C
17号	5	5	4	5	5	3	5	5	A	E
18号	5	5	4	5	4	3	3	5	B	
19号	4	4	4	5	4	3	3	4	A	D
20号	5	5	5	5	5	3	4	5	A	C
21号	5	5			5				B	C
22号	5	5	3	5	5	4	4	5	A	C
23号	5	5	4	5	5	4	5	5		
24号	5	5	4	4	5	3	4	5	A	C
25号	3	4		5	3	1	5	4	A	B

续表

答题人员	A	B	C	D	E	F	G	H	性别	学历
26 号	5	5	4	5	5	4	5	5	A	C
27 号	5	5	5	5	5	4	4	5	A	D
28 号	5	4	4	5	5	3	3	5	A	E
29 号	5	5	5	5	5	5	4	5	A	E
30 号	5	5	4	5	5	4	4	5	A	C
31 号	5	5	5	5	5	3	3	5	B	D
32 号	4	4	4	3		3	5	4	A	E
33 号	5	5	5	5	3	2		5	A	C
34 号	4	5	4	5	5	4	3	5	B	D
35 号	3	5	2	3	5	2	2	5	A	E
36 号	4	4	4	5	5	4	4	4	A	D
37 号	5	4	5	5	5	1	2	5	A	E
38 号	5	5	4	5	5	4	4	5	A	D
39 号	5	4	4	4		4	3	5	A	C
40 号	5	5	3	5	5	2	3	3	A	D
41 号	5	5	5	5	5	5	5	5	A	C
42 号	5	5	4	4	4	3	3	4	A	E
43 号	4		5	5	5	3	4	5		
44 号	4	5	4	5	4	4	4	5	A	C
45 号	5	5	4	5	5	3	4	5	B	C
46 号	5	5	4	4	5	1	3	4	A	D
47 号									A	C
48 号	5	5	4	5	5	3	4	5	A	E
49 号									A	D
50 号	5	5	5	5	5	4	5	5	A	C
51 号	4	5	3	5	4	2	4	5	B	C
52 号	4	4	4	5	5	4	5	4	A	C
53 号	5	5	5	5	5		5	5		
54 号	4		2	5	4	2	3	5		
55 号	4	4	4	5	4	4	4	4		
56 号	5	5	3	5	4	1	3	5	A	E
57 号	5	5	2	5	5	1	2	5	B	C

续表

答题人员	A	B	C	D	E	F	G	H	性别	学历
58 号	5	5	5	5	5	4	4	5	A	D
59 号	5		5	5	3	4	3	5	A	D
60 号	5	4	4	5	5	4	3	5	B	C
61 号	4	5	4	5	4	4	3	5	A	C
62 号	5	5	4	5	5	3	3	5		
63 号	5	5	3	3	4	1	1	4	A	D
64 号	5	5	5	5	5	4	5	5	A	D
65 号	5	4	3	3	3	3	3	4	A	D
66 号	5	5			5				A	C
67 号	5	5	5	5	5	4	4	5	A	D
68 号	4	5	4	5	5	4	4	4	A	C
69 号	3	5	5	5	5	5	5	4	A	E
70 号	5	5	4	5	5	2	1	5	A	D
71 号	5	5	4	4	5	4	4	5	B	D
72 号	4		5	4	4	4	5	4	A	F
73 号	3	3	3	3	3	3	3	3	A	D
74 号	5	5	4	4	4	3	3	5	A	D
75 号	5	5	5	5	5	5	5	5	B	C
76 号	5	5	5	5	5	5	5	5	A	E
77 号	5	5	4	4	5	3	4	5		
78 号	3	5	4	5	5	4	4	5	A	E
79 号	5	5	4	5	4	2	4	5	A	D
80 号	5	5	2	5	5	1	2	4	A	E
81 号	5	5	5	5	5	4	4	5	A	C
82 号	5	5	4	5	5	3	4	5	A	C
83 号	4	4	3	5	4	3	3	4	A	C
84 号					5		4	3	A	D
85 号	5	4	4	4	4	4	5	5	A	D
86 号	5	5	3	3	5	1	5	5	A	E
87 号	5		5					5	A	D
88 号	3	4	3	4	5	3	4	5	A	E
89 号	5	4	4	4	5	5	4	3		

续表

答题人员	A	B	C	D	E	F	G	H	性别	学历
90 号	5	5	4	4	5	1	3	5	A	E
91 号									A	C
92 号	5	5	4	5	5	4	4	5	A	C
93 号	5	5	5	5	5	4	5	5	A	B
94 号	5			5	5					
95 号	5	5	4	5	5	5	4	5	A	E
96 号	5	5		5					A	C
97 号	4	4	3	5	5	1	4	5	A	C
98 号	4	4	4	5	5	4	4	4	A	D
99 号	5	5	5	5	5	3	5	5	A	C
100 号	5	5	3	4	4	3	3	5	A	C
101 号	4	5	4	4	4	4	5	5	A	D
102 号	5	5	4	4	5	4	4	4		
103 号	5	5	3	4	4	3	5	4	A	C
104 号	4	5	4	4	4	3	5	4	A	C
105 号	5	5	4	5	5	3	4	5		
106 号	3	4	2	3	5	2	3	5		
107 号	5	5	4	5	5	4	4	5	A	D
108 号	4	5	4	4	5	3	4	5	A	D
109 号	5	5	3	4	4	3	3	5	A	D
110 号	5	5	5	5	5	5	5	5	A	D
111 号	4	4	5	5	4	4	3	4	A	C
112 号	5	5	5	5	5	3	3	5	B	D
113 号	3	3	5	5	5		5	5	B	D
114 号	5	5	5	5	5	4	5	5	B	D
115 号	5	5	5	5	5	4	4	5	A	D
116 号	5	4	4	5	5	3	4	5	A	E
117 号		5			5				A	C
118 号	4	4	2	4	5	3	3	5		
119 号	5	5	4	5	5	3	3	5		
120 号	4	4	3	5	5	2	3	5		
121 号	5	5	2	3	4	3	2	3	B	B

续表

答题人员	A	B	C	D	E	F	G	H	性别	学历
122 号	5	5	4	5	4	4	4	5	A	D
123 号	5	5	4	4	5	4	4	5	A	C
124 号	4	4	5	5	5	3	5	5	A	D
125 号									A	C
126 号	5	5	5	5	5	5	5	5	D	A
127 号	5	5	5	5	5	4	4	5	A	D
128 号	5	5	4	5	5		4	5		
129 号	5							5	A	D
130 号	3	5	4	5	5	3	4	5	A	C
131 号	5	5	5	5	5	3	3	3		
132 号	5	5	4	4	4	4	4	5	A	C
133 号	5	5	4	5	5	4	5	5	A	E
134 号	4	4	3	5	4	2	3	4	A	D
135 号							4	4	B	C
136 号	4	5	4	5	4	3	3	4	B	D
137 号	5	5	5	5	5	4	4	5	A	C
138 号	4	5	3	5	4	3	3	5	A	E
139 号	5	4	4	4	5	3	5	4	A	E
140 号	4	4	4	5	5	4	3	5	A	D
141 号	4	4	4	5	5	4	5	5	B	C
142 号	5	5	4	5	5	4	4	5	A	D
143 号	5	5	4	5	5	4	4	5	A	C
144 号	5	5	4	4	5	4	5	4	B	D
145 号	5		5	5		4	5	5	A	C
146 号	5	5	4	5	5	2	4	5	A	D
147 号	5	5	3	5	5	3	2	5	A	C
148 号	5	5	3	5	5		3	5	A	D

注：空白处为缺失值。

参考文献

Bibliography

[1] 徐世勇,李英武.人员素质测评[M].北京:中国人民大学出版社,2017.

[2] 周帆.变革中政府组织的人才测评——基于实践智力的应用[M].北京:科学出版社,2014.

[3] 余兴安.人力资源服务概论[M].北京:中国人事出版社,2016.

[4] 倪星.公共部门人力资源管理[M].大连:东北财经大学出版社,2008.

[5] 张文贤.人才测评[M].北京:科学出版社,2010.

[6] 王慧.中国公务员胜任力结构及提升机制研究[M].北京:北京师范大学出版社,2012.

[7] 谷向东.党政领导干部胜任力技术与应用[M].北京:中国发展出版社,2013.

[8] 张爱卿,人才测评[M].2版.北京:中国人民大学出版社,2011.

[9] 李鲁平.履历分析[M].北京:机械工业出版社,2000.

[10] 李超平,王桢,毛凯贤.管理研究量表手册[M].北京:中国人民大学出版社,2016.

[11] 马欣川.人才测评:基于胜任力的探索[M].北京:北京邮电大学出版社,2008.

[12] 王胜会.人才测评:理论、方法、工具、实务[M].北京:人民邮电出版社,2014.

[13] 田效勋,柯学民,张登印.过去预测未来:行为面试法[M].北京:中国轻工业出版社,2008.

[14] 寇家伦.HR最喜欢的人才测评课——人才测评实战[M].广州:广东旅游出版社,2014.

[15] 胡蓓,张文辉.职业胜任力测评[M].武汉:华中科技大学出版社,2011.

[16] 刘远我.人才测评方法与应用[M].2版.北京:电子工业出版社,2011.

[17] 乔治·C.桑顿三世.评鉴中心在人力资源管理中的应用[M].上海人才有限公司评价中心研发专家组,译.上海:复旦大学出版社,2004.

[18] 斯蒂芬·P.罗宾斯.组织行为学[M].孙健敏,李原,译.10版.北京:中国人民大学出版社,2005.

[19] 欧文·E.休斯.公共管理导论[M].北京:中国人民大学出版社,2001.

[20] 彭和平,竹立家.国外公共行政理论精选[M].北京:中共中央党校出版社,1997.

[21] 孙柏瑛,祁光华.公共部门人力资源开发与管理[M].2版.北京:中国人民大学出版社,2007.

[22] 谷向东,邓希冯,陈公海.人才测评技术在组织人事管理中的应用研究[J].管理观察,2005(29):120-122.

[23] 宋斌,林文铨.国有企业猎头的人才测评模块范式选择及其实现[J].管理世界,2010(11):182-183.

[24] 周晓新.浅析九型人格测评在人力资源管理中的应用[J].邮政研究,2015(1):41-42.

[25] 罗丽玲,徐庆鹏.九型人格在人力资源招聘中的应用[J].企业改革与管理,2015(13):68-68.

[26] 王重鸣,陈民科.管理胜任力特征分析:结构方程模型检验[J].心理科学,2002(5):513-516.

[27] 杨宜音.当代中国人公民意识的测量初探[J].社会学研究,2008(2):54-68.

[28] 李明斐,卢小君.胜任力与胜任力模型构建方法研究[J].大连理工大学学报(社会科学版),2004(1):28-32.

[29] 时勘,王继承,李超平.企业高层管理者胜任特征模型评价的研究[J].心理学报,2002(3):306-311.

[30] 郑学宝,孙健敏.县域经济发展与县级党政领导正职的胜任力模型研究——以广东省为例[J].学术研究,2006(1):84-89.

[31] 杨鹏,胡月星.履历分析技术在领导人才选拔中的应用[J].新东方,2006(4):20-24.

[32] 杨鹏,胡月星.用履历分析技术筛选合适人才[J].中国人才,2006(13):58-59.

[33] 许铎.履历分析测评技术在选拔招聘人才中的应用[J].中国人力资源开发,2002(10):31-34.

[34] 李英武,车宏生.Biodata——一种有效的人事选拔方法[J].中国人力资源开发,2006(3):74-76.

[35] 陈哲娟.履历业绩评价方法在领导干部竞争性选拔中的应用[J].中国人力资源开发,2012(3):51-54.

[36] 张强,张涌.竞争性干部选拔中履历评价研究——以G市厅处级干部为观察样本[J].中国行政管理,2016(3):31-37.

[37] 严进,吴英杰,张娓.履历数据测评的效度分析[J].心理学报,2010(42):423-433.

[38] 田瑞强,姚长青.基于履历数据的海外华人高层次科技人才流动研究:社会网络分析视角[J].图书情报工作,2014(19):92-99.

[39] 肖翔,王重鸣.电子化人事测评研究现状[J].人类工效学,2004(2):35-37.

[40] 王莉.公文筐测验在公务员测评中的应用[J].商业文化,2011(10):311-312.

[41] 徐晓锋,车宏生.对文件筐测验(I-B)在选拔高层经理人员中的实证研究[J].心理科学,2004(5):1230-1232.

[42] 殷明.公文筐测评实用评分模式[J].企业改革与管理,2011(5):58-59.

[43] 潘晓萍.企业成功应用文件筐测验的几个关键点[J].中国劳动者,2012(12):45-46.

[44] 戴恩民.民企选拔员工如何应用文件筐测试工具[J].企业改革与管理,2013

(3):56-57.
[45] 红军,王远志.用“公文筐”选拔厅局级干部——现代人才测评技术运用探索[J].中国人才,2008(4):63-66.
[46] 徐晓锋,车宏生.文件筐测验的计分研究和应用[J].中国人力资源开发,2003(8):34-35.
[47] 李云田.文件筐测验法解析[J].决策,2008(12):56-57.
[48] 任旭林,陈垟羊.角色扮演法的开发程序与应用[J].中国人力资源开发,2016(10):30-34.
[49] 由红军,王远志.角色扮演测评技术运用与探索——以某国有大型集团公司选拔总经理的实践为例[J].中国人才,2011(7):52-54.
[50] 张世娟,冯江平.角色扮演测评技术的研究与发展[J].教育研究与实验,2009(3):89-92.
[51] 张文榕.角色扮演测评技术的运用[J].现代企业教育,2014(14):135-136.
[52] 梁博科,张帆.构建领导干部立体化测评体系的案例分析[J].领导科学,2011(9):48-49.
[53] 谷向东,李伟.社会技能的角色扮演测试[J].心理学动态,1998(3):48-52.
[54] 陈社育,余嘉元.仿真模拟测评技术信度和效度的初步研究[J].心理科学,2000(6):669-671.
[55] 彭平根.角色扮演识人才[J].人力资源,2007(11):36-37.
[56] 张永翠,王晓庄.无领导小组讨论测评案例分析[J].心理技术与应用,2014(8):26-29.
[57] 管连荣.评定和选拔管理人员的一种心理学方法——美国管理人员“评价中心”介绍[J].心理科学进展,1986(2):74-76.
[58] 卞冉,高钦,车宏生.评价中心的构想效度谜题:测量维度还是活动?[J].心理科学进展,2013(2):358-371.
[59] 刘柏涛,周斌.基于评价中心的公务员选拔方式初探[J].甘肃社会科学,2014(3):130-134.
[60] 刘丹.参照系培训法在评价中心评分者培训中的应用[J].山东社会科学,2015(5):269-270.
[61] 吴志明,张厚粲.评价中心的构想效度和结构模型[J].心理学报,2001(4):372-378.
[62] 殷雷.评价中心的基本特点与发展趋势[J].心理科学,2007(5):1276-1279.
[63] 张保国.遴选高级人才的首要工具——评价中心[J].南开管理评论,2002(4):48-54.
[64] 叶龙,刘岚.国家部委公务员胜任素质模型构建方法研究[J].中国行政管理,2008(7):116-119.
[65] 彭剑锋.互联网时代的人力资源管理新思维[J].中国人力资源开发,2014(16):6-9.

[66] 李宜钊，孔德斌.公共治理的复杂性转向[J].南京农业大学学报（社会科学版），2015(3)：110-115.

[67] 申林，刘建洲.人机对话测评的理论、方法及其问题——谈信息时代的人才测评[J].学术论坛，2003(2)：137-141.

[68] 朱海滔.人才测评师：职场急需的"伯乐"[J].中国人才，2011(17)：54-55.

[69] 陈慧君.案例在人才选拔测评中的应用[J].中外企业家，2004(1)：28-31.

[70] 张康之，刘柏志.公共行政的继往开来之路——纪念伍德罗·威尔逊发表《行政学研究》120周年[J].湘潭大学学报（哲学社会科学版），2007(1)：13-20.

[71] 杨秀云.美国文官制度发展历程[J].安庆师范学院学报（社会科学版），2009(8)：40-42.

[72] 李永鑫，孙卓.人才测评从业人员职业素质分析[J].人才资源开发，2006(10)：19-20.

[73] 边鹏飞，王炳辉.大数据背景下人力资源管理应用创新与挑战[J].商场现代化，2018(8)：80-81.

[74] 韩燕.大数据在人力资源管理领域的应用价值与挑战[J].经济研究参考，2016(56)：51-56.

[75] 于冰，裴甲军.大数据时代下的网络安全与隐私保护[J].电子技术与软件工程，2018(18)：195.

[76] 张欣瑞，范正芳，陶晓波.大数据在人力资源管理中的应用空间与挑战——基于谷歌与腾讯的对比分析[J].中国人力资源开发，2015(22)：52-57.

[77] 西楠，李雨明，彭剑锋，等.从信息化人力资源管理到大数据人力资源管理的演进——以腾讯为例[J].中国人力资源开发，2017(5)：79-88.

[78] 薄美麟.浅谈互联网时代大数据对腾讯公司人力资源管理的影响[J].知识经济，2017(5)：102-103.

[79] 吴小燕.如何运用评鉴发展中心选拔人才[D].上海：复旦大学，2003.

[80] 王海霞.评价中心结构效度模拟实验研究[D].西安：陕西师范大学，2007.

[81] 张世娟.角色扮演技术在中层管理人员选拔中的应用研究[D].昆明：云南师范大学，2007.

[82] 李丹婷.公务员工作价值观与公共服务动机研究：以福建省公务员为例[D].北京：中国人民大学，2012.

[83] 陈丁.对北京市局级领导素质模型的探索性研究[D].北京：中国人民大学，2005.

[84] 彭平根.评价中心的测评有效性及其影响因素的实证研究[D].上海：华东师范大学，2003.

[85] 杜楠."干什么考什么"的技术路径研究：以党政领导干部考选中的评价中心技术应用为例[D].武汉：华中师范大学，2012.

[86] 唐兆权.不仅要考得好还要干得好[N].四川日报，2013-07-23(8).

[87] 北京华恒智信人力资源顾问有限公司.什么是人才测评？[EB/OL].(2017-05-

24). http://www. chnihc. com. cn/research-center/research-library/library-hrhomelist/21660. html.

[88] 深圳才储网络有限公司. 霍兰德职业倾向(兴趣)测试(原书版)[EB/OL]. http://www. apesk. com/holland/index_online. asp.

[89] 深圳才储网络有限公司. 霍兰德 SDS 职业兴趣测试[EB/OL]. http://www. apesk. com/holland2/.

[90] 重庆市外经贸委 2015 遴选公务员职位表[EB/OL]. (2015-04-26). http://www. edu-hb. com/Html/201504/26/20150426174730. htm.

[91] 北京化工大学 2016 年专职辅导员招聘公告[EB/OL]. (2016-04-25). http://www. gaoxiaojob. com/zhaopin/fudaoyuan/20160425/191984. html.

[92] 即兴式角色扮演案例:党委办公室的故事[EB/OL]. (2012-11-05). http://blog. sina. com. cn/s/blog_862870c601016yfx. html.

[93] 公共管理角色扮演案例——承担任务的困扰[EB/OL]. http://blog. renren. com/share/302403285/10103946157.

[94] 角色扮演典型面试题汇总[EB/OL]. (2009-11-16). http://www. docin. com/p-34963668. html.

[95] 搜狗百科. 等级评定法[EB/OL]. (2015-08-10). http://baike. sogou. com/v68022920. htm? fromTitle=%E7%AD%89%E7%BA%A7%E8%AF%84%E5%AE%9A%E6%B3%95.

[96] 人才测评——人力资源管理的核心[EB/OL]. http://www. szhr. com. cn/train/rencai. htm.

[97] DOWNS A. Inside bureaucracy: A RAND Corporation research study[M]. Long Grove: Waveland Press, 1967.

[98] THORNTON Ⅲ G C, RUPP D E. Assessment centers in human resource management: Strategies for prediction, diagnosis, and development[M]. New York: Psychology Press, 2006.

[99] ELLIOT R H. Public personnel administration: A value perspective[M]. Reston: Reston Publishing Company, 1985.

[100] SMITH M. Calculating the sterling value of selection[J]. Guidance and Assessment Review, 1988, 4(1): 6-8.

[101] PERRY J L, WISE L R. The motivational bases of public service[J]. Public administration review, 1990, 50(3): 367-373.

[102] RAINEY H G. Public agencies and private firms: Incentive structures, goals, and individual roles[J]. Administration &Society, 1983, 15(2): 207-242.

[103] PERRY J, WISE L R, MartinM. The case of Indianapolis[J]. Review of Public Personnel Administration, 1994, 14(2): 40-54.

[104] MOUNT M K, WITT L A, BARRICK M R. Incremental validity of empirically eyed biodata scales over GMA and the five factor personality

constructs[J]. Personnel Psychology,2000,53(2):299-323.

[105] WERNIMONT P E. Reevaluation of a weighted application blank for office personnel[J]. Journal of Applied Psychology,1962,46(6):417.

[106] BARCLAY L A, YORK K M. Electronic communication skills in the classroom: An e-mail in-basket exercise [J]. Journal of Education for Business,1999,74(4):249-253.

[107] FREDERIKSEN N, SAUNDERS D R, Wand B. The in-basket test [J]. Psychological monographs:General and applied,1957,71(9):1.

[108] SHORE T H,THORNTON G C,SHORE L M F. Construct validity of two categories of assessment center dimension ratings[J]. Personnel Psychology, 1990,43(1):101-114.

[109] Task Force on Assessment Center Guidelines. Guidelines and ethical considerations for assessment center operations[J]. 1989.

教学支持说明

“全国普通高等院校公共管理类核心课程实验实训系列教材”被华中科技大学出版社确定为2014年规划教材。为了改善教学效果，提高教材的使用效率，满足高校授课教师教学和学生学习的需求，本教材提供了如下增值服务。

1. 本套系列教材除了可以运用课本进行实验操作外，还配套开发了教学软件，该教学软件可以安装在学校实验室供教师与学生实验教学使用，如需教学软件可以联系：

本套教材除了可以运用课本进行实验操作外，还配套开发了教学测评软件，软件包含专业的公务员素质测评和各类经典测验，并提供能力拔高训练，适用于课堂教学和公务员测评等各类场景。该软件支持本地和远程访问使用，如需教学软件可以联系：

名称：上海哲寻信息科技有限公司

地址：上海市长江南路180号长江软件园

电话：400-188-2010；021-65066038

E-mail：find_nd_soft@163.com

2. 为保证本教学课件及相关教学资料仅为教材使用者所得，我们将向使用本套教材的高校授课教师和学生免费赠送教学课件或者相关教学资料，烦请授课教师和学生通过电话、邮件或QQ号等方式与我们联系，获取“教学课件资源申请表”文档并认真准确填写“教学课件资源申请表”发给我们，我们的联系方式说明如下。

地址：湖北省武汉市东湖新技术开发区华工科技园华工园六路华中科技大学出版社有限责任公司营销中心

邮编：430223

邮箱：yingxiaoke2013@163.com

电话：027－81339688转502

课件咨询及服务QQ：3098247382

华中出版课件服务QQ号：1669973496

教学课件资源申请表

填表时间：________年____月____日

1. 以下内容请教师按实际情况写，★为必填项。
2. 学生根据个人情况如实填写，相关内容可以酌情调整提交。

★姓名		★性别	□男 □女	出生年月		★职务	
						★职称	□教授 □副教授 □讲师 □助教
★学校				★院/系			
★教研室				★专业			
★办公电话		家庭电话				★移动电话	
★E-mail (请清晰填写)						★QQ 号/微信号	
★联系地址						★邮编	

★现在主授课程情况		学生人数	教材所属出版社	教材满意度
课程一				□满意 □一般 □不满意
课程二				□满意 □一般 □不满意
课程三				□满意 □一般 □不满意
其　他				□满意 □一般 □不满意

教 材 出 版 信 息		
方向一		□准备写 □写作中 □已成稿 □已出版待修订 □有讲义
方向二		□准备写 □写作中 □已成稿 □已出版待修订 □有讲义
方向三		□准备写 □写作中 □已成稿 □已出版待修订 □有讲义

请教师认真填写表格下列内容，提供索取课件配套教材的相关信息，我社根据每位教师/学生填表信息的完整性、授课情况与索取课件的相关性，以及教材使用的情况赠送教材的配套课件及相关教学资源。

ISBN(书号)	书名	作者	索取课件简要说明	学生人数 (如选作教材)
			□教学 □参考	
			□教学 □参考	

★您对与课件配套的纸质教材的意见和建议，希望提供哪些配套教学资源：